U0564960

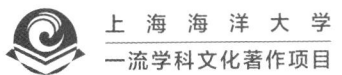

上海海洋大学
一流学科文化著作项目

向水而生 奋楫者先

叶　鸣　孔庆涛　张继平　主编

WHO ROWS HARD, SAILS FURTHER

上海三联书店

编审委员会成员

主　　编　吴嘉敏　程裕东

副 主 编　闵　辉　郑卫东

编委成员　黄旭雄　江卫平　陈　慧　施永忠　张登沥
　　　　　　张雅林　程彦楠　俞　渊　韩振芳　周　辉
　　　　　　钟俊生　宁　波　屈琳琳　叶　鸣　张亚琼

总　序

浩瀚深邃的海洋，孕育了她海纳百川、勤朴忠实的品格；变化万千的风浪，塑造了她勇立潮头、搏浪天涯的情怀。作为多科性应用研究型高校，上海海洋大学前身是张謇、黄炎培1912年创建于上海吴淞的江苏省立水产学校，1952年升格为中国第一所本科水产高校——上海水产学院，1985年更名为上海水产大学，2008年更为现名。2017年9月，学校入选国家一流学科建设高校。在全国第四轮学科评估中，水产学科获A+评级。作为国内第一所水产本科院校，学校拥有一大批蜚声海内外的教授，培养出一大批国家建设和发展的杰出人才，在海洋、水产、食品等不同领域做出了卓越贡献。

百余年来，学校始终接续"渔界所至、海权所在"的创校使命，不忘初心，牢记使命，坚持立德树人，始终践行"勤朴忠实"的校训精神，始终坚持"把论文写在世界的大洋大海和祖国的江河湖泊上"的办学传统，围绕"水域生物资源可持续开发与利用和地球环境与生态保护"学科建设主线，积极践行服务国家战略和地方发展的双重使命，不断落实深化格局转型和质量提高的双重任务，不断增强高度诠释"生物资源、地球环境、人类社会"的能力，努力把学校建设成为世界一流特色大学，水产、海洋、食品三大主干学科整体进入世界一流，并形成一流师资队伍、一流科教平台、一流科技成果、一流教学体系，谱写中国梦海大梦新的篇章！

文化是国家和民族的灵魂，是推动社会发展进步的精神动力。党的十九大报告指出，文化兴国运兴，文化强民族强。没有高度的文化自信，没有文化的繁荣兴盛，就没有中华民族伟大复兴。习近平总书记在全国宣传思想工作会议上强调，做好新形势下的宣传思想工作，必须自觉承担起举旗帜、聚民心、育人、兴文化、展形象的使命任务。国务院印发的"双一流"建设方案明确提出要加强大学文化建设，增强文化自觉和制度自信，形成推动社会进步、引领文明进程、各具特色的一流大学精神和大学文化。无论是党的十九大报告、全国宣传思想工作会议，还是国家"双一流"建设方案，都对各高校如何有效传承与创新优秀文化提出了新要求、作了新部署。

大学文化是社会主义先进文化的重要组成部分。加强高校文化传承与创新建设，是推动大学内涵发展、提升文化软实力的必然要求。高校肩负着以丰富的人文知识教育学生、以优秀的传统文化熏陶学生、以崭新的现代文化理念塑造学生、以先进的文化思想引领学生的重要职责。加强大学文化建设，可以进一步明确办学理念、发展目标、办学层次和服务社会等深层次问题，内聚人心外塑形象，在不同层次、不同领域办出特色、争创一流，提升学校核心竞争力、社会知名度和国际影响力。

学校以水产学科成功入选国家"一流学科"建设高校为契机，将一流学科建设为引领的大学文化建设作为海大新百年思想政治工作以及凝聚人心提振精神的重要抓手，努力构建与世界一流特色大学相适应的文化传承与创新体系。以"凝聚海洋力量，塑造海洋形象"为宗旨，以繁荣校园文化、培育大学精神、建设和谐校园为主线，重点梳理一流学科发展历程，整理各历史阶段学科建设、文化建设等方面的优秀事例、文献史料，撰写学科史、专业史、课程史、人物史志、优秀校友成果展等，将出版《上海海洋大学水产学科史（养殖篇）》《上海海洋大学档案里的捕捞学》《水族科学与技术专业史》《中国鱿钓渔业发展史》《沧海钩沉：中国古代海洋文化研究》《盐与海洋文化》、等专著近20部，切实增强学科文化自信，讲好一流学科精彩故事，传播一流学科好声音，为学校改革发展和"双一流"建设提供强有力的思想保证、精神动力和舆论支持。

进入新时代踏上新征程，新征程呼唤新作为。面向新时代高水平特色大学建设目标要求，今后学校将继续深入学习贯彻落实习近平新时代中国特色社会主义思想和党的十九大精神，全面贯彻全国教育大会精神，坚持社会主义办学方向，坚持立德树人，主动对接国家"加快建设海洋强国""建设生态文明""实施粮食安全""实施乡村振兴"等战略需求，按照"一条主线、五大工程、六项措施"的工作思路，稳步推进世界一流学科建设，加快实现内涵发展，全面开启学校建设世界一流特色大学的新征程，在推动具有中国特色的高等教育事业发展特别是地方高水平特色大学建设方面作出应有的贡献！

上海海洋大学党委书记　**吴嘉敏**

序

正值我国改革开放 40 周年之际，上海海洋大学迎来了建校 106 周年和更名上海海洋大学、新校区启用 10 周年。回首创校伊始，百业待兴，本着"培养健全之国民"的教育理念，创校先贤张謇先生对体育教育极为重视。学校在有限的校区内建设了游泳池、足球场、篮球场、排球场等体育场地及设施。1917 年，学校成功举办了第一届校运动会，海洋特色体育从此发端。在 20 世纪 50 年代，学校就利用沿江、涉水并建有码头的优势，积极开展各项水上运动项目，从海洋渔业专业操艇课开始，逐步形成学校水上运动项目的特色和优势。

百余年来，上海海洋大学始终秉承"渔界所至，海权所在"的创校使命，始终践行"勤朴忠实"的校训精神，始终坚持把论文写在世界的大洋大海和祖国的江河湖泊上的办学传统，百年办学的历史和学科特色，孕育形成了百年体育特色，以水上运动为代表的海大体育，不仅在运动比赛中创造了辉煌，还为国家培养了一大批杰出人才。水上运动成为校园文化中的重要组成部分，也成为展示学校体育运动成果的窗口。

在建设新型海洋大学的十年间，上海海洋大学积极推进海洋特色体育育人平台建设，开展龙舟、赛艇、游泳、水上定向、攀岩等特色体育科目。在长期坚持"水上为主、水陆并举"的发展思路下，上海海洋大学已构建了由龙舟、皮划艇、赛艇、水上定向、水域救援等组成的内容丰富、立体协同、面向全体学生个性化需求、具有海洋特色的课余体育锻炼平台。尤其是龙舟，已是将"龙"这一最具中华文明象征意义的符号作为核心和载体,把中华优秀传统文化融入学校课外体育锻炼,以龙文化传递当代精神价值,走出了一条传统文化教育创新型发展道路,结出了丰硕的成果。

2018 年,上海海洋大学水上运动再次迎来辉煌。学校成功举办首届"上海临港·南汇新城杯"陆上划船器精英挑战赛、首届校园体育文化节;龙舟队代表中国国家队参加第五届亚洲龙舟锦标赛获 1 金 2 银 1 铜;校游泳队在 2018 年中国大学生阳光体育游泳比赛中获 1 金 2 铜;田径队在中国高等农业院校第九届大学生田径运动会中斩获 1 金 1 银;作为我校首次举办的国际赛事,首届国际大学生龙舟邀请赛吸引了四国十校的 200 余名选手同台竞技,向世界展示和弘扬东方文化,开启了书写学校体育国际化的新篇章。

2018 年 9 月 10 日,习近平在全国教育大会上强调,要在加强品德修养上下功夫,教育引导学生培育和践行社会主义核心价值观,踏踏实实修好品德,成为有大爱大德大情怀的人。而龙舟在中国已经是一种家喻户晓的传统文化。龙舟是中国几千年文化的积淀,它背后有同舟共济、齐心协力的精神内涵,是一种特殊的文化符号,更是中华民族的核心价值,这种精神需要我们去传承、发扬。

发扬传统文化不应是一句口号,它必须紧紧结合时代发展脉络。水上文化,尤其是龙舟文化,作为传统文化的一个缩影,历久弥新。它既能与体育竞技相结合,又能凝聚人心,同时也代表了某种向先人致敬的元素。这样的传统文化,我们有必要坚守,不仅要坚守,还要将其发扬光大。我们所做的工作,其意义正在于此。

目 录

肆　展望——数风流人物,还看今朝

壹

溯源
——忆往昔峥嵘岁月稠

第一章　水上运动概述

　　人类的梦想是像鸟一样在天上飞，像鱼一样在水中游，从而发展出各种运动。水上运动(Water Sports)是各种与水有关的体育运动的统称，是区别于陆上和空中的体育项目。就这些运动的主要活动空间与水面的关系，大致可以区分为"水面下""水面上"以及混合两种状况的"水中"三大类。其中一部分运动的主要活动空间虽属于水面下或水中，但其名称已经习惯使用"水上"二字。水上运动是刚与柔的交融、动与静的编织，又是力与美的组合、惊与险的展示，以及具有良好的可观赏性，如今越来越成为世人喜闻乐见的体育运动。

一、水上运动项目分类及起源

　　水上运动可分为水上竞技项目、船类竞技项目、滑水运动、潜水运动。水上竞技项目包括游泳、跳水、水球和花样游泳四项。船类竞技项目包括划船运动、赛艇运动、皮划艇运动、帆船帆板运动、摩托艇运动。滑水运动包括水橇、滑水板和冲浪。潜水运动是运动员借助于轻便的潜水装具(如呼吸管、呼吸器、脚蹼)，在水下进行的竞赛和体育活动。潜水运动在游泳池进行的有竞速潜泳、水下橄榄球、水下曲棍球等；在自然水域中进行的有长距离蹼泳、水下定向、水中狩猎、水下摄影等。为了追求新的带刺激性和冒险性的运动，人们把许多陆上的运动项目移植到水中进行，创造出水下、水上形形色色的项目。

奥运会比赛中,设有帆船、帆板、花样游泳、皮划艇激流回旋、皮划艇静水、游泳、赛艇、水球、跳水等项目。由于项目众多,历来是各参赛国体现竞争实力的必争之地。这些运动在发达国家非常受人们的喜爱,也体现了海洋文化和科技在西方人生活方式中的影响。

水上运动源远流长、历史悠久,现就其中的赛艇、游泳、水球、舢板、龙舟等几项代表性项目进行简单的起源追溯。

(一) 游泳

游泳运动是男女老幼皆宜的体育项目之一,受到广大群众的喜爱。与划船一样,游泳也是人类与大自然作斗争获取生产、生活资料的一种技能,早在原始社会的渔猎时代,人类就掌握了游泳技能,自由地浮游于江河湖海之中了。我国最早的诗歌总集《诗经》就给我们留有描写游泳、操舟的诗句:"就其深矣,方之舟之;就其浅矣,泳之游之。"商周时期游水和操舟除用于交通和日常生活外,也用于军事。春秋战国时期,击棹、游水、牵钩等都属于水兵的军事技能。当时的战船无帆、无舵,行止全靠击棹(划船)。"拔河"运动当时叫作"牵钩",也是水战中的军事技能。我国古代著名文学家苏轼曾写有《日喻》的一篇文章,其中便有这样的话语:"南方多没人,日与水居之,七岁而能涉,十岁而能浮,十五岁而能浮没矣。……日与水居,则十五而得其道。生不识水,则虽壮,见舟而畏之。"可见,人所掌握的各种技能均来自于实践,实践又是由生活环境所提供的,长期生活在水边的人在日常生活中不知不觉地就会掌握战胜江河激流险恶环境的各种本领。

现代游泳运动起源于英国。17 世纪 60 年代,英国不少地区的游泳运动就开展得相当活跃。1828 年,英国在利物浦乔治码头修造了第一个室内游泳池,这种泳池到 19 世纪 30 年代,在英国各大城市相继出现。1837 年,在英国伦敦成立了第一个游泳组织,同时举办了英国最早的游泳比赛。1869 年 1 月,在伦敦成立了大城市游泳俱乐部联合会(现英国业余游泳协会前身),并把游泳作为一个专门的运动项目正式固定下来,游泳运动随之传入各英国殖民地,继而传遍全世界。上海早在 19 世纪末 20 世纪初,已建有黄浦、青年会等多个室内游泳池。

（二）水球

水球比赛可以比喻为水中足球赛，但是它的比赛规则却是仿照橄榄球比赛的模式设立的。发展到现在，水球结合了足球和橄榄球这两种运动的特点——橄榄球的攻击性和高强度的身体对抗，以及足球灵活的技巧和团队合作。

随着游泳运动的开展与普及，人们感到水上运动项目太少了，比赛也太单调枯燥，于是就产生了开展一项更新、更有趣的水上运动项目的愿望。1860年，在英国曾经流行着两种非正规的比赛。一种是抓鸭子比赛：将鸭子放入水中，运动员下水赶鸭子，谁先抓到鸭子即算获胜。这种比赛由于残害动物而受到社会舆论的谴责，被迫停止了。第二种比赛是人们将苹果桶安上木制的马头并标上赛马场上知名赛马的名字，将桶扔到水里，人们骑在木桶上，手握长杓，用杓打球。当时，在英国还有一些地方，孩子们将足球踢到水里，在水中将球掷来掷去，当时仅作为一种游戏，以后逐渐形成了两队之间的竞赛。这两项游戏的开展为以后的水球运动项目的形成奠定基础。

1876年7月14日，被认为第一场正规的水球比赛是由英国波内蒙斯首相划船俱乐部举办的。1877年英格兰伯顿俱乐部聘请威尔森制定了世界上第一部水球竞赛规则。1879年出现了有球门的水球比赛。1885年英国游泳协会将水球列为单独比赛项目。1890年水球首先传入美国，后又逐渐在德国、奥地利、匈牙利等国家广泛开展。随着苏格兰对水球规则的修改，现代水球运动在19世纪80年代以全新的面貌出现，新规则的引入使得水球比赛的节奏更快，但球员们依靠的必须是技术而不是蛮力。规则的更改也提高了水球运动的声望，水球很快便在整个欧洲普及开来。1900年，水球第一次出现在奥运会上，此后每届奥运会水球都是正式比赛项目。

（三）舢板

舢板（舢舨），一种小船，也叫"三板"，原意是用三块板制成。"舢舨"的"舢"原指"大山一般的船"，即母船；"舨"本指"在大船与大船之间，或大船与码头之间穿梭往返的小船"，即子船（交通艇、救生艇）。因

"母""子"关系密不可分,遂两字合并为一词"舢舨",专用于表示"舢的舨"的意思。早期的木板船就是由一块底板和两块弦板组成的最简单的"三板船"。全船仅由三块板构成,底板两端经火烘烤向上翘起,两侧舷板合入底板,然后用铁钉连接,板缝用刨出的竹纤维堵塞,最后涂以油漆。几乎所有舢舨都有一对画在舟首部的眼睛图形,水手相信这些眼睛能给船只带来好运。

舢舨是小型船只,驱动方式主要靠人力划桨或摇橹,少数加上一片帆布和插入船底的稳舵,可以借助风力前进。舢舨船可划桨前进也可驶帆,是海军必须掌握的技能之一,在军事、救生、运输等领域广泛应用。舢舨运动集竞技、娱乐、观赏于一体,具有较高的群众参与性,是现代航海多项运动项目之一。

(四) 赛艇

赛艇运动多在江河湖泊等自然水域中进行,是由坐在艇上的一个或几个桨手运用其肌肉力量,以桨和桨架作为杠杆进行划水,使小艇背向桨手前进的一项划船运动。

"船"是早期人类为了渡河及载运货物的工具,人类早期使用船只的样式非常简单,他们利用芦苇扎成草筏,木头捆成木筏,兽皮吹成皮囊船或是竹编的大篮子,以及独木舟等船只来往于江河的两岸。而经过几千年的演变,人类穿梭于江、河及大洋之间的工具,已经从竹筏帆船、蒸汽船,发展到大型几十万吨的集中箱货船或运输特种化工材料的船只,还设计建造了豪华环球的邮轮和游艇、潜水艇及航空母舰等各式各样不同用途的船只。而由于工商业经济的发达以及人们对生活休闲运动竞技的喜好,船的应用也加入竞技行列。船的比赛至今已有两千五百年的历史,在早期古埃及人和古希腊人都是热爱划船的民族。

赛艇运动的起源被认为是18世纪欧洲的简易划船赛,而正规比赛是1829年英国牛津大学和剑桥大学之间的校际赛艇比赛开始的。这项传统的划船比赛,每年都在天然的泰晤士河上举行,迄今已延续了将近170年。当时比赛的距离是6838米,这是最早出现的现代化形式划船比赛。1839年著名的英国"亨利挑战杯"划船赛开办。在西方历史背景下产生的赛艇运动,快速在欧美及亚非地区普及,逐渐传播到了世界各地,形成奥林匹克运动的重要组成部分:1900 年巴黎奥运会第一次正式举办赛艇比赛,1976 年女子划船列入奥运会项目。

1892 年,在意大利都灵成立国际赛艇联合会,是最早成立的国际单项体育组织,当时有 39 个会员,当年即举行了第一届欧洲赛艇锦标赛。此后,国际赛艇比赛一直在国际赛艇联合会的领导下组织进行。1923 年国际赛艇联合会的总部由都灵迁至瑞士,从 1997 年起设在瑞士的洛桑。1962 年在瑞士举行第一届世界赛艇锦标赛,至 1974 年共举办 4 届。从 1975 年起每年都举办一届世界锦标赛,以后又增设一些其他形式的比赛。

由于赛艇制造技术和材料要求高,价格昂贵,划船的技术要求精确一致,需要严格的训练,因此被称为贵族的运动,难以在广大民众中普及。随着社会和经济发展,尤其是皮艇运动发展,迅速得到普及。

(五) 龙舟

龙舟俗称龙舟竞渡,又称赛龙舟、划龙船,是兴起于战国时期的一种划龙船运动。龙是中华民族的象征,仿龙造型,以龙取名龙舟,是我国各族人民在长期的生产活动和社会活动中的一个具有独特民族风格的创造。

龙舟运动的起源与楚国人民纪念屈原的活动有关;另外也有人说,东吴一带是为了纪念伍子胥的。后来,赛龙舟除纪念屈原之外,在各地人们还赋予了不同的寓意。贵州苗族人民在农历五月二十五至二十八举行"龙船节",以庆祝插秧胜利和预祝五谷丰登;云南傣族同胞则在泼水节赛龙舟,纪念他们自己民族的古代英雄。不同民族、不同地区,划龙舟的传说有所不同。直到今天在南方的不少临江河湖海的地区,每年端午节都要举行富有自己民族或地方特色的龙舟竞赛活动。

1976 年,香港旅游协会和香港渔业协会举办了第一届国际龙舟邀请赛,这是世界上第一个国际龙舟赛,尽管只有日本一支外国队参赛,但提议举办此次比赛的香港渔业总会会长,曾留学日本学习渔业的黎国驹博士也许自己不曾预料到,后来这次比赛成为龙舟运动国际化、竞技化开展的发端,被载入史册。香港的国际比赛的影响力和辐射作用是巨大的,让参加比赛的各国龙舟选手以及海外的华人华侨,对龙舟运动喜爱有加、如醉如痴。后来,是他们把龙舟运动技术带到了世界各地,成了龙舟运动的传播者、比赛的主办者、龙文化的推广者。后来的许多年中,陆续有马来西亚、新加坡、泰国、印度尼西亚、英国、德国、意大利、美国、加拿大、澳大利亚、新西兰、南非,中国的澳门和台湾等遍及全世界五大洲的国家和地区,先后举办了各种国际龙舟赛事,这些赛事大大推动了龙舟运动国际化、竞技化的发展进程。

龙舟随华人的迁移现已传播到世界近 60 个国家和地区。目前国际龙舟联合会拥有 57 个会员,亚洲龙舟联合会有 17 个会员,世界和亚洲龙舟组织的秘书处均设在中国。中国既是国际龙舟运动的发起国也是推广国。国际龙舟联合会每偶数年举办世界龙舟锦标赛,每奇数年举办世界杯龙舟赛和世界俱乐部龙舟锦标赛。1995 年,首届世界龙舟锦标赛在我国举行,有 14 个国家或地区派队参加比赛。亚洲和欧洲每两年都举办洲际龙舟锦标赛。在亚洲,东亚和南亚运动会也分别设有龙舟项目比赛。在亚运会、世界运动会等高水平的国际赛场上,龙舟运动与其他体育项目争奇斗艳、大放异彩,呈现出无限的魅力。

龙舟竞渡这项以中华民族龙图腾为主要特征、被称为世界上拥有最多参赛选手和最多现场观众的中华民族传统的体育运动,从来没有像今天这样被世人了解和喜爱。龙舟竞渡是我国传统体育文化的典型代表,演变成为一项国际性的体育赛事后,与某些西方运动项目所蕴含的团队精神不同的是,该项运动所体现的集体主义精神要求个体之间没有差异,整齐划一,而不是强调成员之间的互补性,这是典型的东方传统价值观的鲜明体现。

二、水上运动竞赛知识介绍

感触水滑过肌肤的清爽,尝试驰骋水面的刺激,水上项目有着独特的运动魅力,也是许许多多人的梦想。不管是赛艇、游泳,还是龙舟、舢板、水球,水上项目其实不仅具有很强的观赏性,在普通人群中普及的速度也越来越快。现如今随着人们生活水平的提高,回归大自然已经成为一种时尚的社会观念,而亲水、玩水也正在成为人们追求的生活和娱乐方式,绿色、自然的水上运动有着非常美好的发展前景。为帮助人们了解和接近水上运动,也为了使读者更易于掌握上海海洋大学水上运动一百年来的发展脉络,在此将几项代表性水上运动项目的竞赛要求等基本知识进行简略地介绍。

(一)游泳比赛及规则

到江河湖海中享受大自然的乐趣,游泳是一项很好的、可以终身进行锻炼的健身运动。

游泳比赛包括个人项目和接力项目,按泳姿分为自由泳、仰泳、蛙泳、蝶泳和混合泳,比赛距离包括50米、100米、200米、400米、800米、1500米、4×100米、4×200米等,分为短池和长池比赛项目。

各种泳姿在比赛中规则要求不同。自由泳意味着比赛中可采用任何泳式。但在个人混合泳及混合泳接力赛中,自由泳是指除蝶、仰、蛙以外的泳式。转身和到达终点时,可用身体任何部分触池壁。仰泳出发时,运动员在水中背对游泳池,两端抓住握手器,两脚应处于水面下。出发和转身后,运动员应蹬离池壁,并在整个游进过程中,除在做转身动作外,必须呈仰卧姿势。蛙泳比赛中,出发和每次转身后身体应始终保持俯卧姿势,两肩应与水面平行,两臂和两腿的所有动作都应保持同一性,不得有交替动作,两手应同时在水面、水下或水上由胸前伸出,并在水面或水下向后划水。蝶泳比赛中,除在做转身动作时身体必须始终俯卧外,任何时候都不允许转成仰卧姿势,两臂必须在水面上同时向前摆动,并同时在水下向下划水,两脚的动作必须同时进行。在个人混合泳比赛中,运动员必须在比赛过程中分别使用四种不同的泳姿游相同的距离,顺序依次是蝶泳、仰泳、蛙泳和自由泳。在4×100米混合泳接力项目中,四名运动员的顺序是仰泳、蛙泳、蝶泳和自由泳。

(二)水球比赛及规则

水球是一种在水中进行比赛的球类活动,最初是人们游泳时在水中传掷足球的一种娱乐活动,故有"水上足球"之称,后逐渐形成两队之间的竞技水球运动。由于水球是在水中进行的集体性项目,且比赛相当激烈,所以它要求运动员具有较强的力量、速度、耐力和灵活性。运动员除一般游泳技术外,还必须具备良好的专项技术,如踩水、起跳、转体、抬头爬泳、快速起动、急停、变向游等。

水球比赛时,每队上场 7 人,包括守门员 1 人。比赛时间为 28 分钟,分 4 节进行,每节 7 分钟,死球时停表。两节间休息 2 分钟,中场休息 5 分钟,同时交换场地。场外替补队员 6 人,比赛中任何时间均可换人。除守门员外,任何人不得用双手触球。比赛时,以球体整体穿过球门线为得分。得分后,双方队员应回到本方半场,由失分一方队员在中线的中心点开球。比赛中,一方进攻控球时间不得超过 30 秒。通常男子水球比赛场地是 30 米×20 米,女子是 25 米×17 米。彩色浮标标出了比赛区内的各种标记。白色浮标标出球门线和中线。红色浮标标出双方球门前的 2 米线,黄色浮标标记 4 米线,绿色浮标标记 7 米线。红色的处罚区位于泳池的两端,在球门线后面,距离正对比赛官员席的池角大约 2 米。球员进入该区即意味着该球员离开了比赛区,被罚球员在处罚区等待重新进场比赛的信号。

(三) 舢板比赛及规则

舢板包括舢板荡桨和舢板驶帆,是航海多项运动的一种。舢舨荡桨竞赛是一项速度和耐力的比赛。它要求桨手不仅要具备熟练的技术,还要有良好的身体素质和顽强的意志。

舢舨的种类很多,根据它的构造、用途和桨数多少可分为 14 至 22 人划的大型舢舨、10 至 16 人划的中型舢舨、2 至 6 人划的小型舢舨。中小型舢舨轻快、灵活、经济,航海多项比赛主要采用 6 桨舢舨。6 桨舢舨荡桨比赛由 1 名舵手和 6 名桨手组队进行。荡桨竞赛分短距离和长距离,短距离为 1000 至 2000 米,长距离为 5000 至 10000 米。其场地可采用直线或环形航线,起航区宽度为 100 至 200 米。从起点到终点每隔 500 米设 1 个标志,上插红色标志旗。起点和终点可以设在同一处。起航可采用固定起航或活动起航,以到达终点的时间最少者为优胜。

舢舨驶帆竞赛方法有两种,一是不换船竞赛,只进行1次,航程不得少于15000米;二是换船竞赛,为使各队用舢舨的条件均等,在每次竞赛完毕,按规定号码换船进行下一次竞赛。换船赛最少进行3次,航程不得少于5000米。舢舨驶帆竞赛的场地为3个浮标组成的等边三角形。起终点设在同一处。根据水域条件,竞赛场地可布成临时的或永久的。驶帆竞赛是舢舨竞赛的主要项目之一。舵手决定和掌握舢舨的方向,统一全船人员的意志和行动。6名桨手有明确、细致的分工,根据舵手的决定操纵前后缭索,保证帆面有较好的受风角度,增大帆的升力,提高船的航行速度;负责压舷和瞭望舢舨前后水域,调整舢舨的纵横倾斜,减小舢舨旋回半径,创造转向、绕标的有利条件。舵手灵活机动、勇敢果断的指挥,前后缭手熟练的操作技术和互相默契的配合是取得胜利的保证。

(四)赛艇比赛及规则

赛艇是坐在船艇上背向船艇前进方向通过划桨拉动船艇的一种水上竞速运动项目。按照有关规则要求,赛艇运动所使用的船艇上的所有部件,包括划桨和桨架等都必须坚实地固定在艇体上,唯桨手的座凳可沿着船艇的纵轴方向作前后滑动。赛艇比赛除按运动员的性别、体重和人数分设单项外,还根据船艇上是否安设舵手分项。具体分为单桨项目和双桨项目。双桨项目又包括单人艇、双人艇和四人艇三项;单桨项目则包括双人单桨无舵手、双人单桨有舵手、四人单桨有舵手、四人单桨无舵手和八人单桨有舵手五项。此外,按每艇参赛运动员的体重,还将赛艇比赛分为轻量级和公开级。

比赛中,在发令员举起发令旗未发出起航信号之前,艇首越过起航线称之抢航,连续两次抢航(两次抢航或被各种原因警告过一次而又抢航一次)的舟艇,取消比赛资格,此时,如果其他舟艇起航正确,可以不必召回全组,继续比赛。通过航道裁判员通知连续两次犯规的舟艇取消比赛资格,令其在不妨碍其他比赛者的情况下,离开航道返回。每组比赛的抢航总数不超过三次,在第三次发令时,如仍有抢航者,航道裁判将通告第三次抢航的舟艇已被取消资格（无论该舟艇前一、二次是否抢航），其余舟艇继续比赛。舟艇出发后，应在自己的航道划行，因故越出自己的航道，而影响妨碍了该航道上正常划行的舟艇，将根据被妨碍艇受影响的位置、名次，以及是否仍有取胜机会等情况，作出适当处理：可以停止该组比赛；可以警告责任艇或该艇的比赛；可以取消责任艇比赛资格；等。在途中划行的舟艇，不得为了取得有利的条件而划开自己的航道，否则，将予以警告或取消比赛资格。比赛途中，不允许伴划，航道外划向起点的舟艇，遇到比赛舟艇时，要主动停下来，否则，将予以警告。未经航道裁判员通知而自行停止划行的舟艇，不得要求参加下一轮比赛或重赛。如果两艇均偏离航道而造成互相妨碍，应尽快回到各自的正确航道继续比赛，如果停止划行，则作弃权处理，只有航道裁判员才能判断各艇是否在其本身的航道上。

（五）龙舟比赛及规则

龙舟竞渡作为我国一项传统的民俗体育活动，是一项集众多划手依靠单片桨叶的划桨作为推进方式，运用肌肉力量向船后划水，推动舟船前进的运动。中国龙舟协会的标准比赛龙舟配备有龙头、龙尾、鼓（鼓手）、舵（舵手），以此保持中国民俗传统。在传统龙舟的比赛中，可考虑设立锣（锣手）。根据区域民俗特点不同，龙舟造型在头尾设计方面包括凤舟、象牙舟、龟舟、虎头舟、牛头舟、天鹅舟、蛇舟等形状均可保留原有规格和名称，但只要是类似划龙舟动作，亦统称为龙舟运动。

龙舟的比赛形式分为三种，一是直道竞速赛，即在尽可能短的时间内，通过 1000 米以内标志清楚而无任何障碍的直线航道；二是追逐赛，指在半径不少于 18 米，直线距离不少于 500 米的人工或自然水域所进行的多圈竞赛。全国锦标赛和综合性运动会半径不少于 27 米；三是拉力赛，指在自然环境水域，但必须是封闭的航线上所进行的长距离赛事。

根据龙舟的大小，比赛可分为传统龙舟、标准龙舟和小龙舟。标准龙舟比赛包括 18 到 20 名划手、1 名鼓手和 1 名舵手；小龙舟比赛包括 8 到 10 名划手，1 名鼓手和 1 名舵手。根据参赛队员的性别组成，比赛可分为男子组、女子组和公开组；根据参赛队员的年龄，比赛可分为老年组、成年组、青年组、少年组。

龙舟聚会和龙舟竞渡具有浓厚的娱乐性和激烈的竞争性，又是我国各族人民非常喜爱的一种文化体育活动，在南方水乡地区，有着广泛的群众基础，深受我国各族人民喜爱。

三、水上运动中西文化解读

体育运动与人类的生存、发展紧密相连。作为人类一种特殊的社会文化现象，体育运动随着社会的进步而发展，始终以自己看似微不足道但却惊天动地的力量见证和推动着人类社会的演进历程。水上运动中赛艇、帆船、龙舟等日益成为风靡全球的运动项目，越来越散发出其独特的文化魅力，主要在伦理文化与科技精神的不同体现，竞争性与娱乐性并存，内向性与开放性交融。在此，我们主要以龙舟和赛艇为例，分析并感受起源于东西方不同的水上运动项目所折射出的文化意蕴。

（一）伦理文化与科技精神

龙舟竞渡运动以中国传统的农业文明为基础，现代赛艇比赛以西方的工业文明为基础，两者在不同的文明基础之上产生的体育文化有显著差异，在自然与社会科学方面突出反映的是龙舟竞渡重伦理，现代赛艇重科技。

龙舟竞渡重伦理反映在龙神崇拜。龙舟就是在船上画着龙的形状或做成龙的形状的船。最初，"竞渡"之舟只是一般的小舟，直到西周，开始出现了舟与龙结合的产物——龙舟。龙神崇拜意在借龙王之神威，避恶消灾保平安。古代皇帝乘坐的龙船，高大宽敞，雄伟奢华，气象非凡。民间用来竞渡的龙舟一般都做得窄小狭长，以利赛事。龙舟竞渡重伦理还体现其蕴含爱国主义和集体主义精神。龙舟竞渡起源于春秋战国时期，流传最广的说法是为了纪念爱国主义诗人屈原自投汨罗江而形成的纪念活动。南朝梁吴均《续齐谐记》中说："楚大夫屈原遭谗不用，是日（五月五日）投汨罗江死，楚人哀之，乃以舟楫拯救。端阳竞渡,乃遗俗也。"南朝梁宗懔《荆楚岁时记》中说:"五月五日,俗为屈原投汨罗日,伤其死,故并命舟楫以拯之。舸舟取其轻利谓之飞凫,一自为水军,一自为水马。州将及士人悉临水而观之。"可见最迟在南北朝时期,竞渡在我国南方地区已开始普及,且场面相当壮观。传统龙舟比赛划手来自同一宗族,少则数十人、多则上百人,鼓手多是宗族内较高声望人士,大家唯有同心协力、步调一致方能推动龙舟前进。在南方多水的村镇,划着龙舟穿梭在村巷之间是村民们集会的重要形式。由此可见,赛龙舟不仅是一种体育娱乐活动,更体现出人们心中的爱国主义和集体主义精神。

与中国传统的运动项目龙舟不同,赛艇是欧洲一个古老的水上项目,关注点主要在西方发达工业文明背景下赛艇形制方面如何适应激烈竞争比赛的需要而进行的不断革新。现代赛艇运动的发展和普及过程中,社会伦理方面并没有赋予其太多的因素。1846年英国人在艇舷上安装了桨架,增加桨的长度,提高划桨效果;1847年又将重叠板的外龙骨艇改装成平滑的内龙骨艇,提高了赛艇速度;1857年美国的巴布科克发明滑座,运动员划桨时身体能前后移动,可以有效地利用腿部力量;1882年俄国人将封闭式桨栓改为活动式桨环,增大划桨幅度。现在的赛艇形似织布梭,两头尖而窄长,舷边有桨架,桨通过桨栓固定在桨架上,但有活动桨环可动作自如,艇内还装有带滑轮的座板,运动员划桨时可蹬腿拉臂,调动全身的力量。赛艇形制方面的不断革新,反映了西方体育与资本主义的市场竞争机制和发达的科学技术紧密结合,强调的是科技进步、身体健壮、竞技强度,透射出自然科学的发达和人们积极进取的精神。赛艇比赛强调所有参与者行动的一致性,以及由一致性反映出的美感。

(二) 娱乐性与竞争性

中国农业社会超稳定的结构,给人们带来习惯于安居及相对稳定的生活方式,而不热衷于从事带有冒险或对抗性质的竞争活动,因此,在传统体育中竞技运动并不居于主要地位,即使在一些竞技运动中,其首要任务往往不是争取胜利,而是要在竞赛中遵从礼的规范,注重修身养性，实现道德的升华。因此，中国传统体育的规则不是针对体育活动本身而定的公平竞争原则，而是更多地从道德修养角度，对参加者提出的道德要求，其重点不是鼓励取胜，而是强调谁更符合伦理规范，提倡"君子之争"。在这种价值取向的影响下，中华传统体育的竞争意识日趋淡化，逐渐转化成一种娱乐性、表演性、礼仪性的体育活动。龙舟竞渡运动便是如此。

龙舟竞渡运动的娱乐性首先体现在它是群众广泛参与的民俗活动，能够在群众中得到热烈而积极的响应。尤其是南方民族多靠水而居，舟船是他们主要的交通工具，因而在劳动生产中经常举行龙舟竞渡的群众性体育活动，并形成独特的龙舟文化。南方水乡还常举办"龙船节"，所制作的龙船主要不是为了竞赛，而是为了游村串寨，会亲访友。傣族传统的泼水节常与龙舟节同时进行，洋溢着民族欢乐的气氛。每当有龙舟比赛举行，老百姓常常会天不亮就赶往场地，为的是占据一个好的观看位置，山上、树上、河道边挤满了男女老少。比赛者、观者，一派欢乐吉祥的景象，锣鼓声、鞭炮声、助威声……交织在一起，热闹非凡。如今，龙舟比赛依然是许多地方节庆活动的重要内容之一，甚至带动了当地旅游业和商贸活动的发展。

比较而言，最初为庆祝英王加冕而举行的赛艇比赛，始终是一种贵族运动，并没有形成群众广泛参与的民俗活动，而是快速向竞技体育发展。这种竞技体育发展方向主要由西方社会发展的历程决定的。14世纪后，以封建制度解体和城市兴起为基础而发生的文艺复兴运动，用理性、人文主义和科学击破了教会的精神独裁，掀起了人类从来没有经历过的伟大变革，并为近代体育的形成扫清了思想障碍。17世纪后，西方各国相继完成了工业革命，欧洲很快进入工业社会。随着生产技术的根本变革，社会思想和生活方式也发生了重大变化，人们需要寻求能够对快节奏、高度紧张的生产和生活方式起调节作用的新的体育形式。同时，自然科学的发展也促使人们努力寻求理想的体育活动方式。于是，既能够体现竞争精神，又能调节生活功能的赛艇竞技运动的诞生成为必然。

由此可见，以龙舟为代表的东方传统水上运动项目在普通群众中极易产生情感上的共鸣,有很强的娱乐性;而以赛艇为代表的西方水上运动起源之初就有很强的竞争性,两者所体现的价值取向有所不同。

(三) 内向性与开放性

中国传统体育在形成和发展过程中,对外来文化有一定的消化和吸收能力,并对亚洲邻国产生过重要的影响。但落后的交通、通信手段和强烈的文化优越感决定了中外古代体育文化交流只能是一股涓涓细流,且大多是单向的,即认为文化只能由内向外传播。到了明清时期,由于封建朝廷的闭关锁国政策,传统体育也由小范围的开放走向全面封闭,并对其他体育文化表现出了强烈的排斥性。

龙舟竞渡最初只是一种民间的仪式活动,是人们游江祈福的一种美好心愿展示,是民间的自发活动,比较分散,后来发展成既有官府组织的比赛,也有集体组织的,还有乡村街坊邻居之间的小规模比赛。随着我国的改革开放,龙舟运动才得以蓬勃发展,同时受到了国际体坛的重视。龙舟运动自 20 世纪 70 年代正式走上国际舞台,通过国内外有识人士的积极推广及普及,在世界各地举办的各种类型的龙舟竞赛达到数千起,参与人数超过上亿人次。中国龙舟运动在继承传统的基础上,不断引入了先进的竞赛组织管理理念,逐步从中国民间走向世界,并从传统走向现代。

西方在独特的历史地理环境下,形成了多元化的开放性海洋文化。19 世纪中期以后,人们广泛形成了民主观念、自由观念和法制观念。其社会价值取向强调个人价值,注重功利和实际效益,人生价值呈多元趋向,由此形成了多元、多层的体育文化结构和以竞争性的运动项目为主导的体育形式,并显现出明显的外向性、世界性和商业性等特色。

赛艇运动在欧美比较普及,许多大学都有赛艇队。19 世纪以后,在资本主义工业革命背景下产生的近代西方体育,由地域性文化迅速变成了一种世界性体育文化。西方体育在西方文化浪潮的巨大冲击下传入了中国,与中国传统体育发生了激烈的冲突与碰撞后,逐渐在中国的大城市和学校体育中占据了统治地位。

中国传统龙舟竞渡与西方现代赛艇比赛尽管是在不同历史条件下

形成的水上体育项目,而且有各自的文化内涵与特色,但在全球化的背景下,两者既可以加强交流与融合,也有必要各行其道、并行不悖,以呈现多元并存、精彩纷呈的世界体育文化。

综上所述,水上运动不止于挖掘人类自身的潜能,展现顽强拼搏超越自我的精神,更多体现的是人与科技、人与自然的完美结合;更多展现的是运动与文化、运动与社会的水乳交融。

第二章　百年水上欢歌

2012 年上海海洋大学迎来百年华诞。伴随着学校成长、壮大的过程,伴随着它铿然前进的步伐,体育事业同样取得了令人骄傲的成绩,水上运动一直贯穿始终并且发挥了重要的作用。回顾过去,海大水上运动走过的是一条艰辛的道路;记录历史,海大水上运动展示的是一路曲折的发展历程:1912 年建校之始至中华人民共和国成立,学校经历了筚路蓝缕的开创时期,水上运动在学校艰辛的起步中萌发而生,为后来辉煌成就的取得奠定了坚实的基石。中华人民共和国成立之后的五六十年代,是水上运动全面发展、捷报频传的辉煌时期,一次次骄人的成绩,一枚枚沉甸甸的奖牌,几度顽强拼搏与艰辛付出,共同构筑了海大水上运动的文化传统与精神内涵。"文革"时期直至迁往厦门办学期间,学校在坎坷中艰难前行,水上运动的优良传统得以延续,彰显了这所百年老校顽强的生命力及丰厚的文化蕴涵。改革开放以来,随着社会主义新事业百花齐放的大好局面,学校八十年代重新回到上海恢复办学,水上运动得到前所未有的高度重视并开始了全面复兴,特别是学校更名为上海海洋大学、搬迁至临港新校区以来,水上运动进入了继往开来的全新时期。

一、艰辛中萌发

1912 年,上海海洋大学诞生在中华文明的母亲河长江入海口——

吴淞，时为江苏省立水产学校，又俗称吴淞水产学校，是中国历史最悠久的水产高等学府之一，被誉为"中国现代水产教育的摇篮"。

江苏省立水产学校的创建及其体育运动尤其水上运动的肇始缘于近代新式教育与西方体育思想的影响与启迪。

一百年前，贫穷落后的旧中国受尽西方资本主义列强的欺凌而饱受苦难与屈辱，爱国知识分子痛心疾首四处呼号奔走，纷纷寻求国家富强、民族振兴之路。严复、康有为、梁启超等近代有识之士主张用西方资产阶级的新学来改良封建主义的旧学，提倡从西学入手，组织学会，兴办学校，开发民智，进而从进步的近代教育角度提出了发展体育的主张，积极传播西方资本主义德、智、体三育并重的教育思想。他们指出：要使国家富强，"条理万端，皆归本于学校"，"德育、智育、体育三者，为教育上缺一不可之物"，也就是说学校教育有着重大意义，而教育的任务就是培养"德、智、体"全面发展的"新民"。"尚武"是新国民的特性之一，对国家、民族的存亡有着重要意义："尚武者国民之元气，国家所恃之以立，而文明所赖以维持者也。……立国者苟无尚武之国民，铁血之主义，则虽有文明，虽有智识，虽有民众，虽有广土，必无以自立于竞争激烈之舞台"，由此看来重视尚武精神和学校体育是应有之义。受西方教育和体育思想影响的近代体育思潮是教育救国、教育图强爱国思想的组成部分。以"救亡图存"为目的，从教育的观点来论述和倡导体育，对学校体育的兴起，尚武风气的开拓，起了极大的推动作用。

正是在近代教育救国思潮的影响下，著名民族实业家、教育家张謇先生意在抵御列强侵略，力图发展振兴民族水产业和航运业，竭力筹措并创建了吴淞水产学校。建校伊始，创业维艰，历经 8 年，共完成 3000 平方米的校舍建设。至 1923 年，学校已具相当规模，成为当时国内设备最完善的水产学校。张謇先生深受近代体育思潮的浸染，其"培养健全之国民"的教育理念与之一脉相承。因对体育教育的高度重视与推崇，在面积不大的吴淞水产学校校区内，游泳池、足球场、篮排球场等体育场地及设施一应俱全；再加上学校背靠上海，滨临长江、黄浦江交汇处，向海发展有着得天独厚的有利条件，向内地延伸有着广阔的发展天地；四周有护校小浜与随塘河相通，校门朝东径直向前 200 米即到黄浦江边,这都为水上运动的顺利展开创造了良好的环境和条件。

水上运动在吴淞水产学校建校之始得以提倡及展开,主要缘于地处上海之便并得风气之先。

上海是近代东西方文化的碰撞和交融之地,19世纪中后期开始成为中西文化交流的重要窗口之一。随着教会学校的创办以及基督教青年会的传入,很多西方体育项目也从上海开始了在中国的传播。据了解,上海是我国最早开展水上运动的地方。1840年,鸦片战争后上海被划为五个对外开放口岸之一,伴随着进入上海的外国商船,西方的划船运动也随之进入中国。1849年外国侨民就在外滩黄浦江上组织了首次划船比赛。1860年,西方侨民在苏州河沿岸建立了"划船总会"。至今仍伫立在外滩南苏州路76号的"划船俱乐部"始建于1903年,是亚洲最早的体育建筑之一,其室内游泳池是中国近代史上最早的体育设施之一,新中国成立前曾是外国人开展赛艇和游泳活动的场所。在上海,最早的赛艇运动应追溯到苏州河西首舢板桥(今曹家渡)、恒丰桥一带水域上的荡船(老式赛艇)游玩。当时的报纸曾有关于赛艇运动的记载:"西人择黄埔空阔处斗舟为乐,吾国百姓避舟远眺。"《申报》也曾报道了当时黄浦江赛艇比赛的盛况:"一点半赛八人打桨之舟,共两艘,激浪如飞,排桨连击。三点钟赛四人打桨之舟,三点三刻赛一人打桨之舟,胜者踊跃奔腾,西妇顾而乐之,取多赏赉。"教会学校和青年会多次开展体育活动和举办运动比赛,当时社会上很少有人从事这种洋体育活动,参加运动竞赛的都是学生。通过上海这一重要窗口,西方近代体育项目及其竞赛活动得以在中国广泛传播。吴淞水产学校的学生们因地处上海这一优越的地理位置,目睹、了解甚至参与到这些从西方传入中国的"洋活动"中应该是自然而然的事情。

当然,以振兴水产业、发展航运业为宗旨的学校办学特色直接催发了水上运动的萌生。由于发展水产教育的需要,吴淞水产学校非常重视学生游泳和端艇技能教学,始为百年水上运动之发端。

这一时期学校先后设置渔捞科、制造科、养殖科、航海专科等专业,除制造科、养殖科外,其他专业都安排有航海和渔捞实习。对学生的游泳和操艇技能有特定的要求。此外,海上生活十分艰苦,有些学生因不适应海上生产、生活,不得不转学或转专业。学校非常重视体育运动的开展,建校初即设"体操"为基础教学内容,后又规定了游泳是渔捞科学生的必修课,"身体羸弱难望成就者令其退学"。

1937 年日本全面侵华,"八一三"淞沪战争期间,吴淞水产学校的校舍被日本侵华军的战争炮火夷为平地,部分师生辗转内迁至四川合川(今重庆合川)。萌兴而起的水上运动伴随着在炮火中毁于一旦的校舍也陷入了沉寂。

抗战胜利后,在侯朝海先生、冯立民先生及其他著名人士的强烈呼吁和竭力筹措下,1948 年学校在上海复兴岛复校,定名为上海市吴淞水产专科学校。复校后的办学之路极为艰难,校址几经迁移,但学生对水上运动的热爱没有消减,再加上学校由于水产专业的特点对水上运动一以贯之的倡导,因此,在没有固定校址的艰难处境下,学校的水上运动仍然持续发展。借用大夏大学(现华东师范大学)运动场地期间,海大早期学子们在美丽的丽娃河上荡漾着舢板,成为那个艰难岁月里最富有诗意的画面,永远定格在后来海大学子的脑海中。

二、发展中辉煌

新中国成立以来,我国高等教育事业伴随着国家政治、经济、科技、文化的发展,经历了恢复、调整、改革和发展的不同阶段。1952 年 10 月,经过中央人民政府高等教育部在全国进行的院系调整,鉴于已具备的办学条件,1952 年全国院系调整,上海水产专科学校组建成独立的本科学院,被国家正式批准成立上海水产学院。

中华人民共和国的体育性质和地位发生了根本变化,成为社会主义建设事业的组成部分,被列入政府的工作规划。从此,中国体育进入了发展的新阶段。由于当时的体育资源和人才大部分集中在高等院校中,因而,高校作为我国体育运动开展的主要力量开始在新中国体育事业中发挥重要作用。在这样的背景之下,上海水产学院的体育工作也随即步入了全面发展阶段。因学校专业需求而发展起来的水上运动在五、六十年代走向辉煌,既有与学科专业紧密结合的航海多项运动、游泳运动，又有赛艇（包括赛艇、皮艇、划艇、帆艇和摩托艇等）、水球等现代体育运动项目，形成了特色鲜明、形式多样的水上运动教学与训练，在上海市乃至全国都产生了非同一般的影响。

学校水上运动在五六十年代的全面发展与辉煌同新中国体育运动尤其上海水上运动的蓬勃发展密不可分。

在鸦片战争后的一个世纪里，拥有世界四分之一人口的中国因封闭、战火和贫弱而长期无缘世界赛场。新中国成立后，中国的体育事业百废待兴。向世界展现中华民族的自信与自强，是新中国体育事业肩负的历史使命。1952 年 6 月 10 日，毛泽东为新中国体育工作题写了"发展体育运动，增强人民体质"十二个大字，并突出宣传了"发展体育运动，增强人民体质"为生产建设和国防建设服务的重要思想。这一题词明确了新中国体育事业的根本目标和发展方向，极大地激发了人民群众发展体育运动的积极性和主动性，对新中国体育事业的发展起了极为重要的推动作用。从此，我国群众性体育运动蓬勃发展，人民健康水平日益提高。

伴随着全国群众体育活动的广泛开展以及运动员技术水平的迅速提高，50 年代开始，上海市体育运动委员会在工厂、企业、机关、学校广泛普及国防和各项体育运动，新中国的水上运动率先在上海黄浦江开展起来。1956 年春，国家体委拨款 85 万元人民币（相当于如今的 2500 万元人民币），兴建起了新中国第一个水上运动基地——上海市划船俱乐部。1956 年夏天，全欧赛艇锦标赛四人艇冠军——俄罗斯人阿尔希波娃来到上海义务指导年轻人划赛艇，这位全欧冠军在上海仅逗留了短短几天，却最早给上海带来了国外先进的划船技术。有了政府的支持和经费的落实，以及国外先进技术的指导，上海的水上运动在全国先走一步。

上海市划船俱乐部成立后训练了大批高校、工厂、机关的辅导员以及运动员，当时学员除了上海本地外还有江西、山东、福建等省队来划船俱乐部训练。训练班结束后，学员回单位组织基层业余划船队，俱乐部免费提供教练和船艇开展群众性划船活动。这种滚雪球式的培训骨干方式非常有效，仅一年多时间，在划船俱乐部进行业余训练的划船队就有 300 多个。1956 年 8 月,上海市划船俱乐部从全市高校、中学和部分机关、工厂游泳队中选拔了 30 多名运动员进行培训,最终选定 19 名男女运动员,组成上海第一支业余赛艇队。这是上海第一批赛艇运动员,也是新中国赛艇事业最早的开拓者。1957 年 3 月,上海赛艇队在全市高校、中学、工厂和机关培训和选拔新的业余划船队员,通过两个多月的培训组成新的上海划船队,男运动员中就有来自上海水产学院的陈士麟。

20 世纪 50 年代后期,上海划船俱乐部已成为培训全国各省市水上运动教练员、运动员的摇篮。尽管当时划船俱乐部拥有 200 多条赛艇、千余支划桨,可是面对数百个基层运动队,依然是"僧多粥少",俱乐部几乎每天都有上百个运动队,上千人训练,码头上不得不排队上下,黄浦江上"车水马龙",一派繁荣。休息日,划船俱乐部更是人声鼎沸,热闹非凡。经常是数十条赛艇劈波斩浪,竞相追逐。江面上运动员挥桨争先,江堤上加油助威者高声欢呼,黄浦江上呈现出百舸争流的动人场景。而那个时候,上海年轻的小伙子和姑娘们,每天放学或者下班后,就从杨树浦、徐家汇、南市陆家浜等地赶到黄浦江边,像着了迷一样来划几下船,划到手都起了老茧。在这样不断的练习中,学习者很快熟练地掌握了划船技术,划船运动也渐渐走入普通老百姓的生活。

上海的游泳运动在新中国成立之后也领先一步。1953 年 10 月,上海在全国各省市中最早成立了自己的游泳队并开始训练,被称为"华东体训班游泳队",游泳实力国内首屈一指。从 1958 年上海市游泳队选拔出 30 人参加第一届全运会之后的数十年,上海游泳队一直是中国游泳界战绩最辉煌的"水军"。

为迅速提高我国体育运动水平,中华全国体育总会在 1952 年 2 月成立了"中央体训班",即现在国家体育总局训练局前身。体训班的任务是为国家培养优秀运动员,迅速提高体育运动技术水平,争取在国际竞赛中的胜利,为国家争取荣誉,并以他们技术上的成就来推动和影响群众体育的开展。从 1953 年开始的几年时间里,各大行政区、军区都相继成立了体训班,形成了各大行政区体训班、部队体工队相互学习、相互竞争的局面,对于推进当时我国运动技术水平的提高与发展产生了积极的作用。1958 年前后,上海市体委按照上海市政府对参加新中国成立后第一届全国运动会的要求,对原华东体训班(上海市队)的部分运动项目进行了合理布局和调整,希望以多种形式、多种渠道、相互竞争的训练思路,把市级一线运动队布局到部分体育运动开展较好的高校中去,积极备战第一届全国运动会。正是这一决策,使上海市高校竞技运动水平获得了空前发展。例如:当时将足球项目布局在上海纺织大学(现东华大学)和同济大学;排球项目安置在复旦大学;篮球项目进入上海交通大学;乒乓球归入上海化工学院(现华东理工大学)。直到如今,这些学校仍然是上海市高校中该项目开展最好的学校。作为一所具有水上特色的专业院校,上海水产学院的水上运动具有一定的基础和优势,水上项目也就理所当然地被布局过来。这一决策布局使得学校在这一时期拥有了一支具有雄厚实力的水上运动队伍,成为创下辉煌战绩的生力军。

在全国上下体育运动蓬勃发展的大好形势下,特别是中央政府颁发了《关于加强学校体育健康教育指示》《关于改善各级学生健康状况的决定》等文件后,上海水产学院将体育工作提到与德育、智育、美育并重的地位,并配备了专职体育教师,研究改进体育教学,充实体育器材等。体育研究组由体育教员与划船教员共同组成,老师们每学期商议教学大纲,每周检查教育优缺点并设计关于与业务结合的各种体育活动。1952 年,学校制订的《操艇实习暂行规则》规定如下:

1. 本校学生之操艇实习,悉依本规则之规定办理。

2. 操艇练习,需依教务处规定之课程时间进行,天气不正常时,得随时停止。

3. 学生实习时,由操艇教学小组分配端艇,小组长凭领条向贮藏室领取桨、舵、桨叉等用具。

4. 操艇进行中,学生必须遵守教师的指导,以免发生危险。

5. 操艇实习完毕,各小组应负责将端艇碇泊紧缆整理清洁,并交回桨、舵、桨叉。

6. 端艇与用具需加爱护,如有损坏或遗失,须负责赔偿。

7. 凡违犯规则经劝告三次无效者得请教务处予以适当处分。

8. 本规则呈请教务处核准后公布施行。

　　游泳教学是渔捞科学生专业发展的需要,渔捞科的学生入学时要测试游泳技能,未通过者不能就读该专业。7月份到了适合游泳的季节,体育研究组安排一、二年级体育课全部改上游泳内容,高年级各班有计划的利用早上和周末到机校(现上海理工大学)练习游泳。学期结束前体育研究组与体育协会举行游泳等级运动员测验。暑假时间由学校组织成立的"水上运动训练班"带领学生到江湾游泳池进行游泳技能教学,还要教授学生和教工划船和驾驶技术。特别是"以水上运动为主,水陆并举"的教学方针提出以后,我校以水上运动为特色的教学传统及办学理念既已稳步形成。

　　在学校和上海市体委的大力支持和协助下,50年代末上海水产学院建成了开展划船训练条件基本完备的赛艇运动训练基地,并拥有八人艇、四人艇、两人艇、单人艇、皮艇、划艇等多条船只,还有两艘帆艇,竞赛摩托艇等。在当时的上海市高校中可谓绝无仅有。60年代初上海水产学院还建成并拥有了自己的正规游泳池和高跳板,当时算得上是上海最先进的游泳池之一。

　　水上教学形式多样、丰富多彩,水上训练条件日渐完备,有着雄厚实力与优秀品格的水上运动员队伍日益壮大,由此,上海水产学院水上运动快速发展,在舢板、赛艇、游泳、水球等项目上走在前列,取得了我们今天仍无法达到的辉煌战绩。

　　让我们铭记这些难忘的画面:1956年7月,有上海水产学院四名学生代表上海市参加了全国第一届航海运动竞赛大会,获得全国第三名。1957年5月,上海市全市海军舢板荡桨比赛中,水产学院荣获第一名的好成绩。1958年10月,在武汉举行的赛艇对抗赛上,由水产学院学生参加组成的上海市八人艇运动队以7分11秒4的成绩打破全国记录,并创造了世界最好成绩。1958年12月,校男子舢板队在全市男子舢板比赛中获得了预赛第一名、决赛第三名的好成绩。1959年2月,上海市第一次赛艇对抗赛,获得三项第一,即男子四人艇2000

米、男子八人艇 2000 米、女子双人艇 1000 米；四项第二名，即男子单人双桨，女子单人双桨，女子四人艇，女子八人艇。1959 年 6 月，校男女赛艇队获市秋运会赛艇比赛男子单人赛艇第一名和第四名，双人艇第四名，4 人艇第三名，8 人艇第二名，总计总分获得上海市第二名。1959年 6 月，在杭州西湖举行的上海、杭州、贵州、山西四省市赛艇对抗赛中，校双人单桨赛艇、四人赛艇均打破了第十六届奥运会纪录，有四十五人次连破三、四次全国纪录。全市首次赛艇锦标赛获得三项第一名，即男子单人艇 2000 公尺、男子八人艇和女子八人艇。6 名学生参加的高校游泳队获得游泳团体冠军，其中有三项第一名，五项第二名。以水产学院学生为主体的高校水球队获得水球亚军……也让我们铭记那些创造了学校水上运动辉煌历史的名字。

三、坎坷中前行

从 1966 年开始的长达十年之久的"文革"时期，上海海洋大学和全国的其他高校一样，正常的教学秩序遭到了严重破坏。当时各个高校的运动队基本上都被取消，训练与比赛处于完全停顿的状态。迅速发展并创下辉煌战绩的上海海洋大学的水上运动也遭受了前所未有的重创。"文革"中后期，毛泽东重申农业院校不能办在城市，1971 年颁布的《全国教育会议纪要》要求高等农业院校"统统搬到农村去"，由此，学校于 1972 年 1 月 23 日搬迁至福建厦门集美办学，改名为厦门水产学院。全体师生随即开始了在厦门的学习和生活，并在集美度过了 9 个寒暑。在艰苦的岁月里，师生们凭借着坚定的信念与极大的勇气在夹缝中求生存，在坎坷中继续前行。由于广大师生对水上运动的热爱，更由于水产教育的特殊需求，水上运动虽然处于十分困难的境地，但仍然顽强地发展着。

"文革"期间，水上运动中除了游泳之外其他运动项目均被迫中断停止。赛艇被认为是资产阶级的享乐工具，训练场地和船库统统被封掉。赛艇队被迫解散，船艇遭到严重破坏，到 1970 年已经所剩无几。游泳教学和训练虽然受到影响，但由于不太受场地、设备的限制，所以业余游泳训练和锻炼依然是学生的主要体育活动之一。由于专业需要,学校还积极组织一些校内游泳竞赛活动。

这一时期,学校最为重要的游泳活动就是响应毛泽东"到大江大河中去锻炼"的号召,参加上海市各项横渡长江的比赛。毛泽东一生酷爱游泳,并多次在武汉畅游长江,成为脍炙人口的佳话,"万里长江横渡,极目楚天舒"的词句更是激励了一代又一代的游泳运动者。历史上最有名并产生巨大影响的是 1966 年 7 月 16 日,已过古稀之年的毛泽东畅游长江,历时 1 小时零 5 分钟,游程近 15 公里。当年《人民日报》曾这样报道:"毛主席在浩瀚的江面上,时而挥臂侧游,拨开层层波涛,破浪前进;时而仰卧水面,看万里碧空。"游泳时毛泽东对身边陪游人员说:"长江水流湍急,可以锻炼身体,可以锻炼意志。"这一号召在全国人民中产生了巨大影响。随之,各地纷纷以此为榜样依据实际情况开展了声势浩大的学游泳、练横渡的空前运动。

学校在体育教研组和校武装部的组织下,成立了"武装游泳队",当时被大家称为"长游队",由陈亿敬老师担任教练员,在学生中广泛选拔队员并进行强化训练。彼时,游泳横渡已不是一项简单的健身运动,而上升到了表决心、表立场的政治高度。1966 年至 1971 年期间,学校游泳队先后参加了上海市组织的上海至崇明 26000 米、上海至长兴岛16000 米等横渡活动,并获得了上海市武装部的表彰。

1972 年,学校被迫迁至厦门办学。搬迁前夕,体育组李清城老师曾设想把尚存的船艇运到集美开展划船运动,但因船只破坏严重未能成行。1980 年 12 月学校开始回迁上海时,船艇已经统统没有了,只留下黄浦江边一个空空的船库。一些老职工说,八十年代的时候江边还有个船库,船库里还有一些赛艇,后来因无人管理而破破烂烂、七零八散被当地居民百姓当作柴火烧了。国家投入的大量财力物力就这样化为了灰烬。虽然厦门滨临大海,非常适合形式多样的水上运动,但船艇没有被带走,因此,这一时期唯有游泳运动得以延续发展。

在厦门办学期间学校基本承继了上海办学的传统,依然重视对学生游泳和救生技能的训练,把游泳作为了体育教学和训练的主要内容之一,并规定游泳课程是学生体育课的必修内容,要求学生们人人都要学会游泳。体育组老师们制定了游泳课程教学大纲,重新修订了教学讲义,规定了游泳课程的考核标准,借用集美海滩边由陈嘉庚先生当年主持修建的海滨游泳池进行游泳教学。有时候也会在教练的带领下到学校附近一些风平浪静的海湾进行游泳教学和训练活动。

在厦门时期学校办学条件异常艰苦,但依傍着美丽的大海,"海游"成为学生经常进行的业余体育活动和训练内容。当时学校最受瞩目的活动,最受师生们喜爱的活动之一就是学校组织的横渡厦门海湾活动。学校通过这项活动来锻炼学生的身体素质和意志品质,鼓励学生更好地掌握游泳技能。另外,在海滨游泳池举行的"捉鸭子"游戏也是学生们最感兴趣的水上活动,这是流传于集美地区端午节期间的传统民间活动。后来,由于一些游泳比赛活动逐渐恢复,学校游泳队也渐渐开始了正常训练,由陈亿敬老师担任教练工作,在课余时间组织学生进行训练。

上海海洋大学水上运动虽然在特定时期遭受了很大挫折,但即使是在极其艰难的办学环境下,学校把游泳作为专业课程来学习,游泳作为水产人必备的技能已经融化在思想中,汇入到血液里。由于老师、教练员们顾全大局、无私奉献的精神以及对学生的拳拳爱心,学生们对游泳运动的自发性的喜爱,以及在游泳中磨炼而出的坚忍顽强、奋勇直前的可贵品格,这些都使得学校水上运动的优良传统得到延续,水上运动的精神也进一步发扬光大。

四、传承中开拓

在各界知名人士和农业部、教育部的关怀与帮助下,1982年学校回迁上海,由此翻开了历史上新的一页。1985年,经农牧渔业部同意学校易名上海水产大学;2008年经教育部批准学校更名为上海海洋大学,并整体搬迁至临港新校区。伴随着学校每一步跨越式的前进,水上各种运动也得到不同程度的发展,90年代的游泳运动再次创下了辉煌战绩,进入新世纪以来赛艇运动也得到了全面恢复与发展,尤其是近几年来龙舟运动的奋力崛起,是对传统水上运动项目的重要拓展与创新。

　　20世纪80年代初的中国,正是百废待兴,全国上下需要一种精神力量来凝聚人心、鼓舞斗志。中国女排以拼搏精神赢得三连冠、五连冠的成绩,成为当时国人的模范和骄傲,更是中国在80年代腾飞的象征。在中国女排拼搏精神的鼓舞下,"团结起来、振兴中华"的口号在"拨乱反正"之后的青年人中形成一股强劲的凝聚力。恢复后的高等院校师生们也都把全部精力投入到专业知识的教学中,希望把"文革"时期丢失的宝贵岁月弥补回来。因而,师生们的身体健康受到各级教育主管部门和学校领导的重视,各个高校不约而同地把体育作为凝聚力量的切入点,通过开展各种体育活动来发扬爱国主义和团结拼搏精神,培养德、智、体全面发展的社会主义事业接班人,体育也就因此成为全国高等院校最早恢复教学秩序的课程和课外活动。学校的游泳教学和训练活动也就在这样的时代背景之下开始逐渐得到恢复。

　　学校在上海复校后,首先考虑到学科专业的特点,以及历史文化传承的关系,迅速恢复以水上运动为主的办学传统。根据学校人才培养的需要,使每个普通学生都能掌握游泳技能和救生知识,"人人会游泳"成为学校特色体育课教学目标。游泳教师们对游泳课教学进行改革与创新,在逐渐形成团队和优势的基础上组建了校游泳队,多次参加比赛并取得了优异成绩。游泳教师在抓游泳技能教学与训练的同时,特别重视学生的德、智素质教育,游泳队队员们品学兼优,成为全校学生效仿的榜样,在全校师生中产生了较大的影响。

　　20世纪80年代末90年代初,上海水产大学的游泳教学与训练在上海市高校体育工作中得到广泛认可和赞誉,游泳竞技水平和群体活动也走在上海市高校的前列。1991年上海市第三届大学生运动会游泳比赛中,水产大学夺得八枚金牌、七枚银牌和三枚铜牌,获得女子团体总分第二名、男子团体总分第三名的好成绩。1992年上海市大学生游泳比赛中,夺得九枚金牌、九枚银牌和一枚铜牌,获得女子团体总分第二名、男子团体总分第三名的好成绩。1993年上海市大学生游泳比赛中,夺得八枚金牌、六枚银牌和六枚铜牌,获得女子团体总分第二名、男子团体总分第三名的好成绩。1993年上海市大学生短池游泳比赛中,夺得四枚金牌、十四枚银牌和六枚铜牌,获得女子团体总分第二名、男子团体总分第三名的好成绩。游泳运动水平的迅速提高,游泳队伍的异军突起,表明了上海水产大学水上运动在上海市高校中的影响力逐渐恢复。

学校更名为上海海洋大学并搬迁至临港新城以来,"海洋,给学校发展带来更大的舞台"。学校抓住高等教育改革发展带来的战略机遇,开展了"提高质量、转型发展,建设高水平特色大学"为主题的一系列活动。在学校由外延式扩张向内涵式发展模式的转变过程中,学校领导十分重视学校体育工作的开展和高水平水上运动队建设工作,定期召开体育工作专题会议,研究确定学校体育工作的发展目标、重大的体育事项及水上运动的建设与发展。2006 年,学校专门召开划船队成立大会,邀请上海市教委和体育局的领导出席,共同商讨学校水上运动发展战略,聘请了前国家队国家级教练员陈士麟、上海队高级教练员李志斌指导运动队开展训练竞赛工作。2009 年,校领导与国际龙舟联合会主席张发强先生共同探讨学校水上运动复兴战略,集校友力量和社会资源全力支持学校申报龙舟高水平运动队,为海大龙舟高水平运动队的健康发展起到了重要的作用。2012 年,学校成功引进一名曾获得亚洲冠军的赛艇专业教练员。

作为一所拥有着水上运动辉煌历史的海洋大学,在秉承"勤朴忠实"的办学宗旨下,大力发展水上运动以体现海洋大学特色的育人理念,进而使每一个海洋大学的学子通过水上运动对海洋有独到的理解和认识。基于此,学校明确提出了"发展水上运动、振兴海洋文化"的目标,要求重点发展以游泳、赛艇、龙舟等项目为主干的水上运动,进而加强海洋体育文化的通识教育,提高海洋人才的涉海技能,培养具有较高文化素质的国家级运动选手。这一目标的提出得到了学校早期水上运动队员们的积极响应,他们通过不同方式表达了相同的心声。于是,"恢复历史传统、重建水上运动"已经成为新世纪以来学校体育运动的最强音。

上海海洋大学复建赛艇队以来,多次参加全国大学生的赛艇、龙舟比赛。2006 年 6 月 24 日,校新赛艇队参加了上海市首届"港城杯"龙舟公开赛,获得了第三名的好成绩;9 月,参加了在厦门举行的"首届海峡两岸大学赛艇对抗赛",获得第八名;10月,全国秋季赛艇锦标赛在上海举行,海大参加了大学生组比赛获得第三名;2007年9月,第二届海峡两岸大学赛艇对抗赛在厦门举行,海大队员参赛获得第五名;2009年5月,校龙舟队参加第六届中国上海苏州河城市龙舟国际邀请赛,获得第三名;同一时间,校龙舟队参加第三届中国大学生龙舟锦标赛,获得第六名;2009年9月,上海市高校龙舟锦标赛中,学校获得一等奖。2010年6月,在天津举办的首届世界大学生龙舟锦标赛,校龙舟队获得第六名;2011年5月,校龙舟队参加上海市大学生龙舟锦标赛,获得一等奖。2012年6月8日,为庆祝"世界海洋日",上海海洋大学在滴水湖举办首届"海洋杯"龙舟暨赛艇邀请赛,获龙舟、四人皮艇比赛一等奖,八人赛艇比赛二等奖……一系列的比赛以及令人瞩目的成绩证明:上海海洋大学水上运动已走向全面复兴之路。

学校高度重视体育设施的建设和投入,在学校搬迁、新校区建设都面临着种种困难的情况下,水上运动的各种场馆设施在积极筹备创建之中。2011年6月室外游泳池建成并正式投入使用,为广大师生提供了良好的水上健身和训练场地。随后,上海海洋大学第一届游泳比赛在此举行,230余名师生参加了本次比赛。至此,学校水上运动恢复工作得到全面展开,已形成了支持水上运动工作、积极参与水上活动的良好局面。

上海海洋大学水上运动的光辉历史是学校发展的巨大精神财富,水上运动是海洋大学特色校园文化的重要表现形式,也是建设高水平特色大学的重要内容。重振水上运动辉煌,给海大体育教育带来历史发展的新机遇、大挑战,也是海大体育事业面临的前所未有的重大变革。

第三章　体育教育思想启蒙

上海海洋大学历经百年的风雨沧桑,回眸百年,海大的创立与发展离不开前辈先贤的鼎力开拓,正是老一辈水产教育家们锐意进取的开拓精神,朴实求真的治学学风,为一代又一代的海大人奠定了坚实的基础;也正是在他们极富创新意识的办学理念和教育思想的影响下,海大学子们谱写了一曲曲美丽动人的水上欢歌!

一、张謇的体育思想：培养健全之国民

张謇先生字季直,号啬庵,江苏海门人。1853 年出生于常乐镇。清末状元,中国近代实业家、政治家、教育家,主张"实业救国"。1912 年,张謇先生在上海老西门创办江苏省立水产学校,1913 年全校迁往吴淞,故称吴淞水产专科学校,是今天上海海洋大学的前身。

从 1902 年起至 1920 年止,张謇先生先后开办了从小学到大学等各类学校共计 300 多所。他创办了中国近代的第一所师范学校南通

张謇(1853—1926)

师范学校(1952 年全国院系调整时一部分系科迁入扬州成立扬州师范学院)以及中国第一家民办博物馆南通博物苑,中国第一家气象台军山气象台以及高等学校南通大学。参与筹划建立中国近代第一所高等师

范学堂三江优级师范学堂,并参与南京高等师范学校、国立东南大学(后改名为国立中央大学、南京大学、东南大学)、河海工程专门学校(即现河海大学)、复旦大学、吴淞商船专科学校(现大连海事大学)等的筹建。

鸦片战争后,我国海军及要塞几乎全部被毁,帝国主义渔轮不断侵犯我国沿海地区,为了加强海防,维护渔权,兴办水产教育提上日程。"当时筹设本校于吴淞炮台湾(吴淞镇炮台湾位于上海东近30里,淞沪铁路直达,交通方便),并就原有炮台基地以建校舍,用意为吾国既无海军与要塞而不得不训练海事人才……而抵御帝国主义之侵略也。故本校之创设不仅求渔业及船业之发展,实具有反抗帝国主义侵略我国沿海之重要性焉。"1904年8月,张謇先生在咨呈南洋大臣、汇报江浙渔业公司筹办情况时曾提及在申请拨用的吴松海军官地"就住所之旁建屋,仿日本设立水产学会及驾驶练习所";1905年,张先生明确提出:"宜设水产学校一所,讲求捕鱼器具及饲畜鱼子、腌鱼、冰雨、晒鲞诸法,陈列七省及各国船艇、网罟制作诸品,以求改良精进;宜设商船学校一所,先就各沿海渔业较多之地立初等小学校,为期三年,毕业后挑选质敏体健之人入商船学校……"在这种思想的牵引下,张謇先生1905年开始筹办江苏省立水产学校,1912年,凭借官费和江浙渔业公司的资助正式建成。"先借上海老西门江苏省教育会作临时校舍,以该会三楼(三楼系大会堂)辟作教室,招收预科学生。又借小西门林荫里房屋六栋作为学生宿舍。"于1912年1月15日开学。1913年3月,"吴淞炮台湾校舍落成……学校规模初具,乃全部迁入新校舍上课"。因校址在吴淞常熟路,故又称吴淞水产学校,俗称吴淞水产,常熟路也因此改名为水产路,首任校长张镠。当时张镠正从日本东京水产讲习所毕业回国,即受委托筹办水产学校。学校初建时,设四年制渔捞、制造两科,各招30名学生。中国共产党早期著名的领导人张闻天1915年8月至1917年7月曾在此就读。

20世纪初,帝国主义列强的野蛮侵略和中国封建势力的残酷压迫,使中国彻底陷入了半殖民地半封建社会的深渊,人民群众生活在水深火热之中。张謇先生认为中国之所以落后挨打,原因很多,但最根本最深层次的原因,是中国人的素质不高、愚昧落后,因此他将教育是否发达作为衡量一国强弱的重要标志。欧美正是因为有发达的教育,才能有国民素质的提高,才有他们的强盛。张謇先生是中国近代首先提出教育必须使学生德、智、体全面发展,教育必须与生产劳动相结合、与科学实验相结合的教育家之一。张先生积极推进德、智、体的根本目的在于培养"健全之国民",他希望学生都能有"高尚之思想,自立之志气,文明之公理,尚武之精神",成为对国家和社会有用的人。张先生经常提醒学生,当今的世界是竞争的世界,这种竞争是农工商业的竞争,是人才的竞争,是知识的竞争,是能力的竞争。这种竞争是残酷的、激烈的,人们要想在竞争中获得成功,必须具备良好的道德品质、渊博的知识和强健的体魄,这些基本的素质缺一不可。张先生在向封建科举制挑战、大力推进近代教育的实践中,提出了德、智、体全面发展、培养"健全之国民"等教育思想与主张。张謇先生不仅思想上重视体育,更重要的是在教育实践中身体力行,为中国近代学校体育的发展做出了贡献。

张謇先生对学校体育非常重视,他开办的每所学校都建有运动场,并要求各级各类学校中,体育应与其他学科并重,提倡开展各种球艺和武术比赛。为了学习与借鉴西方近代的教育内容,1903 年张謇先生东渡日本,考察了日本学校的课程设置和教学内容。回国后,他对学校的课程进行了精心的设计,高等学校四学年里前三年都安排了体育课。他认为,一个青年拥有一个强健的体魄才能担负重任,同时体育不仅能锻炼身体素质,也是培养遵守纪律、吃苦耐劳和勇往直前精神的有效手段。张先生非常重视国民体育锻炼,极力倡导开展群众性的体育活动,他认为世界上从来就没有民弱而能国强的,因此不惜投入巨资修建体育场、游泳场、竞渡船坞等体育设施。

由于从实业角度出发,张謇先生的体育思想和体育实践不免带有一定的历史局限性,但它对改变中国"文弱"之风,培养民众尚武的精神,起到了积极的作用。张先生不仅重视学校体育,也重视社会体育、军事体育,对中国近代体育的发展做出了贡献。

二、陈嘉庚的水上情结：培养海军后备力量

陈嘉庚（1874—1961）

陈嘉庚先生，福建同安县集美社人（现厦门市集美镇），南洋著名爱国华侨企业家，是马来西亚及新加坡地区著名华人企业家，东南亚地区华侨领袖。陈嘉庚先生和上海海洋大学的前身有着诸多的"水产"渊源。他当年倡导实业救国，兴办水产、航海教育，重视学生德、智、体全面发展，并在福建与新加坡创办了多所学校，其中的集美水校成为我国水产教育发祥地之一，为日后学校搬迁厦门创建厦门水产学院提供了良好条件。

陈嘉康先生早年侨居南洋，他从小酷爱大海，为了兴学救国，在家乡集美办了很多学校，其中厦门大学航海系、集美水产学校、集美航海学校等均与"水"结缘。早在南洋经商的时候，陈先生"眼见欧美人士对体育之提倡，不遗余力"，而对照旧中国体育落后的现状，他"抱定决心，以提倡体育，恢复国民健康为振兴教育之先决条件"。

1913 年，陈嘉庚先生在集美创办了第一所学校时，他就坚持了德、智、体全面发展的办学宗旨。综观集美学村校舍建筑可以发现"有校就有场"，楼前楼后建造了许多便利师生就近锻炼的田径场、篮球场、排球场、足球场、游泳池。回忆上海海洋大学在厦门办学期间，师生们就在陈嘉庚先生当年创办的集美水产学校的校舍里学习，在海滨游泳池里开展游泳教学和训练，在集美学村的龙舟池里划龙舟，使得海大水上运动的优良传统得以继承延续。

陈嘉庚先生极力倡导开展水上运动，重视体育教育。他主张每个学生都应到大海中去磨炼一身扑风斗浪的本领。他强调："爱国始于爱乡、强国必先强民"，"健全的事业，寓于健全的精神；健全的精神，却寓

于健全的身体",他强调:"吾校注意德智体三育,故对学生学习、操行、运动优者给奖之举。"他极端反对学生如机械一样读死书,一再要求,学校教育"不但教其识字而已,其他如知识、思想、能力、品格、实验、体育等课外活动,均须注重,与正课相辅并行"。这些话深刻地说明了早在九十年前,陈嘉庚先生就倡导全面发展的教育方针了。

1919 年,陈嘉庚先生增设水产科、商业科。因为水产科教学的实际需要,陈先生将原来的养殖池改为泅水池,进而辟为游泳池,就是现在所称的"内池",此后又相继修建了"外池",并分属男女各用。也正是这一年,远在上海的江苏省立水产学校也修建了历史上第一个游泳池。为了使学生更好地学会游泳,他躬亲选址、筹建,亲自拄着拐杖到海边徒步度量,并在泳池建成后一年四季免费对外开放。此后,陈嘉康先生还把端午赛龙舟这一传统习俗与学校的水上训练结合起来,为了避免海上赛龙舟风浪大等诸多弊端,他在集美学村修建了龙舟池,并在每年的端午节亲自主持赛龙舟活动。使集美龙舟赛成为厦门地区远近闻名的端午节活动。从 2008 年开始,集美龙舟赛这一活动正式升格为国家级竞赛活动。

当时,集美各校中要数水产科和航海科的学风最好,学生学习最为勤奋,体育锻炼也最为活跃。学生的体育课教学内容结合了学校"水上"学科专业的特点进行安排,并在教学大纲和计划中规定以游泳为主要内容,游泳达不到规定程度,不予毕业。把游泳课程教学从体育课程表中单独拉出来,由体育教师利用早晨和下午下课后组织同学进行课外训练。学校规定:"凡课外活动缺席者,每二小时当作正课缺席一小时计算。"为了激励同学们进行艰苦的操艇训练,学校教师包树棠和吕蕴山还专门创作了一首《操艇歌》:

> 浔江浔江,滔滔白浪,
> 万里乘长风,击楫气何壮。
> 冒险精神,冒险精神,
> 丈夫当仁不让,丈夫当仁不让。
> 东越古民魂,劲悍良堪尚,

挽我海权,挽我海权。矢志前往,矢志前往,

同学们、大家们,努力,努力! 桨,桨,桨!

每年各校联合举办的运动会都要设置游泳比赛项目,水产科的学生还要进行六种水上表演:1.侧游团体表演;2.蛙跃团体表演;3.背游团体表演;4.立游团体表演;5.潜游表演;6.救生术表演。

1923 年 5 月,出于保卫海权,报效祖国的强烈愿望,集美学校水产科创办了"海上童子军",结合专业特点,陈嘉康先生提出了以海上训练、增进海上智能、培养义勇精神、练就健全体格、作为海军的后备军作为目标的培养理念,是当时全国仅有的"海上童子军"。海上童子军刚成立时,由水产科各组学生严格挑选组成,共有队员 56 人,分为鲸、鲷、鲤等三队,由顾拯担任总教练。海上童子军的入队宣誓是:"我诚心立愿永世不忘;(一)尽国民之责任;(二)随时随地扶助他人;(三)遵守海上童子军规律。"

海上童子军的训练有一整套计划,须先修毕陆上童子军初级本功课而后始可进习海上童子军课程。其学程分为六种,其中前三条为:

第一,驾驶:(1)能扳桨摇橹及掌舵;(2)能做各种船用绳结;(3)能顺次背诵罗针方位;(4)能自帆装之不同辨别船舶;(5)知拖船之方法;(6)能停船合法;(7)能合法掷一救生绳;(8)能独自驾驶帆船。

第二,游泳:(1)能不脱衣服游五十码;(2)能在水中脱去衣服;(3)能用胸游法游五十码;(4)能两臂交叉身上,用背游法游五十码;(5)能潜水底觅物。

第三,救生:(1)能拖一假定之溺者至十码以上;(2)熟悉各种救生法及人工呼吸法;(3)能使用各种救生器具;(4)能参与救生艇放下工作。

早在 1917 年办校之初,陈嘉康先生就提前致函上海海洋大学创建之初的江苏省立水产学校,希望能聘请一二位教师。当时江苏省立水产学校回函说:"水产教师国内无处可聘,本校亦甚需用,仍付缺如。现有三位高才生本届可毕业,如有意,可资以经费往日本留学。两年后便可回来任教师。"陈先生当即复函应承,并于当年捐资送江苏省立水产

学校高才生冯立民（江苏宝山人）、张柱尊（别号君一、江苏江阴人）、侯朝海（别号宗卿，江苏无锡人）三人前往日本留学，预聘他们回国后到集美任教。其中的冯立民和侯朝海两位先生后来都成为江苏省立水产学校的开拓者。

1919 年 9 月，日本留学归来的冯立民便应聘到集美学校。陈嘉庚先生立即请他共同筹办水产科，并研究招生的办法。张柱尊和侯朝海先生后来也到集美任教，成为骨干教师。陈嘉庚先生聘请冯立民先生为水产科主任，张柱尊和侯朝海先生分别担任副主任和专业负责人。冯立民和侯朝海两位先生自 1919 年来到集美直至离开，共任职数年之久。集美水产、航海科在办学之初，经常和江苏省立水产学校在水产教学、海上实习、渔业研究方面进行合作与交流。

1924 年 8 月至 1925 年 1 月，冯立民先生回到母校江苏省立水产学校担任校长，由侯朝海先生代理水产科主任。为了适应社会对水产航海高级人才的需求，提高毕业生的水平，由侯朝海先生倡议，集美学校水产部于 1925 年 1 月改组为集美学校高级水产航海部，仍由冯立民为主任。当时，学校曾专门发表了一个《集美学校水产部改组高级水产航海部缘起》，文中指出："渔业航业之盛衰，皆与民生国权有密切之关系。本校为利民生而振国权起见，是以水产航海相提并重。"文中提出了本校的办学目标是"造就渔业航业中坚人才，以内利民生，外振国权"。1929 年 1 月，冯立民再次回到上海担任江苏省立水产学校校长，并将教职员王喻甫、曹镜澄、吴子熙、王乐明等也一并带到江苏省立水产学校任教。

冯立民、侯朝海先生不但学有专长，而且具有强烈的爱国主义思想，他们办学的指导思想与陈嘉庚先生非常一致，都是为了"开拓海洋，挽回海权"。冯立民先生曾说："我国海岸线最长，渔产最富，而渔业不甚发达，抚躬自问，惭愧滋深！从今而后，甚望国人当仁不让，急起直追，庶几海疆利益，有挽回这希望也！"作为第一任校长，他为集美水产科以至集美高级水产航海学校的筹办与发展，作出了开创性的贡献。抗战胜利后，侯朝海先生也回到阔别数十年的母校，担任了江苏省立水产学校校长。

三、侯朝海的教育思想：培养忠诚务实水产人才

侯朝海（1896—1961）

侯朝海先生 1913 年考入江苏省立水产学校，成为该校的第一批学生。1918 年 1 月，受爱国华侨、事业家、教育家陈嘉庚先生的资助，侯先生作为吴淞水产学校渔捞科的优秀毕业生赴日本留学，学成回国后，来到陈嘉庚先生创办的集美学校水产科任教，先后担任教务主任和水产部代理主任。1925 年 2 月，侯朝海先生辞去集美学校水产部代理主任之职北上上海，回母校江苏省立水产学校担任校长兼远洋渔业系主任。在动乱多舛的年代，侯先生奔走呼吁，延揽人才，为我国早期水产教育事业做出了突出贡献。抗战时期，侯先生辗转重庆合川，继续举办水产教育，延续了我国水产教育的一系命脉。新中国成立前夕，侯先生东奔西走，四处筹措，甚至自己三年不取薪水，为江苏省立水产学校在上海复校立下汗马功劳。

侯朝海先生一生热衷于水产教育与渔业发展，热心办学，在水产教育办学中秉承了陈嘉庚的办学思想，结合水产专业的实际特点，采取了一系列举措推动了水产教育的发展。

集美学校水产部的课程安排体现了重视实践、学以致用的办学原则与理念，实习和技能训练占有较大比重。通过各类实习，严格训练学生专业的渔航技能。因此，水产部学生的六种实习内容就包括游泳和操艇实习。暑假时候，是游泳实习时间，学校建有鳌头宫、大王宫游泳池。除到台湾、浙江等沿海实习外，在校则安排学生用端艇实习。《水产部学生端艇实习规则》规定：端艇实习分数与讲堂分数统一办理。学生实习时，对于指挥者有绝对服从之义务，实习时，所应用之船桨锚索诸具，应共同爱护，在上艇前或下艇后，经甲乙两组艇员轮流携带，不得推诿卸责。非在实习时不得到艇内任意玩弄，防伤船体。

侯朝海先生对学生的身体健康很关心，非常重视体育教学。在经

费紧张的条件下，侯先生勤俭办学，精打细算，尽可能挤出经费建设相应的体育设施，添置必要的体育器械，加强体育教学，培养学生健全的体格，以适应水产职业需要。吴淞水产专科学校复校后，"水产学校教育因含有劳苦、危险、秩序、生产、巩固国防等性质及地位，应选择体格强健耐劳之学生，免收学膳等费，以培养之；并以渔业教育为海军预备教育的一种，以便利养成海上耐劳有秩序的人起见，应以海军教育训练之"。[1]

学校复学初期，校址几经迁移，办学之路异常艰难。1949 年 8 月，上海市政教育处要求学校扩大招生，由于复兴岛校舍不敷使用，经上海教育局同意，曾暂借宝通路 100 号凌州中学校舍一幢作为分部，新生和并入的职业部安置在分部办学。随着学校规模的逐渐扩大，宝通路 100 号已经不堪重负，且学校的经济状况堪忧。侯朝海先生一心想的是"让学生们真正过上大学校园的生活"，他一度用本人私款支付办学费用。在这样艰难的情况下，侯朝海几乎跑遍了整个上海，终于找到了大夏大学（今华东师范大学）。时任大夏大学校长欧玉怀被侯朝海对水产教育事业的尽心尽力所深深打动，同意水产的学生与大夏大学的学生合用一个食堂和一个运动场。在大夏学习生活的时候，江苏省立水产学校的学生们也生出了许多烦恼：由于他们多出身贫困，可偏偏又置身于富家子弟较多的丽娃河畔，常常撞见爱侣双双入对泛舟丽娃河上，自己却形单影只……侯朝海敏锐地洞察出学生的心理，他想方设法从渔管处借来几条舢板，召集同学们说："从今天起这整条丽娃河是属于你们的啦!"于是，在这洋溢着涓涓爱意的丽娃河上，又多了一道阳刚雄奇的风景，同学们不仅获得了强身健体的锻炼机会，更是陶冶了情操，完善了人格。

由于分散办学甚为不便，由华东水产管理局努力斡旋，经华东农林部同意，将原中央水产实验所地皮和房屋转拨给上海水产专科学校即现在的军工路 334 号校址，同时批准在军工路 580 号获地 273.6 亩教学用地（北靠民治路，南邻沪江大学）。至此，学校终于结束了长期分散

---

[1]《中国各省市应有之水产教育设施》。

漂泊的办学历程。新中国建国初期，政府财力有限，一些水产学校在苦难中或者停办或者被合并。

大海能够锻炼人的意志，锻造永不言败的坚毅精神。海洋渔业是一项艰苦而特殊的专业，学子们要面对晕船、缺乏淡水和蔬菜，整天面对单调的大海，难以想象的寂寞、孤独、闭塞、远离祖国和对亲人思念的严峻挑战。侯朝海先生一再对学生强调："水产学校教育因含有劳苦危险、秩序、生产、巩固国防等性质及地位，应选择体格强健耐劳之学生免收学膳等费以培养之。"50年代侯朝海又提出学生"要有健康的体魄，才能胜任于海洋工作"，学校要"重视学生基本素质与习性的养成"，人才的培养在强调技术技能培养的同时，还要非常注重锻造和磨炼学生的意志质量，造就他们在艰苦条件下吃苦耐劳、勇于拼搏、坚忍不拔的意志。1953年前后，海洋渔业系的学生学习负担一度过重，体育锻炼减少，身体素质普遍下降。有几次出海实习，很多学生刚上船的时候，心情很激动，期待着在广阔而神奇的大海上航行，但船刚离岸一会儿，就有同学开始头晕、呕吐，有些学生甚至难以忍受晕船的痛苦。实习中学生有三分之二晕船，数量超过以前任何时候。在一次教务长会议上，侯朝海先生焦虑地指出："海洋渔业系方面一定要使同学身体好，否则就失去培养学生的用意了，就不能使学生参加海洋渔业的工作，以后一定要设法使学生能够保持良好的健康。"先生对学生关怀备至、和蔼可亲，常用自己的工资接济贫困学生。学生称他"爱学校胜过爱家，对学生比对自己的孩子还亲"。据郭南麟（1962届，工业捕鱼专业）老师回忆说："赛艇队每次出去比赛前，队长林启仁（1959届，海洋捕捞专业）和我总要先向系主任侯朝海先生汇报，侯朝海老先生总是会从自己的薪水里拿出些钱来交给队长，嘱咐我们给队员们买些饼干、糖等补充些能量。"

侯朝海先生鼓励学生学以致用，积极从事水产工作，他要求师生到大风大浪中经风雨、见世面，拜渔民为师，认真学习渔业生产知识与技术，使教育与生产劳动相结合，培养一支拥护党的事业、熟悉生产技术、身体健壮，能吃苦耐劳的新渔民大学生。在侯朝海先生的影响下，学校根据"教育为无产阶级政治服务，教育与生产劳动相结合"的教育方针，在1958年开始了教育革命，大批师生走面向生产和渔民相结合的道路，深入渔区、渔村，参加劳动。1958年10月，海洋渔业系126名师生与13万舟山渔民一起投入了声势浩大的冬季带鱼汛生产。两个多月的生产实习与现场教学，既密切了和渔民的关系，了解了生产实际，又结合实践更好地学到了理论知识。

特殊的经历和感受，以及对大海怀有特别的感情，侯朝海先生一生特别重视渔捞和航海人才的培养。在几十年教育实践中，侯先生不畏困难，孜孜以求，把"培养忠诚务实水产人才"作为毕生目标。在水产学校办学的艰难时期，如果没有侯朝海先生的奋力支撑，1952年在上海成立全国第一个水产本科院校是难以想象的。

水上运动在上海海洋大学的全面普及与鼎盛辉煌确是同前辈先贤的种种努力分不开，他们先进的体育思想与教育理念哺育了一代代海大学子的成长，成为海大精神宝库中的一份耀眼的珍宝！

贰

发展

——长风破浪会有时，直挂云帆济沧海

第四章　承载记忆的游泳

　　游泳是在水中凭借自身动作适应水、驾驭水而进行的活动。众所周知，我们生活在一个百分之七十都是水域的星球上，水是生命之源，人类对水有着与生俱来的原始性喜爱和依恋；水是人类生产、生活的基本环境，游泳是人类与水为伴的基本技能。作为一项体育项目，游泳运动由于其特殊的运动环境、独特的感受体验、风格迥异的泳姿，更因从运动员身上所呈现出的坚忍顽强、奋勇前行的拼搏品质，从而具有无穷的魅力而广受人们喜爱。

一、早期开展的游泳活动

　　上海海洋大学建校伊始就已经具备了开展游泳活动的良好自然环境：学校四周有护校小浜与随塘河相通，校门朝东径直向前200米即到黄浦江边。学校的水产专业特点要求学生经常要到野外进行水上实习和作业，在江河湖海中游泳是大家必须首先掌握的技能，因而，学校附近的河浜漕渡以及黄浦江就成为学生学习游泳技能和锻炼常去的地方。

　　为了保障安全，学校每年还要定期举行一些救生和安全培训，向学生传授一些简单实用的游泳救生技能。也就是在这样的锻炼中，师生们总结出了不少在江河中游泳的经验和常识，并作为学生的专业知识在一代代学子中传授下来。以至于今天一些20世纪50年代的老校友还能随口说出好几条。例如，学校带学生去江河中游泳，首先会教学生辨识水性,即懂得河流的流速、流向、河水的深浅及其分布。在仅有主流的河中游泳,游泳者很容易被水流带到较远的地方,这样一来,既消耗体力又耽误训练;如果照顾不周,还会出现危险。所以,大家去江河中练习游泳首先是选择一处最佳地点,在有河湾的地方就有洄流,选择有洄流的地方游泳,不仅水势平稳,而且游泳者节约体力,增加了训练时间。在善于利用洄流和主流的情况下,在先"溯洄"后"溯游"的情况下,游泳者不会游出很远。因而,师生们在江河中游泳,一般都会选择有平稳流速的洄流之处,或有河湾的河段。

随着学校办学规模的扩大,校舍的建筑面积达到了 3000 平方米。教学楼、学生自修室、织网工场和制造工场等教学与实践场所基本完备,另外较适合开展体育运动的场地如足球场、篮排球场、游泳池等设施一应俱全。从晚清到 20 世纪 30 年代,上海市内游泳池仅有 20 家左右,而由学校所修建的游泳池也就只有圣约翰大学、交通大学、沪江大学等几所高校。学校游泳池的建成,为广大师生开展游泳活动和游泳教学创造了良好的条件。

1951 年国家提出"劳卫制"锻炼标准成了当时学校体育的主要内容和形式,成为衡量学校体育工作的主要标准。游泳一直是学校坚持开展的体育运动项目。然后,国家体委联合高教部、教育部、卫生部、团中央,发出了《关于在中等以上学校开展群众性体育运动的联合指示》,提出了各级学校应根据具体情况,把体育运动的普及和提高结合起来,开展为广大学生所喜爱的体育活动和运动竞赛。1952 年 2 月,薛颂棠老师来校担任体育组长,其他体育老师也相继来校开展体育工作。薛颂棠除承担课务、财务、组织及联络工作外,主管水上运动教学与比赛。学校设立了划船教学小组,负责划船教学及保管水上活动用具。由此,学校的水上运动教学和各种竞赛活动逐渐开展并壮大起来。

薛颂棠,江苏人,毕业于武术家张之江在南京创办的国立国术体育专科学校,该校国术和西洋体育并重,为我国培养了大批优秀的体育教育家及优秀人才。薛颂棠曾任湖南省立第六十中学、苏南无锡市中学体育主任,南京军事学校、湖南大学体育教师。薛颂棠擅长游泳教学和裁判工作,经常参加上海市举办的国内国际游泳比赛裁判工作,并担任上海市高校游泳队集训指导工作。① 在薛老师的指导与训练下,学校游泳和划船运动水平上升很快,队伍也快速壮大起来。

体育组长薛颂棠(后排左 1)老师与海洋渔捞专业学生在江湾游泳池合影(1952 年,林济时提供)

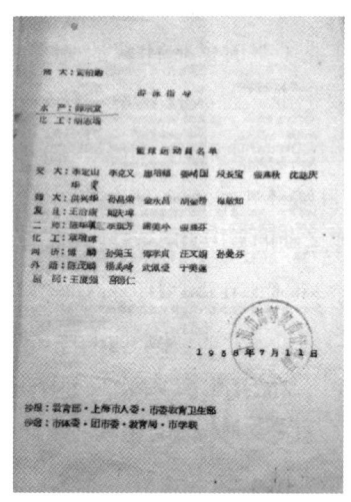

上海市高等教育管理局抽调薛颂棠担任上海高校游泳队教练的通知

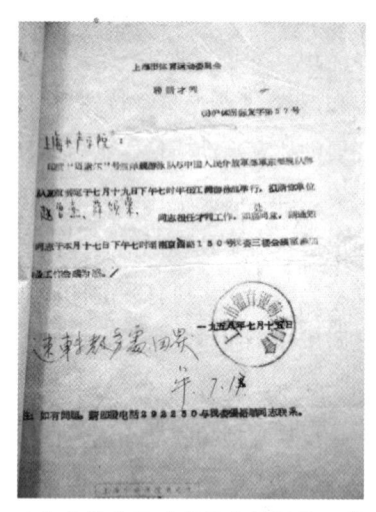

上海市体育运动委员会抽调薛颂棠担任印度"迈索尔"号巡洋舰游泳队与中国人民解放军海军东海舰队游泳队友谊比赛裁判长的通知

① 《58 沪高学字第 967 号》文件,校档案馆。

随着游泳运动的不断发展,学校的游泳项目开始在上海市有了一定的知名度,并在上海市高校中具有了相当的影响力,这为学校游泳运动的全面发展创造了条件。和游泳训练一样,新中国成立以后,学校一直都非常重视对普通学生游泳技能的培养。通过体育课、群体竞赛等有组织的游泳教学和训练活动,对学生进行系统、科学的培训和提高。那时候,学生常常要去基层参加"学工"和实习,经常被派到舟山的渔船上(一般都是当地渔民的木船和机帆船),到各个岛上去拉网、捕鱼。因此,必须首先要学会游泳和救生技能。在学校领导的重视下,体育教研组参照当时上海"中国青年会游泳团"的培训教程,负责自编了《上海水产学院游泳课教学大纲和教学计划》;夏季期间,在所有学生中集中开展游泳课教学和群体活动,游泳课教学和活动占到这一阶段体育教学和群体活动 20% 以上的内容和课时,由此也诞生了一批游泳好手。1954 届渔捞科的刘嗣淼就曾在上海市游泳比赛中获得过十余块金牌,毕业后分到舟山工作,据说还因游泳好救过人摘掉了"右派"的帽子。

由于当时上海市高校之间没有系统的游泳比赛,学校就经常在校内组织一些系、年级和班级之间的游泳竞赛活动,学生们也经常和校外的一些高校、企事业单位举行一些业余的竞赛和交流活动。为了满足普通学生的游泳需求,同时考虑游泳安全问题,学校积极和附近的游泳场馆联系,尽一切可能创造条件为学生开设游泳课教学和培训,借用沪东游泳池以及杨浦区江湾游泳池等场所为运动队和普通学生开展训练和教学活动,虽然之后国家遇到经济困难,体育课停上,但游泳却一直成为师生不间断的体育活动之一。

当时,在学校附近有一片如今被称作"白洋淀"的水塘,新中国成立后上海市政府把它辟为了天然游泳场,名为上海市白洋淀游泳场。那儿就成了师生常去练习游泳的地方。那时候游泳场招收义务救生员,待遇是值一场班给三毛钱补贴费,每月还可以获得游泳赠券二十多张。学校的一些游泳高手自然也成了游泳场的义务救生员。而这些学生所获得的赠券自然也成了当时同学们眼中的"香饽饽"。后来,游泳场经常被附近的各大单位和部队包场。学校的师生就被聘请来担任教练和救生工作。为此,部队和各大单位还常常请他们吃饭。

二、游泳运动勇攀高峰

(一)"水产游泳队"的成立

1955 年国家体委发出了《关于积极开展暑假学生体育活动的通知》,游泳更是成为学校师生夏季体育活动的主要内容和方式。这一期间,学校也成立了游泳队,由薛颂棠老师担任教练工作,经常代表学校参加一些上海市的业余游泳比赛和兄弟单位的交流活动。

20 世纪 50 年代开始,无论是专业性竞技训练还是群众性竞赛活动,游泳、赛艇、皮划艇、水球、舢板等多项水上项目在学校全面开展起来,而游泳项目正是当时这支生力军中的排头兵。校游泳训练队正式成立以后,开始招收游泳特长生。当时的训练队招收的游泳队员一般都来自于一些基层业余队、区县代表队和青少年队。进校以后,学校依据上海市游泳队的训练模式,结合队员的实际情况,制定出了游泳队的全年训练计划,将一年分成几个不同的周期,规定每周期的目的、任务和时间,排好运动量和训练手段;明确了身体素质和运动技术全面发展的原则,在技术动作训练中强调以质量为主,在训练方法中不片面追求动作的形式;通过大量陆上训练来提高身体素质,贯彻国家提出的大运动量训练的原则。队员们每周要训练 3—5 天,每天训练两次,遇到比赛前还要集中训练,加量加强度,一天下来,训练量远远超过了10000 米。

由于游泳队建队之初没有固定的训练地点,薛颂棠老师就常常带着队员们四处"打游击",租借游泳池训练,有时候甚至要赶到广中路的海军总部游泳池训练,遇到没有交通工具的时候,队员们就跑步到广中路参加训练,并把跑步作为当天陆上耐力训练的一项内容。经过一段时间的训练,队员们的成绩提高很快,开始代表上海市高校参加上海市、华东区乃至全国的比赛。并迅速成为当时上海市三支重要的游泳队伍之一(其他两支为徐汇区游泳队、海军部队游泳队),在上海市游泳界形成三足鼎立之势,为学校乃至上海市获得了很多荣誉。

1960 年 1 月,为了使上海市高校体育优势项目的布局更加合理,

上海水产学院运动队登记表

队名　游泳队　　　　　填表日期：

队长：＿＿＿＿＿　　班级＿＿＿＿＿　　宿舍＿＿＿＿＿
付队长＿＿＿＿＿
政治指导＿＿＿＿＿
＿＿＿＿＿＿＿＿＿＿＿

队员	性别	年令	班级	是否团员党员	宿舍	备注	
陈发渔	男	17	加67	团		左	33
高从苏	〃	18	渔67			左	33
刘献忠	〃	20	科67			左	33
童瑞鹏	〃	20	科67			右	33
陈迅千	〃	18	科67			右	33
王大饮	〃	18	科67	团		右	33
陈政安	〃	20	科66	团		左	33
周运祥	〃	19	科64	团	104	左	33
林党口	〃	25	科64	团	104	左	33
毛威	〃	22	科64	团	104	右	33
李之师	〃	24	科64		104	晚	31
李卫成	〃	23	科63		104	左	33
李长千	〃	24	科63	团	104	右	32
黄香谍	〃	20	科60		104	左	33
吕福勤	〃		科65		103	右	33
柳庆春	〃		海63	团	103	左	32
朱名孙	〃		渔64		103	右	33
王子保	〃		渔65	团	103	右	33
缪永彤	〃		冷63		103	右	33
芦业光	〃		加66			左	33
沈静华	〃	21	海66			左	33
胡隊狂	〃	18	科67			左	33

上海水产学院运动队登记表

队名：　　　　　　　　　　　填表日期：

队长：	———	班级	———	宿舍	———
付队长：	———				
政治指导	———				

队员	性别	年令	班级	党团员	宿舍	备 注
宋锡坤	女		淡67		304	左	33
阳青嫣	〃		〃	团	304	右	
十石秋	〃	18	淡67				
何菱莉	〃		淡67				33
赵俐红	〃		淡67	团		较	30
潘丽里	〃		〃	团		左	34
薛贤利	〃		〃	团		左	33
惠秀英	〃		〃	团		左	31
时兆恕	〃		〃	团		左	30
高惠平	〃	22	〃	团		左	33
罗十娟	〃		科66			较	31
郭素玉	〃		淡64		左		30
谭桂平	〃		〃	团	左		32
杨素青	〃		〃			右	33
秦珍	〃		科66	团		右	32
闻颖轧	〃		企65	团	左		33
王礼祥	〃		淡轧66	团	左		31
志芳用	〃		淡轧65	团	左		33
小英	〃	20	蒸64	团			
闺苗涛	〃		1淡66	团		右	

上海市批转了高教局《关于高校开展文体活动的报告》,提出了把分散在各校的高校代表队成员全部集中在一所学校学习。游泳和水球两个项目就被集中在学校,并继续代表上海市高校参加上海市各项游泳比赛,并仍由体育教研组组长薛颂棠老师亲自担任教练工作。

20 世纪 60 年代以后,在继续贯彻"三从一大",即从难、从严、从实战需要出发,大运动量训练的指导思想,强调身体素质和运动技术全面训练的同时,校游泳队采取了以水上训练为主,水陆结合的训练方法。水上训练采取长短结合,突出主项,特点是运动量大,次数多。陆上训练采取以力量为主结合柔韧训练和耐力训练的方法。这一方法产生了明显实效,游泳成绩大幅度提高。队员们回忆当时陆上训练采用最多的是耐力长跑和多组次器械练习,当时耐力跑要从学校一直沿着现在的军工路跑到张华浜然后折返再跑回学校,稍事休息后,还要进行力量训练,包括深蹲杠铃、蛙跳、引体向上等内容。队员们在训练中还常常互相比赛,看谁完成的质量高、速度快。

虽然在 20 世纪 60 年代初由于自然灾害等出现了极其困难时期,市级运动队曾精简压缩,但作为上海市游泳运动的一支重要力量,学校游泳队的系统训练并没有中断,游泳项目仍然保持着上海市级水平。

薛颂堂(左 1)老师与队员在学校操场合影(1960 年,张关忠提供)

随着游泳竞技水平的不断提高,20世纪60年代初,学校体育工作也随即确定了以水上项目作为重点的发展思路,在原有的机制上完善并建立了系统的游泳训练体系。在全校师生的共同努力下,在随后的几年中,"水产游泳队"在上海市高校中逐渐成为一块响当当的招牌。上海市教委决定由学校全权负责上海市高校游泳代表队的训练工作,并继续由学校体育教研室负责教练工作,训练地点设在当时的上海市青年宫游泳池,校游泳队代表上海市高校系统参加上海市乃至于全国的游泳比赛。

(二) 游泳运动勇攀高峰

在20世纪五六十年代期间,上海市的各竞赛项目基本分为专业组和业余组两个组别进行比赛,学校游泳队员最初都参加乙组的各类比赛。由于经常和上海市专业组的队员一同训练和比赛,加之队员们训练刻苦,学校运动水平大幅度提高,运动成绩逐渐达到甚至超过当时的专业组水平,涌现出了被称为当时"水产五虎"的赵永坚、张关忠、林志强、许品诚、周润卿五位同学。由于已经和当时上海市游泳队的水平不相上下,为了备战第一届全国运动会,他们被选入了上海市游泳集训队,保留学籍脱产一年集中进行训练,并代表上海市参加华东区及全国的游泳比赛。

在1958至1962年期间,以上海水产学院为主组建的上海市高校游泳代表队在上海市运动会游泳比赛中获得了突出的成绩,被公认为当时上海市游泳比赛中最强的种子队,这支队伍在碧波清水里奋力争上游,多次取得优异成绩。

1958年,上海市第二届运动会游泳比赛中,张关忠获400米混合泳亚军;赵永坚、张关忠、林志强、许品诚四位同学代表上海市高校游泳队获得4×100米混合泳接力的亚军。

1959年11月14—15日,在上海市第三届运动会游泳比赛中,以上海水产学院为主组建的上海市高校游泳代表队在上海市运动会游泳比赛中以85分获得了游泳比赛团体冠军。其中,许品诚获100米和200米蛙泳冠军;张关忠获100米自由泳冠军;赵永坚获100米、200米自由

校游泳队员在上海市第二届运动会游泳比赛中获得的奖章和荣誉徽章（林志强提供）

泳亚军；周润卿获 200 米仰泳亚军、100 米仰泳第五名；许品诚、周润卿、张关忠、赵永坚获得了 800 米自由泳接力第二名；许品诚、周润卿、林志强、张关忠获得了 400 米混合接力第二名。

获 1959 年上海市第三届运动会游泳比赛团体冠军的校游泳队员（林志强提供）

　　1960 年，在上海市游泳锦标赛中，张关忠、周润卿、张王明、赵永坚获得 4×100 米混合泳接力冠军，并以 5 分 10 秒 7 的成绩打破 5 分 19 秒 8 的

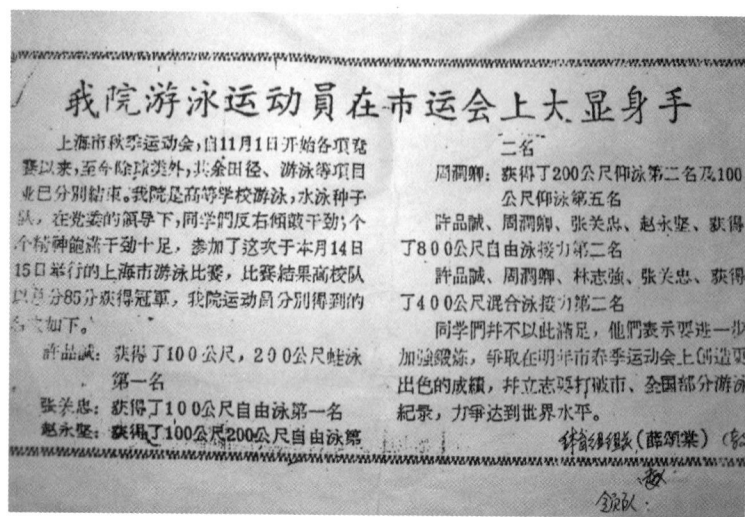

校报对游泳健儿获得市级比赛荣誉的报道（1959 年）

上海市高校纪录；蔡兴邦、赵永坚、陈焜森、张关忠以 10 分 49 秒 4 的成绩打破 11 分 03 秒 8 的 800 米自由泳接力上海市高校纪录；陈焜森以 23 分 59 秒 9 的成绩打破 27 分 59 秒 5 的上海市高校纪录；获 1500 米自由泳第二名；此外，陈焜森的 800 米自由泳、周润卿的 100 米、200 米自由泳、蔡兴邦的 200 米自由泳、张关忠的 400 米个人混合泳都获得了较前的名次。

校报对游泳健儿获得市级比赛荣誉的报道（1960 年）

教练薛颂棠(右3)老师和"水产五虎"①在比赛场上

校游泳队员参加上海市游泳比赛时的成绩登记表(张关忠提供)

① 左1：周润卿；左2：许品诚；左3：张关忠；右1：赵永坚；右2：林志强。

取得以上成绩的 50—60 年代的游泳队教练员与队员们有：教练员薛颂棠老师，主要队员：赵永坚(1964 届海水养殖专业)，国家一级游泳、水球运动员；张关忠(1964 届工业捕鱼专业)，国家一级游泳、水球运动员；林志强(1964 届淡水养殖专业)，国家一级游泳、水球运动员；许品诚(1964 届学生海水养殖专业)，国家一级游泳、水球运动员；周润卿(1964 届工业捕鱼专业)，国家一级游泳、水球运动员；陈焜森(1964 届学生海水养殖专业)，国家一级游泳、水球运动员；刘渝仙(女，1964 届淡水养殖专业)，国家二级游泳运动员；魏绍芬(女，1968 届水产养殖专业)，国家二级游泳运动员。

（三）游泳池的修建对游泳运动的有力推动

由于和水的不解之缘，修建游泳池一直是建校以来的办学规划之一，是几代海大人的梦想。然而鉴于条件受限，海大人一直都未能圆这个梦。虽然学校曾于 1919 年在炮台湾校区建造一个简易游泳池，但那也只是一个由养殖池改建的"水坑"。新中国成立以后，师生们憧憬和盼望着能修建一个正规的游泳池。

据 20 世纪 50 年代的校友们回忆，在 1957 年的"大鸣大放"中，学校师生向上级部门提出了包括修建游泳池和充实水上运动设备等在内的六条意见，受到了当时中央高教部、水产部以及上海市高教局的重视。1957 年 6 月，三部门联合组成工作小组到学校调研，在了解了学校的专业需求和师生教学实际以后，做出了将根据国家投资的可能、有计划地给予解决的批示。进入 20 世纪 60 年代后，虽然国家的经济开始进入复苏阶段，但全国各高校依然存在着办学条件薄弱、经费紧张的困难状况，学校体育场馆设施相当简陋，绝大多数高校甚至没有专门的体育场馆。在此种情况下，学校依然没有忘记当初的圆梦计划，千方百计节省开支，想尽一切办法筹集资金建设游泳池，校领导和主管部门多次到上级部门寻求资助，全校师生员工也都纷纷献计献策，大家通过"托关系、找路子"积极寻求兄弟单位和部队的帮助，并积极投入到建设游泳池的义务劳动中。在大家的共同努力下，1964 年，学校克服种种困难，终于在军工路校区建成了第一个正规的游泳池。采用了循环水系统等一些先进设备，从而成为"文革"前上海市最先进的游泳池之一。

游泳池的建成解决了师生长期以来"野游"和"借游"的困难状况，终于圆了几代海大人的梦。上海水产学院也成了当时上海市为数不多的拥有游泳池的七所高校之一，受到周边单位和上海市其他兄弟院校的羡慕，也给附近社区居民以及中小学生游泳带来了方便。

游泳池的修建极大地推动了学校游泳教学、训练和群体锻炼方面的发展，全校师生的游泳热情也空前高涨，游泳水平迅速提高。每年初夏刚入，游泳池中就开始像下饺子一般人满为患。以至于晚上游泳池关闭以后还有学生偷偷翻进去游泳，校方常常为此头痛不已，不得不在游泳池派驻教工晚上值班，制定各项安全措施。即使如此，晚上也常常在游泳池里上演游泳池管理人员和学生之间"猫捉老鼠"的游戏。

（四）"到大江大河中去锻炼"的积极响应

1966 年，长达十年之久的"文化大革命"开始，上海市各个高校的运动队基本都被取消，训练与比赛处于完全停顿的状态。虽然许多高校都有部分学生滞留学校，还保留有所谓的"军体课"教学，但主要是以军训和劳动为内容，一些军体课还由其他学科的教师兼任或聘请复员退伍军人带课，课余时间也主要是"民兵训练"和"学军活动"，课余活动几乎完全取消。直到 60 年代末期，各个学校逐渐开始有了学生，上海市高校的体育工作才逐渐恢复。

虽然游泳教学和训练受到影响，然而，师生的"民间"游泳活动仍然很活跃。业余游泳培训和锻炼依然是学生的主要体育活动之一。上海市的各项游泳竞赛停下来了，学校就积极组织一些校内游泳竞赛活动，学生们也都积极地参加这些活动。大家都相信只要锻炼好身体，积蓄力量，等到国家需要时，就能够有强健的体魄为国家工作。由于毛主席畅游长江的活动宣传，带动了全国人民水上锻炼、保卫祖国的高度热情。因此，"文革"期间，学校最为重要的游泳活动就是响应毛主席"到大江大河中去锻炼"的号召，参加上海市各项横渡长江的比赛。

1966 年至 1971 年期间，在体育教研室和校武装部的组织下，成立了武装游泳队（当时被大家称为"长游队"），由陈亿敬老师担任教练兼运动员,在学生中广泛选拔队员并进行强化训练。在此期间,学校游泳队先后参加了上海市组织的上海—崇明26000米,上海—长兴岛16000米等横渡活动,获得了上海市武装部的表彰。

薛颂棠(右5)老师带领学生参加横渡活动出发前合影(1967年,宋佳坤提供)

横渡活动极大地带动了全校师生学习游泳的兴趣,同学们都以能入选校武装游泳队为荣。为此,学校每年都要组织师生员工多次到黄浦江和长江口参加渡江游泳活动,还专门组织体育教师利用课外活动时间为学生们培训和辅导。由于培养体育师资的院校停止招生,体育教师队伍无正常的补充来源,学校当时只有三名专职体育教师具体负责学生的游泳教学和课余活动,体育师资严重缺编。为了使学生更好地掌握游泳技能,一些擅长游泳的教工也都临时充当起学生的业余教练。为了能参加渡江游泳活动,许多不会游泳的学生天天都泡在游泳池里学习。即使入选不了"校武装游泳队",学生们也结合暑期军事夏令营活动自发地组织各种游泳活动。

1960年5月26日,校报发表了学生张林(1964届海水养殖专业)题为"游泳"的文章,可以让我们了解一下那个艰苦却又激情燃烧的岁

月,特转载如下:

极目楚天阔;不管风吹浪打,胜似闲庭信步……

我们亲爱的领袖毛主席,在横渡了波涛滚滚的长江之后,写下了激动人心的诗句。他那强烈的革命英雄主义和革命浪漫主义精神感染了我。在我的眼前好像出现了一泻千里的长江波涛,而在波涛汹涌的江潮中,主席健壮的身影,在浪花中翻滚。每当我读着毛主席的诗词时,就有一股热流涌向全身,而今,在"青年体育联欢周"到来的时候,我再一次读着主席的《水调歌头·游泳》时,身上更增添了力量。

主席的年纪已经 66 岁了,担负全党全民的领导工作,而在百忙中,他老人家每天仍然坚持游泳和其他锻炼。我是一名学生,无疑时间上比起主席来要充足得多,但是每天却不能坚持体育锻炼。往往在学习、工作稍紧张时就挤掉了体育锻炼时间。

这种现象在不少同学中存在,有的甚至认识不到侵占锻炼时间(特殊情况除外)是不应该的,反而以利用锻炼时间搞科研、看书和做其他事情为借口说"体育锻炼! 高兴就跑跑跳跳,忙了就丢掉,反正是自己的事"。

很显然,有些人(包括我自己),都错误地把体育锻炼看作自己的事,把身体的好坏看作私有财产,而不看到,既然我们把整个生命和精力都献给共产主义事业,那么我们的身体就属于党,属于人民,我们有什么权利不加紧锻炼自己的身体——人民的财产、革命的资本呢? 严格地说来,对待身体健壮的态度,就是表明了对待共产主义建设事业的态度。

毛主席非常注重锻炼,所以他的身体很健壮,在摄氏 17 度的水温中游泳,就连我们这些二十几岁的年轻人也是很困难的。但是毛主席在六级风、三尺浪的江水中"万里长江横渡",相形之下,我们还有什么权利不刻苦锻炼身体呢?

我深深感觉到,在大搞体育锻炼的时候,首先要以毛泽东思想武装自己,而学习一下毛主席锻炼身体的故事和毛主席写的诗词,会给我们增强巨大的信心,毛主席的《水调歌头·游泳》一词,就给了我巨大的鼓舞。我一定要积极刻苦地锻炼身体。

三、厦门办学时期的游泳运动

1972 年上海水产学院被迫搬迁至厦门集美办学,改名为厦门水产学院。全体师生随即开始了在厦门的学习和生活,并在集美度过了 9 个寒暑。在当时"备战、备荒,为人民"的社会背景下,针对厦门地处台海前线,四面临海的地理位置,为了备战和学生水中生存的需要,学校继承了上海办学期间的游泳传统,依然重视对学生游泳和救生技能的培训。以至于在搬迁厦门的时候,校领导还亲自做一些体育教师的思想工作,指出在搬迁厦门后必须更好地开展游泳教学和训练活动,希望游泳专业的教师能够全部随迁厦门,并勉励大家要以学校的发展为重,为学校游泳事业做出贡献。在当时一切听从国家召唤、讲究奉献精神的年代里,大家都能够以国家利益为重,服从组织的分配,由此游泳师资在搬迁厦门后全部都保留下来。

(一) 游泳教学与训练

厦门办学时期,学校游泳队教练员有谭维思和陈亿敬老师。谭维思,上海人,1963 年毕业于北京体育学院后分配来校工作,担任游泳队教练。陈亿敬,广东人,1965 年毕业于北京体育学院后分配来校工作,承担游泳教学工作。学校回迁上海后,陈亿敬老师继续留在厦门工作,曾被厦门市体校借调担任厦门市游泳队教练,并多次带队参加福建省运动会,训练出的学生获得多个福建省单项冠军,为福建省游泳运动的发展起到了积极的作用和影响。

这一时期,体育教研室把游泳作为体育教学和训练的主要内容之一,并规定游泳课程是学生体育课的必修内容,要求学生们都必须要学会游泳。体育教研室制定了学生游泳课程教学大纲,并重新修订了《上海水产学院游泳和救生技能教学讲义》,制定了游泳课程考核标准:普

教练员陈亿敬老师(中)、杨建本老师(左)、司徒乔笙(右)老师合影(2011年,司徒乔笙提供)

通专业学生:男生100米,女生50米;水生专业学生:男生200米,女生100米。当时,学校的办学条件还很艰苦,没有游泳池,就只好借用集美海滩边一座由著名爱国华侨陈嘉庚先生当年主持修建的海滨游泳池进行游泳教学。由于海滨游泳池使用的是海水,主要是在涨潮时海水引入而成。因此没有冲淋条件,每次游泳课结束,学生们只能回学校用冷水冲洗身上的盐渍。特别是女同学,游泳课结束后马上要赶回学校接着上其他专业课程,大家只好披着黏黏的头发赶回学校上课。即使是这样,同学们依然保持着高度的热情,他们已经将游泳作为"专业课程"来学习,作为"水产人"必备的技能融化在思想中,汇入到血液里。有时候碰上天旱缺水,涨潮时海水灌不进来,体育老师们就带领学生到学校附近一些风平浪静的海湾开展教学和培训活动。

为确保游泳教学的顺利开展,体育教研室先后多次举行老师和学生的游泳技能和安全救生培训。为了保证游泳安全,体育教研室严格规定:在游泳课教学中,教师在水中必须时刻处在最深处,并面向学生,学生不得超过老师所站位置;每一位授课教师上课时必须配备2—3名学生救生员(救生员由体育教师在开课前集中进行培训),并反复强调教学中要时刻保持高度的责任心,保障游泳教学安全进行。因而,在1972年至1980年厦门办学期间,学校游泳教学和课外活动从未出现过任何安全事故。那时候,学校已经是全国招生,每年都要招不少北方学生,这些学生中大部分都是"旱鸭子",为了能使这些"旱鸭子"学会游泳,体育教研室的老师常常利用业余时间为他们补课,开设一些培训班进行强化辅导,有时候甚至在水中长时间手把手托着学生来回不停地游。

陈嘉庚先生在集美海滨修建的男生游泳池(2011 年,焦敬伟提供)

陈嘉庚先生在集美海滨修建的女生游泳池(2011 年,焦敬伟提供)

（二）丰富多彩的业余游泳活动

在此期间，由于学校靠近大海，学生经常组织并进行的业余体育活动和训练内容就是"海游"。学校组织的横渡厦门海湾活动是师生们最喜爱的活动之一。每年，不管是学校组织的还是厦门市级组织的横渡海湾游泳活动，只要一到活动举办前，许多学生就开始了准备工作，每天自发组织进行游泳训练。

在厦门办学期间，流传于集美地区端午节期间的传统民间活动"捉鸭子"游戏也是学生们最感兴趣的水上活动，常常在海滨游泳池里举行。从游泳池边上向池中心伸出一根 15 厘米宽的悬臂梁式的独木桥，桥大约有 3 米长，桥面涂满牛油，桥端挂着一只箱子，里面放着一只活蹦乱跳的鸭子，箱子门上连着一面红旗。当参加比赛者勇敢而又灵活地走过滑溜溜的独木桥，夺取象征胜利的红旗后，箱门自动打开，鸭子落入池中，这只活的鸭子便是胜利者的奖品，接着就是池中捕鸭的动人情景，鸭叫声、人呼声连成一片。参赛者走不到桥端而中途掉入池中，溅起朵朵水花，引起阵阵笑声，这是考验一个人的灵活性和平衡性能的颇为风趣的游戏。这样的活动检验了学生的游泳技能，寓教学于乐趣中。

后来，由于一些游泳竞赛活动逐渐恢复，学校游泳队也逐渐开始了正常训练，由陈亿敬老师担任教练工作，在课余时间组织学生进行训练。当时集美区武装部每年都要举行横渡高崎活动，学校一直参与组织和策划工作，学校游泳队也总是在活动中冲在最前头。一位厦门办学期间的游泳队员曾回忆说：当时游泳队的夏季训练主要以水上为主，到了冬季，下水机会少一些，主要以中长跑为主进行陆上训练，由于教练要求非常严格，队员们训练也非常刻苦，队员的成绩提升很快，以至于后来游泳队在学校的中长跑比赛中常常超过了田径队队员，令学校师生们刮目相看，此后，田径队外出比赛不得不抽调游泳队队员参加。有一年在参加由厦门市武装部为纪念毛主席畅游长江 10 周年组织的厦鼓横渡中，最先横渡成功的有许多都是学校游泳队的学生。大家都把能成功横渡海湾作为一种骄傲，最先游到对岸的同学更是大家心目中的英雄。在当时的政治环境下，学校里师生们讨论最多的话就是"等到台湾解放了,我们一定要举行一个集体横渡活动,游到金门岛去"。陈亿敬老师回忆说:"由于当时台海局势紧张,厦门属于前线,在学校组织的挖防空洞的义务劳动中,游泳队总是站在最前面的积极分子,在学生中具有很高的威信。"

回顾上海海洋大学水上运动的发展状况,虽然在特定时期遭受了很大的损失,但即使是在那种严酷的环境下,在老师们无微不至的关怀和帮助下,这一阶段也是学校游泳普及率最高的时期之一。

四、游泳运动再创高峰

1979年5月,经国务院批准,上海水产学院由厦门迁回上海,在原址(军工路334号)恢复办学,厦门水产学院继续留在集美办学。在上海复校后,游泳运动作为学校传统体育项目得到重视和发展,并迎来它的第二次高潮。

(一) 游泳队的恢复组建

进入20世纪80年代以后,上海市各个高校逐渐开始恢复本校传统体育项目的建设和发展。例如,复旦大学的排球、华东师范大学的田径、华东化工学院(现华东理工大学)的乒乓球以及同济大学的足球等等。这些学校都在不长的时间里恢复了在上海市高校中的优势地位,并受到市教委和体委的重视。由于当时上海交通大学和上海海运学院(现上海海事大学)都把游泳作为了本校的重点发展项目并开始招收高水平运动员。因而,两校的游泳水平迅速得到提高,在上海市高校中声名鹊起。而此时,"水产游泳队"似乎暂时从人们的视野中消失了,五六十年代建立的良好声誉也似乎被人们渐渐淡忘了,这无疑在无时无刻地刺痛着全校师生的心。复兴水上运动传统和优势的呼声不断在师生中被广泛提起,并得到学校领导和相关部门的重视。建立一支高水平水上运动队伍,并使所有学生都能掌握游泳技能的水上传统被重新提到学校发展规划的议事日程上。

20世纪80年代初,学校游泳训练队逐步恢复组建,并开始步入正规、系统的训练和竞赛的轨道中。那时学校刚刚从厦门复迁回来,校园里还没有操场,许多地方还在被外单位占用,但游泳队已经成立了。体育教研室成立了由司徒乔笙和杨建本两位具有扎实游泳功底的教师组成的教练队伍,具体负责游泳队的训练工作。当时每周要训练 2—3 次,每次训练 2—3 小时,老师有完备的训练计划,队员每天也都有训练日记。而且每天训练量很大,基本都在万米以上,以至于一些队员训练完骑自行车回家,路上常常都骑不动。入冬后,学校游泳池关闭,游泳队就租借了杨浦工人游泳馆里的一条泳道继续正常训练。每次训练结束后,当队员们去饭堂打饭的时候天已经黑了。但大家的训练都非常刻苦和自觉。队员们回忆说,教练会根据队员的具体情况来制定详细的训练计划,并在每个训练日准时出现在游泳池边或体育馆。

杨建本老师获得"全国优秀游泳工作者"光荣称号
(1996 年,司徒乔笙提供)

20 世纪 80 年代以后,上海市的游泳水平已经在全国领先,并开始和国际上一些游泳强国接触,引进国外先进的游泳理念和训练方法。在这样的背景下,学校的教练员常常会利用业余时间请教市里的一些游泳专家和教练,学习国外一些先进的训练理论和方法。这一时期的训练突出水上大运动量训练。训练方法有变速、间歇、重复、梯形、分段和短冲等,并主抓耐力、力量、技术三项基础,同时兼顾陆上训练。当时实行五结合训练原则:(1)水陆结合以水上为主;(2)主副项结合以主项为主;(3)高、中、低强度结合,以中等强度为主;(4)长短距离结合,以长带短;(5)全面素质与专项素质结合,以专项素质为主。由于当时上

游泳队部分队员合影（1983 年，刘敏提供）

游泳队部分队员合影（1985 年，刘敏提供）

海交通大学、上海海事大学等学校相继成立了高水平游泳运动队，从各级游泳专业队特招了不少专业游泳运动员，上海交通大学甚至还招收国家队队员。而上海海洋大学还没有这样的特招权限，因而都是从普通学生中挑选出来的业余队员。而当时上海市高校的游泳竞赛还没有分甲、乙组,专业选手和业余队员都在一块比赛。即使在这样的困境下,上海水产大学也能取得一些好的名次。以至于数年后和上海交通大学游泳队教练聊起当年游泳的事,他们仍然耿耿于怀地说:"我们交大当年输掉比赛不多的几次,都是输给了你们水产大学。"

20 世纪 80 年代学校游泳队教练员有司徒乔笙和杨建本老师。司徒乔笙,上海市人,1976 年考入上海体育学院游泳专业,1981 年来校并担任游泳队教练。杨建本,上海市人,1982 年毕业于北京体育学院游泳专业,来校后担任游泳队教练工作,后调入厦门市体育局,担任厦门市游泳队的教练工作;现任福建省游泳协会常务理事,厦门市游泳协会副会长。

主要队员有:施兆鸿(1981 届海水养殖专业)、卢怡(女,1981 届海水养殖专业)、张雅林(1982 届淡水养殖专业)、程裕东[1](1984 届制冷工艺专业)、岑丰(女,1984 届海水养殖专业)、葛霄伟(1985 届渔业机械专业)、黄一斌(1985 届渔业机械专业)、沈哲理(1985 届加工工艺专业)、洪峰(1985 届淡水渔业专业)、刘敏(女,1986 届海水养殖专业)、周云昕(女,1986 届淡水养殖专业)、许智勇(1986 届食品检验专业)、杨青(1986 届海水养殖专业)、吴少强(1987 届制冷专业)、付扬(1987 届制冷专业)、周云翔(1988 届罐头加工专业)。

(二) 游泳运动再创高峰

20 世纪 90 年代以后,学校开始有了招收游泳特长生的权利,游泳运动水平快速提高,并掀起了游泳发展历程中的第二次高潮。

20 世纪 90 年代学校游泳队教练员有司徒乔笙和马晓蔚老师。马晓蔚,山东人,1985 年考入上海体育学院,1989 年毕业分配来校后曾担任游泳队助理教练。

主要运动员:耿晟煜[2](1995 届制冷与冷藏专业)、张旭旻(1995 届制冷与冷藏专业)、马振宇(1995 届制冷与冷藏专业)、吴满宏(1992 届

---

① 程裕东,游泳队队长,现任上海海洋大学校长。
② 耿晟煜,校游泳队队长。

制冷与冷藏专业)、汪迅(女,1995届经济管理专业)、高建华(女,1995届经济管理专业)、包力蓉(女,1993届食品检验专业)、孙晓晴(女,1993届食品检验专业)、徐海英(女,1992届食品科学专业)、李炯(1996届制冷与冷藏专业)、陆玮①(女,1996届经济管理专业)、韩平(女,1996届经济管理专业)、吕佩青(女,1996届食品工程专业)、陈军(女,1996届食品科学专业)、陈敏(女,1996届食品工程专业)、章立(1997届制冷与冷藏专业)、韩罡(1997届制冷与冷藏专业)、应俊彦(1997届制冷与冷藏专业)、林原(1997届食品工程专业)、熊钰清(女,1997届食品工程专业)、纪弘(女,1997届食品科学专业)、邹冰(女,1997届经济管理专业)、王俊(女,1997届制冷与冷藏专业)。

　　学校领导和广大师生都对游泳这一学校传统项目给予了极大的关心,各个部门也通力合作,给予了游泳队极大的支持和帮助。为了能在招生工作中落实优秀运动员的来源问题,学生处的领导和游泳队教练们亲自到一些相关的中学联系,通过家访找考生面谈,动员这些优秀运动员报考上海水产学院。主管校长亲自到上海市招生办同相关领导磋商解决招收优秀队员的相关问题,并一一落实具体事宜。学校的一些院系还留出一些热门专业的招生名额,优先录取具有游泳特长的考生。为了能拿到一份优秀运动员的考生材料,校招生组的工作人员往往要在市招生点等好几天,往返招生点跑好几趟。当年,上海交通大学也准备录取陆玮同学,为了能说服陆玮同学来校就读,工作人员甚至到陆玮家中造访八九次,终于说服其来校学习。后来当问起她对当初的抉择是否后悔时,她不加迟疑地说:"我很庆幸当初选择进水产大学读书,真的是英明抉择呀,水产大学使我在各个方面都得到了锻炼和进步,在游泳队学到了很多书本上学不到的东西。"为了鼓励队员们安心训练,学校在奖学金评定中为游泳队专门制定优惠政策。在不影响其他普通学生利益的基础上,专门为游泳队预留出额外的名额,只要符合学校奖学金基本评定条件的都能上。

　　招来的新生尚未到开学报到时间,在暑假期间就开始游泳训练。

————————

① 陆玮,校游泳队队长。

据当年游泳队队员陆玮回忆说,当时游泳队的要求非常严格,学生们训练都很刻苦,每天早晚要训练两次,总共 4 个小时近 10000 米的运动量,不管是严寒酷暑、台风暴雨,甚至在节假日都坚持在游泳池训练。那时候,游泳队就是队员的家,具有很强的凝聚力和向心力。一些队员进游泳队之前还有骄娇之气,经过游泳队的磨炼后变化非常大。当时的条件还很艰苦,但大家都很拼搏,全身心扑在训练上。每天的运动量虽然很大,但大家很快乐,没有觉得苦。每到寒暑假,游泳队队员集体向教练员申请能够在寒暑假期间继续坚持训练,这种拼搏精神在上海市高校中是非常少见的。每年十月天气转冷后,队员依然会在露天游泳池坚持大强度、大运动量的训练。游泳是一个比较特殊的项目,一定要有绝对的时间在水中训练。由于学校没有标准的可供常年使用的室内游泳池,因此,为了使队员们不中断训练,每年一到冬季,教练还要常常到校外去联系室内游泳池。那时候,上海海洋大学和上海海事大学同在江浦路游泳池里训练。学校游泳队队员的顽强作风深深影响了海事大学的学生。甚至有海事大学的队员惊奇地问海洋大学的游泳队队员陆玮和汪迅:"你们怎么那么努力和拼搏呀?"如今,这些游泳队员都已经是各行各业中的佼佼者。就像 60 年代陈毅元帅的指示一样,这些改革开放后的游泳队员们延续了当年老水产游泳队员的光荣传统和作风。

游泳队队员训练场景(1991 年,司徒乔笙提供)

随着学校游泳运动水平的恢复，在 20 世纪八九十年代期间，学校的游泳训练、教学和群体活动出现了全面开花的局面，实力迅速提高，在上海市高校中的影响力逐渐恢复，由于上海海洋大学游泳运动水平的异军突起，很快形成与上海交通大学抗衡争雄的局面。

游泳队令人瞩目的成绩背后是海大水上运动精神的高度体现，是海大游泳人"勤朴忠实"的集中体现，这里面包含着许多不为人知的艰辛。在那些为海大取得金牌和荣誉的游泳队员中间，有许多人进校时的游泳成绩都往往低于名牌大学，但经过在海大的"卧薪尝胆"，在比赛中他们的运动成绩反而都超过了这些重点高校的学生。队员们都憋着一股劲，要证明给大家看，海大的学生通过努力，一样不会输给实力强劲的对手。原校游泳队队员回忆起当年和上海交大争夺 4×100 米混合泳接力金牌时仍然印象深刻。队员们说："当时脑子里什么都没想，一心只想着一定要拼了，比赛中我们都拼尽全力向前游，始终不让对手有超过的机会，最后我们终于赢得了冠军。"每一枚金牌都来之不易，都经过顽强拼搏和激烈争夺，甚至引起全场轰动。

1991 年至 1993 年学校游泳队取得了一系列的骄人成绩：1991 年上海市第三届大学生运动会游泳比赛中，夺得八枚金牌、七枚银牌和三枚铜牌，获得女子团体总分第二名、男子团体总分第三名的好成绩。获奖队员分别如下：

1991 年上海市第三届大学生运动会游泳比赛成绩一览

组别	队员	项　　目	名次
男子	张旭旻	400 米自由泳	金牌
		1500 米自由泳	金牌
	马振宇	200 米混合泳	银牌
		400 米混合泳	银牌
	耿晟煜	200 米蝶泳	银牌
		100 米蝶泳	银牌
	吴满宏	200 米自由泳	第五名
		50 米自由泳	第七名

续　表

组别	队员	项　目	名次
	马振宇、耿晟煜 吴满宏、张旭旻	4×200 米自由泳接力	铜牌
		4×100 米自由泳接力	铜牌
		4×100 米混合泳接力	第四名
女子	汪　迅	100 米仰泳	金牌
		200 米仰泳	金牌
	包力蓉	200 米混合泳	金牌
		400 米混合泳	金牌
	高建华	100 米蛙泳	银牌
		200 米蛙泳	金牌
	孙晓晴	100 米蝶泳	银牌
		200 米蝶泳	银牌
	徐海英	100 米蛙泳	第八名
	汪　迅、包力蓉 孙晓晴、高建华	4×100 米混合泳接力	金牌
		4×100 米自由泳接力	银牌

参加上海市第三届高校运动会游泳比赛的师生们①(1991 年,司徒乔笙提供)

---

① 后排左一为李清城老师,后排右一为司徒乔笙老师。

　　1992 年上海市大学生游泳比赛中，上海海洋大学夺得九枚金牌、九枚银牌和一枚铜牌，获得女子团体总分第二名、男子团体总分第三名的好成绩。获奖队员分别如下：

1992 年上海市大学生游泳比赛成绩一览

组别	队员	项　目	名次
男子	张旭旻	400 米自由泳	金牌
		1500 米自由泳	金牌
	马振宇	200 米混合泳	银牌
		400 米混合泳	银牌
	耿晟煜	200 米蝶泳	银牌
		100 米蝶泳	金牌
	吴满宏	200 米自由泳	铜牌
		100 米自由泳	第六名
	马振宇、耿晟煜 吴满宏、张旭旻	4×100 米自由泳接力	银牌
		4×200 米自由泳接力	银牌
		4×100 米混合泳接力	第四名
女子	汪　迅	100 米仰泳	金牌
		200 米仰泳	金牌
	包力蓉	400 米混合泳	金牌
		800 米混合泳	金牌
	高建华	100 米蛙泳	金牌
		200 米蛙泳	银牌
	孙晓晴	200 米蝶泳	金牌
		100 米蝶泳	银牌
	汪　迅、包力蓉 孙晓晴、高建华	4×100 米混合泳接力	银牌
		4×100 米自由泳接力	银牌

游泳队员汪迅(第四泳道)在上海市高校游泳比赛中率先出发(1992 年,司徒乔笙提供)

学校领导亲临赛场为队员加油助威①(1992 年,司徒乔笙提供)

① 前排左起:原基础部主任严永高、原校长助理兼校体委主任林辉煌、原学生处处长万峰。

上海市高校游泳比赛的师生们合影（1992 年，司徒乔笙提供）

　　1993 年上海市大学生游泳比赛中，上海海洋大学夺得八枚金牌、六枚银牌和六枚铜牌，获得女子团体总分第二名、男子团体总分第三名的好成绩。获奖队员分别如下：

1993 年上海市大学生游泳比赛成绩一览

组别	队员	项　　目	名次
男子	张旭旻	1500 米自由泳	金牌
		400 米自由泳	铜牌
	耿晟煜	200 米蝶泳	金牌
		100 米蝶泳	铜牌
	马振宇	200 米混合泳	银牌
		200 米自由泳	铜牌
	李　炯	50 米自由泳	第四名
		100 米自由泳	第五名
	马振宇、耿晟煜 李　炯、张旭旻	4×100 米自由泳接力	银牌
		4×200 米自由泳接力	银牌
		4×100 米混合泳接力	铜牌

续　　表

组别	队员	项　目	名次
女子	陆　玮	200 米混合泳	金牌
		800 米自由泳	金牌
	吕佩青	200 米蛙泳	金牌
		400 米混合泳	金牌
	韩　萍	200 米自由泳	金牌
		100 米自由泳	铜牌
	汪　迅	200 米仰泳	金牌
		50 米仰泳	第四名
	包力蓉	100 米仰泳	金牌
		200 米混合泳	第四名
	高建华	50 米蛙泳	银牌
		100 米蛙泳	银牌
	陈　军	100 米蝶泳	银牌
		50 米蝶泳	铜牌
	陈　敏	800 米自由泳	第五名
		400 米自由泳	第六名
	韩　萍、包力蓉、孙晓晴、陆　玮	4×100 米自由泳接力	银牌

1993 年上海市大学生短池游泳比赛中,海大夺得四枚金牌、十四枚银牌和六枚铜牌,获得女子团体总分第二名、男子团体总分第三名的好成绩;其中耿晟煜、陆玮分别打破了男子 200 米蝶泳、女子 200 米混合泳纪录。获奖队员分别如下:

1993 年上海市大学生短池游泳比赛成绩一览

组别	队员	项　目	名次
男子	耿晟煜	100 米蝶泳	银牌
		200 米蝶泳	银牌
	章　立	50 米自由泳	银牌

组别	队员	项　　目	名次
男子	张旭旻	100 米自由泳	铜牌
		400 米自由泳	铜牌
		200 米自由泳	第四名
	韩　罡	50 米仰泳	铜牌
		200 米仰泳	第四名
	马振宇	100 米自由泳	第四名
		200 米混合泳	第五名
	李　炯	50 米自由泳	第四名
	应俊彦	200 米蛙泳	第五名
		100 米蛙泳	第六名
	韩　罡、应俊彦 耿晟煜、章　立	4×50 米混合泳接力	铜牌
	李　炯、耿晟煜 张旭旻、章　立	4×50 米自由泳接力	铜牌
女子	熊珏清	50 米自由泳	金牌
		100 米自由泳	金牌
	陆　玮	400 米自由泳	金牌
		200 米混合泳	银牌
	邹　冰	200 米自由泳	金牌
		400 米自由泳	银牌
	韩　萍	50 米自由泳	银牌
		200 米自由泳	银牌
	王　俊	50 米蝶泳	银牌
		200 米蝶泳	银牌
	汪　迅	100 米仰泳	银牌
		200 米仰泳	银牌
	吕佩青	200 米蛙泳	银牌
		50 米蛙泳	铜牌
	陈　敏	100 米蛙泳	第五名

续　表

组别	队员	项　目	名次
女子		200 米蛙泳	第五名
	汪　迅、吕佩青 王　俊、陆玮	女子 4×50 米混合泳接力	银牌
	熊珏清、邹　冰 韩　萍、陆玮	女子 4×50 米自由泳接力	银牌

游泳队的金牌队员陆玮赛前训练

游泳队的金牌队员张旭旻赛前训练
（司徒乔笙提供）

　　校游泳队当时除了取得成绩的队员外，每次训练也都有来自全校各个院系的许多同学参加，他们虽然不一定能够参加比赛，或者即便参加了比赛但没有拿到名次，但他们总是默默地在泳池中训练着，认真完成教练员布置的训练计划,这缘于他们对游泳运动的热爱,对游泳队这个充满活力的集体的热爱。

2008 年,学校更名为上海海洋大学,并在 2008 年整体搬迁至临港新城校区。随着学校创建高水平特色大学的新一轮发展需要,重振水上运动传统和优势的步伐更加迈进,游泳训练和群体活动重新开始恢复。在校领导和各方的关心下,建造游泳池计划也得到正式启动。2008 年,上海海洋大学在上海市高校游泳比赛中获得五枚金牌、四枚银牌的好成绩。同时,游泳也被学校作为重点发展项目准备申报教育部高水平运动队建设。2011 年学校新校区游泳池落成,学生的游泳课教学迅速展开。在迎接百年校庆之际,海大的游泳事业将百尺竿头,蓄力再发。

参加上海市高校游泳比赛的师生们①(2008 年,司徒乔笙提供)

2012 年 6 月 21 日,为庆祝建校 100 周年,学校举行了搬入新校区后的首届游泳大赛,本次比赛以“振水上运动雄风,迎海大百年校庆”为

———————

① 左一为司徒乔笙老师,左二为刘璐老师。

参加上海市高校游泳竞赛获得优异成绩(2011年,司徒乔笙提供)

新校区游泳池落成典礼上领导与游泳队师生合影(2011年,司徒乔笙提供)

主题思想。时任校长潘迎捷出席开幕式并致辞,时任体育运动委员会主任、副校长程裕东主持开幕式。开幕式上,潘迎捷指出,水上运动在学校有着悠久的历史,在过去的百年中,更是取得了良好的成绩,而游泳更是海大莘莘学子之擅长。学校搬迁至临港校区后,经过全校师生的共同努力,克服种种困难,室外游泳池终于建成并正式投入使用,为广大师生提供了良好的健身和训练场地。他希望全校师生以此为契机,更好地投入到游泳运动中来,通过体育锻炼,使海大学子更加充满活力、积极向上,重振海大雄风。

时任校长潘迎捷(中),时任校体育运动委员会主任、副校长程裕东(右),时任校体育运动委员会副主任、人文学院院长张继平(左)出席游泳比赛开幕式(2012年,司徒乔笙提供)

"百庆杯"游泳比赛中队员们激烈拼搏(2012年,司徒乔笙提供)

来自各学院、机关联队、后勤服务中心和紫泰物业的 230 余名师生参与比赛。经过激烈角逐,最终,经济管理学院、信息学院和工程学院

"百庆杯"游泳比赛中师生裁判员(2012 年,司徒乔笙提供)

分列学生组总分前三名,紫泰物业、机关联队一队和高职学院分列教工组总分前三名。在"喜迎百年校庆,师生游泳健身"口号的感召下,上海海洋大学掀起了一个推广、普及游泳运动的热潮。

五、育人为本的游泳教学

改革开放以后,国家重视竞技体育运动,国内的各级各类运动队都把主要精力投入到培养世界冠军上,高校也都专注于运动员竞技成绩的提高,疏于队员们文化知识的学习。而上海海洋大学游泳队不仅致力于队员游泳成绩的提高,同样也重视队员文化知识的学习,对队员思想品格的要求非常严格。当时,学校游泳队有一条明文规定:入游泳队必须刻苦训练,而且首先要保证学习成绩不落后,不耽误文化课学习,一定要学习成绩和训练成绩双丰收。如果队员们出现违反校纪或文化课成绩不及格的情况,则马上会被退出游泳训练队。如果队员出现学习成绩下降,教练马上会和队员所在院系的老师联系,了解情况并采取一些必要的措施来提高队员的学习成绩。当年的"三好"队员陆玮回忆说,为了保障游泳队队员的文化学习,体育教研组专门腾出办公室为队员们所用,要求队员们在办公室集体上晚自习。体育老师也常常陪着这些队员们学习到晚上十一二点钟。因而,游泳队的队员们都是品学兼优的学生,他们不但在训练和比赛中能取得优异的成绩,在专业知识的学习方面也都名列年级前茅。

教练员司徒乔笙(左2)老师、杨建本(右1)老师与队员校外活动(1983年,刘敏提供)

教练员司徒乔笙(右1)老师、杨建本(右2)老师带领队员开展校外团组织活动(1984年,刘敏提供)

　　20 世纪 90 年代开始,学校设立了"侯朝海、朱元鼎"奖学金评定,一等奖只有很少的几个名额,而游泳队的队员们总能拿到一等奖学金。在 1992 年的"侯朝海、朱元鼎"奖学金评定中,一等奖中游泳队队员居然占了近一半的名额,一下子轰动了整个学校,游泳队由此受到全校师生的尊敬和爱戴。当时的"侯朝海、朱元鼎"一等奖学金获得者张旭旻、汪迅同学也都因此而成为学校中的"明星"人物,成为同学心目中的楷模和榜样。这种为运动员全面发展认真负责的宏观考虑,直到很多年后才引起国家层面的重视,开始制定以"体教结合"培养模式来保证运动员全面发展的种种措施。而德、智、体全面发展的"体教结合"培养模式却一直都是海大游泳运动的优良传统,这不得不让人佩服老师们的远见卓识。

　　根据学校人才培养的需要,使每个普通学生都能掌握游泳技能和救生知识的海大传统重新受到学校领导和师生的重视,游泳课教学被确定为学校一、二、三年级学生的体育必修课和四年级学生的体育选修课,"人人会游泳"成了当时学校特色体育课教学目标。在当时负责教学工作的李清诚老师的主持下,体育教研室重新编修了上海水产大学游泳课教学大纲和讲义,为了保证学生的游泳课教学,体育教研室要求全体体育老师都必须具备专业的游泳课教学能力。通过组织短期的培训和充电,全体体育教师都取得了国家专业救生员资格。体育教研室还对原有的游泳课教学模式进行改革和创新。当时制定的游泳课教学方案是把每学期抽出四周学生的体育课的时间集中进行游泳课教学,体育教师全部承担游泳课的教学任务,游泳课时占到学生体育课时的 30% 以上,游泳课程也成为体育教研室重点建设的课程。当时,体育教研室每周都要组织教师进行集体备课,利用集体备课时间,大家一起进行游泳课教学经验交流和业务学习,并不断对游泳课的教学手段和方法进行改进,逐渐摸索出一套卓有成效的游泳课教学模式,提出了"三段式分组分层教学法""水陆结合教学模式"等一些效率高、效果好、实践性强的教学手段和方法。此外,游泳池每天下午向全校学生开放,体育教师利用业余时间到现场进行指导和补课。

　　在学校各方的支持下,通过师生的共同努力,20 世纪 80 和 90 年代期间,学生的游泳普及率达到了100%,实现了"人人会游泳"的教学目标,在上海市高校体育教学工作中首屈一指,受到广泛的好评。

为了配合以捕捞专业为主的学生顺利通过国家"四小证"的考核,以司徒乔笙为主的体育教研室老师牺牲业余时间,义务为这些学生进行游泳技能、救生知识、安全逃生、遇险排除等方面的培训和指导。在由上海市海监局组织进行的考核中,体育教研室自主培训的学生实现了100%的通过率,领到了国家统一发放的从业证书。学校的培训工作也得到了上海市海监局的高度评价。

1991级捕捞专业学生进行"四小证"培训(1992年,司徒乔笙提供)

由于教学方面的突出成绩和长期积累的经验,学校的游泳课程得到上海市教委的重视和支持,对游泳课教学给予了充分的肯定。2001年,游泳课教学改革成果获得了上海市教学成果三等奖,这对学校游泳教学工作的开展产生了极大的鼓舞。同年,学校体育教研室叶鸣、司徒乔笙、戚明老师开始共同承担上海市高校游泳跨校辅修课教学工作,成为校体育教学工作的一个亮点。由于此时正值学校搬迁学海路校区,为了完成好游泳跨校辅修课的教学任务,体育教研室老师克服两地办学的种种困难,充分保证游泳课教学质量和效果。为了方便其他高校学生的学习,学校把游泳跨校辅修课安排在周末休息日进行,并租借杨浦区舒兰游泳馆开展游泳教学活动。在学校教务管理人员和体育教师的辛勤工作下,学校的游泳跨校辅修课受到上海市其他高校学生的广泛欢迎,复旦、同济、财大等高校的学生都纷纷慕名来校选修游泳课,同学们在期末的课程总结中纷纷给予游泳课高度的评价。

为了能在学生中及时发现一些好苗子,游泳队和各个学院的辅导员、班主任一直保持着经常的联系。当时游泳队和各个部门、学院都保持着良好的关系,班主任、辅导员也都乐于为游泳队帮忙。部门之间、教师之间、师生之间关系都非常融洽。当时的游泳队教练杨建本老师回忆说:"当时游泳队队员们训练以外的学习、生活和思想方面的事情都乐于找教练咨询和解决,许多训练以外的思想工作都是我们体育老师在给他们做,以至于现在我在厦门市游泳队给专业队员做思想工作得心应手,这都得益于当初在水产学院积累的经

校教务处组织编印的《上海市东北片高校跨校选修游泳课学生论文汇编》

验。"说到这,杨老师谈起了刚分配到学校时的一件事:"刚分配到水产学院的时候,我还没有带队的经验,由于我的指挥失误,在一次上海市高校比赛中,错误地指挥程裕东用力蹬腿,由于过早的腿部发力,结果造成程裕东在冲刺时手臂用不上劲。本来他可以拿到奖牌的,结果丢掉了比赛。这一次教训深深刺激了我,使我明白了要取得好成绩不是一件容易的事情,必须抓紧时间学习来尽快提高自己的业务能力。"

游泳队员们与教练既是师生关系又是好朋友,队员们回忆说,教练会根据队员的具体情况来制定详细的训练计划,并在每个训练日准时出现在游泳池边或体育馆。训练中教练不放过队员任何的偷懒,每个不规范的动作都会在纠正后训练无数次。在练习耐力时,一次训练课

中，教练常常安排多组的 1000 米长距离练习，好像不把他们累瘫在泳池边决不罢休。为了能科学、有效地监控队员的训练效果，时任游泳队教练的司徒乔笙老师还通过熟人关系联系一些医院，为学生检测血红蛋白、乳酸等生理指标。

《勤朴忠实，精心育人——记游泳社团指导司徒乔笙教师》是学校游泳社团介绍司徒乔笙老师事迹的短文，从中可以看到可爱可敬的游泳教练员们爱岗敬业的可贵精神和品质，也可感受到教练员与运动员们之间的深厚情谊。现将此文的部分内容摘录如下：

> "水大'水'字当头，我们的每个重点学科都与水密不可分，学会游泳对于我们的每位同学都有非常重要的意义……"这浑厚而充满底气的声音来自于一位慈祥而睿智的长者，我们的老师——司徒乔笙。而这滴水所承载的不仅仅是一项游泳运动，更是一种水滴的精神。水滴是柔和的，它可以渗透进每个角落；水滴是具有包容力的，它拥有海纳百川的精神；水滴是具有凝聚力的，它可以汇聚成江河湖海。司徒老师正是拥有这种水滴的精神，用他的爱心去关心他身边的每一位同学，用他的睿智去感染他身边的每一位同学，在他的体育课堂中，他不仅仅教会了同学如何享受阳光体育的快乐，更通过身体力行的行动教会了每位同学如何做人，如何去实践自身的人生价值。在平凡的教师岗位上，司徒乔笙老师正像这一滴水，默默无闻地奉献着自己的光和热，他正是在用自己的行动践行着"勤朴忠实"的校训精神。
>
> ……昔日优秀的游泳教练员面对曾经所取得的优秀成绩从来都淡淡一笑，而今他依然活跃在体育教学的第一线中。体育教学中他从不拘泥于课堂的形式，而是充分发挥体育教学场地的优势，采取因材施教，有计划有阶段的层次分明的教学模式。他善于"调侃"活跃课堂氛围，他的课堂永远都充满欢声笑语；他善于交朋友，在他的体育课堂中每位同学都是他的朋友。课堂上这位"大朋友"耐心地教给每位同学体育运动知识，课堂外他是每位同学的生活老师，无论什么难题他总会悉心解答。他懂得如何在体育锻炼和

实践教学中,让每个同学获得欢乐的同时,学会更多做人做事的道理,他善于言传身教,通过一学期的体育课,他会有目的地培养体育课代表如何拥有 CEO 的素质,他善于从小事出发,教授给学生做事为人的大道理。在他的体育课堂中,同学们获得的不仅仅是阳光体育的欢乐,更收获了身心的放松和人格素养的提升。

……他是一位平凡的体育教员,他把推广游泳运动视为己任,作为一名普通的体育教师他却把课堂延伸到了学生中的每个角落。他是海大普通的一滴水,但他却以主人翁的态度,全心全意地服务于广大同学,海大正因有了像司徒乔笙老师这样甘为人梯的优秀园丁们,才造就了今天的成绩,书写着"勤朴忠实"的辉煌业绩,我们国家正因有了许许多多像司徒乔笙老师这样的"荣辱不惊,求真务实"平凡的园丁们,才有了和谐社会的美好前程。

进入 21 世纪后,由于学校两地办学的原因(搬迁至南汇学海路校区),游泳队员们分别在军工路和学海路两个校区中学习,学海路校区没有游泳场地,因而给游泳队的正常训练和竞赛带来很大的困难。深知学校从事水产、海洋等学科对于掌握游泳技能重要性的司徒乔笙老师看在眼里急在心里。为了满足广大同学对游泳运动的渴望,他主动挑起这个重担,积极帮助同学们开展活动。在司徒老师的大力支持和多方奔走下,一支四十几人的游泳社团应运而生。司徒老师奔波于学校和南汇区体委等部门,联系南汇游泳馆,解决了游泳教学的场地问题。

在司徒乔笙老师的指导下,游泳社团活动在南汇区游泳馆开展起来,并受到了南汇区体委的好评。2008 年,南汇区电视台特意以校游泳社团活动为题材拍摄了奥运专题片《冬泳》。同年,在司徒乔笙老师的指导下,由学生精心组织的一场以"喜迎奥运"为主题的学生游泳比赛如期开赛了,上海东方卫视新闻频道专门报道了此次学生赛事,取得了良好的社会反响。

作为游泳教练员,司徒乔笙老师带领的游泳队取得了辉煌战绩;作为体育教师,他被评为"我心目中的好老师";作为社团指导教师,他所

程裕东副校长(现上海海洋大学校长)就学生游泳活动接受电
视台采访(2008年,司徒乔笙提供)

指导的游泳社团从2005年5月成立之初的四十几人壮大到当时的二
百余人。在司徒老师的指导下学生们以游泳为兴趣出发点结交朋友组
建社团,并以社团为平台互相进行学习交流,举办多次交流活动,为同
学们学习和人生起到了启明星的作用。同年社团被评为校明星社团、
五星社团。

游泳社团邀请程裕东(现上海海洋大学校长)参加"健康大学生活"专题活动(司
徒乔笙提供)

体育教师刘璐在南汇游泳馆进行学生游泳培训教学(2007 年,司徒乔笙提供)

　　随着学校的发展,学校更多的年轻体育教师投入到水上运动中来,刘波、刘璐、刘森等老师利用业余时间帮助游泳队及社团开展游泳教学。如今学生们已经走上了各自的工作岗位,分别成就着自己的事业,但相信每位同学都不会忘记老师在他们的游泳教学与训练、文化成绩乃至为人处事上孜孜不倦的教育与培养。

六、蓬勃发展的群众游泳运动

　　从 20 世纪 80 年代开始,"人人会游泳"的游泳课教学目标的提出,带动了学校群众性游泳活动的蓬勃开展。随着游泳普及程度的不断提高,越来越多的师生参与到游泳锻炼和活动中。学生游泳社团和教工游泳协会相继成立,并开始有组织的举办各种竞赛和交流活动。

　　为了丰富和提高游泳社团活动内容和质量,体育教研室把校游泳训练队中的二线队员作为骨干力量抽调到游泳社团中,带动普通学生游泳技能的掌握和游泳水平的提高。虽然学校经历了 2001 年搬迁学海路校区实行两地办学和 2008 年整体搬迁临港新城校区,游泳队训练和游泳课教学受到不小的影响,但学生游泳社团一直不间断地参加训练和竞赛活动(租借游泳池)。特别是 2007—2008 年度的迎奥运系列活动中,学校游泳社团活动受到了媒体的关注,上海电视台和南汇电视台还专门采访和报道了游泳社团的系列活动。

20 世纪八九十年代期间,校园内的游泳竞赛活动开展得丰富多彩,每年夏季到来,校体委、校工会、校团委和学生会都要联合体育教研室举办各种形式的游泳竞赛活动。比赛一般都是中午进行预赛,晚上进行决赛。每到晚上决赛的时候,保卫处和体育教研室也是最忙的时候。游泳池里人山人海,呐喊声、加油声此起彼伏,场面非常热闹,游泳队员们在学生中的人气也最旺。原校游泳队教练杨建本老师讲述了当年的一些往事:当时,程裕东(原校游泳队队长)是学校的"明星人物",每年的游泳比赛,食品学院的学生们都要到游泳池为他加油,他每次都能拿到两项冠军。以至于同学们打趣说:"多亏每人限报两项,不然你参加的比赛,其他同学就别想拿冠军。"1984 级校游泳队队员周云翔回忆说:"当时我们宿舍七个人中有四个是校游泳队队员,以至于每年的校田径运动会,我们宿舍为食品学院取得的荣誉最多,拿到的分数完全

司徒乔笙(右 1)老师带领游泳社团的学生开展校内游泳活动(1992 年,司徒乔笙提供)

可以在全校排第一,这都是因为在游泳队训练的结果,培养了我们很强的集体荣誉感。"许多当年的游泳队员还因为游泳运动找到了自己的爱情和伴侣,一些队员毕业以后结婚,还邀请队友来做婚礼主持人,请教练来当证婚人。

游泳社团开展校外活动(1992 年,司徒乔笙提供)

游泳社团的学生训练后合影(2009 年,司徒乔笙提供)

　　在全面开展各种校内外游泳活动的同时,学校的游泳活动还辐射到周边的中小学校和社区。20 世纪 90 年代,为保持上海市游泳运动竞技水平,培养游泳后备人才,上海市教委和体育局联合发出了《关于在中小学校中大力普及游泳运动的通知》,鼓励各中小学校开展游泳运动。作为上海市游泳运动的重点区(县),杨浦区着力推进了区内中小学校的游泳普及工作。而作为杨浦区内的一所有着游泳传统的高校,海洋大学义不容辞承担起周边中小学校学生的游泳教学和培训工作。每年,一到夏季,附近的许多中小学校就组织学生来学校游泳,由学校体育教研室具体负责组织教学和培训,体育教师担任教练和救生员工作。学校每年累计要为周边中小学校培训学生数千人次。许多企事业单位以及社区的游泳爱好者也都把学校作为游泳的好去处,学校也经常和附近的街道里弄和单位工会共同开展游泳联谊活动,并和他们中的一部分建立了长期的活动联系。

　　上海海洋大学水上运动的传统不仅在师生中得到传承,也同样影响到了学校教工家属和子弟。上海海洋大学校长程裕东作为海大教工子弟,回忆起儿时的情景,他的眼神中流露出一种幸福感,他说:"我从小就在游泳池边长大,那一湾池水以及记忆中的老船坞是我们幼年的乐土。"每年暑期一到,家属院的孩子们就三五成群地聚集到游泳池中,或扎猛畅游,或嬉水打闹,池水里充满了童年的快乐。船坞也是孩子们常常玩耍的地方,那里摆放着数十条学校的实习船、赛艇和舢板,孩子们常常站在船头争相扮演"林则徐""邓世昌",口里还高喊着"向吉野开炮"。由于从小和水为伴,海大的子弟几乎没有不会游泳的。体育教研室常常组织体育教师为教工子弟义务进行游泳技能培训。教工们也都乐意把孩子送到游泳队来锻炼。每年体育教研室都要为数百名学校子弟进行游泳培训,而且不收取任何报酬。这样的奉献和付出得到了大家的广泛尊重,也得到了校教职工的积极响应和支持,他们纷纷把子女送到学校接受游泳培训。游泳还成了学校附属幼儿园开展的特色项目。在上海市、区级青少年游泳比赛中,附属幼儿园的小朋友还多次获得冠军。在 2006 年上海市举办的领导干部体育比赛中,程裕东获得了50 米蛙泳冠军,海大子弟、时任上海中医药大学党委副书记何星海获得了 100 米自由泳冠军。赛后何星海老师的话让人感触良多："作为海大的子弟,海大的游泳传统已经融入我们海大子弟的血液中。"

校附属幼儿园小朋友在上海市、区级游泳比赛中获得冠军(1994 年,司徒乔笙提供)

程裕东(左)、何星海(右)在上海市游泳比赛中获得冠军(2006 年,司徒乔笙提供)

　　蓬勃开展的群众性水上运动带给同学们的不仅仅是欢乐和健康，凡是投身其中的有心人得到更多的是在水上运动中获得的团结、拼搏精神，关心他人、以人为本的思想，以及开拓创新的能力和力争上游的魄力。

第五章　托起希望的水球

　　水球被比作是在水中进行的足球赛,发展到现在,成为融合速度、拼抢和技巧的水上运动。高强度的身体对抗,惊险高难的抛接组合,富有技巧的腾跃灵动,展示着水上足球的无尽魅力。相较游泳、赛艇等水上项目,或许上海海洋大学水球运动的发展历程不够漫长,成绩影响也没有那么卓著,但是水球运动员们却用行动呈现了"恰同学少年,风华正茂,谁与争锋"的壮志满怀;用艰辛的汗水拼写出青春的朝气蓬勃,诠释着奋勇进取的信念与追求,为上海海洋大学水上运动的荣耀增添了更加夺目的光彩!

一、水球运动的起步

　　水球运动于 19 世纪中期在英格兰地区流行开来,1900 年成为巴黎奥运会的正式比赛项目。该项目在欧洲一些国家开展了上百年,形成了一些传统强队。在 20 世纪 20 年代中期,水球运动由欧美传入香港和广东及一些沿海城市,在我国得到了传播。1931 年第 5 届广东省水上运动会曾设立水球比赛项目,这是中国最早举行的正式水球比赛。新中国成立后,水球运动受到了国家应有的重视。广大教练员和运动员,在吸取国外高水平球队的先进技术的同时,结合自己的特点初步形成了快速反击,轮流切入的打法,使我国水球运动的技术水平得到了显著的提高。因此中国水球虽然起步较晚但进步很快。随着水球运动的普及与发展,运动技术的不断进步与提高,比赛规则也日益完善,并且国际赛事不断地举办,促使水球运动逐步走上规范化道路,并成为全民健身运动的有机组成部分。

水球运动对提高练习者的水性、身体灵活性和心肺功能具有非常高的锻炼价值,并且对增强体质、预防疾病和促进健康具有良好的作用。同时,作为集体类水上运动项目,水球运动能有效培养练习者的意志品质和团队协作精神。因此,水球运动在欧美国家开展非常广泛,在欧洲的一些国家,水球的影响力甚至超过了足球,水球运动的身体对抗性较强,是一项很有锻炼价值的运动项目,要求运动员具有短跑运动员的速度,长跑运动员的耐力,射击运动员的沉着冷静,摔跤运动员的力量。可见水球运动是集各种运动项目的优点于一体的水上运动项目。

由于水球运动的规则简单,初学者容易入门,易于开展。再加上水球运动的身体对抗性较强,竞争激烈,有一定的趣味性,所以更适合在高校中开展。目前,水球运动已成为全民健身运动的重要组成部分。就职业水球运动的发展情况来看,我国水球技术水平与欧洲的一些队伍之间还存在较大的差距,很多欧洲国家的水球运动都已经走上了职业化道路,形成了一套成熟的竞赛和人才培养机制。我国的水球运动还需要学习、借鉴国外先进的管理经验,提高技战术水平。

水球运动适合于在高校大学生中开展,深受大学生的喜爱。20世纪五六十年代,正是我国经济十分艰难的时期,上海海洋大学水球运动同赛艇、游泳一起逐渐成为体现学校水上特色的体育运动,并在上海各大高校中产生了一定的影响。

在成立水球运动队之始,学校队员大部分来自游泳队,最初的水球队员有吴承麟、赵永坚、蔡兴邦、林志强、张关忠、许品诚、周润卿、童合一等,这些队员当时都是上海市水球和游泳队队员,上海市体育局、高教局决定将具有专门运动特长的学生按体育项目集中在一起训练和学习,当时上海海洋大学具体负责上海高校的水上运动项目(包括划船、游泳、水球和舢板等),水上运动项目的队员当时的学习成绩都很好,部分队员本可以进入清华、复旦等名校学习,但是因为按照体育项目划分高校,所以水上运动项目的队员全部进入上海海洋大学。入校后在学校各级领导的大力支持下，学校尽全力为运动员提供最好的训练和生活条件，从而使得由学校队员参加的上海市水上项目运动队能够取得良好的成绩。原上海市水球队员吴承璘、蔡兴邦、童合一，原上海市游泳队员张关忠、赵永坚、许品诚、周润卿、林志强、童合一等人就是在这个时候转入上海海洋大学并成为第一批水球运动队的队员。

游泳、水球队员在大操场进行身体素质训练①（1960 年，童合一提供）

　　1959 年，为了更好地发展上海市的高校体育运动项目，全面提高运动技术水平，按照上海市政府对参加新中国成立后第一届全国运动会的指示要求，上海市体委对原上海市队的部分运动项目进行了合理布局和调整，希望以多种形式、多种层次、相互竞争的训练思路，在部分体育运动开展较好的高校布局市级一线运动队，积极备战第一届全国运动会。正是这一决策，使上海市水上运动项目被划分到上海海洋大学，当时水上运动项目有划船、游泳、水球、舢板，并且每一运动队的队员都是以当时的上海市队队员为主，至此，海大水球运动队成立了。当时的水球队员大部分是游泳队的队员，这些队员一般情况下是既参加

① 后排左起：皇甫根来、张仁杰、林志强、张关忠、吴承璘、陈焜森、蔡兴邦；前排左起：许品诚、童合一、赵永坚、周润卿。

水球比赛也参加游泳比赛，直到"文革"期间学校水球队解散。

1959 年学校成立了水球运动队。队员们在专设的学生宿舍中集中住宿，清晨集体出操。平日照常上课，课余及节假日进行训练，暑假期间进行大运动量的集训和比赛。健壮的体魄也促进了业务学习，水球队员们学习效率高，学习成绩优秀，在各自的班级中名列前茅。由于体育的普及，必定为体育运动成绩的提高奠定了雄厚的基础。随着队员们在热爱体育运动的氛围中逐渐成长，体育代表队的成绩也逐步上升。特别是体育比赛最能鼓舞士气，是提高学校声誉、增强学校凝聚力的一项活动，所以学校对于参加学校代表队选手的选拔、培养和爱护是不遗余力的。

二、水球运动的发展与辉煌

上海海洋大学首届水球运动员大部分是在 1959 年入学，1964 年毕业，只有几名队员是 1958 年入学。这个时期也是海洋大学水球运动项目发展最辉煌的时期。校水球运动经历了组队、辉煌、解散一共五年的时间，在这五年里，水球队员参加了不同级别的比赛，并取得了一系列令人瞩目的优异成绩。

1959 年 5 月，全国水球锦标赛在广西南宁举行，在代表上海参赛的十四人中就有海洋大学的优秀水球运动员，他们带着上海人民的期望前去参加比赛，在比赛中，奋勇拼搏。1959 年，上海市春季运动会水球比赛中，海大获得第八名。在这个比赛的基础上，又在同年的下半年参加了上海市秋季运动会水球比赛，本次比赛同学们吸取了春运会的教训，干劲十足，最终获得亚军。1959 年 9 月，在第一届全运会中，水球就作为首批比赛项目受到高度的重视，校水球队的队长吴承璘就是当时代表上海队参加比赛的队员之一，并且以守门员的身份出现在赛场上，经过顽强的拼搏，最后上海队取得了第五名的好成绩。这标志着上海海洋大学水球运动进入了发展与辉煌时期。

吴承璘先生 1959 年入校。中学时代吴承璘就开始代表上海市参加全国水球比赛，在上海市运动会中有过出色的表现。1956 年入选上海水球队,入校后成了校水球运动的领军人物,担任水球队队长,并取得了优秀的成绩。1964 年大学毕业后,吴承璘先后担任了上海梅林罐头厂副厂长、上海市轻工业局局长、张江高科技园区党委书记、浦东新区管委会副主任、上海市外经贸委副主任兼上海外国投资工作委员会常务副主任等职务;退休后担任了中国国际贸易促进会上海分会会长、上海会展行业协会会长。现已七十多岁的吴先生还担任着亚洲展览会议协会联盟副理事长、长三角城市会展联盟理事长、上海市经济团体联合会副会长、上海市外商投资企业协会顾问、上海现代服务业联合会副会长等职务。

为了备战第一届全运会,队员们响应号召,在 1958 年 10 月起停学一年,参加 1959 年第一届全运会上海水球集训队,并代表上海市队参加全运会水球比赛。据老队员回忆:那时的队员们想法很单纯,能参加全国运动会的水球比赛,当时真的很激动,内心充满"刻苦训练,为上海争光,为母校争光"的想法,那时的队员能够为自己的承诺付出实际的行动。停课后,队员们全力以赴备战全运会,每天都要进行大强度的身体素质训练。队员们还经常自己偷偷地加大运动量,就是为了能取得好的成绩,为上海队和学校争光。上海的冬天阴冷,又没有取暖设施,

校水球队长吴承璘(守门员)在第一届全国运动会水球比赛中(1959 年)

第一届全运会开幕式上水球队员合影(1959 年)

校水球队获得上海市秋季运动会水球比赛亚军(1959 年)

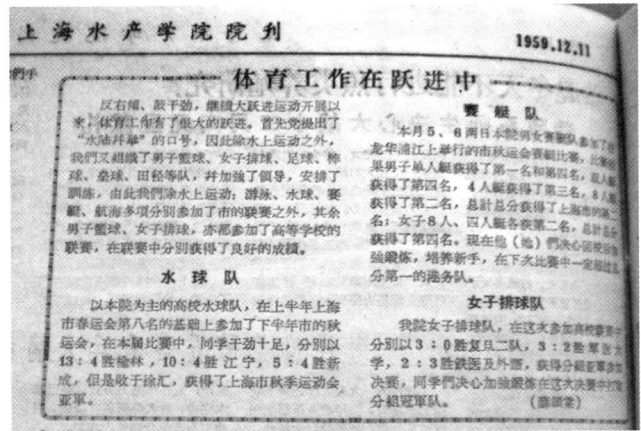

校报关于水球队获得上海市春季、秋季运动会比赛佳绩的报道
（1959 年）

校报关于水球队员参加全国水球联赛的报道
（1959 年）

可想而知当时训练的艰苦，但队员们没有叫苦，有的只是训练后的成就感和使命感，队员们的付出终于有了收获。

　　1960 年 3 月 10 日至 4 月 1 日，以上海海洋大学为主的上海高校水球代表队参加了上海市水球对抗赛。由于经过了一个冬季的艰苦训练，他们在技术上、体力上以及速度耐力上都有了显著提高。本次比赛最终战胜了各个区队和体育学院队，获得了亚军，仅败于海军队。

　　1960 年秋，海大水球队又代表上海高校队参加了上海市秋季运动会。由于队员们平时训练刻苦，在教练的正确指导下，赛场上积极配合，

校报关于水球队获得佳绩的报道

上海市水球锦标赛上校水球队在与东海舰队水球队比赛中（1960 年）

顽强拼搏，战术水平得到了充分的发挥，水球队在这次比赛中获得冠军。赛后水球队的队员获得了国家体委颁发的国家一级运动员证书。参加这次比赛的队员有十一人：吴承璘、赵永坚、许品诚、周润卿、童合一、林志强、陈焜森、蔡兴邦、张关忠、张仁杰、皇甫根来。教练是薛颂棠老师，指导员是蔡和麟老师。

校水球队获得 1960 年秋上海市秋运会水球比赛冠军(吴承璘提供)①

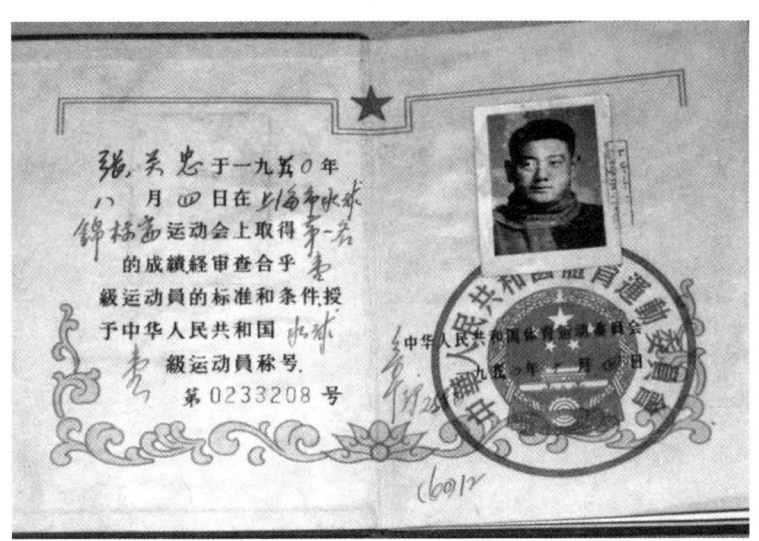

水球队员获得国家一级运动员等级证书(张关忠提供)

---

① 后排左一为教练员薛颂棠老师,右一为指导员蔡和麟老师。

　　1963 年 9 月，队员们都已经回到了学校复学，重新开始了紧张的学习生活。对大部分队员来说，忙于运动训练留给学习的时间就十分短暂而倍显宝贵，他们要把停学一年而落下的学习功课补上，但就在这时，全国水球锦标赛的选拔工作又开始了。几名队员因身体素质、运动技能等各方面条件优秀又被选拔上，在上海市水球队的一再要求下，队员们以集体荣誉为重，放下手上的学习任务，毅然回到了上海市水球队参与了为期三个月的艰苦集训，这三个月对队员们可以说是人生的又一里程碑，是意志品质的最大限度的培养与磨炼。训练结束后，以上海海洋大学水球队员代表的上海水球队参加了 1963 年在广州举行的全国水球锦标赛，最终获得了全国第三名的好成绩。

校水球队员参加全国水球锦标赛与上海水球队教练、队员合影（1963 年）

　　在那个年代，学校的条件虽然十分艰苦，可学校仍然想尽办法照顾运动员。由于水球运动属于大强度的运动项目，水球场为专用的长方形水池，这就意味着一场比赛下来，每名运动员平均要游 5 公里以上。为了确保运动员的营养补充能够跟上训练强度，学校特别关心运动员的身体健康状况，让运动员们在教师食堂用餐，享受的是留学生待遇。每逢比赛时，校领导经常亲临现场，为运动员们鼓劲助威。在校领导的重视和关怀下，参加水上运动项目的运动员获得了当时最好的训练和生活条件的待遇。大家咬紧牙关，努力训练，从而使水球队能在参加的上海市比赛中取得优异的成绩。

由于条件所限，水球运动队由薛颂棠老师带队到位于虹口区的海军司令部游泳池进行训练。海大水球队作为上海市二队经常代表上海市参加全国性的运动竞赛，获得了很多荣誉。随着学校办学条件的慢慢好转，体育运动的场地设施得到了一定的改善。在大家的努力下，1964 年学校游泳池建成，结束了借场地训练的情况，转为在学校自己的场地进行训练，广大师生的训练热情更加高涨了。在薛颂棠老师、李清城老师、谭维思老师的组织和指导下，师生们积极学习游泳，经常举行系与系之间的水球比赛，增强了师生的体质和水上技能。

学校举行水球比赛(1967 年，童合一提供)

上海海洋大学水球运动的历史不长，但曾经写下了光辉的一页，也给人留下无限的追忆。相较于其他体育运动，水球运动是异常艰苦的。在水中进行高强度的竞争对抗，无休止地传球争抢，训练之苦，比赛之难，令人禁不住会问：在那样艰苦的条件下，为什么要练水球？又为什么如此执着？现今已鬓发斑白的早期水球队队员们深情的回忆是最好的答案：练习水球的经历是难得的学习机会，是锻炼，亦是成长。"宝

水球比赛后谭维思老师(右4)与学生合影(1967年,童合一提供)

剑锋从磨砺出,梅花香自苦寒来",辉煌成绩的背后,是吃苦,是日复一日的埋头苦练。水球队员们用最实际的行动,为学校水上运动的发展奉献了自己最宝贵的青春。他们甘于吃苦,勇于奉献的精神,就是上海海洋大学水上运动的精神,就是中国体育的精神。正是凭借着这样的精神,20世纪五六十年代的水球队连同其他水上运动队一起共同铸就了海大水上运动的辉煌!

第六章　崭露头角的舢板

舢板运动集竞技、娱乐、观赏于一体,具有较高的群众参与性,是目前海军必须掌握的技能之一,在军事、救生、运输等领域广泛应用。舢板运动不仅磨砺人的意志品质,培养勇敢无畏的精神和强健的体魄,还因其强调高度的团结协作,在同舟共济的战风斗浪中铸成钢铁集体。划动舢板乘风破浪,将无所畏惧搏击大海的精神品格表现得淋漓尽致。上海海洋大学建校之初因专业需要就有舢板操艇练习,并伴随着学校的发展一度辉煌。早期海大学子们划动着承载青春梦想的舢舨,在云水之间的一次次壮丽远航中穿越风浪,拥抱他们为之神往的广阔海洋。

一、水产特色舢板运动应需而生

建校之初,舢板运动就在学校专业需要的情况下孕育而生。学校的课程安排重视实践,实习和技能训练占有较大比重,通过各类实习,严格训练学生专业的渔航技能。学生的多种实习内容中包括游泳和操艇实习,操艇实习在当时就是舢板的操艇。这一时期学校先后设置渔捞科、制造科、养殖科、航海专科等专业,除制造科、养殖科外,都安排有航海和渔捞实习,对学生的游泳和操艇技能有一定的要求。舢板作为专业需要的发展必须要进行学习和操纵,其结构、尺寸、大小等都是最初为了渔业捕捞而使用的,没有一般的比赛规则。

建国初期,学校在体育教学中由体育教员与划船教员共同组成体育研究组,每学期商议教学大纲,每周检查教育优缺点并设计与业务结合的各种体育活动。1952 年,学校根据专业需要,制订了《操艇实习暂行规则》规定,基本是以舢板为主。当时专业计划中就有"船艺","船艺"里的救生舢板课被列入教学计划,救生舢板教学的目的就是学会如何自救和互救,在海上紧急情况下能够很好地处理,使大家的生命能够延续下去。舢板长约 10 米,划起来浪颠簸得不比船上面差,经常练习有利于同学们适应海上的生活。而且学校从专业设计来讲,课程建设已相对完善,配有专业的师资。

50 年代校内舢板教学场景(顾锦仙提供)

据林济时先生(1954 届渔捞科)回忆,渔捞科的学生入学时要测试游泳技能,未通过者不能就读该专业。暑假期间学校组织学生到江湾游泳池进行游泳技能教学,渔捞科的学生还要在学校旁边的黄浦江上进行操艇实习。当时担任操艇、舢板和救生艇实习教学的教师车颐轩毕业于中央海军军校,新中国成立前他曾是国民党海军军官,其操艇、舢板荡桨技术非常专业。

在那个年代学习苏联经验的一个主要方面就是参照苏联高校的教

学计划、教学大纲和教材,结合学校的实际情况,逐步建立起自己的教学体系。1954 年,体育教研组按照《劳卫制》的规定,结合水产专业的各种特点(如游泳、划船等)拟定了统一的体育教学计划。舢板是海洋渔捞(工业捕鱼)专业教学大纲规定的必修课,"船艺""课内"每周必在军工路校区后面的"小黄浦江"上操练。学校组织专门队伍训练,参加上海市航海俱乐部活动。

根据中央开展国防体育运动指示的精神,1955 年上海市将有重点地开展射击、摩托车、航空模型、划船、野营等项国防体育活动,从而培养青年热爱祖国与革命英雄主义的优良品质,进而为培养国防后备力量创造条件。关于开展划船运动,除所需之基建任务已经核定外,并已派专职干部 13 人参加青岛航海干训班学习,唯需及时解决划船运动的场地问题。八月,上海市体育运动委员会申请将杨浦区平凉路军工路国棉十九厂附近之大水潭(今白洋淀区域)开辟为划船运动站的申请获相关部门批准。此后,该处整修堤岸与舢板停泊码头,改建办公用房,制造普通舢板 30 只,有计划地组织业余划船积极分子开展训练工作。10 月 12 日起,第一期划船训练班在"大水潭"划船运动站举行,此后周

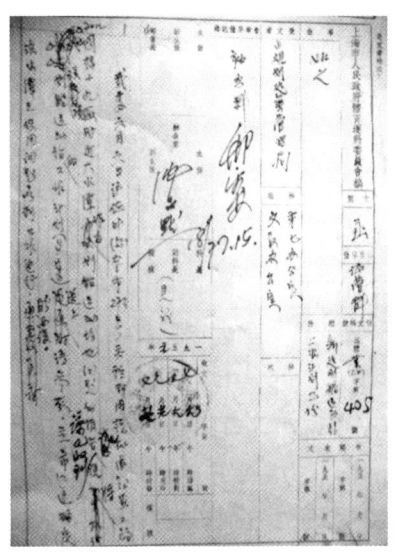
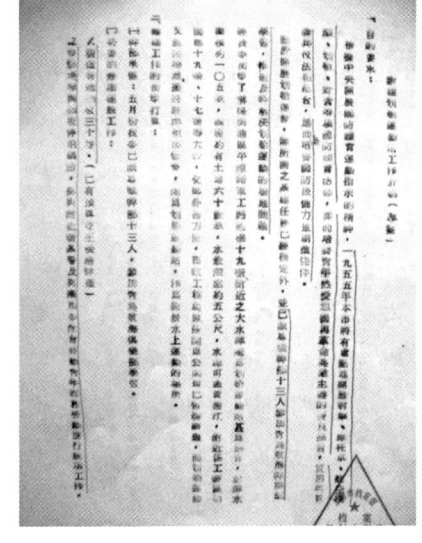

上海市体育运动委员会申请杨浦区大水潭开辟为划船运动站的文件(上海市档案馆)

围的工厂工人、机关青年和青年学生等先后接受了划船培训,培养了首批舢板活动的辅导员,为此后群众舢板运动的广泛开展奠定了基础。通过这些活动,促进了广大青年积极地锻炼身体,亦促进了广大青年学生热爱海洋及熟悉海洋的军事知识教育。

二、全国航海多项运动大潮中破浪而出

(一)全国航海运动发展浪潮

20世纪五六十年代,在发展军事体育为海军培养后备力量,大力赶超欧美的目标指引下,在群众中普及航海运动成为发展重点,竞技体育处于从属地位。虽然当时也有全国性的比赛,各省市也为此成立了专业队,但还是以基层业余训练作为重点。在全民体育的大背景下,全体民众的体育运动热情都被调动起来,群众性航海运动也达到了高峰。

初期的航海运动属于国防军事体育,所开展的项目带有深深的军事体育的痕迹,主要开展航海多项、摩托艇、航海模型等项目。其中航海多项中的驶帆与国际帆船运动类似,是运动员立桅、张帆,利用风力推进舢舨的一种操作方法。初期驶帆项目为我国后来开展奥运帆船项目积累了经验,奠定了基础。

1953年5月23日,中央国防体育俱乐部直接派工作人员到青岛创建了我国第一处、也是唯一的国家级航海运动基地——青岛航海俱乐部(1957年改称中国人民航海俱乐部,即今国家体育总局青岛航海运动学校)。此后,先后开创了我国航海多项、摩托艇、航海模型、滑水、海军五项、帆船、帆板等水上运动项目,为我国培养了一大批优秀教练员和运动员,在亚运会、奥运会以及世界锦标赛等重大国际比赛中屡获佳绩。

中央国防体育俱乐部分陆、海、空三个科,海军科的任务是在广大青少年中开展航海运动,发展海上军事体育,为海军培养后备力量。创建伊始的半年时间里,在北京先后举办了6期荡桨训练班,训练来自中直机关、高校和20多所中学的500余名学员,为航海运动培养了第一批骨干。但由于北京地理条件不适合发展航海运动,中央国防体育俱

乐部拟迁移海军科，另寻合适的地点建立航海俱乐部。因此，青岛作为重要的海军基地并拥有优越的海上运动条件被列入俱乐部主要候选地。

青岛是中国最早开展帆船运动的城市之一，20 世纪初就有外侨的帆船竞赛娱乐活动，至 20 世纪 30 年代，游泳、帆船、划船等海上体育运动已开展得有声有色，形成深厚的体育文化积淀。新中国成立后，全国掀起了全民体育的高潮。在青岛，除了田径、足球、篮球等体育项目，每年一度的全市水上运动大会，荡桨比赛、帆船夏令营等海上活动盛行，学生、工人、机关干部，甚至连市长都参与其中。夏季，从前海到后海，帆影翩翩，百舸争航，非常热闹。青岛有着远比其他城市更深厚的海上运动群众基础。青岛航海俱乐部成立后，按照中央国防体育俱乐部"三年准备、两年重点开展"的总方针，编制了航海运动的五年计划（1953年—1957 年），提出首先要在青岛进行试办，吸取工作经验，逐步训练全国各地的航海运动干部，并指导各地建立航海俱乐部，从而把航海运动推广到全国。

在青岛试办的基础上，自 1955 年开始，青岛航海俱乐部开始面向全国，培训全国各省、市、自治区航海俱乐部的业务干部和教练员，至1960 年共举办 8 期全国航海运动干部训练班，为 20 多个省市培养干部700 多名，并指导全国沿海沿江城市建立了 30 多个航海俱乐部、50 多个活动点和更多的水上运动站，使航海运动在全国 20 多个省市相继开展起来，约 200 万青少年参加了航海运动。

当时兼任国家体委主任的贺龙元帅曾勉励中国人民航海俱乐部："你们是我国建立最早的俱乐部，做了许多工作，培养了大批的海军后备力量，今后要继续抓好群众活动，使航海运动成为青少年校外、业余课堂，要抓好为各省市培训航海业务干部的工作，让更多的航海俱乐部在各地成长，要抓好优秀运动员的训练工作，不仅在国内拿出好成绩，要把国家队组建好，在国际上拿到好成绩，为伟大祖国争光。"

上海航海多项开展于 1955 年。这年春，市体委派骨干去青岛国家体委航海俱乐部培训，半年后回沪组成水上工作组。1956 年 2 月，中华人民共和国体育运动委员会发布（56）体财字第 53 号文件，新建上海、武

汉、广州市划船俱乐部各 1 所。该项任务基建投资已经列入了 1956 年
全国体育事业基本建设计划草案。随即,上海市成立了划船俱乐部,并
开始了她光荣的历史使命。活动基地先设在苏州南路 76 号黄浦游泳
池,后又陆续在吴淞蕴藻浜和杨浦区白洋淀设立活动站,利用国家体委
调拨的 6 条海军舢板进行骨干培训。1958 年又开设了鲁班路 800 号运
动站。同年,市划船俱乐部建成,设有海军舢板停泊船坞及陆上训练用
的攀登架等设施,航海多项活动基地遂以划船俱乐部为主,每年由划船
俱乐部集训市队、组织全市比赛、培训骨干,分发器材和进行基层划练。

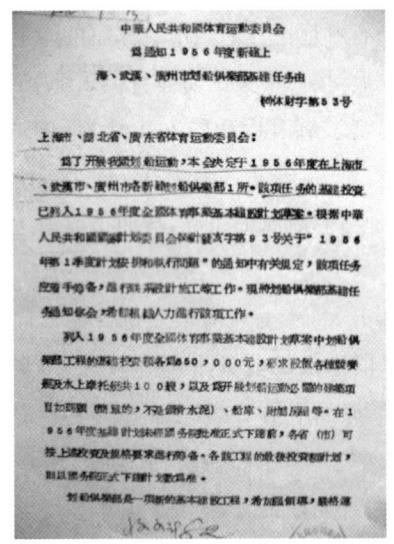

中华人民共和国体育运动委员关于上海等三地建立划船基地的文件(1956 年,
上海市档案馆)

　　1956 年 7 月,上海挑选了 26 名选手参加了在青岛举行的首届全国
航海运动大会,上海队获得总分第五。1957 年,国家体委发起一次远
航活动,以纪念中国人民解放军建军 30 周年,上海、南京、杭州三市分
别组织航海多项队于“八·一”节会师太湖。上海由市航海俱乐部与划
船俱乐部组队,由汽艇、登陆艇带领 5 条舢板(3 男 2 女)于 7 月 25 日离
沪,经一周航行,到达无锡,在比赛中上海得女子手旗通讯、男子 1000
米荡桨两项第一。

1958年航海多项列为第一届全运会正式比赛项目。市体委举行了由19个大中学校代表队参加的选拔赛,赛后组成市集训队。1959年6月,上海队参加在青岛举行的全国分区赛,男子获得一项第一,两项第三。女子未获成绩。第一届全运会后,除个别队员调往国家队集训外,多数队员回原单位工作。

"三年自然灾害"期间,全国比赛被迫停止,上海市保持了部分基层业余队的训练。1963年春节,又恢复全国比赛,2月在广东湛江进行了九城市航海多项邀请赛,上海由肥料公司女子队参加,获团体亚军。同年9月,青岛举行了男子项目全国比赛,上海由肥料公司与煤气公司的队员组成市队,在比赛中获两项第五名。

1964年,全国航海多项锦标赛在青岛举行,上海仍组织基层代表队参加。经全市选拔,由煤气公司男队与肥料公司的女队组成市代表队,划船俱乐部派教练与领队,经三个月集训,赴青岛与13个省市队角逐,男子获团体总分第七名。女子获团体总分第一名,单项成绩驶帆第一名,驶帆、荡桨综合赛第一名,1000米荡桨第二名,射击第二名。这是上海历年来最好的成绩。

当时,航海多项运动比较强调在普及训练中提高水平。1956年,上海市举办骨干训练班,曾请苏联专家授课,训练班利用厂休日上课,参加者由工厂选派,回厂后担任业务辅导员,组织基层运动队。随着骨干训练班的不断举办,训练器材和参加活动的人也日益增加。1957年,全市舢板增到22条,1960年增至50余条,参加活动的人达2000人以上。据1964年统计,全市有60多个基层队,每年均组织数次全市比赛。以1963年为例共进行5次全市比赛,分工人赛、学生赛、选拔赛、锦标赛等。基层队中较著名的有中华船厂队,该队坚持活动达10年;煤气公司队,坚持活动7年;华东师大队坚持训练9年;安亭师范队坚持7年,被当时的嘉定县评为文教战线先进集体;肥料公司队,由于成绩卓著,被公司评为市"三·八"红旗集体,1964年,美国著名作家爱德加·斯诺曾专程采访了肥料公司女队,将她们训练和生活情况摄制成了纪录片带回美国。

"文化大革命"开始后,舢板的训练活动全部停止,舢板与器材移交到其他单位,由于无人管理,不久霉烂殆尽。1983 年 5 月,国家体委明确"不再开展航海多项运动",之后航海多项运动的爱好者陆续转到帆船与赛艇等项目参加活动。

(二) 全国航海运动竞赛大会中脱颖而出

开展水上运动是上海海洋大学的有利条件,校内水上运动俱乐部

男子舢板队在训练中(季恩溢提供)

女子舢板队在训练中(季恩溢提供)

的所有赛艇、皮艇、划艇、舢板、帆艇、摩托艇等船只都得到了充分利用。学生会暑期成立了"水上运动训练班",教授学生和教工划船和驾驶技术。

当时划船除了我校外,还有几个重点单位:港务局,上海第一医学院,华东师范大学等。海大八人艇是重点,华师大舢板是重点。

在当时缺少师资力量的时候,都是学生管理学生,女队由队长顾锦仙(1959届海洋渔捞专业)、徐春娥(1959届水产养殖专业)负责教授,她们技术很好,要求严格。划船队当时根据需要分两批次,其中的一批就是脱产一年,每天6个小时进行训练的。早上吃饭之前在操场完成3000米长跑,再到老的图书馆底楼东面的室内训练房,完成200次突心球,200次双杠双臂屈伸、单杠引体向上,35次杠铃卧推等训练项目。吃完早饭后再下水训练三个小时。

1956年7月,为参加全国航海运动竞赛大会,上海市开始着手组建运动队。上海市先后开设了海军舢板荡桨训练班等划船训练班,促进上海市划船运动的发展。如1956年3月份上海市第一期海军舢板训练培训班的顺利开展,通过训练后的学员,成为季后开展海军舢板活动的积极分子和骨干,更有甚者成了海军舢板辅导员。学员对海军舢板荡桨训练学习的热情都非常高,不管距离远近,从不缺席。有时遇到零下五六度寒冷的天气也同样信心高涨地学习。在学习过程中态度认真,掌握程度也较快。训练班为上海市海军舢板运动培养了第一批人才,促进了上海市航海运动的发展。

1956年8月,第一届全国航海运动会在青岛汇泉湾举办,来自北京、上海、广州、南京、杭州、大连、青岛等地的11个代表队(青岛派出两个队)共221人参加了大会。中央国防体育俱乐部副主任赵均一出席了开幕式并致辞:"开展航海运动是为人民海军和国家航务建设培养后备力量的有效方法,必须努力推动这项运动,希望广大青少年变成为航海运动的爱好者和优秀的航海运动员。"举办这次航海多项运动会的目的,是为了普及和提高群众性的航海运动竞技水平,为人民海军和国家航务建设培养后备力量。这次航海运动会的比赛项目包括:6桨舢板荡桨和驶帆、6桨舢板多项运动、手旗通讯、爬绳、爬梯、撇缆和拔河竞赛等,并有摩托艇、武装游泳等多项表演项目。经过 4 天紧张激烈的比赛,北京代表队获得总分第一名,青岛一队和青岛二队分获二、三名,上海队获第五名。

据 1956 年 8 月 29 日校报记载,海大七位参加航海俱乐部的同学,经过游泳、驶帆、爬梯、撇缆等项目的训练,有张荣坤(1957 届海洋渔捞专业)、纪国良(1957 届水产养殖专业)、李一家(1957 届海洋渔捞专业)、顾锦仙等四位同学被推选为上海代表去青岛参加全国航海运动竞赛大会。校运动员在比赛中发扬了勇于拼搏的精神,发挥了高水平的竞技水平,顾锦仙取得航海多项比赛第三名的好成绩,李一家在多次的抛缆、攀登等其他项目的比赛中获得了较好的名次。经过上海队队员的共同努力,上海队获舢板荡桨男子组第二名,女子组第一名,舢板驶帆男子组第三名,女子组第二名,舢板综合男子组第一名,女子组第三名的好成绩。

时任国家体委副主任荣高棠(颁奖者)为顾锦仙(领奖者)颁发获奖证书(1956 年,顾锦仙提供)

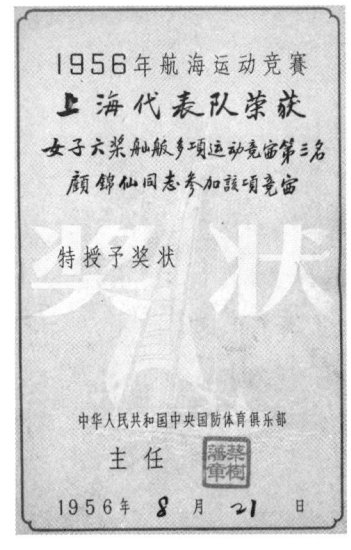

顾锦仙代表上海队在全国航海大会中取得优异成绩(1956年,顾锦仙提供)

全国航海运动大会的成绩,标志着上海市航海多项运动的不断发展,也标志着上海海洋大学航海多项运动取得了新的突破。

为了组队参加沪、宁、杭三市舢板远航活动,1957年5月,上海市举行了全市海军舢板测验赛。比赛项目为1浬(1852公尺)荡桨,顺水和逆水各一半距离。参加这次比赛的有同济大学、第二医学院、中华船厂、工农速中、体育学院等十四支队伍。男队中以中华船厂队实力最强,最有希望获得冠军,与海洋大学同组。海大队员由1959届海洋渔捞专业蔡和麟,1960届工业捕鱼专业崔建章、施守琪、张礼明、朱可为,1962届海水养殖专业孙庆文,1960届工业捕鱼专业白植庆(舵手)组成。参赛选手蔡和麟在1957年5月30日的校报真实地描述了这场比赛的场景:"这是我院第一次参加上海市划船比赛,大家心里都有些紧张,但队员们相互安慰和鼓励,决心奋力一搏。'呼'! 发令枪起时,我院队员迅速以短桨起动,然后长桨奋划……最终在比赛中以15分11秒3的优异成绩获得冠军。"这个成绩接近全国纪录。

蔡和麟老师后来回忆,队员们靠毅力、力量、速度和协作精神赢得了这场比赛。最后半程是逆水行舟,上来的时候队员们的手臂都僵直了。

校划船队获得上海市第一次全市舢板比赛第一名(1957年)

他这样评价划船队的队员：能够吃大苦、耐大劳，勇于开拓、敢于创新！

　　通过这次测验赛，孙庆文、崔建章、施守琪、顾锦仙入选上海市舢板队，利用周末进行集中训练，准备参加1957年8月国家体委组织的沪、宁、杭三市舢板远航和青年联欢活动。

　　1957年7月25日，有海洋大学队员参加的上海市舢板队从上海启航，7月28日到达苏州与杭州舢板队会合，7月30日下午到达无锡与南京等三市舢板队会合。上海舢板队在航程中先至纪王，再至昆山，由昆山至苏州，最后到达无锡。这是一次被载入史册的远航，将被后人铭记。

　　1957年5月19日，海大教师团员和化工学院、体育学院教师团员联合举行团日活动，划着四支舢板轻桨荡漾在黄浦江上。① 1958年2月15日下午在高教局校院长体育工作会议上，海大体育运动队向全市各兄弟高校提出倡议挑战，挑战书如下：

① 1957年5月13日、5月30日校报

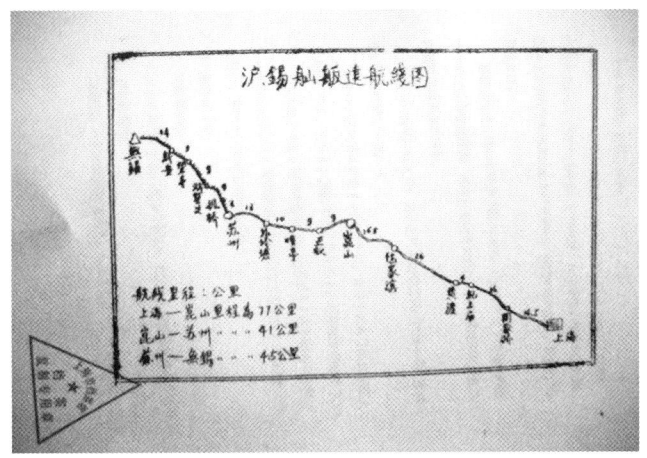

上海市舢板队沪锡远航线图(上海市档案馆)

正当东风压倒西风,我们国家社会主义革命事业全面大跃进的新形势下,在水产事业上党向我们提出在第二个五年计划内,从现在的世界上第三位跃进到世界第一位。这一豪迈而伟大的战斗目标,给我院同学带来了无比的力量,同学们都充满了革命干劲迫切地要求自己有健康的身体来保证各项事业的胜利完成。2月4日在党团的直接参与下全体同学冒雨举行"为社会主义锻炼好身体的誓师大会",体育运动在我院正在乘风破浪地大踏步前进。每人、每班、全院都分别订出了规划作为全院同学锻炼好身体的方向,并且把它作为向全市各个兄弟高校进行友谊竞赛的条件,希望今后相互监督检查共同前进。①

挑战书保证在一年内,全校80%的男同学达到能游泳30公尺,40%的女同学达到能游20公尺,游泳队达到高校中前三名;舢板运动普遍开展,使全校同学100%能掌握基本技术,舢板队在高校中保持第一名水平,在全市中争取达到前三名;划船(竞赛艇)队争取在全市中达到前六名的水平。

1958年4月初,上海航海俱乐部举办了海上运动比赛,共有拔河、

_____

① 1958年3月10日校报

舢板、绳结、信号、爬绳爬梯等五个项目。参加这次比赛的有各工厂、各高等学校的代表队,还有各种混合队,海大也组织了由崔建章、张礼明、施守琪、白植庆等八人组成的代表队参加了这次比赛,比赛结果,海大获得拔河、绳结两项第一,信号第二的成绩。舢板因两船相撞受影响,没有得分。[1] 1958年12月,上海市舢板比赛中,海大男子舢板队获得了预赛第一,决赛第三名的好成绩。在本次比赛中,有后来考入海大的黄明祥[2](1964届工业捕鱼专业)代表上海市队以13分21秒的成绩取得2000公尺荡桨比赛的冠军。

黄明祥,1958年8月就已入选了上海市航海多项队,1959年8月曾代表上海市队参加在青岛举行的第一届全国运动会航海多项比赛。1959年入校后,黄明祥组建了校航海多项队并担任教练兼队员,队长由刘其哲(1964届工业捕鱼专业)担任,队员二十余人,在上海市高校航海多项比赛中多次取得佳绩。

1959年初,上海市航海俱乐部举行摩托艇干训班,校划船队员周碧云(1960届水产养殖专业)参加了培训。

学校派周碧云(四排左3)等两名同学参加上海市航海俱乐部水上摩托干训班

---

[1] 1958年4月25日校报。
[2] 黄明祥,曾任东海渔政分局副局长。

从 3 月初至 6 月底，学校共组织了十三个单项竞赛，包括男女 100 公尺、篮球、体操、排球、划船、男子举重和 3000 公尺、女子 800 公尺。根据竞赛办法，每次竞赛的优胜单位获得流动锦标，在全部竞赛中获胜次数较多的单位永久保留流动锦标。加工一、海渔系养殖二和加工二分别获得男、女划船流动锦标。渔捞一及海养一分别保存男女流动锦标。

第七章　飞逐梦想的赛艇

赛艇是奥运会最传统的比赛项目之一,由一名或多名桨手坐在舟艇上,背向舟艇前进的方向,运用肌肉力量,通过桨和桨架简单杠杆作用进行划水,使舟艇前进。赛艇运动多在江河湖泊等大自然水域中进行,空气清新,阳光充足,受到大自然的沐浴,是一项充满力量与毅力的运动。赛艇是上海海洋大学的传统优胜项目,海大赛艇队有着悠久的历史与数不尽的回忆。

一、赛艇运动的正式起步

上海解放后,为了尽快在群众中普及划船运动,从 1956 年开始,上海赛艇队在全市范围内公开培训和选拔新的业余划船队员,准备组建新的上海市划船队,学校先后选派多批学员参加了培训。两个多月的培训班结束后,学员们回到学校,他们成了校园赛艇运动的传播者和推动者。学校学生运动员参加了上海市和全国早期举办的赛艇比赛,取得了令人瞩目的成绩,在校内外引起了轰动与关注,学校开始着手组建校划船队,早期的赛艇运动员们发挥了骨干作用。

(一) 赛艇队的正式成立

在赛艇队正式成立之前,队员们参加了一系列的赛艇比赛,取得了令人振奋的成绩,由此推动了学校赛艇队的正式成立及赛艇运动的发展。

1957 年 8 月 24、25 日，上海市划船锦标赛在龙华华泾划船俱乐部举行，这是上海历史上第一次赛艇比赛，参加单位有 23 个，男女运动员256 名，其中女子运动员有 45 名。海大的薛颂棠老师担任教练兼比赛终点裁判员，运动员陈士麟参加了单人双桨比赛，运动员王维德（1960届海水养殖专业）、何燮成（1959 届海洋捕捞专业）、陈道德（舵手）参加了双人单桨有舵手比赛，王维德、夏章英、何燮成、唐锡良（1959 届海洋捕捞专业）、陈霖海（舵手，1960 届海水养殖专业）参加了四人单桨有舵手比赛。

1957 年 10 月 2 日至 5 日，第一届全国七城市划船锦标赛在武汉东湖举行，参加比赛的有哈尔滨、上海、杭州、武汉、旅大、广州、青岛等 7个单位。其中哈尔滨队是老将，武汉队又熟悉航道，而上海队队员都是新手，大部分只训练过半年，但是在苏联专家的指导下，陈士麟作为划手的八人艇在 2000 米比赛中最终以 7 分 12 秒 4 的成绩取得了冠军，并打破了全国纪录。

1958 年 9 月 21、22 日，第二届全国七城市划船锦标赛在武汉举行。举行比赛一个月之前，为了粉碎某些体育组织和反华势力蓄意制造"两个中国"的阴谋，在多次抗议无效的情况下，中国奥委会发表了关于同国际奥委会断绝关系的声明。早在 1954 年，国际奥委会第四十九届会议在希腊举行，在这次会议上，中华人民共和国在国际奥委会的合法席位终于得到承认。但是，中国台湾省地方体育组织也被列入国际奥委会所承认的各国奥委会名单，这分明是坚持了"两个中国"的错误态度。此后，1956 年，国际奥委会在某些人的操作下，继续蓄意制造"两个中国"。学校师生得知这个消息非常气愤，赛艇队员们纷纷表示要埋头苦练，希望通过取得本次赛艇比赛的好成绩来粉碎阴谋。

为准备参加 1959 年第一届全国人民体育运动大会，1958 年 8 月 8日，上海市体育运动委员会还从海大海洋系 1960 届工业捕鱼专业抽调白植庆、马忠和、崔建章三人作为优秀运动员参加上海划船集训队训练。三人刻苦训练,苦战一周就掌握了划船基本动作①,受到上海市划船队教练和领导的表扬。最终,海大有四名学生代表上海参加这次比赛,其中崔建章担任队伍管理兼八人艇划手,张瑛瑛参加了单人皮艇比赛,马忠和参加了四人单桨有舵手比赛,陈士麟与上海交通大学的吴怀益和上海第一机械局的舵手孙嘉祥参加了双人单桨有舵手的比赛。比赛前一天的晚上,全体队员们举行了誓师大会,提出"把赛场当战场,不仅要争冠军,一定要在这次比赛中压倒美国,为祖国争光!"陈士麟和队友当晚都非常激动,久久不能入眠,他们再三考虑和讨论怎样完成这个任务。最终,在众人的期望和队友的鼓励下,陈士麟和队友相互多次配合,刷新全国纪录获得冠军,并且以8分25秒4的成绩超过了第十六届奥运会赛艇比赛中冠军美国队创造的8分26秒1的成绩。在本届全运会赛艇比赛的四人、八人单桨有舵手项目竞赛中,有马忠和、崔建章同学参加的上海高校队的成绩,也超过了十六届奥运会第三名的成绩。陈士麟、马忠和和崔建章三位同学也因此达到了健将级运动员的标准。

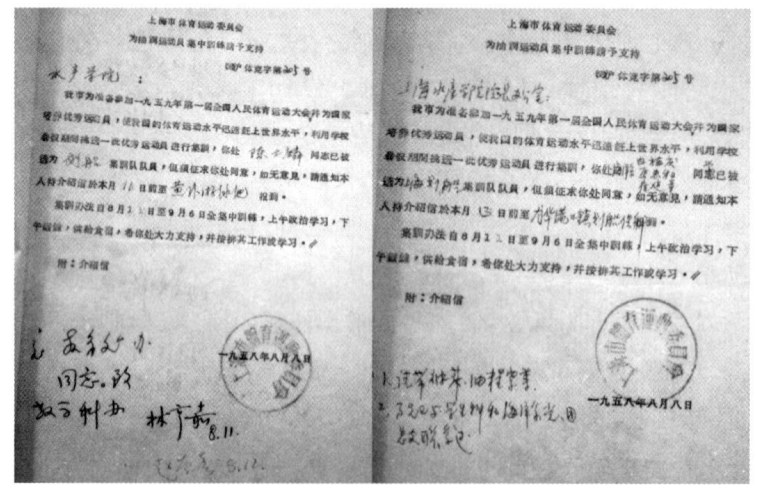

上海市体育运动委员会抽调校赛艇运动员陈士麟、白植庆、马忠和、崔建章参加第一届全国运动会上海市赛艇队集训通知(1958年)

---

① 社会主义建设总路线的光辉照耀着上海市划船队,上海市档案馆资料。

此外，1959 年统计的等级运动员还有皮艇运动员张瑛瑛（1960 届海水养殖专业）和水球运动员吴承璘（1964 届罐头食品工艺专业）、皇甫根来（1963 届工业捕鱼专业）、沈纪祥（1960 届工业捕鱼专业）。

皮艇队队员张瑛瑛

本次比赛获得冠军的好消息传到学校，全校师生都很振奋，深受鼓舞，党委致信陈士麟同学表示祝贺：

勤学苦练　大干特干　为祖国体育事业放出更大的"卫星"

党委复陈士麟同学的信

陈士麟同学：

我们知道了上海划船队创超了压倒美国成绩的喜讯，向你及上海划船队的同志表示热烈祝贺，这个"卫星"的出现，完全是政治挂帅的结果，是马列主义创造出来的，希望你永远保持清醒的头脑，不骄不傲，以祖国荣誉为先，勤学苦练，为祖国创造更多的成绩，放出更大的"卫星"。

上海划船队所创造的纪录是一面胜利的红旗，这面红旗为全院师生、运动员树立了生动的榜样，只要有敢予排除万难的毅力，不断克服迷信思想，苦学苦练，大干特干，美国的任何运动纪录都能被我们超过。你与其他同志创造的成绩再一次说明困难是人克服的，奇迹是人创造的，因此我院的健男勇儿们将学习你们的榜样，大破迷信，苦学勤练，坚决为打破世界纪录，为在明年全国运动会上拿出优异的成绩而努力！

中共上海水产学院委员会

1958 年 10 月 10 日

由于令人瞩目的成绩，上海市 1958 年授予陈士麟参加的这支男子双人艇队伍"全市建设社会主义青年先进集体"称号。同年，该队伍又获得共青团中央委员会授予的"全国青年建设社会主义先进集体"荣誉称号。①

陈士麟等获得"全国青年建设社会主义先进集体"称号(林启仁提供)

陈士麟等同学在赛艇比赛中接连取得优异成绩的消息传到学校，校园里一片欢腾，校领导高度重视。根据上海市领导的指示，为了迎接第一届全国运动会的召开，结合水上传统和办学特色，学校党委决定从各系挑选出一批各方面条件较好、划船运动上有培养前途的同学成立划船队。

1958 年 11 月，学校划船队正式成立，由校党委直接领导，学校团委书记何保源负责组织建设工作，队员是从全校的学生中选拔出来的，

---

① 上海市 1960 年文教方面先进单位登记表，上海市档案馆资料。

集中安排住宿、训练和管理。时任校学生会主席的林启仁①(1959届海洋捕捞专业)为第一任队长,全面负责划船队工作,郭南麟②(1962届工业捕鱼专业)、顾锦仙③(1959届海洋捕捞专业)担任副队长,分别负责男、女队训练。林启仁毕业后,郭南麟担任第二任队长。首次参加脱产集训的队员还有男队员:何燮成(1959届海洋捕捞专业)、唐锡良(1959届海洋捕捞专业)、季恩溢(1959届水产品加工工艺专业)、朱可为(1960届工业捕鱼专业)、张礼明(1960届工业捕鱼专业)、马忠和(1960届工业捕鱼专业)、施守琪(1960届工业捕鱼专业)、李受圭(1960届工业捕鱼专业)、费镛(1960届水产品加工工艺专业)、刘树椿(1962届工业捕鱼专业)、林辉煌(1962届海水养殖专业)、包启龠(1962届工业捕鱼专业)、李伟成(1963届工业捕鱼专业)、张时培(1963届工业捕鱼专业)、蔡长林(1963届淡水养殖专业)、葛茂泉(1963届制冷与冷藏工艺专业)、梁永康(1963届制冷与冷藏工艺专业)、郁连春(1963届海水养殖专业);女队员:徐春娥(1959届水产养殖专业)、毛玉英(1960届水产品加工工艺专业)、周碧云(1960届海水养殖专业)、经俪如(1963届淡水养殖专业)、唐素英(1963届淡水养殖专业)、张中慧(1963届淡水养殖专业)、林小鸽(1963届工业捕鱼专业)、俞加禾(1963届水产品加工工艺专业)、梁祥云(1964届淡水养殖)等三十余人。

自此,为迎接首届全国运动会学校专门成立了脱产划船队,并开始了一段集中训练的难忘时光。

为了解决校内无法开展赛艇训练的问题,林启仁和郭南麟商量能否从上海划船俱乐部要一批船艇过来,他们的想法得到了当时校党委书记胡友庭的大力支持。胡书记为他们开具了介绍信。林启仁和郭南

---

① 林启仁,曾任厦门水产专科学校教师、福建莆田市水产研究所所长、利康(国际)进出口贸易有限公司原董事长。
② 郭南麟,中国首次南极南大洋考察队生物组副组长,原中国水产科学研究院东海水产研究所所长。
③ 顾锦仙,浙江省淡水产研究所。

第一任队长林启仁　　　　副队长梁祥云　　　　第二任队长郭南麟

校报上关于赛艇队成立的报道(1959 年)

麟拿着学校开具的介绍信,找到了时任上海市体委副主任、党组书记杜前①,说明了学校支持水上运动开展的情况,希望得到上海市体委的支持。被学校领导对划船运动的支持和同学们为取得优异成绩的刻苦训

① 杜前(1921—1993),原中共济南特别市委青委书记、济南解放后的首任团市委书记。1955 年 2 月起先后任团中央统战部部长,第一机械工业部销售局局长。1957 年 4 月调任上海市体委副主任、党组书记。1977 年至 1990 年任中华全国体育总会副主席,中华全国体育总会上海分会主席。

练的精神所感动,上海市体委无偿调拨给学校全套八人艇、四人艇、两人艇、单人艇、皮划艇多条。于是,从无到有,学校赛艇队终于拥有了属于自己的船艇,队员们可以自由方便地在自己的校园内开展赛艇训练了。

没有船,队员们在市体委的破例支持下得到了船;没有上下水码头,队员们就自己动手搭建"土码头",他们从隔壁空军仓库找来废弃的旧航空油桶当作浮筒,再从学校木工间找来木料建起了简易码头;没有船库,队员们花力气把船扛到远离码头的大楼下面;没有专人修船,队员们就去请教修船工人,自己动手学习维修技术。大家齐心协力,总算在小黄浦江边完成了一座简易码头,创造了校内开展划船运动的条件,这在当时的上海市高校系统是绝无仅有的、史无前例的。

1958 年底开始脱产集训的划船队员集体合影(周碧云提供)

(二)里程碑式人物陈士麟

在以上所述及的赛艇比赛中,有一个反复出现在各项比赛中的名字:陈士麟。在上海海洋大学水上运动发展史以及上海赛艇史上,陈士麟先生都是一位不得不浓墨重笔述及的里程碑式人物。

陈士麟先生是上海赛艇队的当家元老之一,名蜚海内外,1952 年

考入上海水产专科学校附设水产技术学校三年制渔捞科,1955 年专科
毕业后考入上海水产学院工业捕捞专业学习。上海水产专科学校附设
水产技术学校是在 1949 年和 1951 年由江苏省立水产职业学校崇明分
校即闵行水产学校和浙江省乍浦国立高级水产职业学校并入组成,设
渔捞、制造、养殖、轮机四科和一个渔村师范班,除渔师班外均为三
年制。

陈士麟先生在赛艇运动上取得的优异成绩得益于他在青少年时期
田径运动员的经历。中学时期的陈士麟在田径运动上尤其擅长投掷项
目,入校后他几乎年年是校田径运动会的冠军选手,在每年的校运会上
和同样是田径投掷好手的季恩溢(1959 届水产品加工专业)经常在投
掷项目上一争高下、难分伯仲。

1957 年被选入上海市划船队为陈士麟先生后来赛艇事业上的成
就开启了良好的开端并奠定了牢固的基础。为了尽快在群众中普及划
船运动,1957 年 2 月,上海赛艇队在全市范围内公开培训和选拔新的
业余划船队员,要求参加培训和选拔的队员必须会游泳,准备筹建新的
上海市划船队。消息传到学校,已是上海水产学院三年级学生的陈士
麟和几名同学相约前去报名,并参加了四五月的训练和选拔。两个多
月的培训班结束后,陈士麟回到学校一边等待选拔结果一边指导同学

陈士麟入选上海市划船队后训练场景(陈士麟提供)

在校内开展赛艇活动。6月份,陈士麟同学以出色的身体条件和刻苦的训练精神成功入选上海市新划船队。

得知被入选上海赛艇队的消息时,学校正组织陈士麟所在的班级在浙江舟山参加海上专业实习。当陈士麟获悉自己入选并准备参加集训备战1957年第一届全国赛艇比赛的消息时,他毫不迟疑地表示服从国家的需要。但是,负责教学的船长却不肯同意陈士麟离开实习船。他对陈士麟说:"我们在生产,你离开了会耽误生产的!"后来由学校出面协调,联系了舟山群岛的另一个船长火速赶来顶替陈士麟的岗位,这时离陈士麟工作的实习船出海仅有十分钟。"也就是这十分钟改变了我的命运! 如果没有这次集训的话,我肯定参加不了全国比赛,那么后面就什么事情都没有了……我感谢学校对我的培养!"陈士麟先生后来动情地回忆说。

1959年1月,根据上海市体委的安排,陈士麟边训练,边在上海体育学院运动系读书,三年后又拿到了体育学院的毕业文凭。由于陈士麟在赛艇比赛上取得了一连串的优异成绩,上海市体委考虑将陈士麟吸收进上海市赛艇队,由学生转为专业运动员,并主动和学校取得联系。当时的副校长刘宠光找来陈士麟,问他愿不愿意到上海市赛艇队去做专业运动员。陈士麟表示自己一颗红心多种准备,党叫干啥就干啥。于是,陈士麟的关系正式由上海水产学院转入上海市赛艇队。当时他已留校担任机械制图教研室的助教,每个月可以有三十斤的粮食,考虑到陈士麟在赛艇运动上做出的突出贡献,学校特意给他加到三十六斤。

从1957年到1963年,陈士麟先后获得四次全国冠军,包括前面所述及的1957年10月在武汉举行的第一届全国七城市赛艇比赛冠军,1958年10月在武汉举行的第二届全国七城市赛艇比赛冠军并超过奥运会最好成绩;1959年9月,第一届全国运动会赛艇比赛在武汉举行,陈士麟和队友再一次获得双人单桨有舵手项目的金牌;1963年9月,陈士麟作为上海赛艇队助理教练兼队员参加了在杭州举行的第三届全国赛艇锦标赛,又一次取得八人单桨有舵手项目的金牌。

1959年,陈士麟先生作为新中国建国十周年打破世界纪录的优秀

陈士麟屡获赛艇比赛冠军

运动员代表登上了当年出版的《新体育》封面。

陈士麟先生认为自己在赛艇事业上取得的成就主要归功于母校对他的培养和支持。他在大学读书时学习的生理、生化、解剖、微积分、高等数学等课程，学到的天文地理气象和航海等知识为他从事体育事业插上了飞翔的翅膀。为了深入研究赛艇技术，陈先生还利用在学校学得的外语技能翻译了四十余万字的苏联划船运动教材，而国内当时还没有系统的赛艇、皮划艇教材，这为他此后成为一名优秀的教练员打下了扎实的基础。

陈士麟(中)在第一届全国运动会比赛中(陈士麟提供)

陈士麟获奖证书(陈士麟提供)

从 1960 年陈士麟先生出任上海赛艇队助理教练开始,他先后担任了上海皮划艇、赛艇队、国家男子赛艇队主教练,第 22、23 届奥运会国家赛艇男子集训队主教练,连续三届世界大学生赛艇比赛国家队教练。退休后,他还担任了上海帆板队顾问,上海交通大学赛艇队总教练,中国体育科学学会运动心理协会委员,中国赛艇协会教练委员会委员,上海船艇协会技术委员会主任等职务。1973 年之后,他曾先后培养出李建新、颜军、徐国良、梁波、郑卫国、顾家宏、张建林等亚洲和全国冠军。在 1983 年的第五届全运会上,他带领上海市男子划船队夺得 5 枚金牌,把上海的赛艇水平推向了全国顶峰,写下了赛艇史上辉煌的一页。在陈士麟先生 48 年的教练生涯中,培养的队员在国内最高形式的比赛中获得金牌 60 多枚,在世界大学生运动会和国际大学生赛艇比赛中获得 5 枚金牌,在亚洲赛艇锦标赛和亚运会上共获得 14 枚金牌。1987 年之后,陈先生又赴巴基斯坦、泰国、中国台湾等担任赛艇教练,两次出任巴基斯坦国家赛艇队主教练,为亚洲国家赛艇事业的发展做出了突出贡献。至今,陈士麟先生仍致力于国家赛艇后备人才的培养,而且,先生一直对母校怀有深厚的感情,在海大新赛艇队的重新组建及复出参赛上做出了不遗余力的努力。

二、赛艇队伍的日益壮大

划船队刚成立的时候,正值冬天训练开始,校内最初没有船,学校每周发车把队员们送到龙华俱乐部进行训练,同学们奔波于学校和龙华俱乐部之间,来回要用去近五个小时,非常辛苦。队员们在极其艰苦的条件下积极想办法,努力创造条件,再加上刻苦训练,校划船队队伍逐渐壮大起来。

(一) 赛艇队伍的壮大

经过学校组织的全面选拔,一部分同学被紧急招入划船队参加冬训备战第二年的春季赛艇比赛。季恩溢先生(1959 届水产加工专业)回忆说当时他正在舟山实习,得到学校的通知迅速赶回参加划船队。

季恩溢在赛艇训练之余练习皮艇(季恩溢提供)

他最初练习赛艇,后因为上肢力量比较好又改练舢板。

被选入划船队的同学们非常愉快地接受了这个光荣而艰巨的任务,如1959年2月6日校报上报道的杨慕文(1963届罐头食品工艺专业)同学就曾表示:"要坚决听党的话,党叫我脱产划一年,我就愉快地划一年,叫我划两年,我就愉快地划两年,如果党看着我在划船运动中有培养前途,叫我划一辈子船,我就毫不犹豫地将我的一生献给祖国的体育事业。"

当然,也有部分同学存在着各种顾虑:有的担心脱产一年要迟一年毕业影响家庭经济;有的怕完不成任务、又耽误一年学习,两头落空⋯⋯但是在党委直接领导和指示下,经过反复地讨论、不断务虚后,队员们逐步在思想上得到统一,赛艇队出现了刻苦训练的热潮。有的队员磨烂了手和肩部、生了病都瞒着不露声色,坚持练习,大风大雨天气还在黄浦江上划船不肯上岸,有些艇被风浪打翻了在水中翻过来再划。队员们说:"这样不仅锻炼了划船,也锻炼了思想!"

1959年,"三八"妇女节期间划船队女队队员顾锦仙同学的发言稿发表在3月11日校报上:"⋯⋯三个多月前,我们按党的指示,暂时离开了学习岗位,三个月来勤学苦练,十分指标,十二分措施,二十四分干劲,我们分秒必争;哪怕是天寒地冻,刮风下雨,从不间断⋯⋯我们要在

划船队员抬赛艇下水准备训练(周应祺提供)

全上海赛艇比赛中争取单项和总分冠军。"

　　在连续遭受严重自然灾害、国民经济最为困顿的时期,赛艇队员们得到学校无微不至的关怀与爱护。考虑到赛艇队的同学们除了要完成学习任务外,每天还要进行超过两个小时以上的体能训练,学校决定将队员的伙食标准从统一规定的每月 12.5 元提高到 16 元,增加的 3.5 元由学校负责贴补,这一措施给学生运动员很大的鼓舞。为了改善队员们的伙食条件,学校还安排划船队员在教工餐厅用餐,食堂开设划船队员专用窗口,每天为划船队员提供一定的营养餐。

　　在学校领导的关怀与重视下,赛艇队队伍很快壮大起来。据校报记载,到 1959 年 2 月,已有男女队员 62 人(包括在市队的 4 人),艇队种类分赛艇、皮划艇、摩托艇、帆艇、舢板等五种。队员们毫无后顾之忧,刻苦训练,运动成绩提高很快。

　　学校在五六十年代涌现出如此之多优秀的水上运动员,一方面与同学们自身的优秀品格密不可分,同时,也与上海市在青少年中大力普及和推广体育运动有关。从 1959 年起,上海市为培养有前途的水上运动优秀选手,专门成立了上海市青少年业余划船体育学校,每年从全市各中学选拔十几位学生,由上海市队专职教练指导,在上海外滩的百年建筑旧址、原"划船总会"每周进行三次体能和池桨训练,一次游泳训练,周日和寒暑假集中住在港口的上海划船俱乐部,在黄浦江上进行水上训练。上海市在中学进行招生时,将体育特长生集中在有传统体育项目的学校的体育班内。根据上海市教委关于高校体育运动项目的布局,有水上运动特长的学生优先录取到我校学习。上海海洋大学的水上运动水平由此得到进一步提高,校赛艇队成了上海市高校赛艇代表队。周应祺、宋佳坤等校友在中学时代就是上海市水上运动业余体校的队员,后来考入水产学院。入校后,他们充分发挥了自己已有的赛艇技能,指导新队员赛艇学习与训练,并且分别先后担任了赛艇队第二任队长和女队队长。从他们的经历中可以看出,无论是从身体素质还是从运动水平和成绩,体育都应该从小抓起,中学专项体育训练和培养是十分重要的。

第三任队长周应祺

划船队第三任队长周应祺①,1964 年毕业于工业化捕鱼专业,他在中学时代就是虹口区少体校赛艇队的队员,考入大学后不仅是赛艇队的队长兼技术指导,还是校艺术团的成员。当时赛艇队的队员主要从新生中招,学校为了支持划船运动的开展,安排赛艇队先招新队员,然后才是其他的运动队招新队员。因此,周应祺担任队长期间,张发强(1967 届水产品加工工艺)和经俪如(1963 届淡水养殖专业)担任副队长,分别负责男女队训练,李道恒(1962 届化学专修班)负责赛艇队的后勤保障工作。后由宋佳坤(1967 届海水养殖)负责女队训练,担任副队长。这一时期,赛艇队的规模发展很快,队员很快达到六十余人,再加上游泳队和航海多项队,水上运动队员人数突破一百余人。参加比赛时的骨干队员还有男队员:刘树椿(1962 届工业捕鱼专业)、包起龠(1962 届工业捕鱼专业)、李伟成(1963 届工业捕鱼专业)、蔡长林(1963 届淡水养

---

① 周应祺,1996 年至 2004 年担任上海水产大学校长,曾任亚洲水产学会理事兼副理事长和学术委员会主席,教育部教育指导委员会水产学科组组长,现任上海海洋大学中国渔业发展战略研究中心常务副主任等职务。

副队长宋佳坤

男子四人艇队员训练后合影(1960年,周应祺提供)①

① 左起:李卫成、刘树椿、蔡长林(舵手)、郁连春、包起龠。

女子八人艇队员训练后合影(1960 年,周应祺提供)

殖专业)、郁连春(1963 届海水养殖专业)、葛茂泉(1963 届制冷与冷藏工艺专业)、戈斌(1964 届工业捕鱼专业)、林荣国(1964 届工业捕鱼专业)、卢元隆(1964 届工业捕鱼专业),女队员:唐素英(1963 届淡水养殖专业)、俞加禾(1963 届水产品加工工艺专业)、汤永兰(1963 届淡水养殖专业)、梁祥云(1963 届淡水养殖专业)、林小鸽(1963 届工业捕鱼专业)、严小梅(1964 届工业捕鱼专业)、刘启芳(1964 届工业捕鱼专业)、杨若青(1964 届淡水养殖专业)、郭文玉(1964 届海水养殖专业)等。

划船队第四任队长卢业宏[1],1966 年毕业于水产品加工工艺专业。副队长张发强负责陆上训练,副队长王龙钦[2](1967 届工业捕鱼专业)

[1] 卢业宏,印尼华侨,现居香港。
[2] 王龙钦,河南信阳华豫发电有限责任公司副总经济师。

负责水上训练,女队队长宋佳坤①(1967届海水养殖专业)负责女子队员训练。根据王龙钦和解云云夫妇的回忆,为了便于新队员之间在训练比赛中更好地配合,那时每年新生一入学每个班级最终选拔男、女各两名新队员,经过校内体能训练和划船俱乐部的划池桨训练后,才能由队长等老队员带着到龙华俱乐部进行艇上训练,快一点儿的第二年就可以和老队员配艇参加比赛了。挑选队员的工作由队长和队委会负责进行,应选者很多,常常是一个班的同学相约都去参加选拔测试。

在以上这几任队长的带领下,学校赛艇队日益成熟与壮大,赛艇比赛屡创佳绩、捷报频传,创下了水上运动史上的辉煌。

(二)"龙体育"的倡导者张发强

张发强先生,1962年考入水产品加工工艺专业,曾任国家体育总局副局长、党组成员,中国奥委会副主席,中国篮球协会主席,中国体操协会主席,国际龙舟联合会主席。2003年3月起任十届全国政协常委、全国政协教科文卫体委员会副主任。"张发强"这一名字似乎注定了他一生与体育运动的不解之缘。他经常风趣地这样介绍自己:"我是张发强,'张'就是'张扬宣传','发'是'发展体育运动','强'呢,是'增强人民体质'。"

张发强从小学时就非常热爱体育运动,曾参加过上海市的少年运动会短跑比赛。中学考入上海市市西中学,那里的篮球、排球开展得很好,他是当仁不让的积极分子。因为体育成绩突出,后来有几年在静安区体育学校学习,这是全国第一所"三集中"的学校,集中食宿和学练,这为他今后的体育事业打下了良好的基础。

考入大学后,张发强担任赛艇队的队长,负责队员的陆上训练。在大学五年的学习生活基本上就是上午上课,下午一下课就开始训练,寒暑假集中进行训练和比赛。由于技术动作比较好,张发强经常在比赛中担任八人艇的一号划桨手。除参加赛艇队外,他和队友余明龙(1967届水产品加工工艺专业)是校篮球队的主力队员,并获得过学校田径运

---

① 宋佳坤,美国马里兰大学研究教授,上海海洋大学鱼类神经科学研究中心主任。

动会的跳高冠军。

毕业之后,张发强先到解放军农场劳动锻炼了两年,然后分配到广西北海。北海市有龙舟比赛,张发强在北海市水产公司工作11年,每年都代表公司参加龙舟赛,后来到市经委当了两年主任,又当了北海市市长,也多次参加龙舟赛事。在北海市的这些年,他可以说是一直与水在一起,与水有不解之缘。

2000年,张发强先生在中央党校学习期间,全面思考了中国体育发展的理论问题,并结合自己的学业背景把他对于体育科学发展的理念用一张鱼的结构图形表示出来,形成了成熟的"鱼形"理论。

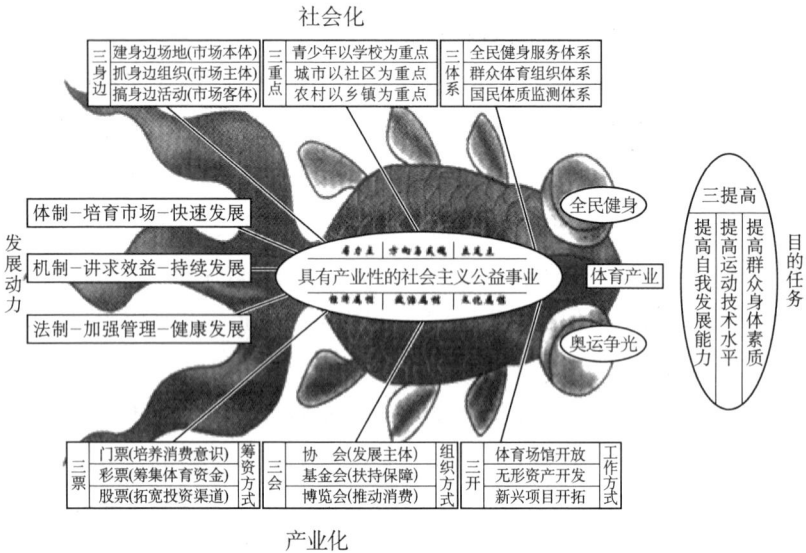

体育鱼形图

在这张图上,最重要的是对体育的定性,即体育的性质是"具有产业性的社会主义公益事业"。体育有三个任务:全民健身、奥运争光、体育产业。体育产业不是体育的根本任务,但它是机制,如同鱼的嘴巴,给两大主要任务摄取营养。我国体育事业如同在社会主义市场经济大海中搏击、在全民健身热潮中遨游的一条鱼,我们对体育事业性质的认识可以说是整条鱼的脊椎和骨架,它决定了我国体育事业的基本规模和内容;体育工作的主要目的、任务是鱼头,决定体育事业发展的方向;体育社会化、产业化是背鳍和腹鳍,保证体育发展的平衡与协调;体制、机制和法制是尾鳍,为体育的发展提供动力。这几方面相互配合,我国体育事业就会如鱼得水,蒸蒸日上。"鱼形图"从理论上描绘了对体育事业的认识。实践中如何做好体育工作,就需要我们编织一张"网",一张覆盖全社会、覆盖全民健身的体育之网。

在"鱼形理论"的基础上,张发强先生又进一步提出了"龙体育"的概念,并身体力行地加以推动与倡导。张先生指出,中国人是龙的传人,龙的子孙,中国就像一条腾飞的龙;中国的群众体育从水里划龙舟,到陆地舞龙狮,再到天上放龙筝,这就是龙运动、龙体育;中国的竞技体育也恰如一条飞速发展的龙。从中国体育的战略布局上来看,上海是龙头,江苏、杭州是龙的两眼,武汉、长沙是龙的腰,四川、重庆是龙的尾巴,这就是一条长江流域龙;还有黄河龙、珠江龙、松花江龙,从点,到线,到面,它们之间有机地联系起来。中国体育应该打龙的旗号,因为中国就是一条和平崛起的龙,"龙体育"应以它鲜明的姿态屹立于世界体育之林。

龙舟运动在"龙体育"中无疑占有着举足轻重的位置。张发强先生将"推广龙舟运动,传播龙舟文化,弘扬龙舟精神,开发龙舟产业"作为自己的责任和义务。张先生认为龙舟精神就是中国体育的精神,民族的精神,就是一种发展的理念,团结奋进的理念,这是我们宝贵的精神财富,我们要传播这种文化,弘扬这种精神。张发强先生在担任国家体育总局副局长期间,做了大量推广龙舟运动的努力,积极地将龙舟推向世界。

三、赛艇比赛战绩辉煌

伴随着学校赛艇队伍的日益发展与壮大,校赛艇队在上海市各项划船比赛中取得了一系列的辉煌战绩,在上海乃至全国产生了很大的影响,书写了中国大学赛艇运动史上的光辉一页。

1959 年 2 月 15 日,校划船队在结束冬训后,参加上海市第一次赛艇对抗赛。参赛的单位除上海海洋大学外,还有上海体育学院、警备队、港务局、公用局、杨浦联队、榆林联队、青少体队等七个单位。据当时的校报记载,比赛那天并不是划船比赛的好天气,天空飘着细雨,江风吹起了浪花,薄雾笼罩着水面,黄浦江上显得昏昏沉沉,但是还是吸引了众多的市民沿途观看。"水产,加油!水产,加油!"——两岸观众为这支朝气蓬勃的大学生划船队加油的助威声此起彼伏。最后,经过了一个冬训勤学苦练的学校划船队在八个比赛项目中连夺三项第一名:男子四人艇 2000 公尺(成绩 7 分 54 秒 3),男子八人艇 2000 公尺(成绩 7 分 23 秒 2),女子双人艇 1000 公尺(成绩 4 分 36 秒 4);四项第二名:男子单人双桨、女子单人双桨、女子四人艇、女子八人艇。

校男子八人艇在上海市赛艇比赛中(1959 年,陈叔文摄)

　　1959 年 3 月 14、15 日,上海市春季赛艇对抗赛在龙华华泾上海市划船俱乐部举行。这是当年开春上海市第一次规模较大的赛艇对抗锦标赛。参加比赛的有 20 个单位 460 多名运动员,这些运动员经过一冬的训练,技术水平都较前显著提高,同时上海市队也一起参加表演,加之这次比赛又是参加华东区比赛的选拔赛,所以整个比赛显得特别热烈而紧张。1959 年 3 月份的校报记载与描述了比赛的真实场景:黄浦江江面上,传令员驾驶着像青蛙一样的摩托艇,贴着水面,穿梭来往于发令船和终点船间,激起了滚滚白浪。不时地,一批批各种不同类型的赛艇迎着潮水冲驰着,竞逐着,对抗赛开始了。

　　校划船队的八条赛艇全部参加了比赛,比赛时校党委书记胡友庭同志亲临比赛现场,鼓励每个队员,队员们都信心百倍地表示要划出优异成绩向学校汇报。比赛中，一个个都使出了全身力量，拼干到底。

比如，男子单人艇刘树椿同学，在 2000 公尺的比赛中，出发时落在了后面，他紧紧地追赶了一千多公尺还没有赶上，但毫不气馁，他想到校领导的嘱托，同学的期望，他咬紧牙关，鼓足干劲，终于在 1800 公尺时赶超了领先的"警备队"，直冲终点，获得了第一名。再如，男子八人艇和女子八人艇在比赛中紧盯住了市赛艇队，一桨也不放松，虽然船型不同，没有市队的艇灵活，但成绩却与市队相差不多，博得划船俱乐部领导同志和其他兄弟艇队同志的好评。

这次比赛，校划船队除在八个项目中获得男子单人艇和男子、女子八人艇三个项目第一名外，还获得男子四人艇、女子四人艇、女子双人艇三项第二名，和女子四人艇第三名。男女队均获得团体总分第二名。根据这次比赛的成绩，大部分赛艇队员都被选去参加 4 月 4 日将在上海举行的华东协作区赛艇对抗赛。

男子八人艇在比赛中(季恩溢提供)

赛后，队员们说：这次能取得这些成绩，应归功于党和学校集体。当然，他们心中仍有一些遗憾：没有获得团体总分第一名。这种遗憾激励着队员们更加刻苦训练，争取在今后的华东区划船比赛中获得更大更好更全面的胜利。

校划船队参加全市首次赛艇锦标赛合影（1959 年）

1959 年 6 月，主要由上海水产学院和上海第一医学院联合组成上海划船二队，在校党委及市体委党委的领导下，于 6 月 4 日到杭州进行了为期 10 天的访问比赛，并与杭州、贵州、山西队进行了对抗赛，全体队员共有 38 人。校男子双人单桨赛艇由 9 分多进至 8 分 37 秒，再进至 8 分 27 秒 6，这个成绩接近第 16 届奥运会该项目的最好成绩。校男子四人艇成绩超过第 16 届奥运会该项目最好成绩，女子八人艇也由 3 分 50 秒进至 3 分 35 秒。在本次比赛中，我校运动员累计共有 45 人次连续打破了三、四项全国纪录。

6 月 17 日晚上，学校在"大学生之家"为在杭州举行的划船比赛中凯旋的赛艇队员们举行了隆重的欢迎仪式，校党委副书记、各学院院长、各系党总支书记、系主任、团总支书记、教务长及同学代表等四十余人出席了欢迎仪式。这次由各级领导出席的欢迎仪式充分体现了学校重视"智力和体力投资并重"的育人理念，因为这都是培养德智体全面发展的主要方面，健康既是益寿延年的基础，又是为祖国建设长期奉献的基础。

1959 年暑假，学校组织赛艇队赴杭州西湖进行了为期一个多月的集训。

校赛艇队利用暑假在杭州集训(1959 年,林启仁提供)

　　1959 年 10 月 26 日至 11 月 21 日,应国家体育运动委员会的邀请,罗马尼亚划船队一行 27 人来访中国。该队领队系罗马尼亚体育总会主席团委员,队员很多都是奥运会冠军,水平很高。在我国为期一个月的访问中,罗马尼亚划船队先后访问了武汉、广州、杭州和上海四市,并在武汉、上海和广州与我国划船队进行了友谊比赛、表演和练习。11 月 15 日,罗马尼亚划船队访沪表演赛在上海划船俱乐部举行,参加本次比赛的有罗马尼亚队、上海市一队、上海市二队,还有杭州、湖北、东海舰队等队伍。陈士麟作为男子双人单桨划手战胜了罗马尼亚划船队,是这场比赛中唯一一支战胜来访队伍的队伍[1],为学校及上海争得了荣誉。

　　1959 年 12 月 5、6 两日,学校男女赛艇队参加了在龙华浦江上举行的上海市秋季运动会赛艇比赛,结果男子单人艇获得了第一名和第四名,双人艇获得了第四名,四人艇获得了第三名,八人艇获得了第二名,男子总分获得了上海市的第二名;女子八人艇、四人艇各获第二名,女子总分获得了第四名。

---

[1] 中华人民共和国体育运动委员会接待罗马尼亚划船队通知;接待罗马尼亚划船队工作总结;罗马尼亚划船队访沪表演。上海市档案馆。

三年自然灾害时期,祖国大地陷入了新中国成立以来空前严重的经济困难境地,各运动队除保留少数尖子和骨干外,都先后缩编减员。上海划船俱乐部最先紧缩的是基层划船队,数百支业余队只剩下港务局、第一医学院、水产学院、师范学院、电表厂、泰山耐火材料厂等几支船队。由于校领导对水上运动的重视,同学们对赛艇运动的热爱和痴迷,上海海洋大学赛艇队没有因为席卷全国的经济困顿而中断,依然保持着开展划船运动的传统。

1960 年 4 月 14、15 日在上海市 24 家单位的赛艇对抗赛中,由于学校赛艇队半年多来抓紧业余训练,虽然很多都是新队员,但他们干劲十足,有着赶上老队员的雄心大志,体能、技术水平都有了显著提高,因而学校赛艇队每艇都获得决赛权,最后获男子总分第三名,女子总分第二名。

1961 年、1962 年学校赛艇队员冯毓勋在上海市大学生赛艇比赛单

校赛艇队参加上海市 24 家单位的赛艇对抗赛后合影(1960 年,周应祺提供)①

———————————

① 后排左一为体育组长薛颂棠老师。

人双桨项目中连续两次获得了亚军。周应祺、戈斌、卢元隆多次获得双人艇比赛的冠军。队员们在比赛中发扬集体主义精神,服从指挥和安排,团结一致,奋力拼搏,获得了很多奖杯和锦旗。

校赛艇队参加上海市比赛后师生合影①(1961 年,周应祺提供)

参加上海市赛艇比赛的男子四人艇队员②(1961 年,周应祺提供)

① 后排右一为体育组李清城老师。
② 左起:刘树椿、戈斌、周应祺、林荣国、卢元隆(舵手)。

参加上海市赛艇比赛的女子四人艇队员①（1961 年，周应祺提供）

1962 年 10 月上旬，学校赛艇队参加了上海市赛艇邀请赛，最终获得了男子八人艇第三名、四人艇第四名、双人艇第二名，女子八人艇第一名、四人艇第一名、双人艇第三名等一连串的骄人成绩。这次比赛划船队正好缺女划桨手，由于具有左右两边都能划桨的技术，9 月份刚入学的宋佳坤的加入可谓是"雪中送炭"。她参加了八人艇和四人艇（与梁祥云、郭文玉、杨若青搭配，舵手严小梅）两个项目，比赛中四人艇上划左桨、八人艇上划右桨，最后两个项目都取得了冠军。

1964 年，在全市赛艇比赛中，上海海洋大学男子单人双桨由王龙钦和卢业宏分别担任左右划手、王德良（1968 届鱼类与水产资源专业）担任舵手，在 2000 米比赛中夺得第二名，距离获得第一名的上海市队

---

① 左起：汤永兰、梁祥云、俞嘉禾、林小玲、严小梅（舵手）。

女子四人艇赛前在训练中（宋佳坤提供）

女子八人艇赛前在训练中（周碧云提供）

仅半艇之遥，还战胜了另外一支市集训艇。女队尽管恰逢新老队员交替，曾为上海市代表队主力的俞嘉禾（1963 届水产品加工工艺专业）、经俪如（1963 届淡水养殖专业）、唐素英（1963 届淡水养殖专业）、梁祥云（1964 届淡水养殖专业）等都毕业走了。但有解云云（1968 届水产品加工工艺专业）、魏绍芬（1968 届海水养殖专业）、许俊娴（1968 届淡水养殖专业）、何韦莉（1967 届制冷与冷藏工艺专业）、周芝洁（1966 届海水养殖专业)、周韵秋(1965 届制冷与冷藏工艺专业)等新骨干的咬牙拼搏,单、双、四、八各项全参赛,成绩也相当不错,宋佳坤(1967 届海水养殖专业)取得了单人双桨的第二名。她至今仍清晰地记得自己当时为在比赛最后冲刺瞬间痛失金牌而心有不甘的情形。这次比赛,学校副校长还亲自乘动力艇跟在后面给队员们加油。

1965 年,学校女子赛艇队多名队员代表上海市参加在杭州举行的全国划船锦标赛,解云云获得女子单人双桨第五名。

赛艇队在这一时期取得了一系列的优异成绩,成了水上运动发展历程中最辉煌的阶段。赛艇队员所取得的辉煌战绩让海大学子铭记,他们身上所体现的艰苦奋斗、顽强拼搏、团结一心的体育精神将激励着每一位海大人,成为学校人文精神财富的重要组成部分。

四、赛艇队员的苦乐年华

赛艇队员们的训练之艰苦令人难以想象。划船队成立的时候正赶上冬季训练,滴水成冰,桨上的冰越积越厚,又粗又重,手连冰带磨破皮都麻木了,但是队员们保持了高度的革命乐观主义精神:"天寒地冻若等闲,腰酸背痛心里甜。"中饭是冷馒头加带鱼,要点开水也很困难。龙华俱乐部的训练单位很多,船只使用紧张,队员们就利用其他队午睡时间下船练习。有一次因伙食事先没有联系好,大家就饿着肚子练习;有的甚至还带病上船练习。冬季不宜练皮划艇,因为它很容易翻掉,队员

冬训中的男子双人皮艇　　　　　冬训中的男子单人划艇

每天至少在黄浦江里"洗两次澡"，训练中落水最多的要算陈家禄（1960届水产加工工艺专业）了，一次训练就会掉下去十次以上。在零度以下异常寒冷的天气里，从船上翻下水里，冷是超乎想象的，可是他们从没有说过冷！划桨时溅起的水湿透了衣裤，立刻就结成冰块，湿淋淋的双手被刺骨冷的江风吹得麻木了，可是这并没有吓倒队员们。

参加过上海市划船俱乐部培训的同学发挥教练的作用，划船队员采取集中住宿和管理，脱产训练的方式进行，早晨出早操，上午和下午训练，晚上政治学习，训练量非常大。队员们一方面研究技术，一方面在水上、陆上展开大运动量的练习。每天坚持六个半小时的锻炼，早晨男子至少跑 5000 公尺，跑后就去练力量，有些同学还要单杠引体向上50 次；女同学每天至少跑 2000 公尺，此外还练腿部力量和腹部力量，陆上锻炼紧密结合水上运动的要求。一天下来，很多同学感到手臂发胀、腰腿发痛，手上、屁股上磨起了泡中泡，但为了创纪录，为了祖国荣誉，他们牢记："酸要加，痛要减，麻要停"，以此来要求自己。

划船队队员毛玉英（1960 届水产品加工工艺专业）、夏念恃（1960届淡水养殖专业）在 1959 年 2 月校报发表题为"勤学苦练破纪录·破浪"和"向世界纪录进军"的两篇诗，反映了划船队员的训练生活，表达了队员们刻苦锻炼，勇攀高峰的拼搏精神和以苦为乐的革命乐观主义精神。

勤学苦练破记录·破浪

黄浦江上波浪滔滔，

竞赛艇上红旗飘。

桨整齐有力地划动，

我们经历了多少次的涨潮落潮。

我们为什么日夜地勤学苦练！

因为我们深切地知道：

我们划起的每一个浪花

都是冲击帝国主义的怒涛。

我们为什么日夜地勤学苦练？

因为我们向党发出过誓言：

一定要打破世界纪录。

……

我们从来没有把划船当作单纯的运动，

我们把它当作是政治上的一场斗争。

世界形势是东风压倒西风。

水上运动也应是东风压倒西风。

我们绝不辜负党对我们的关怀，

我们更要加倍地苦练，

一定让新纪录出现，

出现在继续跃进的一九五九年。

后世界纪录进军

钟声划破了黎明的清静，

哨子声唤醒了运动员的梦境，

运动员紧张的一天开始了。

踏着露水，

迎着寒风，奔向田径场，走向体操房。

一圈，二圈……一下，两下……

风吹红了脸，汗湿透了衣。

为的是完成党交给的任务——

向世界纪录进军。

……

　　冯毓勋(1965届工业捕鱼专业)在中学时期就是上海市青少年体校的体操运动员，曾获得上海市少年体操锦标赛的全能冠军。他性格开朗，喜欢水上运动，总愿意尝试各种新鲜的事物。冯毓勋1960年进入上海海洋大学后，先是在摩托艇队，不久因为三年自然灾害，摩托艇队被迫解散。他主动要求加入赛艇队，因为个子小，薛颂棠老师一开始并不同意。但是，倔强的冯毓勋跟着队伍自己练，没人和他配艇，他就练单人双桨，由于力量素质、平衡感和运动悟性好，进步非常快，于是在一年级下学期正式加入赛艇队。一次，上海市组织赛艇运动员体能测试，他单杠一口气拉了 70 次，获得第一名，还连续两次获得 1961 年、1962 年上海市大学生赛艇比赛单人双桨项目的亚军。学院游泳池建好后，见有一个三米跳板，冯毓勋又缠着薛老师教他跳水动作，因为体操运动员出身的缘故，他一学就会，空中动作非常漂亮，成了"跳水明星"。冯毓勋还是校田径运动会上撑竿跳高和 200 米低栏的冠军，跳远成绩达到 5 米 83 的三级运动员标准。

智忠宝（1962 届化学专修班）1960 年考入校，同班同学俞永良先进了赛艇队，为了练习双人艇，俞永良介绍智忠宝进入了赛艇队，由于身体素质突出，智忠宝很快成为八人艇比赛时的主力队员。50 年后的今天，他依然清晰地记得一次训练中发生的令他难忘的一幕：

> 一次训练，我们从学校里面的小黄浦出去，划出河口到黄浦江那边时，看到水浪发白，要起大风了。舵手指挥大家沿岸边划，可是突来一个浪，船舱就开始进水，眼看着船舱里的水越来越多，队员们就把鞋子脱下来舀水，没用，眼看着船就要沉了，队长说要大家不要慌、不要急，问谁不会游泳（我是两个不会游泳的队员之一），然后安排好如果沉船水性好的队员——救谁。这时候船已经完全没入水里开始一点点下沉了，水从腰到齐脖子，我开始喊救命……我沉下去的时候，就一直喝水，到后面肚子很胀啊，再吃吃不下了，我想怎么还不来救我呢？我把双手尽量向上伸直，希望队员能够看到我的手指，突然一只手有力地从后面把我夹住用力向上托，我一看救星到了，就一下抱住了他，岂料水中救人是不能让溺水的人抱住的，抱住了两个人一起完蛋，我感觉他浑身在甩，想把我手挣脱掉，我想可能他体力也不行了，我就放手让他上去，我手一放掉，他就上去了……紧急时刻，岸边船坞的工人赶到，赶紧扔个救生圈，那个队友拿到救生圈就往我脖子里一套，一拉，让我浮了起来，我终于得救了。经过这次事件以后，学校特地为划船队包了个游泳池解决游泳的问题，每一名不会游泳的队员都要接受游泳培训，有时候还安排

队员在黄浦江里学游泳,不知喝了多少带着沙粒的江水!

赛艇队指导教师李清城

1962 年,划船队每日坚持早操锻炼,要完成单杠 100 次,双杠 200 次,仰卧起坐 300 次,每周有 2—3 次的水上训练,寒冬腊月也是练得满头大汗,锻炼了身体,磨炼了意志。

李清城老师在这一年即 1962 年调到上海海洋大学工作。李清城老师是上海人,1956 年从北京体育学院毕业后分配到大连工学院工作,担任田径队教练,曾为中国奥运第一人、短跑名将刘长春先生的助教。李老师来校工作后协助薛颂棠老师指导赛艇队。1982 年,学校回迁上海后担任体育教研室主任,1995 年退休。

赛艇队师生合影①(戈斌提供)

---

① 后排:右一为李清城老师,右二为周应祺,左一为戈斌,左二为朱君舜;前排左起:梁祥云、郭文玉、杨若青。

　　李清城老师回忆说，在 1961 年和 1962 年时学校参加的上海市水上运动比赛很多！那时候拥有水上运动队的学校和单位也不少，如上海海运学院、上海第一医学院、上海师范学院、上海交通大学，上海水产学院以及航道局、港务局等都有赛艇队。那时候参加比赛的企事业单位也很多，气氛很好。1961 年是最困难的时候，但是那时候学校的设施是最好的，八人艇两条，四人艇三、四条，单人艇就更多了。李清城来校之后就一直从事水上运动队训练工作。学校在军工路有个很大的船库和码头，到下午的时候，同学们都会过来划船训练。学校在复兴岛旁边的水里做了个船架进行划桨训练，周末还组织队员到水上俱乐部去训练。那时候训练人数已经很多了，每学期都会招三十多个人。到1964 年时，赛艇队基本上每个学期都能招到体格很好的学生。那时候大家都很热爱赛艇训练，而且他们读书也都读得很好。那时的船艇需要维护，每天队员们训练前后都要检修、擦油、称重量，检查螺丝等有没有缺失。学校暑假就选拔一批骨干队员集中到上海市划船俱乐部进行集训。

　　水上运动的训练是痛苦并快乐着的，队员们每天早出晚归、废寝忘食，重复着那一遍遍的、枯燥无味的划桨动作，重复着超乎想象的体能训练。但是队员们从不叫苦，反而以苦为乐、以苦为荣，他们坚信勤能补拙，熟能生巧，用一遍遍的练习证明必胜的决心，最终他们用一连串的辉煌战绩为学校赢得了至高无上的荣誉。苦乐年华，苦的是自己，托起的是学校水上运动的蓬勃发展。

五、团结如一家的赛艇队

　　古人云"人心齐，泰山移"，学校赛艇队队员在长期的训练与比赛中齐心协力、团结奋进，在生活中互帮互助、情同手足，如同一家人。这是一支极富有凝聚力和战斗力的队伍，这是一个有着深厚情谊的优秀集体。

　　1960 年 3 月，在共青团上海水产学院第六次代表上，赛艇队郭南麟、杨慕文和游泳队吴承璘等队员受到表彰。5 月 8 日，学校社会主义先进单位、先进工作者、学生先进集体和学生积极分子表彰大会胜利闭幕,赛艇队郭南麟、杨慕文、蔡长林和游泳队吴承璘等队员荣获"学生积极分子"称号,赛艇队荣获"学生先进集体"称号。

要在学校里开展好群众性体育活动,有一个关键问题是,参加体育运动对学生的学习到底是有利,还是不利,这个问题必须回答,而最好的回答就是同学自己的体会! 1957 年 10 月,毛主席在中共八届三中全会上做关于"做革命的促进派"的讲话中提出:"我们各行各业的干部都要努力精通技术与业务,务使自己成为内行,又红又专。"在划船队里,一旦有人学习成绩下降,就要敲响警钟,谁的成绩单里出现了不及格,就要离开代表队。

划船队队员利用早上和下午课余时间进行训练,尽管训练量很大,但是队员的学习成绩也很优异。周应祺老师回忆说,他们赛艇队队员的功课在班里都是优秀。运动时刻苦锻炼,上课时也坚持认真听,下课后及时做完作业,复习和阅读参考资料,安排地很有条理。功课不行的同学在赛艇队就待不下去,真的不行就要走人,不过这种情况从没有出现过。此外,赛艇队队员里面当学生干部的很多。这是因为当时提倡德智体全面发展,功课好的同学也追求体育要好,文艺也要好。周应祺、宋佳坤等赛艇队员还担任校艺术团的骨干、学生干部等职务,他们都是学校里的"明星",是同学们羡慕和学习的榜样。20 世纪 60 年代在校园里,赛艇队队员衣着最整齐,是全校师生中最神气的,出早操时也是人数最多的。

除了水上训练外,队员们日常的体能锻炼也抓得很紧。每天清晨7:00 全校集合按班级做广播操,而赛艇队 6:30 集合,由李清城老师带队慢跑、出操、按训练计划练快速挺举等肌力和耐力,天天浑身大汗。每天下午 4:00 后,不是在健身房就是在码头、船库,赛艇队员们又自觉地或在体能锻炼、配艇下水练桨,或在整理船库、修船、护桨。

赛艇队的凝聚力相当强,几乎是人人都爱队如家,以队为荣。而且,队员之间亲如手足。宋佳坤回忆起很典型的一次事例:一个深秋的下午,她们一条四人艇加舵手 4 点多从码头刚出发在小黄浦江向复兴岛口划行时,遇到周应祺等男队的一条船练毕回码头。然而,当她们划出复兴岛口时天况突变,江上因起风而波浪滔滔,女队员们想回头船却已不能控制,被刮进黄浦江口仓库码头的水泥桩脚间,被卡住了。天渐渐黑了,船被风浪打翻了,她们在冰冷的泥水滩竭尽全力,终于将船重新翻过来,划出障碍物,回到了小黄浦江。这时,天已全黑了,人人都浑身湿透、饥寒交迫、筋疲力尽,朝着学校码头方向吃力地划,大家互相鼓励着,但几乎难以觉察到船是否在前进。正在这焦急无望之际,只见黑漆漆的沿岸上,远远有几个人打着手电,在大声地叫喊着她们的名字,朝这个方向找过来。原来,队长周应祺等人发现她们船还没回来,带着冯毓勋等男队队员出来寻找和救援了!回到宿舍,已有其他队员为她们准备好热水、打好晚饭……这类惊险的遭遇和队员间互相爱护的温暖,在赛艇队的经历中并不鲜见。平时,女队员帮助男队员洗队服,男队员帮女队员修理船、桨等也是常有的事。这就是为什么赛艇队当年比赛都是全队众志成城,团结如坚;几十年后,大家天各一方,还惺惺相惜。而且,赛艇队的团队精神和以苦为荣、为乐的经历,对队员们的成长和今后在各条战线上取得成就来说,都是无价之宝。

王龙钦曾经和封镇民(1967届工业捕鱼专业)配过双人艇,封镇民老师说,自己当时的体能并不好,跟不上王龙钦,但是两个人划一条船配合很重要,在龙华训练的时候,李清城老师跟在后面使劲地喊着自己的名字……自己拼了命也要咬牙顶住。也就是在赛艇队培养的坚忍不拔、永不放弃的精神,使自己以后在任何艰难困苦的条件下都能够不怕困难,迎难而上,担当起来。

赛艇是一项对比赛队员之间相互协作配合要求极高的一项运动,队员们必须齐心同步、合力共发、团结一致才能取得最后的胜利。正是在这样一种长期的训练和比赛环境中,队员们养成了齐心协力、吃苦耐劳的优秀品质。这对他们在以后的工作当中,迅速地适应各种不同的环境,处理复杂的人际关系以及善于搭建合作团队等各方面都起到了很重要的作用。

六、赛艇队的铿锵玫瑰

运动场上活跃的巾帼，是一道道亮丽的风景。或许会有人认为五六十年代的赛场是男生的天下，而事实上却活跃着许多女生的身影。她们与男生一样驰骋赛场，拼搏努力，也与男生一样拥有了胜利的喜悦，拥有了令人羡慕的掌声与鲜花。她们的飒爽风姿引人注目，从她们身上折射出的坚定信念与不屈精神，同样令人深受鼓舞和振奋。她们是一朵朵洋溢着青春朝气的、充满生命力的铿锵玫瑰。

赛艇队女队员中的宋佳坤毕业于五爱中学，和队长周应祺一样，中学时期就是上海市青少年业余体校赛艇队的队员，考入上海海洋大学后一个月就代表学校参加 1962 年 10 月上旬上海市赛艇邀请赛，获得四人艇和八人艇的冠军。1964 年，在全市赛艇比赛中，她又取得了单人双桨的第二名等好成绩。凭借着出色的运动成绩，宋佳坤很快被推

赛艇队成立初期的女队员们（周碧云提供）

暑假赛艇女队队员在杭州集训(1959 年,周碧云提供)

双人皮艇女队员抬船下水(宋佳坤提供)

单人双桨赛艇队员梁祥云①在训练中（1960年，严小梅提供）

女子双人艇队员汤永兰、林小鸽、严小梅在训练中（1960年，严小梅提供）

① 梁祥云，曾参加全国集训。

"渔光"号上的赛艇女队员(宋佳坤提供)

赛艇女队员在黄浦江上训练四人艇(1968 年,宋佳坤提供)

选为赛艇队女队队长,在她的带领下,女队队员很快发展到十七八人。巾帼不让须眉,女队员们通过顽强拼搏,和男队员一样获得了辉煌的战绩。

在龙华集训的时候,有学校和划船俱乐部提供伙食补贴,免费住宿。队员们每天早晨出早操,上下午训练,晚上自习、交流训练日记或者政治学习。训练的时候,常常有上海市队的教练关注上海海洋大学赛艇队的队员,陈士麟也经常过来指导,不时有队员被相中调入上海队备战全国比赛,解云云就是在训练中被市摩托艇队的金教练选中加入了上海市摩托艇队。

解云云(1968届水产品加工工艺专业)在中学时期成绩就很优异,怀着对大海的憧憬,1963年从武汉考入上海水产学院。在从武汉到上海的火车上巧遇学长,一路上学长骄傲地向学妹介绍学校水上运动的光辉成绩,令解云云和同车的新同学顿生敬意!入学后没多久,赛艇队举行新队员选拔测试,解云云和班上的11个女生都去参加了测试。虽然测试结果没有选中解云云,但她后来还是幸运地加入了赛艇队。

解云云女士回忆说,赛艇队是薛颂棠老师的"心肝",赛艇队参加各种比赛他都亲临现场指导,队员们取得了好成绩,薛老师还邀请校领导接见队员。赛艇队的夏冬队服、菜票、粮票都是体育组负责发放的。为了爱惜队服,队委会要求队员们除了训练和比赛,不准穿着队服参加其他活动。

1965年,学校女子赛艇队代表上海市参加在杭州举行的全国划船锦标赛,解云云获得女子单人双桨第五名。比赛一开始,处在第一道的湖北队就偏离了航道,阻碍了第二航道的解云云,解云云只好平桨降速避免碰船……见此情景,急得岸上担任裁判工作的薛颂棠和李清城两位老师直跺脚,比赛一结束就向大会提出了抗议……这次比赛,解云云获得了国家体委颁发的一级等级运动员证书。陈士麟教练也有意培养解云云参加第二年的全国比赛,争取达到健将标准。如果不是"文革"的到来,也许中国赛艇运动史上又会多一位女子单人艇冠军!

和解云云一样,怀着对大海的向往,魏绍芬[1]于 1963 年考入海水养殖专业。刚入学不久,天性爱好运动的魏绍芬报名参加了赛艇队。从此,她把业余时间全都交给了赛艇运动,包括当时以班级为单位的早锻炼,还有在划船俱乐部定时的集训。女队员们每天穿着赛艇队队服在校园里跑步、锻炼、划船,成为学校里一道最为亮丽的风景。在大学赛艇队的运动经历,成为魏绍芬女士一生中最难忘的美好回忆,为她以后的工作和生活打下了坚实的基础。

七、赛艇运动的全面复兴

"文革"期间,赛艇被认为是资产阶级的享乐工具,训练场地和船库被封掉,赛艇队被迫解散,船艇遭到严重破坏,到 1970 年就所剩无几了,赛艇运动陷入了多年的沉寂。直到进入 21 世纪以来上海海洋大学的赛艇运动才开始走向全面的复兴之路。

(一)赛艇队的恢复组建

2005 年,全国第一届大学赛艇公开赛准备在绍兴举行。陈士麟学长从上海水上运动场第一时间得到消息,就主动联系校办,表示愿意帮忙学校组队参加比赛。就这样,2005 年 8 月 23 日,由体育部常务副主任叶鸣老师带领上海市赛艇队队员组成的八人艇代表学校参加了"中厦杯"首届中国大学赛艇公开赛,并取得了第五名的好成绩。比赛结束后,根据学校的精神,体育部着手复建赛艇队,首批队员由校田径、游泳队员和普通学生共同组成。

2006 年 3 月,体育部选派陈蕴霞副主任和孔庆涛老师赴上海水上运动场参加首届全国大学赛艇教练员培训班。培训班安排了两位资深国家级教练员(包括校友陈士麟先生)向学员们系统传授了赛艇运动教学与训练方法、裁判规则、安全措施等内容,并成功完成了八人艇 4000

---

[1] 魏绍芬,曾任江苏省海洋与渔业局副局长、省九三学社副主委、省妇联副主席、省政协委员,1988 年当选为全国人大代表。

原赛艇队队长周应祺(左3)老师、宋佳坤(左4)老师与新赛艇队队员合影(2007年)

米的水上训练实践。国家体育总局水上运动管理中心和教育部学生体育运动协会领导指出：赛艇运动是一项起源于欧洲的绅士运动，是现代高等教育的品牌和标志；体现了校园文化与体育文化的完美结合，成为宣传学校、张扬自我、加强沟通的有效手段；赛艇运动是一项不允许有个人英雄主义的、艰苦的集体项目，有利于对学生进行思想品德教育。清华赛艇队的负责人陈伟介绍说，他们的赛艇运动员毕业后非常受外企老板的青睐，赛艇队毕业的学生出国后比较容易融入当地的文化，清华大学的校长在外事活动中也常常被问及赛艇队的有关情况，目前在清华大学除了有高水平赛艇运动队以外，还有面向普通学生开展的赛艇选修课和俱乐部教学。培训班之际，上海海洋大学还邀请国家体育总局水上中心二部魏星和教育部大体协赛艇项目主管籍强考察了正在建设中的临港新校区，他们一致认为学校具备了开展赛艇运动得天独厚的自然条件。

2006年5月15日，上海海洋大学体育大联赛开幕式暨新赛艇队成立仪式在学海路600人报告厅隆重召开，成立仪式由当时的副校长、体委主任程裕东主持。原党委书记叶骏，党委副书记、副校长黄晞建，上海市教育局体卫艺科处处长平杰，上海市水上运动中心副主任程克强，知名校友、上海市赛艇队总教练、国家级教练陈士麟、上海南汇区教育局局长李伟民以及各学院大联赛组织工作小组组长、教师、近千名学生共同出席大会。

新赛艇队成立大会（2005 年）

2010 年 12 月，上海海洋大学邀请 20 世纪五六十年代游泳队、水球队和赛艇队的早期队员举行水上运动发展座谈会。座谈会之后在优美广阔的明湖举行了划船队冬训启动仪式。程裕东、相关职能部门领导和应邀而来的二十余位早期水上运动员参加了仪式活动。

仪式上，程裕东对划船队取得的成绩给予了高度的评价，勉励同学们继承和发扬老一辈水上运动员的优良传统，刻苦训练，全面发展，为学校争取更大的荣誉。划船队全体队员在队长杨文杰同学的带领下，进行了激昂的宣誓："作为上海海洋大学划船队队员，我将继承海大优良传统，勤朴忠实，团结友爱，奋勇拼搏，再创辉煌。"队员们的呐喊声在湖面久久回荡，气势雄伟，振奋人心，充分展露了上海海洋大学水上运动队的锋芒。运动员宣誓结束后，在咚咚的鼓声下，两艘赛艇率先冲

新赛艇队单人双桨赛艇首次亮相海大校园(2010 年,杨文杰提供)

早期水上运动员们观摩新划船队训练(2010 年,任承新提供)

出起点,在水面飞驰而过。精彩的表演引得各位过路的同学纷纷驻足,校友们更是赞不绝口,纷纷感慨道:"我们海大水上运动后继有人啦!"

(二)新赛艇队屡创佳绩

2006 年 7 月,国家体育总局向上海海洋大学发出了参加首届海峡两岸大学赛艇对抗赛的比赛邀请。2006 年 8 月学校组织由原体育部副主任陈蕴霞、教师孔庆涛带领赛艇队集训队员詹兴峰(2008 届水产养殖专业)、李涛(2008 届行政管理专业)、武巍(2008 届国际贸易专业)、刘岫（2008届行政管理专业）、张晓晨（2008届行政管理专业）、王亮（2008届行政管理专业）、张恩祎（2008届行政管理专业）、陈鑫（2008届行政管理专业）、贾寅寅（2008届行政管理专业）每天往返于军工路校区和青浦水上基地开展赛艇训练。由国家级教练员陈士麟先生负责训练。

陈士麟（前排）先生指导队员备战首届海峡两岸赛艇对抗赛（2006年，孔庆涛提供）

新赛艇队首任队长刘岫（左5）（2006年，孔庆涛提供）

新赛艇队队员暑期集训(2006年,孔庆涛提供)

2006年9月,校赛艇队在教练陈士麟先生和陈蕴霞、孔庆涛老师的带领下奔赴厦门参加了由清华大学、北京大学、上海交通大学、上海水产大学、华南师范大学、集美大学、香港大学、香港科技大学、台湾海洋大学、台湾暨南国际大学十所高校共同参加的首届海峡两岸大学赛艇对抗赛。本次比赛海大赛艇队最终取得了第八名的成绩,但是,作为学校赛艇运动史上沉寂多年以后的第一次复出参赛,仍然具有一定的重大意义。

参赛队伍中,香港和台湾大学的赛艇队员有着多年的训练和比赛经验,其他大学的参赛队员都是来自各个省份的专业队员,海大赛艇队是唯一一支完全由自己学校培养的大学生赛艇队运动员,由于这一原因,校赛艇队引起媒体的格外关注,并得到现场观众以及清华赛艇队员的加油助威。由于学校曾在厦门集美办学的经历,一些上了年纪的厦门市民怀着对海大的美好印象加入到了为海大赛艇队加油助威的队伍中。

这次比赛还留下了很多值得一提的感人故事。由于我们没有自己的赛艇,比赛船只过于破旧,刚运到厦门,船底就破了洞;从北京大学借

校赛艇队参加海峡两岸高校赛艇挑战赛(2006 年,孔庆涛提供)

来的新赛艇一下水,由于队员们不适应翻了船全部落入水中;比赛的前一天晚上划手李涛因水土不服在医院打点滴直到深夜;陈士麟教练也因身体不适整晚都没有入眠……第一次比赛我们就遇到了这么多的困难。

面对困难,队员们没有被吓倒,更没有想过放弃。发高烧在医院打点滴的队员李涛说,我一定要参赛,缺一个人我们队就比不了了,带病参加了第二天的比赛。为了在赛前增加自己的体重而不被裁判员在赛艇上增加附重物,舵手詹兴锋赛前不停地喝水、吃东西,在裁判员为舵手称重结束后,他自己再痛苦地抠嗓子眼把食物吐出来,为的是减轻比赛时赛艇的总重量。看到这些,陈士麟老师非常感动,他意味深长地说:"我们就是这样的基础,但是只要我们坚持,只要我们沿着这条路一直走下去,我们将来一定可以打败他们!"

后来,宋佳坤老师说她是在美国的家里流着眼泪看完比赛的,她为同学们永不放弃的精神而感到高兴。

2006 年 10 月,全国秋季赛艇锦标赛在上海举行,参赛队伍有华南师范大学、上海交通大学等高校,海大赛艇队获得大学生组比赛铜牌。

这次比赛之后,学校聘请现上海队高级教练员李志斌指导校赛艇训练,队员们每周末从学海路赴青浦训练,一直延续到 2007 年 7 月。

校赛艇队获得全国秋季赛艇锦标赛大学生组铜牌(2006 年,孔庆涛提供)

校新赛艇队获得的全国比赛奖牌(2006 年,武巍提供)

队员们在上海水上运动场训练(2007 年,孔庆涛提供)

2007 年 9 月,第二届海峡两岸大学赛艇对抗赛举行,当时的人文学院院长、体育部主任张继平教授,常务副主任叶鸣教授、副主任戚明副教授带队参加了本次赛艇比赛,海大赛艇队获得了第五名。2012 年6 月 8 日,由海大承办的首届赛艇邀请赛在滴水湖举行,最后取得八人赛艇第二名、四人皮艇冠军的优异成绩。

(三) 赛艇训练基地的酝酿筹建

2006 年 12 月,中国赛艇协会场地委员会主任、原中国赛艇协会副主席祝益寿先生和原中国国家赛艇队总教练陈士麟先生赴建设中的临港新城校区实地考察。两位专家在认真听取了新校区建设办公室姜新耀副主任对新校区自然水域及其周边情况的详细汇报后,对在新校区建设大学生赛艇运动基地的设想提出了中肯的建议,并希望在进一步掌握相关水域水文资料的情况下,为新校区的赛艇基地建设再出一把力。祝寿益先生曾在 20 世纪 60 年代指导建设军工路校区赛艇训练基地,全国重大的专业赛艇比赛场地设计规划也多出于他的笔下。祝益寿和陈士麟两位专家非常高兴地看到学校正在恢复开展水上运动的优

新校区建设办公室副主任姜新耀(左1)老师、体育部常务副主任叶鸣(右1)老师陪同原中国赛艇协会副主席祝寿益先生(左2)和陈士麟先生(右2)考察建设中的新校区自然水域(2006年，孔庆涛提供)

良传统。

2008年，学校整体搬迁至临港新城校区办学，开展赛艇运动的条件更加成熟。2011年，学校组织相关部门几经讨论，最后确定在百年校庆来临之际建成上海海洋大学水上运动训练基地。基地内可开展游泳、赛艇、皮划艇、龙舟等项目的训练和教学，同时作为海洋人才涉海技能教学和实践基地。

规划中的训练基地，可进行高水平赛艇和龙舟队的训练和校际比赛，通过"体教结合"和一条龙的培养方式，逐步建设一支具有国家级运动水平和较高文化素质的水上运动队。充分利用上海海洋大学优质的教育资源，从中学开始选才和培养，到大学阶段就可以参加全国大学生赛艇比赛和全国青年赛艇锦标赛，进而争取和各省市联合办队，通过社会融资，把政府、学校和社会的力量集中起来为国家培养优秀的赛艇人才。同时，训练基地可作为学校海洋人才涉海技能教学与实践基地，积极开展操艇、涉海拓展技能教学和实践，通过构建海洋大学水上特色体育教育，提升海洋学子的涉海技能，普及海洋通识教育。

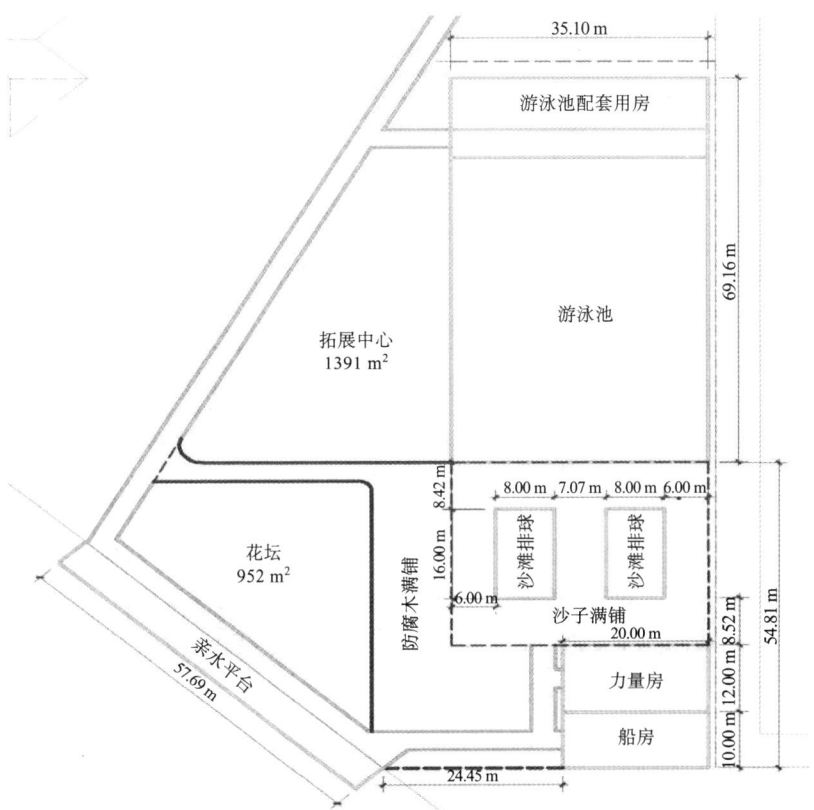

上海海洋大学水上运动基地规划图(2012 年,李兆军提供)

第八章　独具神韵的龙舟

龙舟是中国流传时间最久、传播面积最广的一项水上运动项目，今天，龙舟已经传播到世界许多地方，参加者不但有华侨华人，还有其他国家的人民。如果以竞赛活动的影响面和被认同的程度而言，恐怕独具东方神韵的龙舟是中国民族体育项目中最幸运最成功的一项。龙舟比赛所充分表达的团队精神以及洋溢出来的亲和力与喜庆感，是中国人的人文精神在体育上的最佳反映。正因为如此，它不需要依靠任何神秘主义的渲染和外力的推动，而是自然而然地走向世界，成为中国民族体育的一个象征。

一、从传统竞渡走向现代竞技

（一）传统的龙舟竞渡方式

传统的竞渡方式是指按传统习惯进行的，与现代体育比赛不同的竞渡方式。从许多古文献和地方志的记载看，最引人瞩目的龙舟竞渡就是夺标取胜，进行速度比赛，龙舟游乡、龙舟集会、自由竞渡、有组织的立渡等形式。

1. 夺标取胜

竞渡龙舟到达终点时，许多地方都有抢标的习惯。"标"有各种各样的东西，大多是观众自己拿出的。在安徽当涂县，龙舟比赛以领先为胜，没有奖品。不过，在终点处必然会有观众持约五寸宽、一米长的红布条或绿布条缚在竹竿上，领先的龙船就可抢到布条。人们认为抢到布条是非常荣耀的。有的观众还在布条里包上一块糕，有步步高升的意思。一天进行几次比赛，每次都有人挂布条。每次获胜，都可抢到一条或几条"标"——布条，谁抢的布条多，就证明这条船划得快。抢到布条后，都挂在船上，炫耀自己的胜利。

另外，在不少地方"标"是由组织者设立的。新中国成立前，四川省五通桥的龙舟竞渡是由当地的犍为盐场同业公会办事处或警察局、哥老会等举办，当地抢标是在终点处竖立标旗。头标为红旗，二标为黄旗，三标为绿旗，标旗上有一串鞭炮。有时候，标旗上还会有一个红包，红包里装有少量的钱。竞渡时，夺到标旗的龙船是非常荣耀的，显示自己有实力。在江西高安县除夺取标旗外，还要凭标旗领赏钱，也是以领先为胜，胜者得一面红旗。比赛不限定次数，可以和许多船比。因此，划得快的船在几天的比赛中往往能拿到几面红旗。最后凭红旗领赏钱。赏钱的多少由当年捐款的多少而定，捐款多，赏钱多，反之则少。

有的地方，在龙舟比赛以后，还有抢鸭子的活动。四川省五通桥抢鸭子，一般是由筹办单位和当地的大盐商，在自己观看龙舟竞渡的彩船上写上甩鸭子的数目，抢标之后，龙舟都分别停在这些彩船附近，彩船上的人将鸭子甩到河里，龙舟看准目标，立即对准目标划去。船上的抢鸭手看准时机，迅速跳水，抢抓活鸭。有时几只船同时驶向一只鸭子。抢鸭手在水中既要防止被船挤伤，碰伤，还要与别人争夺活鸭，是一场机智、勇敢和技术的比赛，鸭子抢到后，就高高地挂在桅杆的木盘上，很远都能看到，以炫耀自己的本事，鸭子抢得越多，就越光荣。这种抢鸭子的活动，虽然在抢标之后，但它仍然与抢标有联系。上海黄浦江的龙舟竞渡，就是既抢鸭标，又抢铁标和鱼标。系有红布的鸭标和鱼标在水中固然难捉，沉底的铁标也很难捞。

抢标的"标"多为观众自由设立，其次也有组织者及官府设立的。从"标"的物质内容看，多为彩帛（包括布条）。其次为鸭标、旗子、鱼标、铁标等。总之不管什么标，都是一种荣誉的象征，夺标从根本上讲还是荣誉的争夺。

2. 龙舟游乡

龙舟游乡是龙舟竞渡中不太引人注目的活动。一般是在龙舟竞渡期间划着龙舟到熟悉的或有亲戚关系的村庄去游玩，有的是专门去游乡，有的是去参加龙舟集会，有的是在竞赛前后顺路或绕道去游乡。广州地区龙舟游乡，事前往往要派人到要去的村庄联系，同时也邀请别村的龙舟来自己村庄。到了竞渡期间，就划着龙舟到外村去游玩。所到村庄一般是有亲戚关系的、熟悉的、互有来往的村庄。龙舟到达后，岸上管接待的人和龙舟上的人都敲锣打鼓放鞭炮，气氛极为热烈。一般龙舟到达后，先在村庄边和村内的河道中游（划）一个来回或几个来回，然后停下，上岸休息吃东西，找熟人亲朋聊天，大家极为亲热高兴，所以当地人认为龙舟游乡是"探亲""串访""串门"。休息完毕后，大家又上船划着龙舟离村，龙舟到村边后还须返回村庄，然后才能离去。当地称最后一次龙舟回村为"谢龙""回龙"。这是一种必不可少的礼节，含有感谢、再见的意思。

游乡时，几条龙舟相遇，有时也会不约而同地比一下谁划得快。当地称为"斗龙"。这种比赛具有完全随机性，没有规定的起点、终点，大家比一段距离，不愿比了，即可停止。

一方面是龙舟到外村去游乡，另一方面本村也须接待外来的龙舟。端午节期间，许多村庄都要成立临时的龙舟委员会，负责接待工作，委员会的人大多是年纪大的男人。同时还要设立接待站。接待站各地不一样，黄埔区庙头乡是利用临近河边的一所大房子接待，房内摆上凳子、茶水等。顺德县大门乡是在村头一个名叫"艾城"的地方接待。这里有一所小房，向河一面没墙。五月初四这天，在房外插上本村的帅旗、罗伞，树上挂一面锣，地下放一面鼓，屋檐下正面和右侧面各挂一幅横幅，将这里布置得很漂亮，接待外村的龙舟。

龙舟游乡是竞渡中最基本的方式，比较普遍，但不是所有地方的龙舟竞渡都要游乡。一般在南方水网地区，河湖港汊星罗棋布，水流平稳，人们以舟代步，到什么地方都划着船去。这类地方的龙舟竞渡大多有游乡活动。而有些地方，虽有龙舟竞渡习俗，但只有一条河流流过，平时人们之间主要是陆地交往，龙舟竞渡就不一定游乡了。

3. 龙舟集会与自由比赛

在一些较大的村镇附近,有适合龙舟竞渡的河流、港汊、湖泊,这些地方很容易形成龙舟集会地点。龙舟集会地点,在广州地区称为值景点。许多古文献记载的龙舟竞渡地点,也往往指的是集会地点。比较大的集会地点有广州的车陂,增城县的新塘,顺德县的大良镇,江西高安县的筠阳镇,浙江余杭县蒋村的深潭口,湖南汨罗以前的河市镇,贵州清水江畔的平寨、施洞,四川省的五通桥,等等。到了这类集会点竞渡的日期,不仅附近的龙舟前来竞渡,甚至几十里远的龙舟都到集会地点竞渡。《武陵竞渡略》载:"划船当郡城之中,远者自渔家港来,沿流十五里。自白沙渡来,溯流二十五里。计一日之间,五十里内旗鼓哄然。"这类大的集会点,前来竞渡的龙舟也较多。如 1984 年五月初三,广州郊区车陂竞渡的龙舟有 139 条,观众约 10 万人;五月十二日广州增城县新塘公社竞渡,有 103 条龙舟参加,观众也是约 10 万人。在这类集会点竞渡,如果不组织比赛,龙舟到达后可以自由在河面上游弋,划到什么时候想走,就可离开。有的集会点有时也接待前来竞渡的船只,特别是接待与本村庄有亲戚朋友关系的龙舟。所以在有龙舟游乡习惯的地方,集会点同时也是龙舟游乡的地点。

龙舟在河面上游弋,不单是划来划去,还有其他引人注目的划法,具有表演的含义。在广州地区,常常可见桡手只将桨叶稍许插入水,然后往上挑水,使水花飞溅,加上船头船尾的人一下一下随着节拍使劲顿足压船,使龙舟一起一伏,活像游龙戏水。此时龙舟行驶缓慢,甚至停止不前。浙江余杭县蒋村乡,则是船尾的踩艄人用劲把船尾踩低。船尾踩得越低,龙头就翘得越高,船头激起的波浪也就越大,船头的急浪也就能在龙头下颌的压迫下从上下雕空的龙嘴里喷吐出来,于是整条龙舟就像一条游龙在白花花的江河急浪中吞云吐雾前进,显得十分逼真而又壮观。

龙舟的自由竞速,许多地方是两只龙舟比赛,这种两舟比赛,古文献中也各有记载,《合川县志》卷三十《风俗》载:"其以两舟并行,画桡双飞,以角胜负,谓之抢江。"《广西通志·舆地略·风俗》载:"二舟相较胜负,迅疾者为胜,则以酒肉红帛赏之,其负者披靡而去。"张建封《现竞渡》诗曰："鼓声三下红旗开,两龙跃出浮水来……雷声冲急波相近,两龙望标目加瞬。"(见《全唐诗》卷五百四十八)。马令《南唐书》载:"郡县村社竞渡……俾两两饺其迟速。"江西萍乡"当二船比赛时,锣鼓声大作,船首执放者大喊助威,发声极怪,舞旗不已。及至胜负既分,两岸观者,亦大声欢呼。赛胜者上岸饮酒,饮毕复作二次之比赛"。

上面论述的龙舟竞渡形式有游乡、集会与速度比赛等,竞渡的形式不同,划船的方法也不同。

(二) 龙舟竞渡向正规体育运动发展

龙舟竞渡活动发展迅速。随着龙舟竞渡的发展,组织工作也越来越严密,不少地方都把它纳入体育活动项目,按体育竞赛的方法来进行比赛,比较正规的龙舟竞赛,事先均需成立龙舟竞赛指挥部之类的组织,一般是由当地政府的主要领导人担任主任,下设若干组以分管具体事务。比如湖南省汨罗县 1980、1981 年的全县性龙舟比赛都是由县政府出面组织,专门成立了一个组织委员会,下设秘书组、接待组、宣传资料组、竞赛组、安全保卫组、生活服务组,共 6 个组负责具体工作。四川五通桥 1984 年的龙舟竞赛,事先成立了"五通桥区龙船竞赛水上运动大会指挥部",设有指挥长和副指挥长,下辖 1 室 7 组,即办公室、宣传组、竞赛组、安全保卫组、后勤组、评议组(管龙舟造型评比)、接待组、医疗组。各室、组分工明确,任务落实。由于有了严密的组织,从而龙舟竞渡活动井井有条,忙而不乱。

1984 年 9 月 16 日,广东省佛山市顺德县龙江举行了全国首届"屈原杯"龙舟赛和广东省"丰收杯"龙舟邀请赛,标志着龙舟竞渡进入一个新的阶段。早在同年 5 月 16 日,国家体委就做出了把龙舟列为正式比赛项目的决定,认为"开展龙舟活动,可以增强人民体魄,培养勇敢顽强的精神,丰富城乡人民业余文化体育生活,进行爱国主义和集体主义的教育",并编写了《龙舟竞赛规则(试行草案)》,决定由广东省佛山市负责举办此次比赛。为此,以佛山市市长为首,成立了全国首届"屈原杯"龙舟赛组织委员会。经过几个月的准备,于 1984 年 9 月 16 日进行了正式比赛。

中华传统体育项目很多,最重要的有四项:射箭、龙舟、摔跤、武术,都发展得比较成熟,传播面广,喜爱者众多。四大项的现状各不相同,有的已经相当衰落,真正达到"复兴"还需要政府的扶持和时间的沉淀。但几千年来,龙舟一直为中国民众所喜爱,至今还在 15 个省区流行,它深深地植根于民间,既有深厚的历史渊源,又与端午节相伴相随。自古以来虽曾遭禁止和冷落,但只要社会环境好转,就立即兴旺起来。

体育项目能否吸引人,观赏性很重要,观赏的愉悦能引发参与的冲动。世界上的赛艇比赛,最吸引人的不仅是奥运会比赛,还有英国牛津大学和剑桥大学的比赛。团队的组织水平、指挥水平、训练水平,这一切在比赛中有一个综合的发挥和表露,构成了立体的观赏感,也形成传统,让人爱不能舍,欲罢不能。龙舟之妙就在它不只是速度的竞赛,同时也是参赛团队与其背后的社会群体的综合状态的比赛。

龙舟古称"竞渡"或"竞舟",竞字摆在前面,是强调它的竞技性质。但中国人传统的竞技体育不搞单一的完全量化的比赛,不仅注入了礼仪程式因素,而且要千方百计增强其娱乐大众的作用,达到"赏心悦目、愉情忘忧"的目的。所以古代最激烈的手搏、争交、打棒等比赛,往往同庙会放到一起举行,龙舟则与端午节捆绑到一块。龙舟赛的设计很妙,坐在船头的指挥者经验丰富,老成持重,有一套战略战术,或鸣金或擂鼓,挥舞旗帜,指挥若定;划船者一定要依其指挥行事,齐心合力。观众既看运动员的水平,也看组织者和教练的能力,从不同的角度考察、欣赏、品评。在比赛的那一刻,水上岸上,船里船外,被营造成一个极其紧张欢乐的大气场,所有的人无不乐在其中。

端午原本是一个可能源于沅江流域的祭祀性节日,是楚人纪念屈原的活动,不难想象它的原生状态就是注重礼仪的,至少在唐代就已如此,从"祭船如祭祖"这一句唐诗中便可知其一二。后来龙舟又吸收了大量民族性和区域性的文化因素,更加五彩缤纷。龙舟的绵延发展,与人类本能的竞技冲动和需要精力宣泄大有关系,加上春夏转换的五月,正是万物生机勃勃的季节,也是年轻人逞勇斗狠的精神最容易唤起的时刻。

龙舟有浓郁的东方文化感,有古老而独具特色的礼仪,参与的人多，喜庆感强，比如唐诗《竞舟》中说："祭船如祭祖，习竞如习仇。连延数十日，作业不复忧。"娱乐不忘礼仪教化，这是对"射以观德"的古老体育理念的遵循，是东方竞技体育的一大特点，加上又和屈原这样一位伟大的诗人联系在一起，把庄重肃穆的祭祀与欢快紧张的竞赛交织起来，会产生一种特殊的美感和吸引力。龙舟与朝鲜半岛、日本、南洋等地的民俗相联系，都是中华端午文化的延伸。近些年来，国外对龙舟的重视度越来越高，爱好者越来越多，现在全世界许多地方都有龙舟锦标赛，有些还是国际性的比赛。一些重要赛事，如澳门国际龙舟锦标赛，欧美国家多有参加，专程来观赏的也不少，许多外国朋友都是想从龙舟比赛中感受中国文化，享受不同类型的体育文化。海外华人华侨在龙舟的传播上起到了很大作用，是龙舟运动走向世界的重要推动力量。

二、龙舟运动的奋力崛起

上海海洋大学水上运动在新世纪的发展主要体现之一是龙舟运动的奋力崛起，这缘于龙舟运动本身所具有的独特魅力。自 2008 年学校更名为上海海洋大学以后，大力发展校园龙舟运动也得到了校领导们以及水上运动老校友们的一致认可，龙舟运动同舟共济、奋勇向前的精神与学校独特的"海洋体育"文化不谋而合。前国家体育总局副局长、国际龙舟联合会主席张发强先生这样评价龙舟运动：龙舟文化是爱国主义文化、集体主义文化、开拓进取文化，集竞技之美与大众所爱于一身，融经济与生态为一体，对铸就城市品格有着积极的推动作用。[①] 我们还要传播一种文化，弘扬一种精神，构建和谐社会。我们需要让孩子们从小就有一种团结、奋进、不进则退的意识。而龙舟最好地体现了这种精神，不合力，船就会歪歪扭扭；齐心合力，船走得又好又快。龙舟精神，就是中国体育的精神，民族的精神，就是一种发展的理念，团结奋进的理念。龙舟运动可以长中国人的根，铸中国人的魂，聚中国人的心，龙舟精神是宝贵的精神财富，我们要不断推广龙舟运动、传播龙舟文

---

① 张发强，《弘扬龙舟文化　铸就城市品质》，《体育科研》，2009 年第 4 期，第 36 页。

化、弘扬龙舟精神。[1]

（一）龙舟运动划进大学校园

目前为止，龙舟运动在全世界范围内得到了前所未有的普及发展。1976 年，香港旅游协会和香港渔业协会举行了第一届国际龙舟邀请赛，后来的许多年中，陆续有马来西亚、新加坡、泰国、印度尼西亚、英国、德国、意大利、美国、加拿大、澳大利亚、新西兰、南非、中国澳门和中国台湾等遍及全世界五大洲的国家和地区，举办了各种国际龙舟赛事，这些赛事大大推动了龙舟运动国际化、竞技化的发展进程。

20 世纪 70 年代的中国大陆，处在改革开放之前，还不可能有龙舟队赴海外参赛和交流。在 1979 年底国家打开改革开放大门的时候，人们不愿相信眼前的现实：作为龙舟发源地的中国，在龙舟文化传承和国际发展方面滞后了。1983 年，中国派出了第一支赴海外参赛的龙舟队——广东顺德龙舟队。第一次赴港参赛的中国顺德龙舟队，在代表着当时世界最高水平的香港国际龙舟赛上一举夺魁，扬威海内外，标志着中华古老的龙舟运动进入新的发展时期。1985 年 6 月 5 日，中国龙舟协会在湖北宜昌成立，结束了中国龙舟运动长期群龙无首的局面。随着中国社会主义现代化经济发展的腾飞，中国龙舟运动取得了巨大的成就。

1993 年，世界上第一个大规模、大手笔的国际龙舟系列赛暨第一届炎黄杯世界华人华侨龙舟系列赛，历经 12 天，分别在岳阳、九江、北京三站举办。1994 年，第一届亚洲龙舟锦标赛在广东肇庆举办，中国队包揽了全部比赛的 4 项冠军。1995 年 6 月，第一届世界龙舟锦标赛在湖南岳阳举办，中国队囊括了全部比赛的 8 枚金牌。2001 年，世界上第一个冬季龙舟赛在吉林市零下 28 度的气温下举办。2010 年，龙舟第一次成为洲际综合性运动会——广州亚运会的正式比赛项目……

从 20 世纪 80 年代末 90 年代初开始，我国部分高校开始参与到当地的龙舟运动中。1988 年天津市为纪念引滦入津通水 5 周年首次举

---

[1] 赵慕峰等主编，《潜龙出海》，辽宁：辽宁民族出版社，2012 年，第 33 页。

办正式龙舟邀请赛,天津师范大学和天津医科大学临时组队参加了这次比赛。1991 年,第四届全国少数民族传统体育运动会举办之际广西民族学院龙舟队代表省队参赛,以优异的成绩确立了大学生龙舟队在广西龙舟运动竞赛中的优势地位。①

2000 年,天津举办首届"国际大学生龙舟邀请赛"。2004 年,中国大学生体育协会赛艇与龙舟分会在天津工业大学成立,极大地推动了我国高校龙舟运动的开展。2006 年,教育部大学生体育协会赛艇与龙舟分会和国家体育总局水上运动管理中心在上海联合首届大学赛艇教练员培训班,旨在推动高校划船运动的开展。与赛艇运动相比,龙舟运动更易于在大学生中普及,因此,在参加全国首届大学赛艇教练员培训班的 20 余所高校中,开展赛艇运动的仅有清华大学、北京大学、聊城大学(与聊城市体校合并)和华南师范大学(与广东省队体教结合),其余高校开展的划船运动都是中国传统的龙舟运动。

20 世纪 90 年代末期以来,我国高等教育由规模扩张开始迅速进入大众化的发展阶段,造就了一批万人大学,一些地方高校甚至达到数万人的规模。大学的扩招和随之而来的新校区建设极大地改善了高等教育的办学条件,运动设施丰富,校园学生体育活动蓬勃兴起,运动竞赛项目更加多样。高等教育规模的扩张必将带来对质量的更高要求,进而推动了普通高校体育学科和体育专业的建设。

龙舟运动作为我国一项传统的民俗体育活动,是我国传统体育文化的典型代表,所体现的集体主义精神要求个体之间没有差异,整齐划一,而不是强调成员之间的互补性,这是典型的东方传统价值观。可见,龙舟运动走进大学校园不仅得益于中国高等教育大众化的发展机遇,更与中华民族的传统文化认同有着必然的逻辑关系。

(二) 海大龙舟运动的起步

2006 年 5 月上海市举办春季龙舟公开赛。这是学校划船队复建

---

① 伍广津,《高校龙舟竞技运动发展趋势探究》,《广西民族大学学报》2007 年第 29 期第 3 卷,第 98—101 页。

之后首次参加的比赛。学校刚成立的新赛艇队在体育部陈蕴霞、孔庆涛老师的带领下，在校友陈士麟的指导和帮助下，周末开始去上海水上运动场练习龙舟，积极准备这次龙舟公开赛。

作为新划船队的首次参赛，队员们感到激动，又深感责任重大。第一次摸桨、第一次上船，每个人都很努力，但是毕竟训练时间短，对划船运动的集体主义精神和团结协作的比赛要求体会不深，在船上队员之间经常会打桨，队员之间互相埋怨，一上岸，几个女同学眼圈红红的，大家不是为输了比赛，而是为一条船上的战友没有齐心协力！

最后的比赛成绩不理想，只得了第六名。但是通过首次龙舟运动的训练和参赛，学校划船队员对龙舟运动有了初步认识和了解，并且深深爱上了这一具有东方传统文化特色的运动。

当时由于学校在杨浦区军工路和南汇区学海路两地办学，军工路校区和学海路校区都不具备开展赛艇运动的河道。暑期和平时周末学校组织队员到上海水上运动场训练赛艇，平时在校内只能进行身体素质的训练。2006 年 6 月，学校购置了一条 12 人小龙舟，在学海路校区一条仅百米的河道进行划船训练。从普通学生中招募新队员首先进入

陈士麟在向队员们讲解龙舟技术(2006 年，孔庆涛提供)

校龙舟队参加上海市春季龙舟公开赛（2006 年）

校龙舟队获得上海市春季龙舟公开赛第六名（2006 年，孔庆涛
提供）

　　龙舟社团进行训练，有一定基础后选拔入赛艇队。尽管条件有限，同学
们训练热情很高，龙舟训练水平提高很快。

　　2006 年 6 月 24 日，学校龙舟队在滴水湖举行的首届滴水湖龙舟邀

请赛上摘得铜牌。这一成绩可谓来之不易：校龙舟训练河道仅有 80 米，相对于 500 米的比赛距离差之甚远。为了达到训练效果，师生们创造性地采用"背向拔河"划龙舟进行对抗训练；用粗橡皮筋拉住龙舟尾部划时间练习专项体能；结合龙舟划桨技术特点，设计专项力量训练。诸多针对性的训练方法使运动员在有限的训练条件下达到了最佳的训练效果。铜牌的夺取在校内外引起轰动，并引起上海其他高校、上海市船艇运动协会（上海市龙舟协会前身）和教育部大学生体育运动协会的关注，此后主动邀请上海海洋大学参加各种龙舟比赛。

　　为了更加便于进行龙舟训练，扩大新赛艇队的影响，让同学们平时在校内也能进行划船训练，学校在校内建设了一个简易船坞码头。从此，同学们可以自由自在地在校内开展划船活动了。

校龙舟队获得首届滴水湖龙舟邀请赛铜牌（2006 年，孔庆涛提供）

　　2007 年 6 月，学校龙舟队成立，队长樊硕成（2010 届食品学院），副队长庄学鹏（2010 届食品学院）、成殷（2010 届食品学院）、丁慧童（2006 届海洋学院）。由于龙舟技术相对简单，学生容易掌握，又是中国传统体育项目，有良好的群众基础，喜爱龙舟的同学越来越多，龙舟运动在

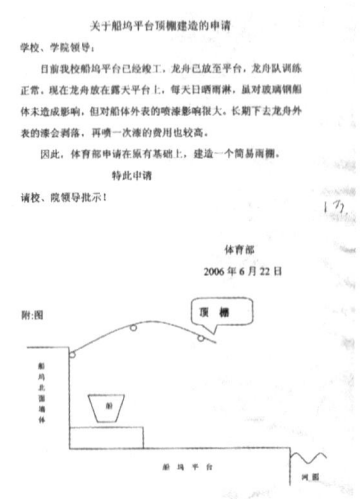

关于船坞平台顶棚建造的申请

学校、学院领导：

目前我校船坞平台已经竣工，龙舟已放至平台，龙舟队训练正常，现在龙舟放在露天平台上，每天日晒雨淋，温对玻璃钢船体未造成影响，但对船体外表的喷漆影响很大，长期下去龙舟外表的漆会剥落，再喷一次漆的费用也较高。

因此，体育部申请在原有基础上，建造一个简易雨棚。

特此申请

请校、院领导批示！

体育部
2006 年 6 月 22 日

附：图

学海路校区搭建船坞平台的申请（戚明提供）

校园里蓬勃开展起来。刚入学的新生慕名前来，主动要求加入龙舟队。同学们对龙舟运动的兴趣日益浓厚，龙舟队伍很快壮大，但并不能满足同学们越发高涨的热情，在龙舟队骨干队员们的积极努力下，不久又成立了龙舟社团，2008 年更名为"乘风龙舟社"。尽管学校仅有一条小龙舟，每次大家都要排着队轮流上船训练，但是队员们不但没有任何抱怨之词，还反而更加珍惜上船训练的机会，更加刻苦地进行训练。

在龙舟队员们的积极联络和努力下，为迎接 95 周年校庆，2007 年 10 月 23 日，学校成功举办了有八大学院参加的首届"龙行天下"龙舟赛，生命学院龙舟队获得了冠军。赛前，生命学院做了充分的准备，他们专门成立了本学院的龙舟队，在校龙舟队队员的指导下开展训练进行比赛。

队员们在学海路校区开展小龙舟训练（2006 年）

队员们在学海路校区进行身体训练(2007 年)

　　学校龙舟队成立后,参加了一系列的比赛:2007 年 5 月,由上海海事大学举办的"三校"龙舟友谊赛,上海海洋大学龙舟队获得第三名;2007 年 6 月 10 日,参加上海通用汽车第三届龙舟赛,获得第五名;2007年 6 月 16 日,参加上海市金山区第三届山阳龙舟邀请赛,获得第五名;2008 年 4 月 16 日,参加上海海事大学举办的"海浪杯"龙舟邀请赛,取得第五名;2008 年 6 月 7 日,参加上海市东方绿洲端午节龙舟赛,学校龙舟队力压对手,夺得冠军。这次比赛是更名为上海海洋大学后参加的第一次上海市龙舟比赛。

　　通过以上这些比赛,海大龙舟队员的技术不断提高,比赛经验日益丰富,团队精神愈加凝聚,进而扩大了学校水上划船运动的影响力,对于继承水上运动的光荣传统、重振水上运动雄风起到了积极的推动作用。

三、龙舟运动的欢舞腾飞

　　2008 年 9 月,学校整体搬迁至临港新城新校区。初建校园时的空阔和丰富的河道资源,再一次点燃了龙舟队队员的热情。在仅有一条船和六把划桨的情况下,队长樊硕成凭着划船队"追求卓越、永不放弃"的精神把大家紧紧凝聚在一起,经过一个学期的努力,划船队的队员发展到四五十人。2009 年海大龙舟队参加了各级比赛共八场,先后多次获得上海市高校龙舟锦标赛亚军、苏州河国际龙舟邀请赛第三名、第三届中国大学生龙舟锦标赛第六名等好成绩。龙舟队成了令人羡慕和希望加入的一支学生体育组织。

随着 2004 级体育特长生的相继毕业,学校龙舟队开始采用学生社团发展的新模式,在普通大学生中挑选热爱龙舟运动并且能够吃苦耐劳的同学首先加入到龙舟社团的大家庭中,通过一学期的试训和集训,最终确定正式队员名单。随着一系列丰富多彩的龙舟社团活动相继发展,龙舟文化散播在校园的每个角落,不仅为校龙舟队源源不断地提供优秀运动员,也让更多的同学认识和参与了龙舟运动。最终能够成为正式队员是新队员刻苦训练的动力和奋斗的目标,极大地激发了队员们的训练激情。龙舟队第二任队长李晨(2011 届农林经济管理专业)回忆说:"校园里每个角落都能看到龙舟队员的身影,他们在雨中喊着激昂的口号在河道里训练,炎炎夏日光着膀子在操场上练习体能,连去

龙舟社团举行招新活动(2008 年,李晨提供)

食堂吃饭都是背着划桨成群结对。作为队员真的是非常自豪与荣耀，觉得自己大学生活中能和队友们共同从事这么一项有意义的运动感到充实，既锻炼了身体也丰富了经历。"

2009年4月，海大龙舟队应邀参加上海海事大学百年校庆龙舟赛，在同学们的奋勇顽强拼搏下，名列高校组第二名，总成绩第四名。在参加海事大学百年校庆龙舟比赛过程中，由于出发时用力过猛，右桨手周超群(2010届工程学院)的肩部受伤，整个胳膊失去了控制，但为了减少对全队的影响，他强忍住疼痛，用一只手划桨尽力跟上大家的节奏，一直坚持到冲过终点。经过龙舟队的训练，同学们变得异常坚强和团结。

2009年5月，首届长三角城市龙舟邀请赛在临港新城滴水湖举行，来自上海、江苏、浙江的14支龙舟队伍你追我赶，以传统习俗欢度端午，吸引了众多游客现场观看。作为高校代表队之一，海大年轻的龙舟队应邀参加了此次比赛。当时的潘迎捷校长到场助威并鼓励选手赛出水平、赛出风格，划出上海海洋大学的气势。比赛中，龙舟队员们奋勇拼搏，面对强劲对手，毫不示弱。伴随阵阵的助威声和呐喊声，海大龙舟队顺利挺进复赛，展现了年轻的海大龙舟队的朝气、勇气和锐气。此次龙舟赛，受主办方的邀请，学校还派出了近五百人的观战团为比赛队员们呐喊助威，受到主办方的好评。

潘迎捷与参加首届长三角龙舟邀请赛的师生合影(2009年，刘森提供)

2009 年 5 月，海大龙舟队兵分两路，在端午节期间同时参加了两个重要的比赛。在上海苏州河国际龙舟邀请赛大学生组比赛中取得优异成绩，获得铜牌；在嘉兴举行的第三届全国大学生龙舟锦标赛七千米环城赛中，龙舟队发扬老一辈划船队员顽强拼搏，永不放弃的精神，在比赛中遭遇了撞船和个别队员受伤流血等不利条件下，超越自我，取得了环城拉力赛第六名的好成绩。赛后，很多队员的手臂都肿胀麻木了，但是大家都很激动，为自己坚持下来而感动，为一条船上的兄弟而感动，为这个集体而感动。

获得苏州河国际龙舟邀请赛第三名①(2009 年，刘森提供)

学校龙舟运动的发展离不开各级领导的大力支持，学校搬至新校区后共新购大龙舟一条，小龙舟四条，大大改善了队员们的训练条件。2009 年 7 月 13 日，海大举行了简短却隆重的龙舟下水仪式。时任校长潘迎捷、副校长程裕东共同为新龙舟揭幕，并为新龙舟点睛。

---

① 右二为戚明老师，左一为刘森老师。

获得第三届全国大学生龙舟锦标赛第六名(2009 年,时霖提供)

时任校长潘迎捷宣布:"龙舟,下水!"(2009 年,戴伟敏提供)

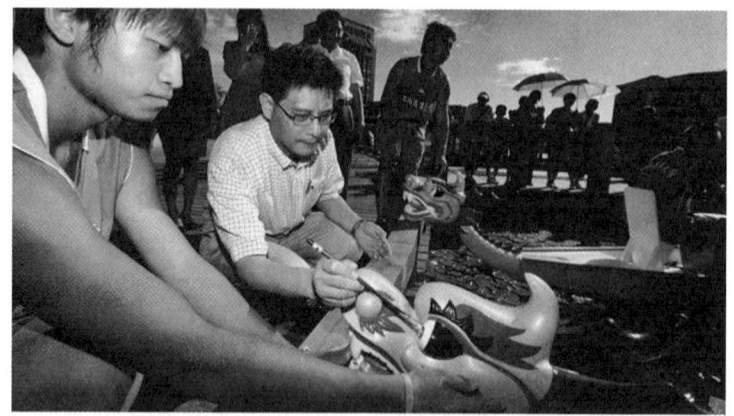

时任副校长程裕东为新龙舟点睛(2009 年,戴伟敏提供)

龙头高昂,龙舟队员抬舟下水((2009 年,戴伟敏提供))

　　为了备战上海市市民龙舟大赛,2009 年暑假,学校龙舟队首次举行暑期集训,队员们每天早晨、上午、下午安排三次训练,晚上集体自修或安排活动。这次集训,给全体参训队员留下了难忘的回忆。最让队员们刻骨铭心的是完成了长达 3 个小时不间断的环临港新城长跑,居然没有一个队员掉队,全体队员集体跑回终点。集训结束后,队员们纷纷用笔记录下了当时的感想。队员关文塑在训练日记中这样写道:"我们每天在睡意蒙眬中不舍地离开床铺走向食堂,开始了规律不变的集训生活。一起吃饭,一起说笑,最重要的是一起为龙舟而努力。每天三十多度的高温,烈日当头,没有挡住队员们在体育场与芦潮引河的身影,汗流浃背,不算什么,手磨起泡,也不算什么,大家只为一个目的。愿我们海大划船队,乘风破浪,直挂云帆。"

2009 年 9 月 19 日,"浦发集团杯"上海市市民龙舟大赛在浦东新区张家浜河上海科技馆段举行。这次比赛是继苏州河国际邀请赛后,在市区河段举行的规模最大的一次比赛,共有包括高校、企业、社区、国际友人在内的 24 支龙舟队参赛,既是一次上海市最高水平的龙舟赛事,也是浦东新区人文景观资源开发建设的又一力作。校龙舟队队员在经过为期 3 周的暑期集训后,派出了以年轻队员为主的阵容参赛。比赛中,尽管校龙舟队队员拼尽全力,但终因比赛经验不足,受对手抢跑的干扰,后程乏力等原因,成绩不理想。赛后,队员们纷纷表示要总结不足,改进训练方法,争取在本月 26 日的上海市高校龙舟锦标赛上有所突破。

2009 年 9 月 26 日,在体育部副主任陈蕴霞老师,教练员刘森老师的带领下,上海海洋大学龙舟队参加了,队员们不畏强手,克服困难,努

校龙舟队获得第二届一等奖①(2009 年,刘森提供)

① 左一为陈蕴霞老师。

力拼搏,最终取得了第二名的好成绩。值得一提的是,参加此次比赛的22位队员中,有6名女队员,她们参加了过去一年多的训练,不怕苦累,精神可嘉。在整个比赛过程中,海大龙舟队赛出了风格,赛出了水平,不仅在赛场上给其他各队留下了深刻的印象,在场下也发扬了互帮互助的友爱精神,受到兄弟队伍的好评与尊重。

校龙舟队在上海市高校龙舟锦标赛比赛中(2009年,刘森提供)

2010年6月5日,在体育部副主任陈蕴霞、教练员孔庆涛和刘森老师的带领下,海大龙舟队再次征战上海市高校龙舟锦标赛,队员们不畏强手,克服困难,努力拼搏,最终取得了第二名的好成绩。

2010年6月15日到16日,首届世界大学生龙舟锦标赛在天津海河举行,这次比赛吸引了国内外高等院校50支队伍参赛。国内高校强队悉数参赛,台湾和澳门也派出了强队参加,来自俄罗斯、美国、新加坡等国的8支劲旅也应邀参加本次角逐。比赛规格比较高,参赛队伍水平接近,竞争激烈,比赛密度非常大。在体育部主任叶鸣老师、副主任陈蕴霞老师和教练员刘森老师的带领下,经过两天艰苦的拼搏,克服了各种不利因素,上海海洋大学代表队在混合组2000米环绕赛获得第六名,混合组200米直道竞赛获得第八名的好成绩。在本次比赛中海大

校龙舟队获得第二届上海市大学生龙舟锦标赛一等奖(2010年,孔庆涛提供)

首届世界大学生龙舟锦标赛中上海海洋大学龙舟队与美国大学生队合影(2010年,李晨提供)

学生完全展示了顽强拼搏,永不放弃的精神。在混合组 2000 米结束之后不久进行的男子 2000 米环绕赛中,海大代表队最后出发,队员们克服连续作战的疲劳,众志成城,在比赛过程中成功超越了之前的三支队伍,是本次比赛中唯一一支在环绕赛实现超越对手的队伍,赢得了组委会和现场观众的喝彩,虽然在这个项目上他们未进入前八名,但是在美丽的海河永久留下了海大学子的精彩瞬间。比赛之余,海大代表队成员积极同其他院校的队伍开展各种形式的交流,通过龙舟结交了众多的朋友,展现了学子的热忱,自信,谦虚,好学等优良风貌,树立了海大良好的形象。通过本次比赛,我们看到了与强队的距离,以及我们的不足,立志在以后的训练和比赛中加以改进,更好地促进龙舟这项运动在我校校园的普及和发展。

2011 年 4 月 16 日上海海事大学举办学校开放日暨龙舟邀请赛。共有包括海大龙舟队在内的 8 支队伍受邀参加了本次比赛。此次比赛项目为男子 250 米直道竞速。预赛分 A、B 两组,A 组的参赛队伍有:上海第二工业大学、上海海事大学(一队)、同济大学、上海工程技术大学。B 组的参赛队伍有:上海海洋大学、上海海事大学(二队)、华东理工大学、东华大学。此次上海海洋大学的参赛队伍构成大多为新队员,初次参赛,缺乏赛场经验,但仍以 B 组第二的身份进入了决赛。在决赛中,上海海洋大学与上海海事大学(一队)、上海第二工业大学、同济大学、华东理工大学龙舟队展开了激烈的角逐。一声枪响,四支龙舟齐头并进,如水中蛟龙畅游,溅起朵朵浪花。鼓声雷鸣中,海大龙舟队开始领先。随着桨频的变快,海大继续拉大领先优势,并将这种优势保持到了最后,以明显优势获得比赛冠军。这是上海海洋大学龙舟队首次在正式比赛中取得上海市大学生龙舟赛的冠军。

2011 年 5 月,上海海洋大学龙舟队在上海市大学生龙舟锦标赛中获得一等奖,这是自 2009 年以来,校龙舟队连续三年在这项赛事中获得一等奖。

2011 年 6 月 5 日,上海海洋大学龙舟队参加了 2011 年上海市市民龙舟大赛。本次比赛由来自各高校、企事业单位和各区代表队共 18 支龙舟队参赛,各支参赛队伍都实力雄厚。在预赛中海大龙舟队仅以第

校龙舟队在上海海事大学龙舟邀请赛中率先冲过终点(2011年)

五名的成绩进入了总决赛。经过战术状态的调整,上海海洋大学队员士气高涨,在决赛中奋勇拼搏,最后虽然与冠军失之交臂,但还是夺得了亚军的好成绩。在随后的奉贤海湾杯龙舟邀请赛上,上海海洋大学龙舟队再次获得一等奖。

2012年6月8日,上海海洋大学龙舟队在首届滴水湖高校龙舟邀请赛上再次获得一等奖。这是上海海洋大学首次承办的上海市高校龙舟比赛。

2009年4月,校体育部教师孔庆涛参加了全国龙舟裁判员培训班学习,同年12月获批国家级裁判员资格,并且多次担任全国龙舟比赛的裁判长。2010年11月,孔庆涛老师作为技术官员执法广州亚运会

龙舟队教练获得广州亚运会荣誉证书(2010年)

龙舟比赛,因其出色的工作表现获得亚洲奥林匹克理事会主席和国家体育总局局长联合签发的荣誉证书。为扩大海大在龙舟项目上的影响力,推动龙舟运动在海大的发展做出了积极的贡献。

龙舟社团也得到了充分发展,成了龙舟爱好者的学生组织和龙舟队员的人才库,他们定期组织龙舟活动、龙舟技术和文化讲座等活动。2009 年 11 月,为队友、食品学院康梅花同学募捐举办爱心龙舟活动。

2010 年 11 月,龙舟队队员集体登上校庆 98 周年晚会的舞台,接受陈士麟校友赠送划桨。

校龙舟队在 98 周年校庆晚会舞台上集体宣誓(2010 年)

龙舟队员获得的奖杯和证书(2010 年,陈礼平提供)

正如龙舟运动所强调的统一指挥、步调一致的团队精神一样，海大龙舟运动起步与发展离不开学校领导的高度重视和大力支持，他们一如既往、坚定不移地关心与支持着水上运动的恢复与振兴。从"一条船六把桨"的起步到南征北战屡创佳绩的奋力崛起与腾飞，离不开学校体育部同仁的齐心协力与鼎力相助；当然，如果没有龙舟队员们情同手足、奋勇拼搏的团队精神，战胜对手、赢得尊重的必胜信念，吃苦耐劳、自强不息的超越精神，以及艰难困苦中能迎难而上的英勇斗志，海大龙舟运动也不会取得如此之大的进步与发展。

叁

传承

——江山代有才人出，各领风骚数百年

第九章　龙舟文化

在中国，龙文化有着重要的地位和影响。从七千多年前的新石器时代，先民们对龙图腾的崇拜，直到今天我们仍然可以看到用带有"龙"字的成语和典故来形容生活中的许多美好事物。上下几千年来，龙一直是中华民族和华人的象征，也是中国传统文化的代表，龙已渗透到中国社会的各个方面，它是一种文化的凝聚和积淀。自从原国家体委决定将龙舟列为全国正式体育比赛项目以来，龙舟运动得到了迅猛的发展与大力推广，今天中国龙舟运动的蓬勃发展也带动了龙舟运动在全球各地的开展和推介。古老的民间划龙舟活动作为一个传统水上体育运动项目在我国得到普及与提高的同时，正在不断地向科学化和规范化的方向发展。划龙舟的可以是普通老百姓，也可以是专业运动员，它不受限制，不拘于形式，可以说是一个男女老少皆宜的体育运动项目。在我国，龙舟运动目前的竞技水平正处于由民间化转向专业化、职业化方向发展的阶段，各地区无论从龙舟运动的发展状况和队伍的训练水平，还是从教练员的管理水平来看可以说参差不齐，正是由于这些原因使得龙舟运动在各地的发展水平也不一。从当前的龙舟运动发展情况看，划龙舟运动既需要草根教练员，也需要专业的高级教练员；需要普通老百姓的划手，也需要专业水平的运动员划手。现在我国的龙舟教练员中虽然有些是科班出身，但有很多还是属于转型的龙舟教练员。其中有的是从小就会划龙舟，敲鼓、操舵都会的草根教练，他们自身有着丰富经验，虽然自己都会划，但缺少科学训练的理论知识、安全意识和规范的教学方法及管理能力等，优秀、全能型的专业级龙舟教练员非常少。

自 1976 年香港首次举办国际龙舟邀请赛以来，龙舟运动在国内外呈现出迅速发展的大趋势。作为中华民族传统体育项目的龙舟比赛，今天除了大型龙舟单项赛事以外，还进入了世界运动会、亚洲运动会、亚洲沙滩运动会、东亚运动会、东南亚运动会、泛美运动会和地中海运动会等综合性体育赛会。龙舟运动从农村传到城市，从我国的南方传到北方，从中国传到世界，已经成为一项国际体育赛事与文化活动。

上海在几百年以前就有在黄浦江里划龙舟的记载，在青浦、松江、宝山等区县的农村乡间，都有端午节划龙舟的习俗。新中国成立以后，特别是改革开放以来，上海的母亲河——苏州河得到了完善的治理，许多景观水域也相继建成，迎来了龙舟运动蓬勃发展的大好机遇。现在上海有青浦、松江、浦东、金山、崇明等多个区县开展龙舟运动，每年有几百支龙舟队伍、几万人参与的上百次龙舟活动，形势大好，盛况空前。我们要弘扬龙舟精神，传承龙舟文化，推动龙舟运动的发展，离不开理论研究的支撑。

一、龙舟运动的文化与教育价值

龙舟作为一项民族传统体育项目和传统文化，它要服从和服务于体育事业发展的需要，并满足普通老百姓对日益增长的体育文化需求。当今的龙舟运动已不再是一个单纯的划龙舟范畴，其内在的体育、历史、文化和经济属性，形成了龙舟独有的特性与内涵，同时也彰显出龙舟运动那富有吸引力的魅力。划龙舟是我国劳动人民在长期求生存的环境中逐步形成的，并在日常生活和劳动中不断加以改进和发展，从而形成了现在的龙舟运动，划龙舟突出反映出过去的龙舟作为人们生产、生活和交通工具及闲暇休息时的娱乐活动对一代代人所带来的影响。今天的研究发现，龙舟运动的价值在于人们通过划龙舟这种专门的身体活动，来满足身体发展和休闲时的精神需求，它体现出的是一种特殊价值，是一种社会文化现象。该项运动充分体现出中国独特的民族特点和广泛的群众基础,它集文化、娱乐和竞技于一身,创造了世界上独一无二的高品质体育项目,它对增进人们的友谊和团结,展示人类良好的体魄和竞争水平,国际的交流有着深远的历史意义和现实意义。随着我国生产力的不断提高和社会经济的发展,人民生活水平的提高,高水平与高质量的龙舟竞赛促进了龙舟文化与物质的交流结合,特别是在进入到改革开放的年代,众多的龙舟赛事使龙舟的社会效益和经济效益获得了巨大的丰收,今天的龙舟运动进一步展现出它的社会意义和文化价值。

我们常常说民族传统文化的传承和创新是一个民族得以生存与发展的根基,人们通过龙舟活动满足了自身锻炼,社会和他人物质及精神的需要,其所做出的贡献和承担的社会责任体现了龙舟运动所传承的传统文化。众所周知,龙舟运动是由古代劳动人民在生产、生活与劳动过程中逐渐形成的一种民俗和民族传统娱乐活动,在这漫长的历史文化演变过程中,这一民族传统文化特色并没有消失,依然被完好地保留下来,特别是其文化的融合性所带来的民族认同感和它展现出来的人文精神。现今,在端午节期间,我们可以看到全国有许多城市都会举办龙舟赛事和与之相关的活动,可以说从南到北,自东向西,参与龙舟活动的运动员和观众有超过千万人,其规模之大,范围之广,社会影响力之大,早已超出了体育范畴,成为民族体育文化传承与发展的一个典范。在当今社会中如何继承和弘扬中华民族优秀的传统文化,打造民族传统体育品牌,提高和宣扬我国文化力方面,龙舟运动发挥出了极大的作用;它在这历史发展的过程中继承了传统民俗文化,同时又被利用和开发、发展,它蕴涵了特定的、民俗历史和深厚的文化内涵。

(一) 龙舟的文化价值

龙舟运动作为国家传统文化的实力支撑,是我国在改革开放时期重视经济建设的同时,注意国家文化建设的结果,在发展我国社会经济时期鼓励我国的优秀传统民族文化的传播与发展。由于经济的全球化,受世界各国文化多元化趋势的影响,西方的流行文化、街头文化等在我国迅速传播,不断深入到我国社会的各个领域,侵蚀着我们的传统文化。如何保持我国传统文化的独立性,吸收和借鉴优秀的外来文化,推动我国民族体育文化的建设与发展,龙舟项目为我们带了一个好头。在广东的佛山,龙舟文化一直是传统文化里最亮眼的一笔。佛山龙舟至今已有 2000 多年的历史,在每年端午前后,除去龙舟赛、起龙船、吃龙舟饭等,佛山各区和各镇街、村民年年都会传承举办传统民俗活动。这些年来,佛山各地都纷纷将传统龙舟习俗当作一个文化品牌来打造,诸如龙舟大赛、龙舟主题公园、龙舟基地等计划或想法层出不穷,当地各级政府均打起借用龙舟的牌子以促进城市提升的算盘,可以说龙舟文化或许是传统文化在现代社会之所以能够生存和发展的一个缩影。当前,全国各地许多的赛龙舟运动给我们树立了一个非常好的典范,围绕龙舟文化、端午文化、健身休闲等,设置一系列精彩活动,让广大老百姓享受到一场真正的文化盛宴,它也启迪我们中国龙舟文化不仅可以热遍祖国大地,也能传播到世界各地,成为中国文化的象征,被世界所接受。

大家都知道,龙舟运动是一个有据可依的社会活动,它能够将有利于社会的行为、风俗习惯有系统地灌输给青少年,令他们在日后能够适应社会和贡献社会。赛龙舟运动是一个社会互动的场所,人与人之间都会有很多的接触、交流,当然也会有摩擦,通过这一活动可以给更多年轻一辈学习处理人际关系,建立社交圈子的机会,等等。举行赛龙舟活动可以推动龙舟运动的普及和发展,是宣扬我们龙文化的一个重要平台,也是传播全民健身理念,推进普通百姓享受健康和幸福生活方式的一个重要载体。龙文化的传统内涵具有教育和感染众人热爱祖国,热爱人民,乐观向上和勇往直前的那种人文精神。龙舟竞渡从古时对屈原爱国主义精神的凭吊至今,其最能体现出的就是人们融合在集体之间的同心同德、团结奋进的集体主义精神。开展龙舟运动不仅陶冶人们对传统文化的情操,也丰富和充实了具有社会属性的传统文化,这些对传承我们中华民族的龙舟文化具有极重要的作用。随着古代文化和长江中游的交流结合,增添了许多的纪念寓意,尤为突出的是习俗间的世代相传,经久不衰,并赋予了热爱家乡,祈求平安的美好愿望。龙舟文化中所折射出的顽强意志品质,团结拼搏与勇往直前的精神,对于中华民族的影响都是十分深远的。我们华夏儿女许多的崇高理想和先进观念，积极态度以及良好习惯都在这一文化中被集中体现出来。龙舟是一项需要众人合力划桨，齐心协力推动龙舟前进，才能营造出百舸争流的场面，这充分展示了体育竞技的无穷魅力，也深深体现出龙舟文化的价值。

（二）龙舟运动的教育价值

龙舟运动是一项参与人数较多、比赛场面气势恢宏的水上集体运动项目，在从事龙舟活动时人们要自觉地遵从拟定的共同规则，并最大程度去发挥每个人的潜力。由于龙舟项目具有高度的团结协作和凝聚力，更易培养人去克服困难、勇往直前的优良品质。胜不骄败不馁、顽强拼搏的龙舟精神，是划龙舟者往往要追求的卓越和成功，对于锻炼和培养人的超越意识具有积极的作用。龙舟活动作为社会和学校道德教育的载体充分展示了其巨大的优势，通过赛龙舟可以扩大社会青少年和学校学生间的相互交流，为社会和学校的德育教育开拓提供一个良好的平台。龙舟运动在遵循各民族风俗和习惯的基础上，强调了一种教育作用和社会的整合作用，通过形式多样和民族性很强的娱乐活动，在德、智、体和美育等方面发挥出巨大的教育潜能，特别是对民族精神的培养，进行爱国主义、集体主义教育，树立民族自豪感和自信心都起到了催化的作用。龙舟竞渡产生于中华民族的特定社会，它的生存空间表现出人们在不同时期和不同民族人们的生活方式与价值观念，体现了人们的善良愿望和拼搏精神以及对礼仪庆典、宗教观念的基本态度。龙舟运动实则就是一种文化活动，参与者与旁观者在这一过程中就是被社会化的过程，人们在参与中自然而然地将精神愉悦当作目标，无论是运动员还是观众都能从龙舟活动中得到直接或间接的情绪宣泄，人们参与龙舟活动对增进社会和谐，提高文明素质具有重要意义。

二、龙舟运动的社会价值

人们在运动中可以通过活动和学习了解社会，使自己和集体成为一个协调的角色，随着社会的发展和物质条件的改善，许多民众乐意抽出闲暇时间、精力、资金投入到发展完善自我表现的体育运动中。龙舟活动作为节日文化丰富了老百姓的生活，为我国的社会主义建设、精神文明建设和物质文明建设做出了贡献。龙舟运动目前已成为国际流行的体育竞赛项目之一，越来越多的国家和地区开展了龙舟运动。它的对抗性非常激烈，在龙舟活动中人们加强了集体的信赖感和安全感，同时也在道德规范和约束下，遵从公开、公平有序的规则进行公正竞赛。龙舟运动除竞技对抗之外，还适合于大众的健身和娱乐消遣活动，它对培养人的顽强意志品质，团结协作和勇往直前等有着积极的社会意义，由此而产生的感召力和吸引力不会被人们遗忘。龙舟运动将力量与技巧、速度和整齐划一的那种优美气势体现到了极致，也赋予了人们无限的启示和动力。

（一）龙舟运动具有的民族认同价值

由于龙舟运动具有鲜明的民族特性，其参与人数众多，相互接触交流频繁，很容易形成人们对划龙舟的自豪感和亲切感，参与者和旁观者相互间也很容易进行情感上的交流，通过交流增进相互了解和理解，这对民族认同感和民族精神的培养以及自信心的树立都起到了催化的作用。划龙舟可以作为一种特殊的"精神黏合剂"，把中华儿女与祖国的繁荣富强紧密联系在一起，从而产生强大的凝聚力和向心力。在民族传统体育文化的长期影响下，我国这些年来的龙舟运动发展可以说是卓有成效。目前通过划龙舟来达到健身已成为休闲体育的一种时尚，老百姓对龙舟的健身和健心价值的认识存在高度的趋同性，尤其是当前人类"文明病"频发，日常生活中的身体活动越来越少，追求身心健康则代表了现代人的一种主动选择，而具有独特健身和娱乐价值的龙舟运动当然受到了人们的普遍欢迎，也得到了大力推广。尤其是当前正在逐渐推出的家庭式龙舟，在保证龙舟原来的竞技性基础上增加了趣味性和娱乐性，更突出了亲子亲情等家庭元素，受到了普通老百姓的广泛欢迎和参与。

我们知道，民族认同的价值在于他们对本民族的风俗习惯和生活方式的特点已经深入人心，一旦赋予他们强烈的民族感情，它就会升华为民族的文化标志，它主要体现了本民族的社会成员在价值理想、价值取向和价值标准等方面的一致性和统一性，在保持民族共同体中有着不可比拟的作用。

(二) 龙舟运动具有促进社会和谐的价值

龙舟竞渡比的是集体智慧、速度、力量与耐力，它是一种团结与和谐的运动，需要全体队员在比赛场上的团结协作，齐心协力的划桨，其场面极为激烈。作为现代社会的大众传媒工具还能将比赛的实时画面通过荧屏及时地转播出来，使现场的观众都能够感受到比赛场面紧张和热烈的气氛，大家也都能参加到互动中。但凡到过龙舟赛场的人们都会有这样的感受，即比赛所带来的激烈和对抗性。当龙舟的鼓点声在比赛中敲响时，观摩的人都会不由自主地产生精神亢奋，同时也会情不自禁地为比赛加油，不管你是参与比赛的运动员还是观看者，都会在比赛的过程中得到直接或间接的情感宣泄，这种人们现场的参与感和意识的加强都是人们社会化的实现过程，因此人们所进行的龙舟活动对增进社会的和谐和稳定，以及提高人们的文明素质具有很重要的意义。划龙舟由于参与者众多，现场又极具观赏性，所以非常容易进行情感上的交流，水中参与者和岸上观众遥相呼应，随时互动。通过参与这项运动，加强了人与人之间的交流，同时在交流的过程中也可以消除人们之间的分歧，这对构建和谐社会起到了积极的促进作用。

目前，龙舟运动已从国内走向国际，在世界这个大运动场上的竞争是无情的，但无论是胜利者还是失败者，对于取得的成绩大家都应耐心地给予支持和鼓励，共同增强民族的认同感，因为大家追求的目标都是全世界的团结、进步、和平和友谊。

三、龙舟运动的经济价值

举办一次竞赛，如果单从经济学角度看它是一种消费，但它对拉动举办地的经济发展作用是不容低估的，其意义已经不局限于体育竞赛本身,而应该从经济、文化甚至国家战略方面去考虑。比如 2010 年广州亚运会花费 1200 亿元的人民币进行城市基础设施建设、城市交通道路的改造、干道的建设、桥梁和地铁的建设、环境综合整治、公益性河道治理等等,通过举办大赛这个契机,集中完善了城市的基础设施。据有关专家测算,2010 年广州亚运会的举办为广州带来大约 8000 亿元的"GDP 大礼",这绝对是件利民利国的好事。长期以来,龙舟赛事一直是以公益性的面貌出现在公众的视野中,龙舟赛事的无形资产被长期闲置和搁置流失,没有得到很好的利用与开发,其社会经济价值也未被充分利用,现实价值被浪费,巨大的商业潜力被埋没。随着我国生产力和经济水平的快速发展,人民生活水平的不断提高,使人们意识到举办高档次的龙舟竞赛,促进了龙舟文化与物质交流的结合。通过举办大型龙舟赛事促进了消费,使举办地的社会效益和经济效益得到了双丰收,而众多的龙舟赛事反过来又促进了龙舟文化的推广和传播。大型的龙舟活动不仅借助电视广播、新闻媒体的言行进行宣传,沟通了龙舟这个商品的流通渠道,还有各大公司、企业在承办龙舟活动时大搞广告和物资交易会、招商引资等更是获得了明显的经济效益。从广泛的意义上来说,龙舟赛事的举办具有繁荣举办地社会经济的功能。这些年来商品文化日益浓重,通过以龙舟为媒,促进旅游资源的综合利用和开发,取得举办地的社会和经济效益,这也是龙舟文化在新的历史条件发展下的必然结果。龙舟赛事的组织、举办涉及社会的各方面,它必然会引起社会的普遍关注和重视。而围绕龙舟赛事产生的消费虽然要花费巨额钱财,但这种消费对于产出也是一种良性刺激。一场高水平和高质量的龙舟活动,可以吸引成千上万的人前来观看,使旅游业兴旺发达,运动场馆和配套设施、器材、服装等等都得到有利的开发和生产。社会企业通过对赛事的赞助,体现了企业的社会责任感,同时也提升了企业的社会形象,这比花费巨资打造广告效果还要好。例如广州亚运会期间赞助商达到 53 家,赞助金额超过 30 亿元人民币,广州亚运会的赞助商数量和赞助金额都创下了历届亚运会之最,赞助金额是多哈亚运会的 5 倍、韩国釜山亚运会的 3.5 倍。

（一）龙舟运动与经济的有机结合

以龙舟为媒,以文化促经贸,龙舟搭台,经贸唱戏,这是目前举办龙舟赛事的最大特点,它昭示了龙舟运动商品文化的价值。龙舟运动这项具有广大群众基础的竞赛项目,在举办时对于聚集人气和商气,扩大招商引资和经贸活动,聚拢厂商企业赞助和广告资源及新闻媒体都具有独特作用,它作为一个平台为商家"搭桥",可以创造商机并带来财富的收入。例如陕西省安康市的"龙舟节"就极具经济价值和效应,他们借助"龙舟节"汉水文化的特色,集中凸显安康地域文化,打造"龙舟节"的文化品牌项目。以龙舟节为"龙头",点面结合,牵动诸如"油菜花节、桃花节、茶文化节"等其他项目协同参与,将当地的汉文化、鬼谷子文化、女娲文化、太极文化、南宫生态文化、茶文化等地域民俗文化都吸引进来,将富于安康文化特色的文化因子融入"龙舟节"中,发挥文化品牌和文化资源整合作用,通过"龙舟节"的市场化和社会化运作,促进和拉动文化产业化的发展,以"龙舟节"为制度化,形成一种稳定的时常需求。再比如2012年中华龙舟大赛(江西鄱阳湖站),在赛事举行期间召开了2012年中华龙舟文化论坛,以"龙年、龙舟、龙文化"为主题探讨促进长江流域的湿地保护与旅游文化的协调发展,同时引入国内外众多大型企业集团共同参加,围绕工业、商贸、旅游等产业进行招商引资,在大赛期间还举行鄱阳湖生态渔业产品经贸展销会。以上这些都是充分利用了龙舟赛事在市场经济中的活力,以赛事为发展龙头,加快龙舟运动的市场化、产业化的进程。近些年,通过以中央电视台为主的媒体多次实况转播、直播龙舟赛事,对扩大龙舟运动传统文化,推广企业品牌都带来了无穷效益。众所周知的原因,在举办龙舟大赛期间往往都会提高当地城市的知名度,给主办地带来了更多文化产业、体育产业发展的运作空间以及文化旅游、体育产业融合发展的拓展空间。因此高水平和高质量的龙舟赛事对增加城市经济、社会、文化等方面的影响力巨大。

近年来,龙舟赛事和活动的形式都已在悄悄地发生变化,中华龙舟大赛、中国龙舟公开赛等一系列的高规格竞技比赛竞相出炉,各地方组织的集体活动——如社团、旅游景区的特色活动项目、企业的拓展培训等都将划龙舟内容包含在内。此外,龙舟赛举办的时间也不再局限于端午节或其他节庆日,夏天、冬天都有举办赛事,从南方到北方,这些赛事的举行都与经济有机的结合,并发挥出巨大的效果。"龙舟节"通常都是由政府主导,并进行社会化运作,其发展趋势是项目管理和产业化运作,而作为文化产业活动和经济活动的"龙舟节",其产生的经济价值显而易见。由于该节日具有举事、聚人、促销等功能,可以促进和带动整个第三产业,尤其是生态、休闲和旅游产业的发展。虽然这方面是短期的集聚效应,但它可以在短期内迅速形成人流、物流、资金流、信息流等时空集聚,带来直接的经济和社会价值。"龙舟节"具有长期的告知,能吸引和提高投资效益。它不仅提供了区域特色产品的贸易平台,而且还可以集聚项目、发挥招商引资的效应。据有关资料显示,在陕西省安康,自 2000 年起已办了七届龙舟赛,其间接签约各种经济项目有板有眼的 361 个,总金额达 30 亿元人民币,商贸交易额达 3.7 亿元人民币,通过举办这些活动使该区域的城市基础设施建设得到了良好的改善。还有 2014 年广东省顺德华侨城在端午佳节期间举办的欢乐龙舟文化节,就显示出十足的人气。据统计,在欢乐龙舟文化节期间共吸引超过百万的普通百姓和游客参与,来自英国、美国、德国等 20 多个国家的 1000 多名外国游客,通过顺德接触了这项传统体育运动,感受到了顺德龙舟文化的魅力。这个文化活动一经推出就获得了巨大的成功,其精彩的活动设置和活动组织,也受到了社会的广泛赞誉。

所以通过组织龙舟运动员参加高水平的竞技龙舟赛事,可以为公众提供一种具有特殊观赏价值服务的产品而会受到社会各界的普遍关注。另外还必须注意到龙舟赛事它所具有的不可复制性和唯一性、极强的时效性特点,要重视龙舟赛事所拥有的巨大无形资产和它那极具商业价值、媒体价值的效益。如竞赛的冠名权、广告的发布权、电视转播权、各类标志的特殊使用权等等都有特定的时限,龙舟赛事的经营者必须对赛事进行及早的开发、安排、策划与准备。高水平和高规格的龙舟赛事不仅可以推动当地的知名度,提升举办城市品位,城市品牌的知名度和美誉度,通常在举办龙舟赛的同时,还会举办各种其他活动。如文化展、文艺晚会、民俗活动、水上表演、书画、摄影展等活动,使龙舟赛事参与的主体更丰富，通过政府的支持，各路媒体有针对性的加强宣传，对举办地都会带来深远影响。这种龙舟赛其间的各种招商引资等经贸活动，有效地拉动了城乡的经济消费，带动了当地旅游业，促进了举办地政府、旅游经营者及当地民众的热情和积极性。所以说龙舟运动和竞赛与经济是一种很好的结合。

（二）现代媒体技术推动高水平龙舟赛事的发展

将龙舟运动推向世界，需要策略和多元化的融入。借鉴其他国家民族体育项目的发展和向世界推动的成功模式，努力发展我国的传统文化，让龙舟运动在世界范围得到发展，我国于 2011 年 4 月推出中华龙舟大赛，这意味着一项奖金额和赛事级别最高的中国龙舟赛事正式诞生。该项赛事由国家体育总局社会体育指导中心、中国龙舟协会和中央电视台体育频道共同主办，中视体育娱乐有限公司和各赛事举办地政府承办。央视体育频道采用国际赛事转播标准，对全部比赛进行实况直播，让全体中国老百姓都能看到龙舟比赛。央视这种用现代媒体技术，以龙舟运动为媒介，进一步加大了对举办地的宣传，向外进行交流和合作力度，将一个更现代、更开放、更和谐的赛事举办地推向全国、推向世界。为了达到宣传目标，使受众终端最大化，在每一站赛事都集中了国内主流媒体进行宣传。其精致的宣传模式，还吸引了外国媒体的广泛关注。各种平面媒体、网络视频媒体、电视媒体等，这些主流媒体为中华龙舟大赛构建了立体化宣传模式，使得龙舟这一民族、民俗传统体育项目真正地深入到千家万户，这种将商业运营、电视播出和媒体推广发力，为龙舟运动注入了全新的动力。国际龙舟联合会主席麦克·哈斯勒姆在首次现场观看中华龙舟大赛时说，赛事留给他非常深刻的印象，让全世界看到中国龙舟文化与体育赛事的完美结合，非常感谢中央电视台所做的巨大贡献。由于主流媒体和央视的介入，加上现代传媒技术的使用，使得我国龙舟赛事办赛水平越来越高，竞争也越来越激烈，比赛的场面也越来越好看。现今，人们只要打开央视体育频道，就经常能够看到中华龙舟大赛的角逐。

自 2014 年起，中视体育与智美集团联合对中华龙舟大赛进行商业运作,每年在一线城市举办 7 站分站与 1 站总决赛,并首次直播在我国福建举办的首届国际龙舟联合会世界杯赛。双方合作共同打造具有国际影响力的体育文化盛事,从民族体育竞技、大宗娱乐和旅游推广等方面更好的宣传城市形象,知名企业搭建优秀的体育营销平台。由央视和中国龙舟协会全力推出的中华龙舟大赛,不仅给地方带来了许多文化产业的发展空间、体育产业运作空间、文化旅游产业发展的拓展空间。从 2013 年起在国家体育总局社体中心、中央电视台、地方政府三方的鼎力支持和推动下,渐进升级的龙舟赛事和大幅提升的成绩,各参赛队日趋激烈的竞争,得到弘扬的中国传统文化和越来越成熟的市场等,使大赛呈现出一派繁荣景象。纵观中华龙舟大赛通过近几年的运作完成了在江、河、湖、海 4 种公开水域赛龙舟的壮举,充分体现了中国数千年龙舟文化的厚实底蕴。2014 年,首届世界杯龙舟赛落户中国,举办世界杯无论对于中华龙舟大赛还是中国龙舟运动都有着重要的意义。

(三) 促进城市改造,改善环境污染

近年来,国家为促进城市改造,切实改善人居环境,不断加强城市基础设施和生态环境的建设,努力构建资源节约、环境友好的社会主义和谐社会。高度重视和推动城市人居环境的改造建设,从环境、生态、大气、水质、绿化、河流、交通等多方面为老百姓提供良好的生活环境。随着龙舟运动项目和旅游文化产业的开发与发展,为城市化的改造提供了先机。近年来,许多河流被污染、淤塞和退化,严重影响了龙舟赛的举办,也使得许多地方在开展龙舟活动时受阻,这严重影响了龙舟运动的开展与推广。随着城市化改造,借助举办龙舟大赛得以将那些河流中的污染、淤塞和退化了的河道加以整治,使得河水变得清澈起来,这些举措促进了许多城市在有效的治理后举办龙舟赛。例如温州史上规模最大、范围最广、投资最多的河道整治工程(温瑞塘河),通过十余年的努力,塘河面容逐渐向清新靠近,2012 年塘河龙舟拉力赛交出了令人较为满意的答卷。温瑞塘河位于瓯江以南、飞云江以北的温瑞平原,是温州市境内十分重要的河道水系,一场龙舟赛,见证了温州一条

河流的改变;而一条河流的改变,诉说的恰恰是一个城市生态环境的变迁。在深圳的龙华新区,说起龙舟,都会提起有上百余年历史的"观澜河"龙舟赛,对此人们都不会陌生。然而谁又会知道,在龙舟赛举行的背后,治理"观澜河"污染问题,花费了多少时间与精力。最近十年间"观澜河"的污染情况日益恶化,面对这条日益浑浊、恶臭泛滥的河,无疑让人感到痛心。这条被本地居民亲切地称为"母亲河"的观澜河,它承载着一段记录深圳变迁的历史。2012年龙华新区"观澜杯"龙舟赛在"观澜河"举行,当一条崭新的景观河呈现在大家的面前时,大家看到了"观澜河"所发生的巨大变化,经过多年的治理,河水逐渐变清了,臭味也渐渐消除了,被污染的河流也重获"新生",现在"观澜河"已经成为一道优美的生态风景线,人们又一次看到了龙舟赛。观澜河的复苏表达了一种希望,是一种百姓对政府寄予的希望,更是对未来美好生活环境的期望,这就是社会的进步。龙舟运动所具备的低碳化特点,代表了一种健康文明城市的生活方式和城市发展方向,它也提醒人们打造生态旅游环境,发展生态旅游产业,提倡举办低碳化的环保体育赛事。

(四) 开发龙舟产业,弘扬龙舟精神

　　龙舟运动的发展和特色品牌的创建,离不开龙舟制造业的发展。龙舟产业主要包括了龙舟的制造业、龙舟的工艺品,龙舟食品和饮品,龙舟模型和纪念品;还有涉及龙舟文化产业的方方面面,诸如龙舟酒店和饭店、龙舟品牌服装、龙舟训练基地、龙舟游乐项目、龙舟旅游等等,围绕龙舟大力开发其产业,进行规模化生产、推广、销售等,将龙舟优势转变为产业优势。在当今全民健身发展中,龙舟项目可以说是大有可为,因为它结合了丰富的文化内涵、地方特色、旅游景观,文化教育等多种元素,如今正向外延发展,走向多元化发展之路。比如在具有良好的水域环境的地区,龙舟文化产业可以侧重在龙舟文化场馆建设,促进龙舟文化旅游产业,让游客亲身体验划龙舟的乐趣。建设旅游观光、休闲度假、民俗风情为一体的龙舟文化产业园和产业带;沈阳,作为东北地区的中心城市,它是"南舟北移"的先行者,通过每年举办赛龙舟,在短短几年内,举办了龙舟市级比赛、国际邀请赛和全国锦标赛,使得沈阳

龙舟大赛的规格不断跃上新台阶。这种把自己打造成北方"龙舟之都"的实际行动,让沈阳在东北地区真正地昂起"龙头",从而带动了其他行业和地区都向"龙头"看齐,你追我赶奋勇争先,搅活了东北的改革大潮,营造出千帆竞渡、百舸争流的局面,就是看中了这项运动背后巨大的品牌价值和产业发展。凭借高起点、快发展的战略构想,创造了令人震惊的"沈阳速度",沈阳人以敢于天下先的勇气和智慧,利用城市品牌的影响,成为国内各路龙舟高手青睐的新兴龙舟城市,龙舟成为拉动社会效益和经济效益的纽带。眼下,龙舟产业的发展可以说是一个阳光产业,龙舟运动的文化附加值在不断升高,它不仅满足了老百姓的精神需求和娱乐需求,还带动了地方文化、旅游、教育等多种产业的发展,中国龙舟运动已经走上社会大产业大发展的全新舞台,这是一个有目共睹的事实。开展龙舟旅游、龙舟拓展训练,培育一批新产业,体育旅游等已成为人们户外活动的新时尚,龙舟竞渡这场文化盛宴带动社会多层面的产业发展,也活跃了市场经济。举办龙舟赛,既是弘扬爱国、合作奋进和友谊时代精神的体育文化活动,又是营造商机、拓展市场、发展经济的广阔舞台,更是可以让世界了解中国和中国走向世界的重要桥梁。

第十章　思政育人

　　上海海洋大学虽然不是专业的体育学院，但是拥有弥足珍贵的百年水上运动探索历史，拥有校领导和各部门、上海市乃至国家的支持与帮助，拥有优秀卓著、从教经验丰富的教练师资，拥有"勤朴忠实"、自强不息的海大学子。"师傅领进门，修行在个人"，在学校和教练多年专业的培训之下，一群朝气蓬勃斗志昂扬的热血少年们在龙舟中创造了一个又一个水上奇迹，实现了自己无悔青春的价值，为母校海大争得无数荣光。同舟共济扬帆起，乘风破浪万里航，他们齐心协力、顽强拼搏、百折不挠、坚持不懈、不卑不亢、超越自我，正是教与学的代代传承，使得体育精神永流传。他们的心得与故事，值得娓娓道来、无限回味。除了常规思政体系外，还巧妙借势，释放出思政育人大能量。一边是将中华传统优秀文化融入教育教学，一边则是通过在校园内建设帆船基地，为学生们提供逐浪扬帆的平台，让学生受到的感悟和启发都远远超过了体育运动本身。

　　根据全国高校思想政治工作会议和上海高校思政工作会议精神，在高校思想政治工作中，立德树人是最基本也是最为关键的一环，高校做到思政育人，就要把思政工作贯穿到教育教学工作中，做到全过程育人，全方位育人。

　　体育教育在人才的培养过程中发挥着极为重要的作用，就其广义的体育来说，现今已经成为当今社会政治、经济、文化、科技和军事等发展的缩影，三大门类的基础学科也在体育领域里得到了广泛的应用和发展，因此随着各种知识的不断涌入和整合，体育的内涵也在不断地丰富、外延。而作为海洋大学体育特色，龙舟育人是学校体育发展中最为基本的理念。其理念框架就是建立在体育强国，育人育才的基础上，加之学校体育事业中龙舟体育发展最为迅速和耀眼，因此，以龙舟育人为代表的体育育人是实至名归。

一、以龙舟项目为特色，促进海洋特色运动的发展

在学校一百多年的办学历史中，不同时期都有开展水上运动的光荣传统和光辉历程。20 世纪五六十年代，学校皮划艇、赛艇、舢板、游泳和水球就是上海市队和上海高校代表队，多名运动员参加过全国运动会和划船比赛，并取得过全运会冠军和平奥运会最好成绩的佳绩，在上海市乃至全国比赛中取得了优异的成绩，产生了非同一般的影响。

新时期，学校领导重视学校水上运动的发展，不断加大投入，经过坚持不懈的努力，创造了水上运动发展的良好局面。2012 年以来，学校先后引进了国家级高水平教练员担任校队教练工作，专门制定了运动员竞赛奖励办法，积极创造条件鼓励优秀学生运动员攻读校内外研究生。2012 年，校赛艇队勇夺首届中国杯多人赛艇挑战赛大学生组男子八人艇总冠军。2013 年，校赛艇队获得中国杯赛艇公开赛亚军。2014 年，校赛艇队获得中国杯赛艇公开赛冠军。2014 年，校龙舟队参加六站中华龙舟大赛和中国龙舟公开赛，均获得前三名的好成绩。2017 年，校男子龙舟队勇夺中华龙舟大赛冠军，女子龙舟队取得第三名，并代表上海市在全运会上获得一银二铜的优异成绩，展现出了高校学子良好的精神面貌。龙舟队先后获得"上海市五四先进青年集体""上海市群众体育工作优秀集体""上海市群众体育工作优秀个人"等荣誉称号。

为了更好地为下一届全国运动会龙舟项目做准备，充分发挥传统水上体育项目的育人功能，学校将继续创新水上运动队建设新模式，同时带动游泳、皮划艇、赛艇、水上定向等水上运动项目建设，更好地为海洋人才培养服务。

二、深入挖掘龙舟文化内涵，加强特色课程德育建设

龙舟文化同中华民族的传统文明一样，是源远流长，历史悠久的。为纪念屈原"五月五日龙舟竞渡"，自古以来都是传承中华文化的传统项目。而今，随着每年中华龙舟大赛的举行、龙舟成为全运会、亚运会比赛项目；随着亚洲龙舟锦标赛等国内外重大赛事的举行，龙舟文化随着龙舟竞渡的鼓角，已从汨罗江畔响遍了神州，走向了世界。前国家体育总局副局长、国际龙舟联合会主席张发强先生这样评价龙舟运动："龙舟文化是爱国主义文化、集体主义文化、开拓进取文化，集竞技之美与大众所爱于一身，融经济与生态于一体，对铸就城市品格有着积极的推动作用。我们还要传播一种文化，弘扬一种精神，构建和谐社会。我们需要让孩子们从小就有一种团结、奋进、不进则退的意识。而龙舟最好地体现了这种精神，不合力，船就会歪歪扭扭；齐心合力，船走得又好又快。龙舟精神，就是中国体育的精神，民族的精神，就是一种发展的理念，团结奋进的理念。龙舟运动可以长中国人的根，铸中国人的魂，聚中国人的心，龙舟精神是宝贵的精神财富，我们要不断推广龙舟运动、传播龙舟文化、弘扬龙舟精神。"

因此，推进龙舟课程建设不仅仅是创建学校课程德育的品牌特色，更是对当代大学生进行爱国主义、弘扬中华民族文化和思想道德品质的教育，培养学生发扬团结奋斗，顽强拼搏的团队精神。龙舟运动同舟共济、奋勇向前的精神与学校独特的"海洋体育"文化不谋而合。

上海海洋大学以龙舟为特色的课程德育建设，是通过不断地改进与锤炼，吸取各方意见，由此而得来的辉煌成就。学校龙舟队是以正选队员为主，龙舟社团队员为辅的双轨道组织模式，由学校负担队伍建设经费，组织形式严密规整，每逢重要赛事都会有校领导亲临，甚至到现场观摩运动队建设。校领导十分重视龙舟队的发展，这在无形之中为队伍建设提供了有力的精神支持。而对于运动员的选拔也是采取十分科学严密的选拔方式。对于教练员的选取也是以高水平、专职化为导向的标准，并且有一定的科研标准来辅助队伍建设。学校的训练比赛

条件也在不断地更新改进,训练辅助器材、设施装备水平较高。

同时,学校将通过龙舟项目的建设,全面深化体育教育改革,创新体育教学管理模式,优化体育教学资源,从而推进学校体育教育、育人工作的稳步和可持续发展。

三、青春无悔砥砺奋进,龙舟育人初显成效

学校体育事业的发展离不开老一辈教师的倾情奉献,在几代人坚持不懈的努力下,共同铸就了海大体育运动的辉煌。而回顾海大百余年的发展历史,水上运动贯穿始终并且发挥了重要的作用,一代代学子以他们充满浪漫色彩的青春热情和理想信念,以他们无私无畏的拼搏精神,在水上运动项目上取得了一系列的优异成绩,获得了一块又一块的奖牌,谱写出一支支水上运动的优美乐章。海洋特色体育育人,为海洋人才强健体魄、掌握涉海技能,海大正在打造面向全体学生,能满足他们个性化发展的体育教学体系。

从五月到七月中旬这将近两个半月的备战集训的日子,同时要兼顾学习与训练,队员们早上五点起床,训练到七点半,洗澡吃饭,八点十五分前要赶到学校上课,下午四点二十分下课,四点半就要开始训练一直到六点,晚上七点半下课,从八点训练到十点。再到后来的封闭式训练,就从早上八点半开始训练,十一点结束,中午是十二点吃饭,下午两点四十五分训练,训练到五点,晚上从七点开始训练,一直到九点。那时候的生活就是吃饭睡觉划龙舟,但是大家都坚持下来了,并做得很好。经济管理学院的廖萍同学常说:"龙舟队的训练会很残酷,我们都不是体育特长生,都只因兴趣而在一起,去接受专业的训练,无疑会是一条充满艰辛的路。而在队的一年,划大圈,速度划,拉测功仪等一听就怕的训练渐渐习惯了。龙舟队的训练浇灌了汗水与泪水,只有坚持下来的人才会懂得这个团队的温馨有爱,而每一次的训练都是对自身的一次挑战,只会更好。"

龙舟育人精神是由体育育人所孕育出来的意识形态,它已超出了体育运动本身,内化为人类心中的一种信念和追求。上海海洋大学龙

舟队的发展,无时无刻不表现着他们身上坚韧不拔、顽强拼搏、自强不息的奋斗精神,奋发图强、为校争光的无私奉献精神,团结协作、顾全大局的团队精神和集体主义精神。那些老队员曾经的事迹经历使他们养成了认真做事、吃苦耐劳的优良作风,对他们的人生观、价值观、荣辱观产生了重要影响并受益终生。历经百余年的风雨,海大学子们始终秉承"渔界所至、海权所在"的创校使命和"勤朴忠实"的校训精神砥砺前行。而龙舟精神显然已成了新的海大精神,因为在强身健体之外,龙舟带给青年人的,还有品格与精神的塑造,这种精神已经慢慢地浸润在上海海洋大学的校园里,使更多的海大学子进行自我提升并将其发扬光大。

四、思政教育深入人心,龙舟课堂精彩纷呈

"嘿吼!嘿吼!"的吆喝声伴随着船头传来的鼓点声,一群身着黑色运动服、肤色黝黑的男生,将手里的桨抡得整齐划一,两条龙舟在河里你追我赶。河岸上,一名身材魁梧的教练紧紧盯着队员的每个动作,不时大声发出提醒。这样激情四射的龙舟体育课每周有 4 次,已成为一

"大迟"指导队员们训练

道风景。这个以现代竞技体育项目为载体的体育课,不只关注运动指标和竞赛成绩,而是加入了思政教育。

"永远不要把头低下去!""训练过程很累,但你的对手吃的是同样的苦!""既然你们选择了同一条船,那就要一个节奏一个呼吸!"在上海海洋大学龙舟队的训练场上,你没法不关注教练迟焕祺的"大嗓门"。这位曾经的国家赛艇队队长,不仅让一支由普通大学生组成的队伍屡创佳绩,更将龙舟训练作为思政教育的课堂,传承并阐释中华优秀传统文化。这支龙舟队,没有学生曾经受过任何专业的体育训练,对于龙舟也大多一无所知,是"大迟"的手把手带教,为他们打开了一扇大门。没有基础,如何在各项龙舟大赛登上最高领奖台? 面对这个问题,队员们的回答出奇的一致——训练和"大迟"的"心灵鸡汤"。

这门龙舟课由上海海洋大学龙舟队"冠军教练"迟焕祺担纲,因为身材高大又很有威信,他被学生们亲切地唤作"大迟"。2007 年,"大迟"在上海海洋大学组建了龙舟队,这支没有一名体育特招生的学生团队,近几年接连拿下多个全国冠军,还单独组团代表中国参加国际龙舟比赛,一次次摘金夺银。上海海洋大学也因此成了国内高校龙舟运动的领头羊。"在龙舟课上,我不仅要教会学生划桨,更要培养队员们的爱国精神、奋斗精神和团队精神,这会让学生们受益一生。"迟焕祺说。正因为这一初衷,龙舟社团不设门槛,只要学生愿意加入,就照单全收,绝不会因为体型、体能而将新人拒之门外。因此每年招新,来报名的学生排起来几乎可以绕 400 米跑道半圈。在日复一日的刻苦训练中,只要队员不主动提退出,这支团队就不会放弃任何一名队员。如今,参加该龙舟社团的队员有 200 多名,来自全校各个专业,坚持常年训练的有80 多人。

在学生眼中,"大迟"是位"魔鬼教练",他的训练课有大量的有氧训练,20 公里的长跑已是家常便饭,针对不同的队员,他还安排了多种不同的力量训练任务。虽然叫苦连天,但没人选择退缩。"训练的时候,有时快坚持不下去了,但'大迟'会说,你不付出 200% 的努力,就不会有希望站上更高的舞台;你只有付出了更多努力,才会比对手多一丝希望。往往这时候,我们便来劲了!"队员刘玮说。大一的陆海辉有相同的感受,他告诉记者,每次坚持不下去的时候,"大迟"总能激发自己的潜力。在上海海洋大学的力量训练房,有一面"冠军墙",只有历届获得冠军的队员,才能登上象征荣誉的冠军榜。"学生们在训练时看到这些,对他们来说是一种无声的激励。"迟焕祺说。水上运动所体现的"齐心协力、顽强拼搏、超越自我、永不放弃"的宝贵精神,已经深深刻在了这批队员身上。上海海洋大学校体育部直属党委书记叶鸣介绍,每年都有龙舟队队员应征入伍,参军的龙舟队员在部队也表现优异。"大一时,我身体很单薄,训练了一年身体变得强壮了不少,"担任鼓手的郝丽华说,"龙舟和部队的经历教会我团队的重要性。"

"你相信吗,2年前,我是一个体重100公斤的大胖子!"训练课刚刚过半,龙舟队队长刘玮已是满脸汗水。就读于经济管理学院工商管理专业的福建小伙大一时报名加入龙舟社团,并不了解什么是龙舟,动机纯粹是"为了减肥"。让他感恩的是,龙舟社团并没有拒绝他。于是,他和队友们开始了一周4次的龙舟课训练,此外每晚8点日常学习结束后还要做力量训练。这一切都是在不影响学习的前提下进行的,练得最苦的时候,他连举起双手用毛巾擦脸都做不到,因为手部肌肉太疼了。"最艰难的时刻、熬不过的时刻,想一想你身前身后的队友,他们需要你。"这句话,是"大迟"几乎每堂课必说的"名言",它也激励着刘玮不断突破自我极限。经过整整一年的刻苦训练,这名"小胖子"不仅成功减掉20公斤赘肉,更成为龙舟队的队长,带领团队参加了国际龙舟大赛。如今的刘玮,体重保持在80公斤,身材健硕,看起来健康阳光。他透露,自己跟队友的关系特别好。这份"一船一桨,一生兄弟,风里雨里,码头等你"的"龙舟情谊",是他终生的财富。

上海海洋大学的龙舟队还招女队员。在学校食品学院2016级食品科学与工程专业学生罗晓韵看来,"大迟"的龙舟课最让她记忆深刻的,是红色的国旗元素。无论在统一的训练服上,还是在训练场的墙壁上,都印有五星红旗,每看一眼,都带来满满的荣耀感和正能量。"每当面对着国旗,面对着这些前辈们拼来的累累硕果,心里怎么能不激动!我有什么理由不坚持!"罗晓韵说,龙舟课的训练,让她真切地明白了一个道理:"爱国、爱校,并不只是喊喊口号,而是要用实际行动来践

龙舟队的训练量很大

行的。"

在迟焕祺看来,龙舟课带给学生的感悟和启发已经远远超过了体育运动本身,已内化为心中的一种信念和追求。"龙舟蕴含的爱国、奋斗和团队精神,够他们受益一生。这也是我开设龙舟课的初衷。""体育就是锻炼人的体魄,塑造人的精神。我们希望通过这样的形式,进一步

2018 中华龙舟大赛决赛入场

深化'课程思政'教育理念，把'立德树人'内化于心、外化于行，让每一门课的育人功能得以实现。"上海海洋大学党委书记吴嘉敏说。在一汪水上反复折回，或许是一件孤独、枯燥的事，但对这群大学生来说，划出学校、划出上海，划向世界，是青春里最宝贵的一部分。

第十一章　龙舟人　龙舟魂

2017 年 7 月，上海海洋大学龙舟队组建男、女代表队。两支年轻的队伍代表上海市，出征 2017 年第十三届全运会龙舟项目比赛。在备赛、参赛期间，他们冒着酷暑，顶着压力，克服困难，刻苦训练。在顽强拼搏下，最终为上海代表团斩获一银两铜三枚奖牌。2017 年 8 月，上海市人民政府授予上海海洋大学龙舟队"上海市群众体育工作优秀集体"称号。

脱去战衣，放下船桨，这群年轻人又拿起笔，写下他们的故事。在汇编中，我们看到了一个个生动的故事，一个个鲜活的灵魂。他们用热血青春，在不断成长、蜕变的过程中，诠释了"传统""传承""育人""铸魂"的内涵。"一船一桨，一生兄弟，风里雨里，码头等你。"十六个字，却包含着太多。一张白纸进入校园，不懂体育，更不懂体育精神。梦想看起来遥不可及，但它并不是真的遥不可及，只要你找对了方向，一直往前走，梦想就会微笑着等你。一群兄弟姐妹的情谊，一身结实的体魄，一种团结奋斗、顽强拼搏、勇于直面强大对手、不卑不亢的精神，一段一生难忘的燃情岁月……龙舟教会他们太多，体育教会他们太多。让龙舟故事走进我们，让"龙舟精神"活在我们的心里，与生活、学习、工作紧密相连，而最终变成豪情干劲、敢为人先、拼搏进取、挑战自我的精神。

一、教练恩师心得感言

34 年的教育经历让他领悟：教师的职责在于奉献

叶鸣教授，现任上海海洋大学体育部常务副主任、党支部书记，上海海洋大学体育运动委员会秘书长。从事体育训练与教学研究方向。中国共产党党员，体育学科带头人，校外兼任有中国大学生体育协会赛艇与龙舟分会秘书长、上海市板球协进会副秘书长、中国高等农业院校第八届体育理事会副理事长、上海市大学生体育协会毽球分会副主席等各体育协会理事长、秘书长、理事等职务。身为上海海洋大学教学委员会成员，同时也是上海海洋大学体育部教师排球队训练教学、网球训练教学负责人。

乐师善教，广受爱戴

叶鸣现主要教授课程有体育欣赏、女子防身术、男女保健以及游泳等。由于其课堂秩序良好，参与度高，气氛活跃，授课生动有趣，教学深受学生爱戴。2001 年"游泳教学与全民健身游泳达标的结合"获上海市教学成果三等奖。2005 年"体育欣赏课"获上海市重点课程建设。2007 年"体育欣赏课"获校精品课程。2009 年"体育欣赏课"获校教学成果一等奖。2014 年"体育欣赏课"获上海市高校市级体育和健康教育精品课程。在学生教学评估中，2014、2015 年连续两年荣获"最受学生欢迎的好老师"称号，2015、2016 年连续两年获"教学名师"称号。作为一位敬岗爱业的体育教师，他的理念很简单——人生的储存账户，身体是"1"，其他的一切都是"0"，倘若连所谓的"1"都不复存在，那么拥有的再多也是妄论。因此，他致力于健康事业的发展，而体育事业是健康事业的基石，奉献体育事业才能得到健康事业的蓬勃，才会成为真正意义上的人生赢家。

叶鸣不仅重视学生身体的健康，而且更加重视教师教书育人的神圣使命。他不仅教会学生如何去做学问、学知识，并且更重视培养学生的道德情操。他时常告诫学生要在学习上忠诚认真、怀有赤子之心；对待工作要严肃认真、讲求方法；在科研发展中要独立思考、力求创新；在与人相处中要谦虚谨慎；在实践探索中更是要不畏艰辛，激流勇进。

勤学笃志，求真求实

在长达 34 年的教学工作中，叶鸣勤勤恳恳，他始终相信一分耕耘一分收获。对待学生毫不吝啬，一直坚持着把每位学生都看作自己的孩子，也正是因为这种感情的存在，他才会在教学工作上抛洒自己的满腔热血。有时叶鸣看见学生在寒冬里瑟瑟发抖，会慷慨地把自己的衣服赠予学生。

叶鸣始终贯彻的基本理念是作为一名教师，知识的储备是教育的基础，传授知识不单纯是为了技能的培养，更重要的是在于塑造学生。在教学中，他非常看重品格教育，充分激发学生潜能，立足前沿学科及研究，尽自己最大努力教给学生新思想；还有根据教学中不同课程的特色，布置论文题目让学生自己通过搜集、阅读、整理资料，进行自主学习，独立分析，通过答辩锻炼自己的组织能力。

对待本职工作，他严格按照《专业技术职务岗位任务书》的内容，高标准、严要求地规范工作，超额完成任务分值。在完成个人工作任务量的同时，积极地帮助教研室其他年轻老师尽快地投入教学工作，更好地为正常教学运转服务。作为一名基层教学组织负责人，他认真履行课程执行管理职责，在教学大纲、教学任务书、教学日历、教案、看课听课、考试及试卷管理、调课与停课等方面加强教学监督与检查，健全完善听课制度,提高体育教学工作的规范性。

创新教学,博采众长

近年来,学校体育工作如火如荼,这其中少不了叶鸣的细心指导和卓有远见的领导。在教学改革中,他以独特的视角指出了体育部教学存在的问题并提出了切实可行的解决方案,使得学校体育教学工作与学校建设和标杆学校看齐。在课程研究中,叶鸣主持 2005 年"体育欣赏课"获上海市重点课程建设,2007 年"体育欣赏课"获校精品课程,2014 年"体育欣赏课程建设"课程获得上海市"精品课程"称号,并荣获校级精品课程教学成果一等奖。"上海高校学生体质健康状况研究与分析"课题也获得上海海洋大学科学成果奖三等奖。他参与完成的"依托临港,打造上海水上体育娱乐中心"课题获得上海市体育局体育社会科学、决策咨询项目研究成果奖一等奖。发表学术论文 20 余篇,多次参与体育学科研究报告会议并主讲。参与多本体育教材的编订,担任《高校校园定向运动教程》主编、《高校体育欣赏教程》主编、《大学体育—同济大学"十二五"规划教材》副主编。

结合学校发展路线,他始终致力于建设与海洋相匹配的特色教育,不仅在游泳方面,还在潜水、涉海等等各方面都卓有成效。他还发展了攀岩、皮划艇、龙舟等项目,其中龙舟发展更是声名远扬,为学校体育事业添加了浓墨重彩的一笔。在科研探索上,叶鸣主持申报了上海市学校体育科研——上海海洋大学海洋特色体育教学课程改革的推进与创新研究项目、成功申报《上海海洋大学高峰高原学科》项目,主持构建完善海洋特色体育教育教学体系,海洋特色体育教育教学课程教改项目,海洋特色体育教育教学体系游泳课程教改项目,申报上海市体育社会科学研究课题——高校高水平运动队选材和培养机制研究项目。

每周二,叶鸣都会参加各种教研活动,加强与教师之间的交流。课余时间,他也经常与教研室的年轻教师共同研究教学方面的问题。在叶鸣看来,人生赢家不在权贵而在奉献。他是这样说的也是这样做的。

用一叶龙舟破浪斩风

孙健,男,党员,2005 年毕业于武汉体育学院,现任上海海洋大学体育部教师及校龙舟队教练,自 2009 年全运会结束,开始跟队协助主教练完成训练计划和比赛任务。2003 年获得国家级运动健将证书,2002、2010 年获福建省一等功奖励;2005、2009 年获得福建省五一劳动奖章,2005 年获得印度亚洲赛艇锦标赛双人单桨第一名;2009 年获得台湾宜兰亚洲赛艇锦标赛双人单桨第一名,2017 年获得育才奖称号。

"我来海大四年多了,记得是 2014 年 9 月 1 号到咱们海大。"时间如流水匆匆流过,孙健回想起最初成为老师时的场景仿佛近在眼前。现在,整个水上运动,包括赛艇、皮艇,还有龙舟,都是他和迟焕祺老师两人一起协调这几个项目。在这短短不到 4 年的时间里,两位老师一同带领着龙舟队稳步向前,为龙舟队赢得荣誉,为上海海洋大学博光彩。

严师出高徒

"我是从专业运动员出来的,我当时担任教练那段时间,对运动员的管理比较严格的,因为毕竟你是要面对全国的这种高水平比赛,所以平时的要求就会非常严格。"谈及自己在教育学生时会注意的地方时,孙健谈到了自己在训练中的高标准严要求。2014 年进入上海海洋大学后,他便开始管理龙舟队,可孙健逐渐开始发现不应该像管理专业队那样管理大学的队伍,而是应该去当朋友一样对待学生,因为大学生和专业队是不一样的。因此,他与队员之间在平时聊天以及平时管理上,都会选择主动与他们多加交流和沟通,多去关心,将训练时应有的严厉和休息时对于学生的关爱清楚地划分好界限,是孙健教学过程中所注重的,并认为这是相当重要的一点。

孙健严师的形象并不是只自认为的。"在训练的时候很严格,但是平时聊天还是很亲切的,人不错。"龙舟队的成员徐钊恺同学诚恳的评价更加印证了孙健的话。"严师出高徒"这句话所言不虚,正是在严格的高强度训练下才有了现在海大龙舟队的成绩,艰苦训练流下的汗水换来的成就为奖牌增添了背后的价值。在日常的细微处关心学生,在训练时严格且追求完美,加上在赛场上引导和鼓励,让孙健成为德智体全面教学的老师。

同时,孙健坦言,从国家赛艇队出来后,始终忘不了且最关注的就是队员之间的团队协作。"包括现在学生们出去比赛,也会着重地让他们特别注意这点。"让队员们意识到团结合作的力量是龙舟最重要的精神所在,让这种精神融入龙舟队的血液,也是作为学生们指导老师责任的一部分。

龙舟和赛艇

"现在龙舟推广得特别好,但要让更多的人去了解赛艇,我想应该让赛艇进各大高校,让更多同学去认识、接触赛艇,这样他们更会喜欢。我想能不能也选一些人出来,代表咱们学校去参加全国的比赛。"国家对于赛艇的重视也带动着全国高校对于赛艇运动的重视程度和进步速度,赛艇也开始逐渐走进大学生们的视野,孙健也对此有着自己的想法,希望把目光放得更宽广、更远大的舞台上,在伸手可及的将来取得成绩。

龙舟是起源于中国耳熟能详的传统运动项目,而赛艇则起源于英国,对于更多人来说是相对陌生的运动项目。赛艇发展至今,对于中国的运动员与龙舟运动相比较而言,最大的差别就是身高的要求限制。"因为欧洲的赛艇运动员的身高基本上是在一米九到两米,当然随着咱们国家这几年的政策,逐渐推向各个高校,所以现在各个高校也开始注重培养赛艇运动员。"但在孙健看来,身高并不是最重要的因素,世界上同样有很多身高平平的赛艇运动员获得佳绩,赛艇的推广需要更多不同体格的人参与其中,只要有科学合理的训练和努力拼搏的队员,他对于校队在未来的赛艇比赛充满希望。

走向更高的舞台

"相信在老师们的带领下,以后可以取得理想的成绩。"作为龙舟队的一员,沈新宇同学对老师们的训练充满信心与信赖,也对自身刻苦参与训练有所得感到满足,龙舟带给他的不仅仅是你追我赶、力争上游、永不服输、精诚团结的精神力量,也让他收获了一群好兄弟。潜藏在龙舟作为一项体育运动所体现的集体主义精神和爱国主义精神背后,强健的体魄和加固的友情也不容忽视,不只是同学与同学之间,同学与老师之间也同样。正是有了这样好的关系支撑着他们,海大的龙舟队才能够迈开扎实的步伐,一步一步走向更远更高的平台。

"其实我进入高校的时间没有很久,对于育人也不是很有概念,但我认为不管是现在还是以后,在教学工作上,还是教育中,既然选择了教师这个岗位,我会去多多学习一些老教师的一些好的东西,在生活中多和学生交流,多关心他们。"孙健是想说,最重要的是先做好本职工作,与此同时不断地学习知识和优秀教师的经验充实自己,尽职尽责地做好每一件事。

被问及对于未来海大龙舟队发展的希望和展望,孙健坚定且充满信心地说道:"随着这几年龙舟还有赛艇的一些发展,我更希望通过努力,想让他们站上全国的最高领奖台,让他们冲出亚洲,走向世界。"正是有了老师们认真负责的态度和工作,我校龙舟队在接下来的发展中一定能取得更加优秀的成绩。

"体育是我育人的平台"

迟焕祺,体育部教师兼校龙舟队主教练。2015 年被中国大学生体育协会评为全国突出贡献个人,2016 年被评为全国农业院校优秀体育教师,曾多次获得"上海海洋大学最受欢迎的好老师"及"育才奖"称号。中华人民共和国第十三届全国运动会上,他带领的龙舟队代表上海市夺得了一银两铜,三人篮球女队获得全国第五名的优异成绩。被上海市人民政府授予"上海市群众体育工作优秀个人"称号。

从运动员到老师

迟焕祺曾是国家赛艇队队长,带领国家赛艇队在亚洲乃至世界上屡屡斩获佳绩,多次获得全运会冠军及全国冠军。2012 年到上海海洋大学任教。谈及选择海大的初衷,迟焕祺说:"上海海洋大学是个很好的平台。在来之前,我了解上海海洋大学的历史,我认为这是一个水上运动历史悠久、底蕴丰富的高校。"因此他毫不犹豫地选择了海大,一呆就已是 5 年。"我 2012 年来到海大,正值百年校庆,可以说是在合适的时间、合适的地点,碰到了合适的人。"从运动员到老师,他的心态和思想发生了很大的变化:当运动员的时候,不用考虑太多的东西,一心就想着努力训练,夺取胜利;为人师表就不一样了,思虑必须全面细致,得时刻关心同学们的心理和健康状况。

迟焕祺对大学体育课程有自己独到的见解,他认为,大学公共体育课的意义不在于提高学生的体育竞技能力,掌握某个专项运动技能,而是为了通过系列的课程培养同学们对体育运动的兴趣。他希望通过自己的教学,让学生对这门学科产生热情,进而爱上体育文化。他首先会向同学们介绍自己所要教授的体育项目,让同学们认识他们所要完成的课程。"只有了解这项运动,看懂这项运动的比赛,他们才会爱上这项运动。"根据自己多年的运动员经历和教学经验,结合"因材施教"的教育理念,他总结出了自己的一套教学方法。"我每节课都会给同学们布置任务,让他们在一节课的时间内完成这个任务。每位同学的身体素质和想法都不一样,所以感兴趣的内容也不一样。经过一段时间后,同学们就会找到自己的兴趣所在,然后和我交流,我就会对他们进行针对性的训练。"迟焕祺认为,教育工作,不仅要传授知识给学生,还要培养学生的独立人格和优秀品质,这才是真正的"育才"。

学生眼中的他

迟焕祺很受学生欢迎,无论是上过他课的学生还是龙舟队的队员,都对他赞不绝口。龙舟队队员张雅强评价迟焕祺:"刚进入龙舟队的时候,我觉得迟教练很'高冷'。最初,他对我们说,我们现在要做的一件事就是让他记住我们的名字,因为教练的这句话让我备受鼓舞,努力训练。之后和迟教练熟悉了,就会发现他其实是个很亲切的人。我们训练他都会到场,耐心地指导我们的划船动作。"魏志博也认为他是一位负责任的老师:"由于迟焕祺之前是国家赛艇队队员,经验丰富,所以他的训练方法十分有效。"

龙舟队队员们都表示,一开始都是怀着锻炼身体的初衷加入了龙舟队,在迟焕祺的悉心指导下,慢慢入门,便爱上了龙舟运动。他们说,通过龙舟运动,不仅锻炼了身体,在训练和比赛的过程中,还提升了自信,收获了友谊,磨炼了意志。迟焕祺不仅给队员们传授了龙舟运动方面的知识和技巧,还潜移默化地影响了他们的思想,向他们传承了"超越自我,挑战极限,团结拼搏,永不言弃"的运动精神和"无私奉献、热爱集体、同舟共济"的龙舟精神,真正做到了"体育育人"。

与龙舟队的不解情缘

迟焕祺说:"上海海洋大学龙舟队是上海市的一张名片,上海海洋大学的一张名片。"所以,他觉得自己身负重任。作为龙舟队主教练,迟焕祺付出了大量的心血,与龙舟队结下了不解情缘。自2012年来到海大至今,他带领着龙舟队"乘风破浪",从默默无闻到站上全运会的赛场,拿下了一个又一个奖杯。

开始两年,迟焕祺一直在反复思考、探索训练方法。他经常利用自己闲暇的时间翻阅查看与龙舟相关的视频和书籍,学习有关龙舟方面的知识,并结合自己多年的赛艇运动经验不断琢磨、完善训练体系,既要保证学生的身体健康，又要提高效率，提升队伍的实力。迟焕祺坦言："我的教学风格和训练风格是截然不同的，作为老师，我可以待同学们如亲友一般，可以和他们嬉戏打闹；作为教练，我必须对队员们严格要求，只有在非常人能忍受的训练下，才能发挥出身体的潜能，在比赛上有优异的表现。"虽然，在训练队员时，迟焕祺十分严格，但在生活中，他十分细致柔和，事无巨细，时常叮嘱队员们注意身体，关心他们的思想状况，经常找他们聊天，开导他们。

自 2014 年中华龙舟大赛，上海海洋大学龙舟队跻身全国三强，宣告了一匹新黑马的诞生。近几年来，龙舟队更是风生水起，获奖无数，"向全国龙舟界发出了上海海洋大学的声音"，渐渐走向世界的舞台。"上海海洋大学水上运动将会迈上一个更高的台阶"，这是迟焕祺的期许，也是他为自己定下的目标。他会更加努力，带领着龙舟队站上更耀眼的"舞台"，为学校、国家的体育事业做贡献。

"运动场是赛场，也是人生课堂"

迟焕祺，上海海洋大学体育部教师、校龙舟队教练。曾为国家赛艇队队长，多次参加国内外各项赛事，曾在第十四届亚运会上夺得赛艇男子四人单桨以及八人单桨冠军、世界杯第三名、全运会冠军、全国冠军，

两次获得省五一劳动奖章、两次全省记一等功、新长征突击手。2011年到上海海洋大学任教。

赛艇中国杯公开赛冠军、亚洲大学生龙舟锦标赛冠军、全国大学生皮划艇锦标赛冠军……尽管，带领学校龙舟队四处征战，为上海海洋大学赢得一个个骄人战绩，但在迟焕祺看来，"龙舟队就是一个学习团队，无论是训练场还是赛场，都是海大学子成才的大课堂"。

体育课不是游戏课

貌似简单易上的体育课，在迟焕祺看来，并不是一件容易的事。"激励计划提倡教学改革，要变僵死板滞的教堂式课堂为灵动活鲜的多样化课堂，这项工作对体育教学来说同样重要。"迟焕祺认为，体育教学要善于营造不同于智育教学的、生活的教学气氛，善于利用体育活动自身所蕴含的吸引力，并通过合理的教学组织，使这种吸引力倍增和放大，让学生在轻松愉快的环境中，自由自在、不知不觉地获得身心的健康发展。为此，在体育课上，他会很坦诚地和学生做朋友，在互相了解的基础上再去一起探讨体育课相关的内容。比如他们感兴趣上什么内容、自己应该要上的内容、是否在课上做一些改变调整、玩一些游戏等等，通过不同的方式使他们喜欢上这个项目。他认为，体育课与其他课程一样也是有着特定的教学目的任务、组织原则、规则要求，需要学习和掌握相应的动作技术，以及克服各种各样的困难等。这些是构成体育环境的基本因素。学生在这一环境中进行学习、锻炼或参加比赛，就会受到直接的影响。迟焕祺认为，体育环境，诸如教师使用的教材、采用的教学方法、教学环境、教学条件、学校传统和班级风气等，都会有力地吸引、潜移默化地熏陶、感染和教育学生，对学生个性品质形成等都有极大的促进作用。

体育要和现实生活紧密接触

"在很多人眼里，今天的体育课体育教学仍然沿用中学时代的上课模式，就是那种按部就班、墨守成规地站队形。其实，体育课应注重学生自我发挥，培养兴趣更为重要。"多年的体育教学工作以及丰富的带队经历，迟焕祺对大学体育的本质有着深深的思考："体育课不是让学生对某个专项运动掌握到什么程度，而是通过课程对它产生兴趣，去了解这个项目,从而能看懂它。"在迟焕祺的体育教学中,他总是希望通过自己的教学让学生对体育文化产生热情,之后再去学习,从而爱上这一体育项目。对于在大学生中深受欢迎的篮球项目,迟焕祺直言不讳地表示,很多学生只知道去练习运球、提高投篮准确率,为了应付最后的考试,却连篮球的基本规则都不知道,这样做是毫无意义的。"体育教学应该和丰富多彩的现实生活亲密接触,关注学生对生命与生活的体悟,在立足知识技能的同时,放宽眼界,让同学们能投身到芬芳的、丰富的现实'田野'中去'行走'。"

让体育人才走向奥运赛场

作为体育教师又身兼龙舟队教练,除了要上课之外,还要带队。迟焕祺坦言,自己的教学压力还是比较大的。他说,压力主要来自两方面,一是学校对水上项目日益重视,重塑海大水上运动辉煌任务让他感觉重任在肩。此外,随着成绩的提高,队伍如何实现超越也困扰着他。"刚开始的时候,大家都站在零起点,经过大家的共同努力奋斗,现在我们站在一个比较高的地方,就像在接近塔顶尖的地方,就会比较有压力。"俗话说,打江山容易,守江山难,在迟焕祺看来,现在的龙舟队就面临这种处境。"不进则退,这是毋庸置疑的。要是退下来,这在所有运动员心里都是接受不了的。"既然不能退,那就要想尽一切办法在保留现在地位的前提下再往上提高,决不能停滞不前,满足于现状。"这无疑是一种无形的压力,却也是前进的动力。"

"激励计划强调人才培养,其实,体育教学对学生们的体质、意志品质锻炼有着其他课程无法替代的功能。"迟焕祺觉得体育不只是学习一项技能这么简单。无论是对待学生,还是运动队的队员,他都要求他们,要学会思考该做什么、不应该做什么,在做决定的时候,再多考虑三秒钟。平日里,学生们都亲切地称呼他为"大哥",也经常会有学生请教他该如何解决面临的问题。对此,他都会耐心地指点他们,因为迟焕祺很清楚,现在他们所面临的很有可能就是将来在岗位上会面临的问题。目前就教会他们如何处理,未来他们在遇到类似的问题就能够应付自如了。迟焕祺常常告诉自己的队员:"虽然不是专业的运动员,但你们是半职业的运动员,我希望你们能够成为'有头脑的体育人'。"他希望自己的学生学会多做、少说。他时常告诫自己的学生,只有实际行动才可能成功。

在迟焕祺看来,"中国体育的未来一定在高校"。他希望把上海海洋大学打造成全国顶尖的队伍,成为全国高校水上运动的"领头羊"。"无论是三年、五年还是十年,要在自己的学生中培养出一位奥运选手。"这是迟焕祺给自己定下的目标。

二、队员学子心得感言

涅 槃
蔡君

(蔡君,上海海洋大学爱恩学院 2016 级信息管理 2 班学生。做事踏实认真,学习上一丝不苟。课余时间积极参加社团活动,锻炼身体素质。从 2016 年加入龙舟队,成为左桨划手后,一直刻苦训练,努力提升自己。不断将坚持不懈的龙舟精神运用于生活和学习中。)

"杀不死我的,只会让我更强大。"——弗里德里希·威廉·尼采
凤凰需要在火中涅槃,人需要历经艰难才会变强。

从前的我,缺乏运动。经常因为 800 测试而担惊受怕,觉得那已经是我体能的极限。每一次空气穿过喉咙,就像是无形的利刃穿梭而过,带来阵阵剧痛;还剩 100 时,腿如同灌了铅,寸步难行。眼前是遥远的终点,耳畔伴随着急促的呼吸声和剧烈的心跳声,四肢发麻,意识也开始渐渐丧失,取而代之的则是机械的前进。测试完,反胃的恶心感向我涌来,喉咙中,血腥味早已蔓延开来,我再无力气离开终点。我恨透了运动带给我的身体的压力,也不喜欢它所带来的精神上的恐惧。于是,高中毕业之后,我决心不再挑战自己体能的极限。

进入大学两个月以后,因为想要使用学校的健身房,我加入了龙舟队。当时,我与所有外行人一样,以为划龙舟与湖上荡舟一般,轻松惬意,也觉得只要不是与跑步相关的项目,就很容易。可是,我错了。

刚入队的时候,训练内容都是一些动作的学习和力量的积累。第一天去健身房时,进行的是循环力量训练。做完一组,我已经筋疲力尽。正当我以为训练结束时,没想到休息了五分钟,又开始了第二组,这样巨大的训练量我从未体验过。做卧推时,搭档来帮助我。她帮我用力将杆抬起后交给我,可我已经完全撑不住了,只要她稍一放松,二十公斤杆子就压得我再也举不起来。做完第二组时,我已经快吐出来了,酸水在胃中翻腾。最后,训练以完成四组收场。在回宿舍的楼梯上,我倚着墙上楼,肩膀在雪白的墙壁上沾上白色的灰尘。到了宿舍,舍友帮助我脱下了两件外衣,因为我的手已经无力举起。洗澡时,我只能弯下腰,尽量将头低到能够用手触碰到的高度,而这些仅仅只是个开始。

为了准备中华龙舟大赛海南站的比赛,我们提前返校。那时回校集训还是冬季,年还未过完,我赶着春运的大潮飞往上海。那是我第一次参加集训,还不知道所谓的挑战极限意味着什么。

每天早晨九点开始训练,但是为了有足够的消化时间,七点半必须在食堂点名报到。第一天早晨的训练项目,就是跑 4000 米。虽然是慢跑,但是规定跑完一圈的时间不得超过一分半。恐惧立刻在我心中蔓延开来,从前跑 800 米的痛苦闯入我的脑海。没等我反应过来,训练已经开始了。当我筋疲力尽地坐在地上,尽力压制着胃中翻山倒海的感觉时,教练又开始安排我们进行下一个项目的训练。就这样,周而复始,我熬过了漫长的两周。

到后来,教练的训练计划发生改变,训练量也增加到曾经的三至四倍。而我因为不知道该用什么理由请假,只能一次次地坚持了下来。每次训练开始,我都觉得那是不可完成的任务,所以每次训练我都筋疲力竭,倒在码头的木板上,甚至如果没人与我对话我就能陷入沉睡,但每次睡着时依旧会被叫醒,然后又开始水上的训练。在上海的冬天,我们忍受着寒冷不断训练;在每一天结束时,我倒在床上,疲惫不堪,但第二天太阳升起的时候,我依旧要挑战自己的极限。

每天完成一个个不可能的任务,渐渐地,我觉得自己似乎没有想象中那么弱,也并不是那么不堪一击。虽然浑身上下没有一处舒服的地方,虽然在身体承受着巨大痛苦时也很多次想过放弃,但更多的是我说服自己要坚强。我似乎变得越来越强了!不对,应该说,我越来越相信自己,相信自己有完成这些高强度训练的能力。

人,总是被逼着成长的。如果可以,谁不想永远当一个孩子。在此之前,只要六点半之前起床,我就会反胃,然后脾气暴躁一整天。可在全运会预赛集训之后,我的身体不再有这样的反应了,心里的烦躁也渐渐消失了。因为在队伍里,没有可以让我娇气的时间,训练的强度已经消耗掉我所有的不安和烦躁。即使早起再不舒服,我也不能赖床,不能暴躁,因为我的队友和我一样,我们都忍受着这样的痛苦。我的队友都能毫无怨言地坚持,我为什么不能呢?

夜深人静,我常常问自己:为什么要自讨苦吃。如果当时没有加入龙舟队,如果当时能够及时退出,我就不必吃这些苦,也不必让自己强忍着疼痛继续坚持。可是,我又怎么能够临阵脱逃呢,我的队友陪伴着我,教练鼓励着我,成功与荣誉呼唤着我,我不能放弃。我当然可以停滞不前,甚至可以退回原点,但现在我拥有别人没有的机会,拥有别人得不到的资格,我拥有所有的外在条件,只是缺少一些自身的勇气。所以,选择前进,摘取桂冠,还是选择后退,安于现状,都在我的一念之间。如果我选择前行,前进的道路必是荆棘丛生,必然陡峭艰难,因为这是向上攀升之路,这是到达顶峰之路,能不能迎难而上,就看我能不能咬紧牙关坚持到底。

一年过去了,手上的水泡长了烂,烂了再长,渐渐磨出了厚厚的茧,可是胳膊上的肌肉却是越发明显。镜子中,手臂上一条条明显的线条,腹部一整块硬邦邦的肌肉,都是我在这一年中用无数的汗水换来的。那些皮外伤我已不会放在心上,这样的疼痛,与训练时和比赛时的痛苦相比,简直不值一提。

划龙舟带给我的除了体质的改变,还有精神上的顿悟。

在队里,所有人都知道"不抛弃不放弃"。龙舟队从来不会赶人离开,哪怕力量再小,只要愿意吃苦,队里的大门是永远敞开的。训练时,学姐们都会为我纠正动作,不厌其烦得一遍又一遍。因为我们的力量不如老队员,所以在健身房训练时,趴拉一直是我的弱项。每次我做不到的时候,总会有学姐来帮我,她抓着我的胳膊,在我猛然发力向上提时,她再用力,让我从中体会发力的技巧,做得标准。在一旁的学长如果也看见了,就会告诉我他们的技巧,告诉我他们自己是如何做的。所有人都在帮助你,希望你进步。在这里,如果你稍弱一些,大家便带着你一起前进,不让你落后。如果你稍强一些,你就帮助稍弱的人加快步伐。只要自己不放弃,就绝不会被抛弃。

在训练时,我们提到最多的一句话是:"遇到困难,不要埋怨自己,更不要抱怨他人。"这句话虽然很简单,但却有很深刻的含义。当成绩不佳时,无非就两种情况,没有发挥好的人,不经意间就会埋怨自己;用尽全力的人,下意识就会抱怨他人。但这两种情况都是消极的,不好的成绩已经出现了,但我们不能一直在原地纠结,应该好好打起精神,总结经验,再战。

教练教给我的,不只是划船的技巧和发力的方式,他还教会了我如何团结互助,如何相信队友以及如何坚持不懈。这些我从小就知道的道理,直到这一刻我才深深地体会到它的意义。龙舟,将"团队"这个词很好地诠释。因为大家是一条船上的人:"你要划好自己,要相信你的队友会把力送上来,而每个人,都要对得起别人对你的这份信任。"

在龙舟前行的过程中,是我们的团结推动着它,是我们的坚持支持着它!

"凤凰涅槃,浴火重生。"它代表了我们龙舟人不畏痛苦、义无反顾、不断追求、重塑自我的龙舟精神!

一桨一青春

曹　杰

(曹杰,上海海洋大学爱恩学院2016级市场营销2班学生,2016年9月加入上海海洋大学龙舟队,普通队员。入校一年来秉承"勤朴忠实"的校训精神,始终保持着良好的生活和学习作风,认真汲取同学们的学习经验,虚心求教并荣获奖学金。利用课余时间参加学校组织的演讲、辩论比赛及文艺演出等活动并多次获奖,热爱龙舟、羽毛球、登山等体育运动。在不断丰富课余生活的同时使自身综合素质水平得以提高。)

　　各队注意，预备，划……

　　随着最后"划"字落下，人类的力量在一刹那展现，拼搏在那一瞬间化为生命的起点，万物皆为虚有，唯有桨叶飞舞，浪花翻腾。渐渐地，四周的景物开始模糊，抬起头望向前，每一滴水珠，每一片浪花，每一片桨叶却如同清晰的慢动作在眼前呈现。终点线依稀可见，洒一把艰辛的汗水，抬起疲惫的手臂，无数个日日夜夜的辛劳，将在冲线的瞬间兑现。不论成功与否，我们已曾经拥有。曾记否，在终点呐喊时的感天动地，气贯长虹。

　　小时候，最大的理想就是考军校，将军人作为一生的职业。可随着高考理想志愿落榜，梦想夭折，我也陷入对前途的迷茫和对未来的恐慌。直到来到上海海洋大学，加入龙舟队。在这短短的一年中，我从从来没有接触过龙舟，到参加第十三届全运会的龙舟项目，伴随我走过这段难忘时光的有四把桨，每一把背后都有自己的故事，充满了成长路上的伤和痛。也正是因为龙舟，因为这一把把桨背后的伤痛，我不仅找回了对未来的自信，还懂得了很多人生道理。

　　入队接近半个月的体能训练——耐力（长跑），俯卧撑，两头起，如此循环往复，枯燥不堪，每次看见老队员下水划船总是羡慕不已。半个月的忍耐以及队长简短的教学后，我终于迎来了期待已久的下水。第一次下水划船是去年的国庆第三天，那是一把木桨，当时心情十分激动，看着老队员行云流水地划行，然而划船却并没有想象中的容易。第一天练的一桨一停，500 米距离，划完后只感觉很难受，中间因为想避开水草，停了两次桨，也被队长骂了两次。这天我懂得了划船的第一个道理：一旦开始，无论桨下插到什么，哪怕是水泥地，只要兄弟们没停，就不能停桨。

　　这把木桨伴随着我走过了以水上训练为主的一个半月，这把木桨背后是辛苦训练的汗水，是力竭时奋力的呐喊与大家渐渐建立起的友谊和信任。

　　10 月 28 号，第一次划长距离。老队员的大龙在前面带路，后面是新队员奋力地跟着。距离终点最后几百米时我疲惫不堪,手臂的无力宣泄着不满。但周围队友的呐喊和鼓手的鼓励让我知道了划船的第二个道理:放一桨,别人就会多帮顶一桨;多顶一桨,就帮别人分担一桨。于是就这样跟着上升的肾上腺素和队友的呐喊中结束了第一次长距离。

这就是我的第一把桨,虽然它如此简陋,我也注定不会用它比赛,但正是它背后那些令人怀念的奋斗时光才让它显得无比珍贵,第一次握上它也是一个新队员在队里踏出的第一步,以后的日子注定不凡。

一段时间的水上训练后,我们的木桨换成了黑色的碳素桨,那是队里最早一批的碳素桨,桨是全黑的,上面没有任何图案或者文字,于是我便一直叫它黑桨。它握在手里轻了不少,桨叶上的道道划痕和豁口似乎在向我诉说它曾经赛场上的光辉岁月。这把桨就这样陪伴我走过了在龙舟队的近半年时间。在这半年中,我真真切切懂得了第三个,也是最重要的道理:脚踏实地,坚持不懈。

龙舟队进队其实并没有什么考核,只要能吃这份苦,每次训练坚持下去,脚踏实地做好自己应该做的,久而久之便会被这个队伍所接纳,成为其中的一员。看似十分容易,但真正做到的人却很少。随着时间推移,我们这届新队员站队时,队伍也越来越短。能一起挺下来的都是兄弟,特别是一起度过寒假集训的队友。

龙舟队集训,只有亲自经历才知道这其中的滋味,就如同在地狱里受酷刑,身体像是在燃烧,每一块肌肉都被撕裂开。没有几天手又被黑桨狠狠地摧残,大大小小几十个水泡和老茧。作为一个划手,尽管苦累,但只要坚持下来的都不是弱者。想想以前用的黑桨和它背后那段艰苦岁月,心中不禁感慨,正是这些苦痛让我深深体会到了什么是真正的脚踏实地,坚持不懈。

4月29日,我幸运地和其他6个新队员上了老队员的船,并且获得了一次出去比赛的机会。当天教练便让我们挑把比赛桨。老队员的比赛桨很漂亮,桨杆上两条十分霸气的金龙,桨叶的正反面分别是学校的中英文名和 Logo。不知道是不是哥哥们用它比赛的缘故,第一次握上这把桨我就喜欢上它,厚实霸气,感觉拿着它上赛场就能信心倍增,所向披靡。

　　而事实也是如此，我就这样拿着这把桨，和老队员拿到了长三角龙舟邀请赛的冠军。这是第一次比赛也是第一次冠军，然而人生路不会是一帆风顺，短短 24 天后，便迎来一场新的挑战——中国龙舟公开赛暨斐讯杯国际龙舟邀请赛。不同的是，这次邀请赛的队伍都是由新队员组成的。这次比赛让我第一次感受到了比赛的残酷，我也开始懂得了体育竞技的第四个道理：差之毫厘，失之千里；坚强以对，方可成功。

　　都说人生路上无坦途。那次邀请赛我们队 200 米获得了第三，500 米获得了第二，没有预想中的冠军。这是属于这批新队员的第一次比赛，我们中的大多数人都对这次比赛抱有很大期望，所以这次比赛没有夺冠无疑是对我们的巨大的打击，在返校的路上大家都静悄悄的，气氛压抑得让人喘不过气。比赛本来就是这样，紧张、刺激又残酷，但没有失败永远不会成长，一味地失落永远走不出失败的阴影。这也是我为什么喜欢比赛的原因，失败时它能让人更加坚强，成功时它能让人自信，相信总有一天我们会比老队员还要强大。

　　这就是我的第三把桨，虽然它只陪伴了我短短一个月，但这一个月有成功也有失败，有欢笑，也有泪水，它背后的故事令人无比怀念。

　　因为准备全运会的关系，我们手里又换上了新搭档。桨叶正面印着上海，反面是国旗和中国的英文。拿上这把桨的那一刻，我们代表上海。

　　对我而言，能作为一名新队员参加全运会是莫大的幸运，许多人或许一辈子也没有这样的机会。备赛的这几个月曾经犹豫过、怀疑过。毕竟我不仅仅是一名龙舟队新队员，还是一名普通学生，既需要训练又需要兼顾学业。备赛的第一个月就让我猝不及防，学业和训练的双重压力下让我开始怀疑当初参加全运会这个决定是否正确，但人生路本就这样充满考验，每当想放弃时就多想想和自己一起并肩战斗的队友，对前面的路一定要充满自信。这便是这把桨教会我的：自信是成功的第一要诀。

　　记得在青浦水上训练中心时，训练量是普通集训的两倍。这样的训练量若是换到平时我肯定坚持不下去，或许还会质疑自己的能力是否可以完成目标。这就是考验信心的时刻,因为在困难面前有颗自信的心显得无比重要。比赛也是一样,每零点几秒在全运会赛场上甚至可以决定几个排位的变化,这时候一旦丧失自信,就等同于宣告失败。这就是竞技体育,这就是比赛。

从木桨到上海桨,从不会划船到参加全运会。来到龙舟队的一年让我知道一旦开始划船,便处于痛苦之中。每天我们都一起训练,没人抱怨,没人乞求同情。队友和自己的期待是坚持下去的理由,一旦疼痛战胜了自己,放弃了训练,放弃了比赛,便会让教练、队友和自己失望。外人观看龙舟比赛是行云流水般的划行,而他们看不见的是我们背后日复一日,年复一年的付出。在自然的本性下没人想把自己扔进痛苦的深渊,但桨手必须学着忍受,并且告诉自己坚持下去,因为痛苦是暂时的,一旦放弃便会失去一些重要的东西——失去团队的期待,训练变得毫无意义,也辜负了自己,这就是运动的一部分。或许有人会问,为什么会有人做如此残酷的事,我想正因为我们是龙舟队队员,正因为我们手里握着的每一把桨都饱含着青春的慷慨激昂。四把桨五个道理,一桨一青春,这些道理不是从前作文里面的口号,而是我自己亲身经历,真真切切地懂得,它注定是人生一笔宝贵的精神财富。

最精彩的大学生活

陈桂林

(陈桂林,上海海洋大学工程学院 14 级电气工程及其自动化一班学生,2014 年加入上海海洋大学乘风龙舟队,三年龙舟生涯为我的大学增添了无限的精彩,丰富了我的课余生活。作为一个鼓手,我与我的好兄弟们一起奋斗,创造了一个又一个奇迹,为学校增添了一份又一份荣誉,为队伍夺得了一个又一个金牌。谨遵"勤朴忠实"的校训,秉承"训练有素,纪律严明,统一行动,绝对服从"的队训,把做人为事放在第一位。热爱公益活动,因支教获得优秀志愿者称号,参加学校征文比赛获得奖励。)

三年时光,呼啸而过,仍记得当初那懵懵懂懂的少年,刚踏入大学的圣殿,面对一个陌生的城市,一个个陌生的面孔,无助而迷茫。刚开学,因心里满揣着对大学课余生活无限的幻想,在自己的兴趣和好奇驱使下,我参加了很多社团的招新:书法社、学生会、西部志愿者,还有我不曾想也不敢想的即将贯穿我大学生活的上海海洋大学乘风龙舟社。

招新那天,海星广场热闹非凡,一个个社团都在为招收到优秀的社员而努力,大一新生也在各个社团中寻找自己最感兴趣的社团。由于不喜欢热闹,我在随意逛了一下后就回宿舍了,那时的我并没有在第一时间加入乘风龙舟社,也没有参加那一年应该属于我的招新大会,这也成了我在这个社团里最大的遗憾。龙舟队还是在好朋友的介绍下才参加的。那天夜里,他说带我去健身房锻炼一下,在好奇心的驱使下我就跟着去了。在那里,我看见老队员们满头大汗,身上的肌肉在汗水在背心浸透下是那么健硕,把我这个身材单薄的人吓到了。也因为如此,我萌生了参加龙舟队的念头。我自己走到当时的队长弯哥(于正直)身旁,面对这个"巨人",我胆胆怯怯地说:"弯哥,我想参加龙舟队。"弯哥问了问我的体重,拍拍我的肩膀说了一句:"嗯嗯,不错,可以当个舵手。"其实当时我不知道舵手是什么,只感觉弯哥挺看得起我的,就这样我成了龙舟队的一员。

第一天去训练,那场景我终生难忘。西操场的足球场上两百来号人。这两百号人来自学校九大学院中几十个专业的人,没有一个体育特招生,没有一个是在过去的日子里从事过体育有关项目。第一个训练项目是跑步,400米跑道足足20圈,跟齐步伐,一起喊口号,这才是年轻该有的样子。20圈,对于过去没有这样跑过的我们,这无疑是一项巨大工程,老队员们在后面督促着,鼓励着。弯哥吼道:"别停,继续跑,跑步都不能坚持你还能做什么!"如果不是老队员在后面给我们鼓励和督促,我肯定是跑不完的。在他们的影响下,我使出浑身解数终于坚持完了这20圈。跑完那一刻,我感觉自己已快要窒息,汗水早已浸透衣衫,两条腿已经酸软无力,本想就此躺下,经验十足的哥哥们告诉我们说不能躺,不然乳酸堆积会更难受,也有可能充血猝死,于是在无奈中我又围着操场慢慢走了两圈。你是不是以为训练结束了,当天的我也这样认为,谁知道,好戏还在后面呢。俯卧撑,个人的身体虽然瘦弱，但是我做俯卧撑还是能坚持的。做俯卧撑做了四组，一组 50 个左右，我规规矩矩坚持到了第二组结束，到第三组整个人已经废了，手脚完全没有了知觉，一下就瘫软下去了。这样的情况也不仅仅是我，两百号人估计全都是如此。在结束第一天的训练后，我整个人都已经废了。没有对自己苛刻严厉过的人，永远无法体会这种感觉。在别人眼里或许是苦涩的，但在我心中它是无法否认的美好记忆，我会一生铭记。

慢慢地，我自己适应了这样的训练强度，慢慢地，我没有了第一次训练那样的难受与痛苦，而在这慢慢适应的过程中，有一些新队员接受不了这样的强度选择了退出。

后来的训练中有了早训。早上五点半起床，对于现在的大学生而言，显得那么不可思议。"凌晨五点半，正是我做美梦的时候，龙舟队的是不是傻，大学不应该是用来享受生活的吗？"这是别人眼中的我们。早训大概在十月份下旬，天气开始寒冷起来，冬天来临，大早上我们穿着棉衣去训练，到结束时我们穿着短袖回来。

大一结束后，两百号人剩下了三分之一左右，但剩下的这些人早已脱胎换骨，今非昔比了，或许正应了迟焕祺教练的那句话吧："留下的才是最好的。"大一上学期基本上都是体能训练，体能的储备是为了给以后的划船做基础，只有少部分体能好的人能下水训练，我当然是没有接触过水了。到了下学期，我们开始接触划龙舟的动作，划龙舟并不是一味用傻力，并不是力气大就一定划得快，而是技巧性的，这是一门技术，一门熟能生巧的技术。只能一步一步地走，不能急于求成。大一下半学期临近期末在弯哥的安排下我开始学习打舵，由于当时队里舵手有四五个，所以能下船打舵的机会还是很少，自己能练习的机会也不是很多，于是在自己没课，学校有龙舟课的时候我便去给老师帮忙，给迟老师上龙舟课的学生打舵，慢慢地，自己打舵的技术也在练习中越来越得手。

很快大二了，原来大三的老队员因为进入大四，实习或忙于毕业论文的事也不得不选择退队，这也是我们大学龙舟的特点，每一年都有新的进来，老的退出，这个更替循环，才使我们的队伍生生不息，勇往直前。于我而言，大二专业课开始繁忙起来，实验课也开始增多，大一加入的社团也不得不在其中选择自己喜欢的继续保留,其他的只能选择退出,对于龙舟,我坚定地选择了坚持。这一年,我的职位又开始变更,我从一个舵手开始向鼓手发展,这是因为当时的舵手太多,而鼓手只有大三老队员浩哥,在其他龙舟没有鼓手的情况下,我和我的老搭档杨万强相互商量后,他选择继续打舵,而我就选择了去当一个鼓手,这也让我俩成为后来比赛中的搭档。

一条船看起来,鼓手或许是最容易最轻松的,在我没有成为鼓手时我也是这样想的,只有做哪一行才知道哪一行的不容易吧。刚开始敲鼓的我遇到了很多挫折,曾经几度想放弃,还好自己的队友,自己的兄弟们的鼓励,我才走到最后。那时的我没有节奏感,时而快,时而慢,鼓点和划手的节奏完全不同,自己的心情失落到极点,教练和兄弟们也看出了我心里的难过,不断地给予鼓励和信心,若不是他们,或许我早就失去了信念,早就选择了放弃。在他们的鼓励中,自己的努力下,我慢慢地熟练,在这条船上我们的配合越来越好,越来越出色。

很快度过大二进入大三,作为鼓舵手,大三才是我们真正出去比赛的时候,过去的两年,多少会有一些小型比赛给我们磨炼。何谈磨炼呢,整条龙舟上我们鼓舵手的压力非常大,在这种强压力下,我们要保证自己不要被对手迷惑,还要不断给自己的队友击鼓助威,自己的所有心态变化都可能影响整条龙舟的发挥,所以必须磨炼身心。若是划手,如果体质好,肯努力的话大二时就有机会参加大型比赛,然而我们鼓手和舵手,无论过去怎样,都是在大三才有机会参加大型比赛,所以大三这一年对于我们至关重要。

记得第一次参加中华龙舟大赛是在浙江丽水,虽然在这之前还是多多少少参加过一些比赛,但是当我面对着当时中国最高级别的龙舟赛事时,紧张还是在所难免,这种紧张尤其是在起点裁判进航道到鸣笛出发那几分钟,注意力完全集中,不敢有丝毫的松懈,生怕抢划,更怕晚划。那两天的比赛进程让自己感觉到非常累,那种累来自于心底的压迫,来自于那种高度紧张的窒息感。在比赛结束后,我整个人如释重负,瞬间变得精神抖擞。后来陆陆续续参加了一些赛事后,由于自己的学业等一系列原因,我选择了退队。

退队那段时间，我心情很低落，感觉失去了很多东西，没有过去那样充实，基本上就是教室和宿舍两点一线，这和很多大学生四年的大学生活一样，没有光泽，没有精气神，现在回想起来，那段时光就是浪费生命和青春。后来归队，我心里由衷感谢恩师和在一起三年的兄弟们的挽留。迟老师给我发了很多条消息，跟我讲述了很多心里话，兄弟们当面跟我说了很多，最后我归队了，回到了很想回去的队伍。谢谢有你们，我的恩师，我的兄弟。

兄弟齐心，其利断金。在大家不懈努力下，我们队伍的实力越来越强，成绩越来越好，历经了很多次比赛，不断地创下新纪录，不断地给学校给自己添加新荣誉。也不免有遗憾，对于体育，哪能没有点遗憾呢？接到龙舟进入全运会的竞技项目消息，心里是很激动的，虽然那时还不知道我们能成为龙舟项目的参赛者。作为一个龙舟爱好者，龙文化的传承人与发扬者，龙舟能作为一个体育竞技项目进入全国最高运动会，那是多么值得高兴的事，当然，在得知自己能代表上海市参加全运会龙舟项目的参赛者后，那肯定是更高兴了。高兴之余，我也不得不做好吃苦的准备，尽管过去已经吃过很多苦了，但是过去面对的不是全国，这一次是全国最厉害的队伍，压力很大很大。

从准备预赛，到打进预赛，准备决赛，到打完决赛，这一百来天必定让我这一生难忘，这是我大学最苦也是最精彩的日子。一边面对着紧张的学业，一边面对紧张的赛事准备，在巨大的压力面前自己很烦躁，但是从未有过放弃之心。兄弟们在训练期间因身心疲惫极容易因为小事而闹别扭，不过爷们儿之间，吵两句就会好的，因为我们除了过去积累的感情还有着共同的目标需要去坚持。

烈日灼灼时，我们在训练场上挥洒汗水；大雨滂沱时，我们在健身房里舞动青春。我们把最好的时光用来做最正确的事，不为青春后悔，不为时光遗憾，我们活力四射，我们斗志昂扬，我们与众不同。每天的所作所为在别人眼里枯燥而乏味，他在我们心中一点点的进步都让我们骄傲且兴奋，为了 0.01 秒的进步，我们要付出的努力别人意想不到。我们不在意别人的眼光，不勉强别人能认可，当然，我们希望的也得到了，无论是身边的亲友还是不曾相识的陌生人，当他们知道我们是上海海洋大学龙舟队的,或是上海市龙舟代表队,他们都是认可且支持的。

预赛结束,我们险入决赛,我们不甘心只是进入决赛,我们想冲得更高,我们想站上领奖台,想为学校争光,为上海市争光,想为自己的人生添彩,这一切不是想想而已,也不是想想就能有的。为这一想,我们要用汗水做铺垫,要用泪水做基石。在准备决赛期间,学校领导,上海市领导对我们密切关注,对我们的生活十分关心,领队戚老师和两位教练(迟焕祺、孙健)时刻在我们身边给我们鼓励,对我们的身体情况倍加关爱。

在辛苦的备战后,我们迎来了最残酷也是最激动人心时刻——决赛。汗水浇灌的种子等待着发芽,所有的努力等待收获,为这最后的战斗我们已经准备就绪。

7月15日,进行二十二人龙舟及十二人龙舟五百米直道竞速决赛,这无疑是一场耗竭战,也是一场考验技术的比赛。每一桨都至关重要,划手一桨也不敢松懈,作为鼓手的我需要注意力高度集中,时刻关注其他队伍的情况,把距离看清并合理判断最后的冲刺时机,舵手也需要集中注意力,预防航道偏离,对于上述的一切我们都做到了很好很好。公平是相对的,不是绝对的,地理环境原因是无法解决的问题,在地理条件绝对因素不大时,当然更加考验本条龙舟的配合程度了。然而我们比赛的时候,在我们启航已经出来了的时候,在我们以为必定夺金的时候,意外还是发生了,一个大浪差点让我们的龙舟侧翻,于是船速猛然下跌,我们只得到了季军。

7月16日,进行两百米直道竞速赛。两百米,无限加桨频是不可能的,也是绝对不允许的,中间必须要有适当过渡桨,以备最后冲刺能够冲起来,但是如果过渡太多,就来不及了,这就需要鼓手和领桨在过去的训练中配合找出最好的感觉来应对比赛了。与这条龙舟配合了这么多场比赛,经验有了,默契也是有的,然而我们仍然与冠军失之交臂,仅与冠军有0.03秒之差,只能摘得银牌。

7月17日,最后一天赛程,进行一百米直道竞速赛。这真是一口气能用多大力用多大力,能划多快划多快了。用我们的话说叫"玩命地捞,使劲捞"。其实想得太多反而是心理负担,不要在意最后能做到怎样,只要做到问心无愧,就应该坦然面对结果。一百米我们取得季军,对于最后这场比赛的成绩,我们虽然有遗憾,但是已经如此,只有接受,坦然接受。

全运会终于结束,我的大学龙舟生活也从此结束,这三年龙舟生活,点点滴滴我都珍藏于心,一生铭记,很多精彩,选择龙舟,我无怨无悔。这三年,真心感谢我这群兄弟,若不是他们这一路陪伴,我也不会走到今天,也不会有机会参加这场全国盛宴。感谢迟老师和孙老师的辛勤付出,感谢他们对我们精神上支持,生活上的帮助,也感谢备战全运这段时间戚老师,卢老师以及学校领导,我的所有恩师,朋友对我的鼓励,谢谢有你们。

我与龙舟

陈金泽

(陈金泽,上海海洋大学水产与生命学院 2013 级生命技术学生,龙舟队队员、划手。放荡不羁爱自由。他虚心学习,并荣获奖学金,始终保持积极向上的态度,认真汲取身边同学、老师及朋友们的经验,全面提升自身的综合素质水平。2017 年当兵入伍。)

转眼大三了,还有一个月就要去当兵了。想想时间太快。

大一加入了龙舟队,跟着队里的老大哥们一起力量房做力量训练,码头划船,出去比赛,在这个过程中,增长的不仅仅是力量,还有兄弟之间的情感,自己的责任心和不知不觉中变强的意志力。

在队里的这三年让我明白了好多道理,也对以后的生活有了初步的规划。要么健身,要么读书,身体和灵魂,必须有一个在路上。

永远不要放弃你真正想要的东西,等待虽难,但后悔更甚!

健身并不是为了身材有多棒,也不是为了向别人炫耀什么,只是为了遇见更好的自己。

好身材都是练出来的,不要妄想有捷径,集训过程中开始手被磨破,后来成了茧,也就没什么了。如果你的手掌没有磨破,只说明努力还不够。人的一生中,衣服可以有几千套,钞票可以有千万张,而体面的好身材一辈子只有一副。修养对身材的影响也显而易见，一位热爱生活、坚守事业的男子汉，往往会拥有健壮的身躯、协调的体型、结实的腹肌。怕苦，怕累，怕健身，你就不怕发胖、丑一辈子？发奋努力的背后，必是有加倍的赏赐。

如果你真的想做一件事情，那么就算障碍重重，你也会想尽一切办法去办到它。反之，则会找到各种理由。

放弃可以找到一万个理由，坚持只需一个信念！好身材背后的辛酸汗水，只有努力过的人才会明白，花时间去解释，不如花时间去证明。

时间对于所有人都一样，安排吃饭、睡觉、工作、社交、读书，健身，没有任何借口，我能比你多做一些，是因为当你在闲聊的时候，我在思考；当你懒惰的时候，我们在往健身房跑。

最好的地方，是没去过的地方；最好的时光，是回不来的时光。最好的身材，是可以通过健身获取，还可以变得更好！

青春是你奋斗的资本，年轻不是你堕落的理由！我总相信，越努力，越幸运。不要总担心你的付出看不到开花结果而害怕去付出，那是因为你注定要长成参天大树，你只是在别人开花的时候默默地扎根。

之后毕业季到了，老哥们走了，大姐姐们也走了。队伍还不错，大哥大姐们放心。明年也到我们了。

想要生活得漂亮，需要付出极大忍耐，一不抱怨，二不解释。忘掉所有那些"不可能"的借口，去坚持那一个"可能"的理由。运动学习才能使我快乐，寻找迷失的自己。

在我们的努力下，龙舟队取得了骄傲的成绩。2017 年 2 月 25 日—27 日，中华龙舟大赛海南万宁站，我们获得青少年男子组 500 米冠军，200 米亚军，100 米季军，总成绩第三；青少年女子组 200 米季军（建队以来的首座奖杯），100 米第四，500 米第四，总成绩第四。

2017 年 4 月 14 日—16 日，中华龙舟大赛长沙芙蓉站，我们获得青少年男子组 100 米冠军，200 米亚军，500 米亚军，总成绩与总冠军失之交臂位列第二；女队首次参加职业女子组获得总成绩第五的佳绩。2017 年 5 月 6 日，长三角比赛，我们获得 200 米第一，完成了老队员多年的夙愿。兄弟姐妹在省市级别、全国级别、国际级别比赛中拿过的奖项不计其数。

后来,在不断努力下,上海海洋大学通过上海市体育局"我要上全运"的选拔,正式代表上海市参加中华人民共和国第十三届龙舟比赛。在这背后离不开我们龙舟队的兄弟姐妹们的共同努力！龙舟队的大合照？龙舟队没有所有人的大合照,因为其中任何一个人,不管他光荣退役,还是中途离开,只要在同一条河流里留下过汗水,他就是我们的兄弟姐妹,他就是龙舟队的人。

我们"备战全运"队伍由大一、大二、大三年级组成,大约有六十几位兄弟姐妹。大一新生刚加入这个团队时会感到吃力,随着训练的慢慢深入,他们也会渐渐地适应这种训练方式。兄弟们互相帮助,互相鼓励,即便是逆水前进,我们也会毫不退缩,就像是河流奔赴大海,义无反顾,努力拼搏搏得胜利！

台上一分钟,台下十年功。黎明初晓,微露晨光,十月的清晨,秋风徐徐,当许多人还沉浸在梦乡中,龙舟队的兄弟们早就在 6 点集合完毕,开始了早训。早训的项目包括跑步、俯卧撑和两头起等。

它主要的作用,在于锤炼队员们的意志,天还没亮的时候从温暖被窝爬起来、空着肚子迎接冷风,绝不是舒服的体验。百炼成钢,就是许多如同早训这样的磨炼,造就了这支敢于发问"王侯将相宁有种乎?"的普通大学生队伍,与体育特招生乃至职业运动员同场竞技。令人印象深刻的就是赴东海之约了。记得毛毛说:"这是今年夏天,也是我这批大三队员参与的最后一次跑东海,路线是从学校往观海公园,再沿堤跑,最后回学校,全程 20 公里左右,长度相当于一个半马。这个传统是为了磨炼意志、培养默契、增进感情。"

流血流汗不流泪。一起经历风风雨雨,是友谊让我们在一起,是默契把彼此放心里,有时会疲倦,有时会憔悴,有时也会累,曾经的鼓励与安慰,都在每一桨的波浪中,把一切负能量化成灰,我们流血流汗不流泪！

感谢背后有迟教练、孙教练的鼓励。

成功的背后总有一些别人看不到的辛酸,我们一起承受过委屈,磨难,甚至失败。在上海公开赛中,龙舟队队船被撞后要求重赛,而一支职业队不认同裁判处理并扰乱赛场,最后在教练义正词严的坚持下,进行了重赛。兄弟们鼓足干劲,一鼓作气,奋勇直追,最后夺得第二名的好成绩。与冠军失之交臂,内心不免有些遗憾,但总有一个人一直鼓励着我们——迟焕祺教练,一个高大威武、严格又不失可爱的教练。孙教练总以一种体恤的方式关心着我们,说是照顾也不为过。

本次备赛全运会,其实我们参与的队员们大都需要克服不同的阻力,有的面临实习就业的压力;有的肩负着家人的担忧;甚至有队友疾病初愈就赶回来投入训练。但是有一种力量将我们召集,催我们发奋。这股力量如此清晰但是却无法名状。出征前,六十年前参加全运会的老校友和当年水上运动队的老前辈、老专家们回到母校,为我们分享心得、提气鼓劲。我们也看到了老校友陈士麟先生参加全运会赛艇备赛的照片集锦。

我们不仅仅是队员,更是兄弟、家人。委屈、艰难、汗水、不甘心,这些对于我们来说都是暂时的,因为我们坚信着:忍一忍就过去了,再坚持一下,下一站,就是胜利。胜利,如同一块香料,我们共同坚持的信念之柴,坚守着行动之火,炙烤中散发出最浓郁的芬芳。夕阳西下,总能够看到西操场有我们的身影。

备战全运的日子,说快也快,说慢也很慢,慢得磨人,快得像是一瞬间。学校熟悉的码头——青浦东方绿舟水上训练中心——湖南常德柳叶湖,不停地转场,不停地搬家,变了的是环境,不变的是决心。

人生,就是一场自己与自己的较量:让快乐打败忧郁,让勤奋打败懒惰。告诉自己:努力付出了,就总能遇见更好的自己。

集训,品人生百味

陈素贞

(陈素贞,上海海洋大学食品学院××级生物制药2班。军训期间在学长学姐的推荐下进入上海海洋大学龙舟队。虽然只是一名普普通通的队员,但是在这一年中,确实学到了很多东西。在数次训练中,我们学会坚持与帮助,坚持我们心中的追求,和同伴互帮互助,携手创下我们的辉煌。学习上,我们也不曾放松,队里的学长学姐们成绩都比较好,我们也会向他们学习。课余时间,我们还积极参加各种公益活动和志愿活动,参加其他社团,丰富我们的课余生活。)

"路漫漫其修远兮,吾将上下而求索"。人的一生,从来都不缺少奋斗的目标,缺少的永远是面对前方荆棘的勇气与坚持下去的毅力。黎明前的黑暗,往往是最难熬的时候。

进入龙舟队,可以说是偶然中的必然。我平时喜欢运动,在高中的时候老师就要求我们每天都要抽出时间来运动运动,不仅有助于身体健康,还能让脑子清醒清醒。进入大学后,偶然在学姐的带领下进了龙舟社。恰逢全运会,而我们学校有幸代表上海组建参赛队伍。

涩,是对未知前途的迷茫与不安。

说实话,当初我们都没有想到能有机会参加全运会,知道学姐们可以去的时候,满满的都是羡慕,而知道自己有机会的时候,整个人都是懵的,也很激动,感觉很不可思议。

可是,激情过后,是无尽的担忧。首先是我们的学习。我们都只是普普通通的大学生,要想取得一定的成绩,训练必定占据我们很多甚至全部课余时间。我们的功课虽然不是很多,可是临近期末,很多东西都要重新来一遍。短暂而又仓促的时间,我们该怎样平衡我们的训练与学习。其次,龙舟是今年第一次开启的项目,各省的备战、对手的实力和训练情况我们一无所知,我们能做的就是依着自己的情况对自身进行调整。最后就是来自家庭的担忧。父母都是普普通通的农民,他们辛苦地把我们送上大学,为的就是让我们好好读书,出来有个好工作。龙舟比赛,对于他们来说,就是浪费时间。父母的担忧与自身的向往,正如鱼和熊掌,要想获得,必须先放弃某些东西。

机会,可遇不可求,而且稍纵即逝。把握机会,不仅要勇气,还需要对自身进行一定的评估。有时候,失败的因素不仅来自外界,还有自身,既然选择远方,何畏风雨兼程。

咸,是我们走向目标的坚持与奋斗。

5月1日的早晨,校园里一片寂静,操场上是我们奔跑的身影,河道里是我们拼搏的模样,码头上是我们累趴的姿态。学姐说,三年了,她从来没有好好休过一次假,寒暑假也会提前进行训练。下水的一个来回,上岸,身体总是湿的,不仅有河水还有我们的汗水。

集训的日子,我们每天不到五点就起床,每天迎着朝阳,伴着夕阳,既在冷风中瑟瑟发抖,也在烈日下昏昏沉沉。吃饭的时间总是急促的,不是抓紧时间吃完去上课,就是吃饭时间太晚,食堂阿姨都要下班了。

可以说,集训的时候,我们每天都在挑战自己的极限。大量而紧密的训练,致使我们体内乳酸大量堆积,每天起床的时候,全身酸痛,感觉连刷个牙,手都累得不行。除此之外,还有训练导致的伤痛,每天都打湿很多次,非常容易感冒,鼻塞头晕的,手在训练期间受了伤,每天穿衣服都很困难,却还是只能咬牙坚持。

想想我们在东方绿舟的日子,住宿条件艰苦,但是这种集体生活却很好地促进了我们之间的感情,大家一起训练,一起吃饭,一起洗澡,一起睡觉,生活是那么融洽。但是训练的时候就不那么美好了。恰逢雨季,雨说下就下,让人猝不及防。2000米的直道,就那么来回地划啊划,一圈又一圈,一趟又一趟,湿了的身体是那么冷,而我们的心是那么火热。我们是那么勇敢,那么坚强,坚持了下来。

酸,是我们想提高自身的渴望。

我们划船的时间并不是很长,这是很多人的首战。我们有很多欠缺的地方,不管是动作还是自身力量的不足,这让我们很着急,我们都想获得一个好成绩,都想站上那个高高的领奖台,都想得到一份肯定。

训练的时候,我们总有一些不足之处,每当我们被指正的时候都会觉得很羞愧,怕拖大家的后腿。而且有时候越是想做好,就越是做不好,那时候真的很难受,明明那么努力,结果却是这样,觉得很对不起大家。我们是一条船上的人,上了船,我们就是一个整体,我们要为自己,为队友负责,一个人做不好都可能会影响一条船的人。

苦,是我们征战沙场的艰辛与拼搏。

讲真的,备战高考都没有集训的时候那么累,那么拼。两个多月的时间里,我们全身心投入到训练,不仅是对身体,更是对心理的一个巨大的考验。

训练后真的好累好累,哪哪都不想动,就想好好躺在床上睡会儿,有时候吃饭都没有胃口,干什么都提不起兴趣,感觉生活都失去了色彩,身心疲惫,真的很煎熬,有时候互相吐吐槽,鼓鼓励,加油打气,互相扶持,慢慢地就习惯了,虽然有时候真的很烦躁,但是大家都在坚持,我们又有什么理由放弃呢。

甜,是我们完成任务的喜悦与自豪!

广东东莞的预赛真的很累很累,要想获得入场券,必须拼,而且天气很热,很能考验人。三天的比赛,每一场都在拼搏,生怕被比下去,我们的对手那么强大,我们绝对不能放松警惕,中午短短的休息时间,沾床就睡着,起床了又是满满的活力。

而在湖南,因为对场地和气候都有了一定的适应,教练也制定了一系列的备战方案,我们都很好地按照教练的要求执行。当我们看着男生登上领奖台的时候我们很多人都哭了,那一块小小的地方,就是我们坚持下去的动力,我们努力了那么久那么久,就是想站上去,得到属于我们的奖牌,想要证明自己能行。

这是大三学姐的最后一战,从此她们就要离开我们这条船,喜悦的气氛中有着浓浓的不舍,这几个月,大家就像亲人一样,突然想到就这么离开了,我们的船上再也没有了她们,想想真的很难受。可是就像她们说的,虽然她们离开了这条船,可是她们的心还在上面,我们进取的心还在,这条船也将会迎接新的主人,生生不息。

这次训练,磨炼了我们很多很多,锻炼了我们的身体,磨砺了我们的意志,这么苦,这么累,我们都坚持了下来,我们真的很佩服自己,也很感谢她们的陪伴,感谢我们之间的不抛弃不放弃,感谢我们的老师们,感谢我们这段美好的时光。

一花一木一世界,一桨一舟忆年少

陈心安

(陈心安,上海海洋大学食品学院 2016 级生物制药 1 班,是龙舟队的一名右桨。在大学的第一年里获得了一等人民奖学金和"上海海洋大学优秀团员"的称号,可谓品学兼优。在课余时间,博览群书,积极参加各类活动,文章《八十年,整整八十年了》获评食品学院"纪念长征 80

周年"征文大赛三等奖。从小与体育结缘，5 岁学习游泳，9 岁代表上海远赴湖北武昌参加"我爱祖国海疆"全国青少年航海建筑模型竞赛获三等奖，参加过花样游泳体校。）

东野圭吾在《放学后》这本书里将运动员的一切都表达出来了——"我们这些平凡之人在面对胜负关键之时，总需要找寻某种依靠，但在比赛中乃是孤独的，无法依靠任何人，那么该依靠什么呢？我想，只有自己曾经努力过的事实。"在全运赛场上，我努力过，也战斗过，不论别人怎么评价，我都为自己感到骄傲！

毕竟谁曾想到过——我，这样的我也有机会参加全运会了！

前几日我爸来学校接我回家，在路上，他就忍不住地感叹说我运气真好，刚进大学就有这么好的机会，有多少人能参加全运会啊之类的"肺腑之言"。说真的，到现在我还觉得自己活在梦里，除了特别显牙齿白的肤色与结实的肌肉外，没有其他可以证明那两个半月的备战生活不是一场假象，那段记忆似泡沫般绚丽可又轻触即破。

我怀疑这些认知源于我对自身的低估。

我作为家中的独生女，不用说也知道家里人总是对我照顾有加。正所谓"生于忧患，死于安乐"。从小锦衣玉食的我虽也经历不少大风小浪，但我知道，我的短板就是难以坚持。

幼儿园学的扬琴到小学就废了，初中学的圆号到高中也不练了，坚持最久的要数游泳吧，从我 5 岁练起，到如今快有 15 个年头了，有精力必定会找时间去游泳池解解瘾。

尤记得《匠人精神》的作者，家具职人秋山木工代表秋山利辉曾这样注释"执着坚持"——所谓"执着"，就是对事情"不放弃"；所谓"不放弃"，也是一种"思想的深度"。唯有透过对心性的磨砺，少年才能被熔炼成钢铁。而备战全运会的集训就是一次对精神韧度的挑战。

不论是老队员还是新队员，大家总是特别敬佩全勤的人。可能说因为一次两次伤病或者考试或者其他一些原因而缺席训练对于个人来说影响不大，但配船的时候肯定会出现问题。还记得迟老师形象地将我们的位次顺序比作"一个萝卜一个坑"，意思就是每个队员在龙舟上都有自己的专属工作仓，少了一个，船就不平衡了。唯有了解到自身的重要性，你才不会轻视自己的存在。

说来可能挺惭愧，我在参加全运会集训之前的出勤率真的不高。感冒了不去划船，例假了不去划船，开会了不去划船，总而言之就是我不想去就可以不去的无法无天状态。因为彼时的我仅仅将龙舟队看作一个休闲娱乐的地方，想着我这三脚猫还不如的实力也很难成为主力队员，那就干脆对自己不要那么严格，就划划水呗。

基于前期的消极对待，天知道我在全运会报名参赛的那天晚上有多纠结，那时候对于训练的强度其实一点概念也没有，只是觉得暑假肯定不能出去玩了（当初以为决赛在九月初），但是作为大一的新队员能参加比赛又觉得特别激动，于是就把名字报上去了。

而之后的一切悔恨都源于无知，偏偏又是它使我接受挑战，给我带来无限的荣誉与欢笑。

公认的演员波特曼回忆说，当导演问她能否出演《黑天鹅》中追求完美的芭蕾舞者时，她觉得没问题。可开始拍摄后，却发现自己的舞步远远没达到电影要求的水平，这让她不得不付出百倍努力……她坦诚地说，接受这个角色并不是出于勇气，而是出于"无经验"，那类似一种"无知"，让她意识不到自己面对的是一个挑战。

这也同样是我的内心写照。从我当初毅然选择把握不大的物理作为我的高考加一学科，就可以看出我是一个热爱挑战且勇于挑战的女生。若是从一开始就选择了逃避，我认为波特曼就无法真正明白作为新手，她的潜力有多大——你的无经验是一笔财富，会让你用最本能、最不受局限的方式来思考问题。每当着手新事物时，你要么让这种无经验将你领上他人走过的道路，要么就让它帮你开拓属于自己的道路，就算你不知道自己究竟在做什么。

确实，在刚参加集训的一两周里，每天朝五晚九的生活作息，高强度的训练以及在课堂上的无法专注都让我对最初的选择产生了怀疑，幸好有教练时不时地给我们洗洗脑子，我又是那种很容易脑子发热的类型，最终也还算是坚强地挺过了迷茫期。

训练的日子一天天地过去，摸着略有轮廓的肌肉，看着黝黑发亮的脸庞,听着小伙伴们的期许,力量房的杠铃作为我成长的见证者也背负了更多的重量。

从上海海洋大学的河到东方绿舟的河,再到湖南常德的柳叶湖,变的是经度纬度,气候水况,住宿饮食,不变的是枯燥重复,筋疲力尽,日复一日,坚持初心。

还记得教练第一次让我们绕着东方绿舟的航道划两个来回一共 8 公里的追逐划时,几乎每个人都跳了起来,怨声载道。我也跟着嚷了几声,却也不得不拿起桨和坐垫上船去了。第一次我们女生大龙要追赶的是男生大龙,出发时间相差 30 秒。本想着 8 公里的长距离在开始不会放很高的桨频,然而理想很美好,现实很骨感,我们前排的学姐一看到男生大龙,就像猫看到老鼠般就开启了追逐赛,从赛道 1000 米左右的位置一直追到赛道末端 2000 米的位置,因拐弯被迫暂停的追逐依然没有结束,最后我们成功在 2500 米左右的位置超越了男生大龙。所谓一鼓作气,再而衰,三而竭。在一开始追赶男生大龙的时候,其实每个人都很兴奋,满脑子都盘旋着"超了他! 超了他!"的循环弹幕,但僵持了一段时间后,发现差距几乎没有缩小,伴随着内心巨大失落感的是身体的酸胀不适。由于这次全运会龙舟比赛所用的船不是我们传统龙舟,而是国际龙舟,在船的结构上存在较大差异。而对于我们划手来说,最不适应的就是蹬船借力的方式和左右桨座位之间的距离,这些不利条件在长距离的划进过程中尤为艰巨。明明已经连手都快抬不起来,双腿也踩得直发麻,却还是要跟上桨频,水下发力,争取追上并赶超我们现在的对手。这与胜负无关,只是因为想了,便去做了,如此随心而已。

作为基础薄弱的女生,我们不怕输,只怕到了终点时,还觉得没用上全力。

作为龙舟菜鸟的女生,我们不怕苦,只怕大家对我们失去耐心,不再教导我们关于龙舟或其他的方方面面。

最后,我为我当初留在龙舟队的选择感到庆幸。感谢一路伴我成长的各位,与龙舟同行的日子,我会且行且珍惜。

一船一桨一生兄弟

陈永烈

打完这场全运会,我终于可以歇了,终于可以回家了。这是我在上海海洋大学龙舟队参加的第 20 场比赛,中华人民共和国第十三届运动会群众比赛龙舟项目,这是我参加的所有比赛中规模最大、级别最高、设施最完善的比赛。以此次比赛作为我三年龙舟运动生涯的收官之战,从准备到上战场,这里面的点点滴滴,欢笑与泪花,幸福与挫折等等只有自己才明白。打完比赛后,我看天边的彩霞特别像一个划龙舟的男孩,我感觉我突然回到了三年前。

2014 年 9 月,那时候我刚进上海海洋大学,特别特别喜欢打篮球,终于有机会可以弥补高中时候打篮球不尽兴的遗憾,终日泡在球馆。一天夜里,我和几个学长打完篮球在校外吃夜宵,这时候恰好遇上当时的龙舟队队长于正直,那会儿的他真是强壮极了,那宽阔的臂膀,那硕大的胸肌,以及从骨子里透出来的北方汉子的豪爽劲,我心里真是崇拜极了,我那时根本不知道他对于我未来的三年起到了多重要的影响。同桌的是篮球队的学长们,跟于队长也比较熟悉,酒过三巡,于队长就拍着我的肩膀说,阿烈呀,你这身板这块头就应该来划龙舟,你就是为龙舟而生的。当时的我借着微醺的酒劲连忙答应,好的好的,我一定会好好努力的,一定不辜负你对我的期望。就这样我感觉自己被上天选中了,有种说不出的幸福感。

在这之后的龙舟社团招新活动中我踊跃报名,去健身房尝试各种训练器材,当我看到学长们在龙舟队力量房,在卧推架,将杠铃一次又一次的推起,在趴拉凳,将杠铃一次又一次的拉响,那份量真的对于那时候的我来说重极了,有两百二三十斤吧,那肌肉混杂着汗水,黝黑的皮肤在日光灯下折射出雄性魅力。我真的是惊呆了,原来龙舟需要这样大的力量训练,我当时问了教练一个比较天真的问题,迟老师,我有一天也能像他们一样那么强壮吗? 迟老师笑着说,你努力也能达成那个样。我从那时候起心里就暗暗发誓,有一天我一定要比他们强,甚至超越他们。

等过了正式的社团大会以后，我们就被统一安排龙舟训练课程了，每逢周二、周四、周五、周日都会有集中训练，在清水码头的平台上我们一字排开，拿着最粗糙的木桨，分成了左桨和右桨，从那天开始就基本分为了两拨人。我因此找到了自己固定的搭档，在日后的训练站队形以及下水训练时都有着重要意义。我作为右桨，右手握住离桨叶一拳的地方，左手握住桨把，将右手尽量向前探，左手撑住，靠肩背发力的感觉，插水，拉水，回桨，继续下一桨，就这样机械地一桨一桨地划……

记得我第一次暑假集训，那时候队伍里有比赛任务，一部分被放到了比赛艇上训练，一部分人练习基本功，那时候我在后者。我在那个八月顶着最毒辣的太阳，摸着最滚烫的单杠，在跑道上，在河里，一遍又一遍和自己的兄弟们从事着最简单的蛙跳，引体向上，跑步，卧推，划船……在整整集训了三个礼拜之后，我终于有机会代表上海海洋大学龙舟队出征我的第一次龙舟比赛。我记得清清楚楚，是 2015 年 9 月 22日，在上海市青浦区朱家角古镇的漕港河，沪台龙舟交流赛。由 8 支来自上海的龙舟队伍以及 4 支来自台湾的队伍共同参加这个比赛，比赛项目是 22 人大龙舟 500 米直道竞速赛。赛前迟老师对我们说，打得好3 枪，打不好 4 枪，我们第一枪就把他给拼下来，争取留更多的体力来准备下面的比赛。那是我第一次出去参加比赛，那个水挺浑浊的，可那天的我特别兴奋，我真觉得自己有无穷的力量，就在我们缓缓进入航道后，我的心突然跳动得厉害，仿佛在跟我说："知道吗？这是你的第一场比赛，你要好好发挥。"我慢慢深呼吸将自己平静下来，然后注意力高度集中，当听到"各队注意"的时候把桨插进了水里，当听到"预备，划"的时候奋力拉水，跟着鼓点，一桨一桨地跟着前面的兄弟，自己水下力量也丝毫不敢松懈，到了最后的冲刺时，鼓手明显加快了鼓点，我们奋力向前，最终以本小组第一冲过终点。之后在半决赛中我们以小组第二的身份挺进决赛，作为决赛中唯一一支上海队伍，我们倍感压力，对面3 支队伍不容小觑，新北市议会队、新北市政府队、官渡文化勇士队都是台湾本土极具实力的龙舟队伍。很遗憾在决赛中我们败了，那一场比赛后我对我自己说，我一定要打败他们一次。皇天不负有心人，在2017 年 6 月 10 日我们在泰晤士小镇举办的两岸四地龙舟邀请赛上，以绝对优势勇夺第一。赛后台北市以及新北市队伍对我们给予了高度肯定,这种场上是对手,场下是朋友的竞技体育真是好极了!我们也对他们的后程冲刺水平不断称赞,之后还邀请了台北市消防龙舟队来学校参观交流,这种美妙的体验给了我们一种前所未有的感觉。

在整个大二时期,给我印象最深的还是 2016 年中华龙舟大赛海南万宁站,那是我第一次参加全国水平的比赛。在经过了长达一个月的寒假集训后,我们的水平也得到了质的提升,那种在冰冷河水里奋力前行的感觉真的是又痛苦又刺激又兴奋。3 月 6 日我们赶赴海南,临行前我打电话给我的妈妈说,我要上央视了,你要为我加油呀!在海南海口,我下了飞机还穿着羽绒服真是蠢呆了,那椰树和海风,那摩托和槟榔,无不在欢迎我们的到来,等到了酒店我们吃完了特色炒米粉之后便安然睡去,享受着热带风光恬静的夜。比赛的地点离我们的酒店有一个小时的车程,所以每天都必须抓紧时间以及提前起床做准备,我觉得一切的辛苦和比赛比起来都是值得的。比赛前一天我们去了海滩边上一块儿游泳堆沙子,那是最诚挚的兄弟之情啊,把柔软的沙子堆在最调皮的那个人身上,之后再冲进海里,任凭一波又一波的浪将我们冲得不知去哪儿。最后夕阳西下那种在椰树下眺望远方的感觉真是美妙极了!

3 月 9 日,正赛第一日,我们将进行 12 人小龙舟直道竞速 100 米预赛、200 米预赛、500 米预赛以及 500 米决赛。当进入航道,摄像船从我们前面缓缓开过的时候我就感觉到我的所有亲人、好朋友都在电视机前看着我,我顿时充满了力量,在北部港的海水里奋桨前行,顶住海水拍打在脸上的疼痛,当听到鼓手的哨音我们便加快划桨的速度,加大划桨的力度。最终那天我们 500 米夺得第二名的好成绩,那天给我印象最深的是在已经划了 420 米之后,聊城大学的船就一直在我们前面,我们一直想撵上去一点,却始终没有超过它。聊城大学龙舟队也成为我之后一直想超越的对象,并为这个目标而不断努力。第二天的比赛成绩并不如意,加上 100 米的成绩以及 200 米的成绩我们只获得了总成绩第三,想想自己过来是干嘛的,心里特别不是滋味,也正是这场比赛使我快速成长起来,成为日后队里右桨队伍中不可或缺的一员,也尽自己最大努力担起更多的责任,帮助这支队伍走得更稳更远。

不管是 2016 年 10 月 22、23 日在常州的 IDBF 龙舟世界杯,还是2017 年 7 月 15 日—17 日在湖南常德的全运会,哪怕是上海市的高校比赛,从来不会因为比赛的大小而影响心态,不管对面是遇过的还是没遇过的对手,我们进入了航道就需要奋力一搏,拿下比赛,这种搏命的精神是我在整个三年龙舟运动里积累下来的,我就算输也要拼到底的劲头驱使着我不断向前,也成为我日常生活中的骨子里的品性。这世界上只有一种成功,就是能够用自己喜欢的方式度过自己的一生。很多人都问我,为什么后来去划龙舟了。我也不知道,我也不明白,我只知道每天训练,我的教练和队友在码头等我,每次放假集训他们都会在码头等我。有句话说得好,世界上任何团体运动在龙舟面前都是惨白的。

今年是我在龙舟队的第四个年头,我在这里待了整整三年,打过大小比赛二十场,在江河湖海里面对这样那样的全国高手,如今我独自一个人坐在清水码头的台阶上,看着河里的水流不断向东流去,看着头顶的白云被夕阳照穿,看着身后的队友踱步离去,可能剩给我的只有这一片恬静吧。

龙舟对于我的意义已经超出了这项运动意义的本身,它伴随我度过了最好的三年大学时光,和最志同道合的人一起,为了一个目标,为了同一次训练,而不断努力向前,"一船一桨一生兄弟"这句话是真的没有错。我打心底里觉得自己所在的队伍十分纯粹,以实力赢尊重,用真心交朋友,互帮互助,共同向前。在训练中,我们的教练迟老师对我们严格要求,告诉我们狭路相逢勇者胜,勇者相逢智者胜,通过科学的方法给我们这帮普通学生提供了很好的训练条件和技巧,那种坚韧不拔、顽强向上的精神,风里雨里码头等你,是照亮我们前进道路的一盏明灯。铁打的队伍,流水的队员,一届届的学长们给我们起的带头作用,那种力拼到死的劲头也给我们树立了良好的榜样,我们也会成长,也会在这个队里离开,我们能做的就是站好最后一班岗,把所有学到的都交给我们的学弟,这样薪火相传,海洋龙舟才能生生不息。

感恩龙舟,把我们相聚在一起,感恩龙舟,把我们凝聚在一起。感恩龙舟,用青春的洗礼教会我们在困难中前行,在磨砺中坚持,所遭受的苦难必定会照亮我们前进的道路。上海海洋大学龙舟队建队十年,劈波斩浪,风雨同舟,越战越勇!

一名舵手的龙舟感想

崔 强

(崔强,上海海洋大学海洋文化与法律学院 2015 级海洋管理专业2 班学生。大一第一学期加入乘风龙舟社,在大一时作为划手参加训练,大二后正式转为一名舵手,虽然参加的比赛不多,但是每次比赛的时候都能临危不乱,努力避免失误。同时,大一时加入学院学生会,勤劳能干,积极完成自己的任务。而在龙舟队和学生会之外,也是班级中任职两年的生活委员,积极关心同学,能够与同学们友好相处。)

"百团招新"这是我们学校对每年各社团统一招新活动的昵称。记得那是大一一个星期二的中午,我也如大部分其他同学一样,因为好奇心而准备看看各个社团为吸引新生而想出来的奇招和摆出的大架势。刚开始,我并没有注意到那个摆了很多"高大上"仪器(后来入队才知道是测功仪)并有很多强壮的人在上面锻炼的社团,转了一圈之后我终于发现了这个非常吸引人的队伍,并一下就被那些壮壮的学长们吸引,因为我从小到大都是同学里最瘦弱的一个,所以我非常羡慕学长们的强壮的身体。于是我就问其中一个学长加入龙舟队有什么要求吗,他说了一句让我一直记到现在的话:"加入没有什么要求,重要的是你自己能不能够坚持下来。我之前比你还瘦,但我通过自己的努力,慢慢变得强壮。"于是我就毫不犹豫地报了名。

第一次真正认识龙舟队,是在社团大会上。我清晰地记得那个社团大会上,孔老师讲述了这个龙舟队是如何一步一步建立起来的,以及每个前辈学长们为龙舟队无怨无悔贡献自己大学时光的故事。当说到动情处时,孔老师也忍不住流下了眼泪。当时的想法是能让一个老师在几百个学生面前流下眼泪,那么这个队伍对于孔老师来说真的意味着太多太多的东西。孔老师走过了这个队伍最艰难的时刻,是他让龙舟队从有到无，所以从那时起我就很敬佩孔老师。

训练第一天，迎接我们的不是正常社团第一次见面时大家欢声笑语的自我介绍，而是一圈接着一圈的跑步训练和一个又一个的俯卧撑练习。因为是第一次接受这样的训练，队员们到最后都已经累得无法完成一个标准的俯卧撑，只能用胸贴着地面并用膝盖将自己顶起来。其实后面很长一段时间，我们的俯卧撑练习做到后面，都是靠这种方式坚持下去的。当天，训练结束回去以后，因为乳酸堆积，我们每个人都感觉胳膊和腿都酸得抬不起来，正常的活动比如洗澡、洗头都要很艰难地完成。因为我的体质瘦弱，刚开始我能跟上的训练也只有跑步，但是我一直在努力坚持，后来我发现我也能够跟上大家的俯卧撑了，后来甚至成了队里少有俯卧撑做得标准的队员，这也是我之前在队里唯一能自豪一下的事情了。

过了几个星期，我们开始进入划船的练习，我也和一名叫"史泰"的队友成为搭档，并因为他选择左桨，所以我理所应当地成为一名右桨。后来一直到我成为舵手前的划手训练，我和史泰每次都是一起行动，一起训练。我很感谢我的这个搭档，虽然我们之间总是会有争吵，也总有比较，但是我们一起走过了所有的训练，一起品尝过作为一名划手的酸甜苦辣。而在第二学期的五月份，我们参加了我的第一场比赛也是我作为一名划手的最后一场比赛，虽然这场比赛的结果很差，但是我觉得能和队伍一起出去比赛就很开心很满足。因为比赛中那短暂的几十秒内我们做的就只是用尽全力跟桨，然后拉水，那几十秒内激情澎湃的感觉是我现在作为一个舵手再也感受不到的，所以我也很怀念那场比赛。

到了大一结束的暑假集训，队里发生了很多的变化，由于种种原因，我们这届陆续有人退出，后来就造成了鼓舵人手不够。而经过几个月的训练，我的体型依旧是队里比较瘦小的那种，所以迟教练先让我考虑当一名鼓手而让我的搭档做一名舵手，但是做了两天鼓手过后，之前学舵的包括我搭档在内的几个人也退出了集训，队长就提议让我来学舵，于是，我就这样成为一名舵手。

学舵的过程也很有趣，每个人都很照顾我，最开始我跟在女生的船上练习打舵，在她们划一个"大圈"（总长 7.5 公里）的练习中帮她们掌握方向,虽然期间有很多次都不由自主地打偏了,但是学姐也都及时帮我恢复了航向。后来的几天内,学舵的过程中,最刺激的一次是第一次帮男生艇打启动桨。自己的打舵技术还没有掌握多少,就被教练安排打启动桨,心里总是很慌,又由于船速很快,所以几次启动桨下来,我都会把船的航向给打偏,其中有一两次还险些撞船,把队员们也都吓得不轻。记得很清楚,学习过程中,师父杨万强总是和我说,其实打舵的一些要领我都已经教给你了,打舵最主要要靠自己的经验积累,你要多练一练,才能成为一个成功的舵手。

本来以为,作为一名大二的舵手,是没有跟队参加大型比赛的机会的。但是在这个学期,因为学姐的突然离队,作为队里现任唯一的大二舵手,我被教练暂任为女队舵手参加了中华龙舟大赛长沙芙蓉站的比赛。因为之前帮女生打过很多次舵,所以与她们的合作并不是多么地困难,这次比赛我们也成功地在职业组中进入决赛并拿到了一定的成绩。当初,我本想在长沙比赛过后,不用再为女队打比赛了,可随后不久又被教练通知校龙舟队要代表上海市参加全运会,而因队里的女舵手没有成长起来,所以我还是女队舵手的唯一一人选。

五月的开始,正是我们备战全运会训练全面展开的时候。每天早上五点半起床早训到七点二十,然后吃点早餐继续去上课。虽然五月的训练让我们每个人都觉得很辛苦,但是每天训练完后和队友们一起去上课还有晚上一起学习或者玩乐的时光总能让我们忘掉一些苦痛与辛酸。

六月的开始是全运会预选赛,全队在训练一个月后,带着必胜的信念和信心,奔赴广东东莞参加比赛。广东的天气很是闷热,队员们每次一从宾馆里出来,就浑身是汗,加上每天高强度高密度的比赛,这次预选赛让大家都很疲惫,也让大家对这场比赛印象深刻。比赛第一天晚上开会时,教练就告诉我们这就是全运会,每个队伍每个人的实力都很强,大家都在拼命,所以想要拿到全运会决赛的入场券不是一件简单的事情。三天的时间里,我记得最清楚的是第二天的 200 米比赛,因为这一天女队员们总共划了 8 场 200 米,一天的比赛让队员们连轴转,上岸都没歇住脚就又被叫去参加下一场比赛,看着她们这么辛苦,而我作为一个舵手能做的只有为她们加油打气,却不能为她们分担一些压力。但就是在这样的情况下,她们还是划出了200米的最好成绩,所以我很敬佩她们。而也正是那场比赛,再加上教练的教训,我明白了舵手在比赛中不仅要打直航向,同时也要观察赛场中的形势,在适当的时候要懂得为队员们保存实力,在没有必要用全力的时候,就不用浪费一份力气。三天的比赛过后,男女队都以积分第七的成绩成功进入了总决赛,大家一个月的辛苦终于得到了回报,我们都没有辜负这个月的付出,所以那天大家的心情都很激动,一直到晚上聚餐时大家也还都很开心。

六月,接下来的日子我们是在东方绿舟训练中心度过的,那段时间的训练是我们所经历的最难熬的日子。大通铺、连续阴天还有高强度的训练量,让每个人都体会到了什么是真正的度日如年,每天晚上划手们都要带着腰酸背痛的感觉入睡,而每天早上起床也是一件很辛苦的事。而作为一名舵手,每天的训练量没有他们那么辛苦,所以我能做的就只有和队医学习一些推拿手法,帮助队医为队友们治疗,缓解一下他们的疼痛。我也很感谢那段时间队医哥哥对我的教导,让我学到了很多实用的推拿技巧,让我体会到一个"医生"看着病人高兴地离开诊室的成就感。

七月是对六月的一次完美的改善。酒店的优质服务、柳叶湖的美妙风景让我们迅速摆脱了六月的辛酸。但是我们每个人都明白,我们不是来享福的,我们还有代表上海参加全运会龙舟决赛的艰巨任务,条件的改善只是为了我们能够更加专心的训练,让我们的能力得到一个全面的提升,从而以一个更好的姿态去挑战全国各省的各个强队。

十几天的训练结束后,迎接我们的当然是三天的决赛。这三天给我的感觉就是比赛真的很激烈,队里的每一个人都想拿奖牌,包括男生也包括女生,包括大龙舟当然也包括小龙舟,每一个人在该尽全力时,都不敢懈怠一分一毫,每个人也都希望通过自己的努力能把队友给送上领奖台。大龙舟上的队友们都是好样的,当听到我们要做一些取舍时,每个人都没有一点怨言,只是在赛场外默默关注默默祈祷,希望上场的队友们能够划出好成绩。

这个队伍为这次比赛进行的三个多月的准备和训练让我明白了很

多事情,尽管之前我有着很多的不情愿,但是现在我很感谢迟教练和孙教练给了我这次机会。作为一名男生却在女队当着舵手,虽然一路来受到了很多人的质疑,但是我觉得这些都没有什么大不了,因为我能够同时了解男队和女队所有队员的训练感受和感想,我很高兴自己能够作为一名女队舵手,同时也很感谢两位队医对我的教导,队友们还有两位队医都教会了我很多,也让我的这几个月的训练时光丰富多彩。

我与龙舟

崔英敏

(崔英敏,上海海洋大学食品学院2016级生物制药2班学生。自2016年9月一脚踏入龙舟队成为一名可爱、自由、善良的小划手,认真对待每次训练,认真学习,积极参加学校组织的各项感兴趣的活动。大一上学期获得人民一等奖学金。)

学姐去班级里招新,我拉着室友,莽莽撞撞却也积极地报了龙舟社的名,其实以前对龙舟一无所知,对上海海洋大学的龙舟队甚至是初次耳闻。可是我还是一脚踏入。第一次社团大会,教练、两位队长以及几位学长学姐发言之后,坚定了我留在这个刚认识的社团的决心。我的大学龙舟生涯开始了。

2016年9月30日,我第一次从码头下水划船了。当时还在想,出去玩和回家的队友们,你们错过这次下水了,好可惜。十月回来就开始每个星期的正常训练了。

时间就是过得快,不久是桨位赛了,100米,我成绩挺差的,开始没多久感觉身上发麻,但是还是努力划了。

基本动作要领是一位当兵归来的学长教我们的,那时学姐学长们忙着准备浙江丽水的中华龙舟大赛,听说晚上他们也要下水训练。我们新队员就默默地从零开始吧,没想过以后的事情。

国庆节一过,日子过得就快了。

学姐学长们忙完了浙江丽水的比赛就回来了,我们也算是真正的相处了吧。队伍教练,人称"大迟"。健将级运动员,队伍最高领导,亦是学校篮球队教练。休闲时和蔼可亲,训练时不苟言笑,要求队员刻苦、认真、努力,教育我等来日步入社会做人做事之道,实乃人生之导师。

孙健老师,爱称"孙帅"。健将级运动员,队伍身高代表。性情温和,乐与队员沟通,对众队员嘘寒问暖,爱护有加,极有事业责任心。还知道我们有一位当兵归来的帅气男队队长——博哥,入伍前是龙舟队队员。"七尺男儿要自强,参军入伍把兵当,两年磨砺时限到,拾笔携书卸戎装。行如疾风暴雨,站似悬崖劲松。"博哥对我们特别好,酷爱唱歌,对队员们照顾有加。然后就是与众不同的大哥了,2017 年 2 月,我一回校准备海南比赛的时候认识一位大学长,不到一周关系就不错,海南比赛之后大学长开始教我正确的卧推、卧拉、背肌等器材的使用方式,对我这个大一新队员来说,这些额外的加餐,让我进步很大。以下是队里对大哥的简介,仅供参考,可以当真。人称"舞王",通体黄铜色,四肢强有力。行为怪癖,举止异常,凡夫俗子难知其所思所想,莫道是怪人出圣贤?曾纵歌,打坐于码头,因被骂"傻子"一时略有改观,不过江山易改,本性难移,任放荡不羁,善于领奖。桂林"锅锅"性情温雅和善,面容清秀可嘉,形体瘦削,举止轻盈。喜舞文弄墨,爱作诗吟对,略有文采,稍有风格,下笔时聚精会神,笔起则成千古文。至今还拿着我爸给我的毛笔没有还给我,说要给我写个东西送给我,至今没有音讯。舵手万强"锅锅"和桂林"锅锅"有千丝万缕的不可描述的关系,像兄弟,像战友,像"夫妻",万强"锅锅",面容秀气,为人和善,性情温和,常助人为乐。左臂强劲有力,打舵镇定自如,"七尺之舵手中握,大海长河任其过"。有一次问他打舵有没有失误过,他自信地说,从来没有,以后也不可能失误。还有对新队员们耐心指导的力力姐姐,她为人漂亮,落落大方,是我们女生新队员学习的楷模。搞笑与爱吃、有担当的晓晨姐姐,平时和我们新队员们玩得开,玩得来,我们都把她当作一个大姐姐。以及对狼人杀痴迷的左雅姐,比赛时坐在左雅姐的后边一排,可以看出来,她真的很努力地划每一桨,这也给了我很大的动力……每个人都有他的一个特殊名片,而我的名片就是:人傻,脑子不好用……

大概大一上学期我的这一特点还没有被发现。大一上的桨位赛决定了二月初二的中华龙舟大赛·海南站出战名单。左桨是我们的"男朋友"蔡君,这可是一位像极了男朋友的女生哦。2016年1月11日,李力姐姐突然找到在图书馆复习最后一门期末考试的我,告诉我需要替一位学姐去参加中国龙舟大赛,我在图书馆里激动地跳了起来,声音还有点大,引来了无数白眼。考完试回家,怕训练跟不上就坚持每天5公里跑步和100个俯卧撑。之后就是大年初五来学校寒假集训了,天寒地冻,训练到疲惫不堪,偶尔的半天或者晚上的训练,就让我们欣喜不已。大一下半学期开学的第二周就去海南比赛了,这次对我实际上就是积累经验,记得晓晨姐和旷哥让我一定要在队里待三年,女队的进步空间还很大,新队员要顶上去,不要怕苦不要怕累。那次,迟帅说:"我带你出来是让你成长,我们看得到你的努力。"力力姐说:"你们比我们大一的时候强多了,长江后浪推前浪。你要待三年。"晓晨姐姐说:"我们老队员这是最后一年了,比赛一次就少一次,以后就看你们的。"彭天学长说:"希望你待三年,学妹,海大龙舟看你们的! 明天我在电视上看你们。"柳旷学长说:"你要待这三年,在我们退队后,海大龙舟的旗帜就交给你们了,只要你们需要我们,我们随时发挥余热,上海海洋大学龙舟队以后看你们的。"桂林哥哥说:"年轻真好,200人剩下的真的不多。琳琳,你是我一手带进队的,我看好你!"

为了龙舟,为了这个家,他们哭过多少次。我不能哭,我哭的时候是我在的这三年,女队拿银龙头的时候。让女队拿龙头,男队拿冠军成为一种习惯,不给那种评价海大龙舟是业余社团的人看,给海大龙舟老队员和未来的新队员看。划船、做人、做事,敢问路在何方,路在脚下!海南万宁,女队完成了铜龙头的目标,男队完成了金龙头的目标,海南那次收获颇大。海南回来,就到湖南长沙的比赛了,这次新队员的选拔仍然是桨位赛,我的成绩是左桨第二,左桨第一才能担负长沙的重任,但是还是挺开心的,因为这次200米桨位赛成绩是1分52秒,比起海南之前的2分43秒,我已经很欣慰了,这说明了,海南集训的努力没有白费。备战长沙的他们每天下午下课都要赶去码头训练,晚上就是力量房的训练了,虽然这次不去比赛,但是我还是跟着他们一起备战,那段日子很苦很快,但是比起来之后的全运会,以前的这些想想也就过去了。

接下来就是全运会预赛了，大概是从 4 月 24 日左右吧，备战全运就开始了。那段日子，早上 5 点 30 分开始训练，训练到 7 点 10 分左右，然后就是回 16 小区洗澡，换衣服，去二餐吃早餐，赶去上课，有时上课会困，困到想给自己一巴掌。中午回二餐吃饭，一路上也会遇到好多队里的小朋友，有时听到摩托车从大老远过来，不用回头看，一定是队里的，再后来，队里是谁的摩托车发出的声音我都可以听得出来了。之后全运会开始倒计时了，眼看着 10、9、8、7 倒数，日子开始变快了。去了东莞，天气又闷又热，我们目标只有一个，男女队晋级全运会决赛，那段时间好累，比完赛，回到饭店吃不下饭，于是，比赛几天轻了 2.5 千克。预选赛回来，我们就快马加鞭准备决赛了。晋级值得庆祝，不过也是意料之中的。我们毕竟付出了好多努力呢。预选赛回来的晚上，考试了，第二天也考试了，要期末了。之后的四门考试不能继续了，要去东方绿舟水上训练中心比赛了。

那段时间挺磨人的，每天都是长距离，8 公里，8 公里，而且住宿条件也挺差的，最怕的还是蚊子多，但是和大家在一起训练，有苦一起，有累一起，没有什么比得上"与共"。过生日的时候，晚上要训练，队里还是在吃过晚饭之后给我过了生日，吃了蛋糕，然后高兴地去训练。

离开东方绿舟，去了湖南，累，热，坚持。每天拿着专属自己的桨，队里统一的康比特水杯，一个蓝色的皮垫，去划船了。那几天，隔一天就会开会，每次开会总能振奋人心，鼓舞士气。从东方绿舟开始，雨中训练成了家常便饭，湖南的雨很密，很细，水也很柔。比赛的三天，感觉要去完成什么样的大事一样，高考时的心情也记得是这样的。女生们很拼，500 米很累，时间不长，但是过程中要有强大的意志力才能不松一桨，200 米对体力要求很大，全程稳得住，冲刺上得去才可以，100 米好快，快得不能呼吸，生怕呼吸耽误了送力的时间，100 米，每个队差距都不大。比完赛就是养伤了，左胳膊举高都难，膝盖也开始疼得厉害了，回家吧，回家再说。

忙着回家了，忙完就是莫名的失落和空洞，突然安静了下来，给你足够的时间去回味，去敬佩自己的坚持，去欣赏自己的敢拼敢搏，去笑以前的抱怨，去回味。一个月前感觉日子过得好慢，一切都慢，一个月后的今天,全然不那样想了。

现在去想,一切都快,大三的学姐学长们就要离开了,当兵,实习,工作……有种各奔东西的感觉,走了,走了,走了。自己呢?

龙舟队,给了我很大的改变,认识的他们也是最好的他们,自己也要变成最好的自己。

龙舟给了我磨炼的机会

丁言强

(丁言强,上海海洋大学海洋××级科学学院学生。2016 年 10 月加入龙舟队,是左桨队员。自入校以来,秉持着"勤朴忠实"的校训精神,保持积极向上的态度,认真汲取身边同学、老师及朋友们的经验,全面提升自身的综合素质水平。)

预科上完之后,我本以为我会就这样浑浑噩噩度过我的大学生活,但是这个队伍改变了我,让我走上了不平凡的道路。

大学之前都以为大学生活应该非常轻松,甚至有些无聊的,但是,自从加入龙舟队之后,我好像对学校的其他社团组织全都失去了兴趣,兄弟们是我们坚持下去的动力,坚持不住了就想着兄弟们都在顶,拼了命也不能松。

迟老师和孙老师两位教练有时候像老朋友一样唠唠嗑聊聊天开开玩笑,但是一旦训练起来就严肃认真,只要练不死就往死里练,当然肯定是科学的训练方式,有一个好的领队绝对是至关重要的。

训练完之后,我们会经常一起出去玩打打球什么的,有什么牢骚也在那时候发了,队长说过牢骚可以发,事还是要干,我这人也不怎么喜欢发牢骚,影响其他人,自己该怎么干就怎么干,训练嘛,练出来也都是自己的,男人就不该怂,对自己狠一点。

比一次赛就会有一些进步,不管是心理素质还是身体素质都会有一个提升,虽然累,但是大家却都想上船尽自己的一份力,一开始自己实力不行就努力尽快提升自己的能力,不能拖队伍后腿。大家比完赛都很累,但是却比不上胜利带来的喜悦的万分之一,就算输了,我们也不会埋怨某一个人，因为我们是一个团体，输了一起扛，再继续努力就行了。自己心里憋着一股劲，就是不服输。

说实话，我这个人，平时不太爱表现自己，无论行不行的事儿，我都往后缩。但如果是交代给我的事情，只要你交给我了，我就一定会全力以赴，竭尽所能。

老师给了我机会能够参加全运会，还有各位老大哥给我铺好了道路，我必然尽我所能，在备战的时候提高自己的能力，为这个团体尽一份力，最后还是感谢大家还有老师们的努力，能跟你们并肩作战，我感到非常荣幸！

龙舟给了我一个磨炼的机会，同时也造就了一个积极奋进的团队。我想所谓的竞技精神也是这样吧，让大家有共同目标并且团结起来，为实现这个目标而努力奋斗。

龙舟人　龙舟魂

何梓宇

（何梓宇，上海海洋大学海洋生态与环境学院 2014 级环科 1 班的学生。于 2014 年 10 月加入龙舟队。在龙舟队担任右桨领桨手。在队期间，铭记"训练有素，纪律严明，统一行动，绝对服从"十六个字的队训。遇到困难永不退缩，并且把训练精神运用到学习和生活上。到现在大四总共获得三次"一等人民奖学金"和一次"优秀团员"。热爱训练，热爱学习，热爱健身，对生活充满热情。）

我来到上海海洋大学龙舟队已经三个春秋了，准备进入第四个年头。对于一个运动员来说，可以参加全国运动会是对他最好的认可。我们上海海洋大学龙舟队做到了，载入校史，无比荣幸。

是龙舟队承载了这段经历，这段经历让我们迅速成长成一个更加成熟稳重的人。

从大一懵懂无知的少年到现在独当一面的老队员，我想，不是一句带你飞就可以描述清楚。每个人在队里都经历了很多。接下来，我就以时间作为横向轴，叙述我的经历。

大一：懵懂无知　热血青年

从高中到大学，更多的是对新鲜事物的好奇，拥有更多自由的时间来支配未知的未来。有很多人觉得是从高考中解放了，就开始放纵自己。这也许是中国大学和外国大学的区别，不是崇洋媚外，而是当外国大学生在不断地实践真知时，中国很多大学生就开始堕落的生活，打游戏，睡懒觉，对自己没有一个规划。

当时，我非常喜欢打篮球，一心想进篮球队。我想这是很多篮球少年的梦想，进入校队，进入省队，进入国家队，进入 NBA。于是，在军训的期间，篮球成为我放松的方式。一天，我看到一群穿着白色紧身衣的壮汉（其实那时候我已经有点肌肉了），从西操场跑出来，非常有气势，当时年少轻狂的我在想，这学校竟然有肌肉比我大的人？我就记住了那些人。一次军训，在休息的时候，连长把我们带到体育馆前的空地，说要给我们看背阔肌。听到这个名词，我想起了那帮白色紧身衣的人。果然，没多久，他们就出现在我们面前。他们是上海海洋大学龙舟队。说实话，真的非常壮，当时我被两个人迷住了，一个是当时的队长，于正直，迷人的胸肌虽然带点下垂可是没有因此让我失去兴趣；一个是腿哥邵杰，当时我想哪有人这么壮的。其实当时队长在介绍龙舟队一些获奖情况和优惠政策，可是我没把那些放眼里，在我眼里就是这帮肌肉男，心想，我一定要加入进去，一定要比他们壮，一定要成为全校最强壮的人，这样打篮球就无人可挡。好胜心强的我报名进了龙舟队，我一定要成为龙舟队最强的人！

训练开始

第一天训练在星期四下午的四点半，所有人下课都涌去了码头集合，在我眼里，除了老队员，所有人我都看不顺眼，因为我要打败他们，成为最强的人。那天新队员来了 300 个人，跑步热身时整整占了半个标准的 400 米跑道。其实想想当时，300 个人到三年后只剩下 12 个，确实不容易。训练项目是窄臂俯卧撑和两头起。当时听到最多的是惨叫声。对我来说，那些训练项目无疑是小菜一碟，我很轻松地完成了全部，看着他们每个做得狼狈不堪，心里暗自窃喜，但我不能骄傲，因为我的目标是成为最强壮的人，所以每次训练，我都监督自己不能偷懒，一定要保质保量,这样才会成为最强壮的人。当时,队长说,龙舟队从来不踢人,想走的自己走。后来,因为训练的痛苦和时间的冲突,很多人选择退出,但留下的人还是挺多的。晚上的健身房成为最热闹的地方,每个人不甘落后,都想去提高自己。当时,我和曾际源、李硕、陈金泽经常一起约去健身房锻炼,气氛很好。我们也成为当时突出的几对搭档,被挑选上新队员里最优秀的船上去了,真正地接触了龙舟。但是当时我没把水上训练看得那么重,觉得只要力量大,身体素质好就划得快,虽然当时我的力量是新队员里数一数二,可是划船总是被说。记得最清楚的一次就是被当时的宇哥(樊宇)说得想退队,当时我和陈金泽是搭档,我们俩都划得不怎么样,被宇哥罚了单划,划得很痛苦,小臂酸痛,肩膀抬不起来。当时特别委屈,想退队。可是回去后觉得,难道我就那么懦弱吗? 就不能被说吗? 看了看偶像科比的曼巴精神,觉得不行,我是要成为最强的人,不能就这么退缩。就毅然决定不退,从那一刻起,我意识到划船也要认真起来了,不然容易被顶下去。就这样,大一热血的我天天晚上健身房不见不散,练力量,练速度,《追梦赤子心》成为我每次训练的歌曲。早上上课时经常都是一瘸一拐的,不是那儿痛就是这儿痛,同学说这么辛苦退了算了,可是他们哪懂我的目标。大一最后,我被队长挑中去了他们的大龙舟参加中国龙舟公开赛普陀站,那是我参加的第一场比赛,也不知道比赛的激烈程度,那时候一点也不紧张,可能没那个概念,但从各队注意到终点鸣笛,我始终发不上力,桨也跟不好。从那时起开始觉得,所有事都不是我想的那么简单。第二场比赛在碧海金沙,我端正了态度,认真对待每一桨,可是因为能力不足也力不从心,有心无力,可是因为后面老队员的能力强,那场比赛我也体会到了冠军的滋味,2000 米冠军。从此,龙舟生涯正式开始。

大二: 新老交接

大三老队员退役了,大二的也没剩几个,自然地,大龙舟上的大部分人都是我们这帮大一新队员。这学期第一场比赛是青岛世界休闲体育大会。从这场比赛起,我开始当上了右桨领桨手。在青岛,没有经验,当时侧风非常大,我也不会调船头,导致发令时船头不直,舵手掰不过来,舵手掉到水里,取消资格。教练非常生气,毕竟这很丢人。我也觉得，是我经验不足而导致的错误，责任在我。大二上学期的比赛是很多的，都是大龙舟的比赛，那时真正感受到作为龙舟队队员的责任，为校争光，出去比赛代表的是上海海洋大学，而不是个人。在第二场朱家角比赛与台湾对决后，以陈宏畅为代表的几个队里的人选择去当兵，那时起，每个兄弟的离队都是特别伤感，毕竟之前一起流血一起流汗。送行过程中，我们抬了一条大龙舟，让宏畅坐在上面，享受最豪华的待遇，每个人都舍不得，眼里含着泪水，毕竟当兵两年，分别两年，真心舍不得。犹然记得宏畅在上车时对我们说："兄弟们，我走啦！"那时候，不管是宏畅还是我们每一个人，除了不舍还是不舍，龙舟队里，最珍贵的是那份真诚的兄弟情，"以真心交朋友，以实力赢尊重"，在龙舟队待了一年，明白了，在人生中，家人是最亲的人，可是家人不会一直在你身边。兄弟可以帮你，兄弟和你一起拼搏，一起训练，一起流汗，一起流血，兄弟就是手足。我们要感谢每一个兄弟，不管他们扮演怎么样的角色，能当兄弟的缘份来之不易，且行且珍惜。虽然一个月后宏畅从军队回来了，但也说明了五湖四海，龙舟队是家，欢迎回来。

进　修

　　大二的那段时间，在队里，有一种良性的竞争。有一个叫桨位赛的东西，类似于学校的考试。每个人为了自己单桨的成绩好一点，都会不约而同地去加练、划单桨。那时候，有一个地下小组织，叫 big three。是刘豪、茅嘉俊、我组成的单桨小分队。每天晚上就划一条船出去，在学习之余感受晚上码头清风徐来的水波荡漾，很放松。我们的划船成绩也提高得很快，龙舟是团队运动，所有团队运动与龙舟相比都是苍白的。可是细分下来，龙舟也是由每一个人组成，只要每个人的划船成绩提高点，那么一条船合起来的成绩就提高不是那么一点点了。印象最深刻的是老王，从大一一个毫不起眼的西北男孩成长成一个"水下不比任何人差"的西北大汉。而从那时起，上海海洋大学龙舟队就确定了上海龙舟队龙头的位置。

徒　弟

　　"哎，三角肌怎么练"开启了我和叶维的师徒关系，其实从这句话，看出两点。叶维不会说话，但叶维有进取心，凭这点我就把他收作徒弟。他现在是他们那一批的队长，其实我教给他的东西不是如何健身、如何划船、如何训练，而是如何面对训练，以一个踏实、肯干的态度来执行，想要突出，就要比别人多付出很多很多的汗水和努力。赛场上不会因为你比别人多付出就很容易拿下比赛，但连付出都不愿意的人对手是看不起你的。虽然我们师徒平时什么话都说，也经常"互黑"，但一到训练一到比赛，就认真起来。

噩　梦

在 2015 年 12 月底的时候，打篮球，好胜心强，看球就想盖帽，看到人就想撞，在空中的时间比在地面的时间多。在一次防守中，对方突破，一个假动作，我跳了起来，感觉膝盖高过他的头，他一启动，把我从空中顶了下来，手腕着地。片子一拍，韧带撕裂。这时我流下了眼泪，这意味着接下来的几个月不可以正常训练。可我始终不相信这一事实，2 个星期后我以为自己恢复得很好，就把石膏拆了，发现并不是那么简单，伤还因此加重了，只能乖乖地又绑上了石膏。只能说一整个上半年都是噩梦，每次桨位赛划得很差，右手发不上力，加上划船动作问题多多，错过了中华龙舟大赛，在台湾的桨位赛中，彻底崩溃了，我怀疑自己，平时比别人付出那么多，但还是划不快，是不是不适合划船了，是不是就这么差，连替补也不是。不过最后还是感谢迟教练给了我去台湾比赛的机会。那一个学期是科比退役的赛季，科比，我的精神支柱，那段时间，我已经非常想退队了，觉得队里没有我的位置。但心里很矛盾，如果就这样退了，会特别特别舍不得这帮兄弟，舍不得队里的任何东西，舍不得自己的付出，我一定要证明自己，证明给所有人看，我不是懦夫，不是弱者，我是最强的，科比经历的困难比我多得多，为什么别人可以坚持我不可以，后来，我选择了留下来，也没几个人知道我想退队的事，只是，我把它当成我的一个时间胶囊，埋在心底，哪天遇到困难了，就把它拿出来看一看，坚持走下去。

大三：收获的季节

暑假里，我和我们这届的队长博哥（魏志博）去了顺德，从罗浮宫俱乐部找一位老队长龙哥去学习职业队的划法。果然，回来之后，博哥把动作要点传授给每一个人，扭腰转肩，虽然一开始动作有点丑（河南桨),但每个人的划船成绩确实提高得很快,我的划船成绩也越来越好。这时我明白了一个道理:比努力更重要的是方法,在方法上努力,才是真正的努力。在大三这整个学年,我担任右桨领桨手,和我搭档的是左桨领桨手彭天,一个大大咧咧的甘肃人,不过比赛划起船来腰下得比谁都狠。通过一场一场比赛的磨砺,我逐渐找到领桨的感觉,一个一个冠军,分量最重的是中华龙舟大赛海南万宁站青少年 500 米冠军和长沙芙蓉站 100 米冠军,一路下来不容易,从冬训到长沙,没休息过几天,一直处于备赛阶段,不过功夫不负有心人,任何事,在正确的方向上努力了,冠军水到渠成。

全运会

没想到,一个普普通通的大学生,终有一天会参加中华人民共和国全国运动会。

全运会,意味着和全国最厉害的划手比赛,意味着决胜取决于零点零几秒,意味着激烈程度是没有经历过的。

备战期间是一个磨人的阶段,我们经历过无数的长划,无论是在东方绿舟备战还是在湖南备战,长划成为每天必不可少的训练课。因为有氧训练是所有运动的基础,长划过程中,免不了队友与队友间发生争执,但过后就像什么都没发生过一样,可能那不叫争执,叫技术交流。划船最害怕的是划闷船,所以有交流有争执是好事,不然队友永远不知道你的想法。团队不是个人,必须要让船上每个人知道你的想法,这样船才划得快,意见不统一,心不齐,桨容易乱。其实作为领桨,船的力怎么样,有没有人偷懒,我知道得一清二楚,所以我难免会发火,但这都是为了一条船好。龙舟是团队运动,你松一桨,兄弟就要帮你顶一桨;你顶一桨,兄弟就可以更好地顶一桨,船才可以越划越快。

有了迟老师、孙老师训练上的指导,比赛结果顺其自然。两铜一银,虽然有遗憾,但是没有遗憾的人生不叫人生。

教　练

在这里,我要对迟教练和孙教练表示敬意。他们两个都是值得我们尊敬的教练。教练对我们非常狠,但狠才出成绩。每次训练的喊叫声成为我们每一桨的动力。教练是我们的人生导师,教会我们很多训练之外的东西,这很耐人寻味。每每想起这些话,我都觉得,生活确实是这么一个道理,与其说迟老师和孙老师是教练,不如说他们是我们的人生导师,没有他们,就没有我们龙舟队现在的成绩。很感谢学校领导的大力支持,我们全运会的事动员了全校上下的领导,没有他们一步一步的协调,我们的备战可能就没那么顺利。

结 语

其实,作为一个学生运动员,我有很多很多话想说。别人问我,为什么要进入龙舟队,待在队里你获得过什么,我就会回答:"每天选择五点起床为的是不浪费一天中最美好的时光,训练的种种艰辛,痛苦只有自己知道,但一直忍着,也许有时候会遭到质疑,可是那又能怎么样,就算全世界质疑你,你也不能质疑你自己! 也许自己会不断变强,不断突破,可还是会在赛场上遭遇挫折,失败不止一次两次,甚至迷失自我,可是自己选择的路,一定要走下去! 我们的斗志并不是星星之火,而是太阳,永远不会被浇灭,重整旗鼓,排除万难,用坚定的信念来击败内心的恐惧,直至超越自己。当你们待在空调房的时候,我们在烈日下完成一次又一次训练内容;当你们待在暖炉旁时,我们在冰冷的河水里冻得失去知觉;当人们在凌晨熟睡时,我们已经完成了一次训练课,只是不被一些人理解;当你们拿着篮球、足球去放松一下时,我们只能与杠铃,与划船器作伴,陪伴我们的只有痛苦和酸痛;我们哭过,可是泪水只会更甜;鲜花的气味只会鼓舞我们再接再厉;也许99.9%的时间是痛苦的,剩下0.1%的时间是留给你品尝胜利滋味的。以实力赢尊重,以真心交朋友,是每个体育人的原则。也许哪怕只有一天是在同一条船上,兄弟是一世的;只有练了体育之后,你才会明白,没有克服不了的困难,只有你不想克服的困难;只有练了体育之后,你才会明白,教练就像你的人生导师,不断让你变强! 只有练了体育之后,你才会明白"what doesn't kill me makes me stronger"!

坚持——不忘初心,方得始终

华 阳

(华阳,上海海洋大学经济管理学院 2015 级国际经济与贸易 2 班学生,在龙舟队中担任划手。自入校以来,秉持着"勤朴忠实"的校训精神,始终能够保持积极向上的态度,谦逊地向他人学习,尊师重道,全面提高个人素养。两年中,先后获得各类奖学金;课余时间,结合自身兴趣参与到各类竞赛与科研中,并到公司实习,将知识运用到实践中。)

浑浑噩噩度过了三年的高中,我迎来了轻松欢快的大学生活。从学长学姐们口中得知海大龙舟队很厉害,为了锻炼自己的身材,为了他们的友情,我开始向往加入这支队伍。第一次真正接触是在招新大会,看着一个个结实的身材,让人热血沸腾的画面,听着队伍从无到有,一路组建的艰辛,我下定决心加入这个队伍。

第一次训练看着操场上密密麻麻的人群,感觉到了很大的压力,比我强壮的人很多,比我耐力好的人很多,我能做得比别人好吗? 我很迷茫。第一次训练量记忆犹新,5 圈操场热身,40 个俯卧撑为一组,仰卧起坐 50 个一组,循环 3 组。回到宿舍躺在床上,浑身酸痛沉沉睡去。我不禁问自己是什么让我来到了这里? 为了锻炼身体? 很苦,很累,也许过两天就好了。

随着时间慢慢流逝,操场上的身影越来越少,从几百人到几十人,训练放松休息时,看着累得躺在地上一动不动的人,我不禁问自己来这是为了什么? 每一次感觉到了极限,看着身边那些人还在坚持,我不比他们差! 咬着牙,浑身疼得忍不住流眼泪,但是我还是要做下去,因为我不比他们差! 每当休息的时刻,大家嘴上说着太累了,再这样下去不来了,但是每一次训练都会准时地到达。时光会消磨我们的斗志,但每一个夜晚,我都会问自己"为什么要来到这里?"我的兄弟们都在我的身边,他们也在努力,我不能输,我要坚持下去。

还记得大二上来的寒假集训,第二天我因为训练导致了肌肉撕裂性拉伤,整个手疼得动不了,连饭都没法吃,我忍住不哭,问自己:"我为什么来到这里?"

我即将大三,但我仍旧会问自己"我为什么要来到这",是这里的每一人,给了我前行的动力。也许我仍会迷茫,但是我相信不忘初心,方得始终。

分别———船，一桨，一生兄弟

两年的时间，从一百多个人退到只有七个人。我依旧记得那个夏日，举着 35 千克卧推的史泰默默地说，"我要当队长，我要当队长"。依旧记得那个夏日，杨欢握紧拳头跟我比划说，你看我的小臂比那个女的小腿还粗。依旧记得那个夏日，大猪的俯卧撑就像电臀，只有屁股在动，操场上传遍了欢快的笑声。也是那个夏日，因为一个女孩子，大家起哄抓住我，把我扔进了河里，在我上岸时，有一只手，把我拉起来。也记得刘畅那吊儿郎当的站姿，怕是忍不住又要被博哥说一顿。那个夏日，我们第一次接触到龙舟队的"橄榄球"，肌肉的碰撞。看着被人群压在下面的腿哥，拿着球一阵狂奔的宇哥。还记得那被撞断的眼镜，即使划破乐乐眼眶依旧冲入其中的自己。

天下无不散之宴席，随着时间流逝，一个个都离我们远去。史泰因为自己创业，没有时间，离开了我，腿哥出国留学走了，余思凯去参军，毛大球也要出国留学。那一个个熟悉的身影都在慢慢离开。我还记得 2017 年的初春，那个寒冷的夜晚，张禹一个人划着船，哭着说他想划船，但是因为学业问题，他不能再留在队里。那个夜很冷，那个夜很深，那个夜的哭声还飘在码头的天空。

虽然他们离开了队伍，但无论是谁有事情，群里叫一声，大家仍旧全力去帮，我们没有分开，他们依旧在我们身边。

合作——这不是一个人的战斗

如果说是团队协作，怕是没有任何一项体育运动能与龙舟相媲美。十个人、二十个人甚至更多，要做到入水、出水，甚至是动作幅度的一致。这不仅仅需要个人能力，也需要所有人的呼吸，心跳都在同一个节奏上。

练了 2 年了，我的姿势依旧不对，从大一开始被说到大二结束，改了无数次，先是康哥给我演示动作，让我去模仿，后来又是金泽大师教我动作，然后被大家笑着说，越学越怪。然后是博哥带来新的划船动作，在学习中不断改进。就算是肩膀受了伤，疼得动不了，他还是忍着痛给我演示。但我的动作依旧是不对，虽然划单桨并没有凸显出动作的问题，但是一旦到了合船就会出现各种各样的问题。我和大猪因为手带水的问题一直产生矛盾。和旺旺一直因为打到他而产生口角。但是大家都在互相谦让,因为衣服湿了不要紧,还可以再洗,身上被打不要紧,只要船划得快,那么一切都值得! 大家为了这条船的付出,大家都看在眼里。

取舍——鱼和熊掌不可兼得

大二,我的科创项目取得了一定的成功,于是我忙于自己的科创而放松了对龙舟的执着。直到教练来找我:"你想不想参加全运会?"想,为什么不想? 加入这个队伍,努力了就是为了出去参加比赛。于是我一口就答应了教练。但是,事情并不是想象中那么轻松的。因为比赛,我们的训练时间从牙缝中一点点挤了出来,但是要协调所有人是不可能的,有一部分人需要所牺牲。而我的时间正好和我的项目相冲突,这意味着我两者只能取其一。阎云峰老师曾告诉我"鱼和熊掌不可兼得,在取舍前要考虑好,要清楚后果"。那几夜我彻夜难眠,不知如何是好。在项目同伴和队里的队友支持下,我决定暂停自己的项目去投身于备战之中。

成就梦想的路上,怎会风平浪静? 随着比赛的深入,我们用不好不坏的成绩拿到了决赛的门票。但是,凭借我们现在的水平是不可能拿到好的成绩的,那么我们只能更加努力地训练。于是教练决定让我们去东方绿舟的水上训练基地进行集训,这样我们就可以摒除一切外界的干扰全身心投入其中。我们的考试只能申请缓考,这无疑加大了我们补考的难度(暑假没人来指导我们学习)。但我们坚持如此,来到了东方绿舟。这是一片宁静的地方。每天过着宿舍—餐厅—训练场三点一线的生活。连和女朋友线上聊天也成了奢望。每天的生活让我们日益暴躁。但是这一切都是我们自己的选择。经历了漫长的 16 天,我们回到学校只是短暂地停留了 3 个小时,便匆匆去湖南(最终一战的地点)。

来到了湖南我们面临了一个巨大的问题,我们只有一条比赛大龙舟和一条比赛小龙舟。那么这就意味着男队女队一个拼大龙舟一个拼小龙舟。在反复纠结之下,教练决定了男生小龙舟,女生大龙舟。而我作为男生大龙舟,只能在另外一条船上去拼。即便如此,我依旧拼尽全力,因为我明白,比赛不仅仅是小龙舟,更有大龙舟。所以我不能松懈。拼尽全力去划好自己的每一桨,为了最后的胜利不断前行。终于在临近比赛之时,教练告诉了我们他的安排:500 米男生拼小龙舟,200 米男生拼大龙舟,100 米男生拼小龙舟。所以我把自己一切的注意力都放在了 200 米上。比赛前的一天,大猪在电梯上说,我就想拿个奖牌有这么难吗? 我默默地告诉自己,只有更加努力,我们才有能力去取得这一份荣耀。

随着时光的流逝,我们终于迎来了比赛。但是赛制却与我们想法相差甚远。大龙舟小龙舟的决赛都在下午、这意味着大、小龙舟只能取其一。第一天的比赛,我们放弃了大龙舟,放弃得很不是滋味。因为我们在以往的比赛中从没有输给过江苏队,但是这一次他们的大龙舟拿了第三。我们不多说话,因为我们明白要拼小龙舟就意味着大龙舟要放。我把心思收回,全力准备第二天的 200 米,那个夜晚我兴奋得整夜难眠,因为我知道这将是检验努力的时刻。我们预赛放弃,希望通过半决赛去进入决赛,但是在比赛前,教练让所有的替补上,并换下了老队员,这一刻我感到了危机。是否教练又一次放弃了我们? 我的胸口有一口气,我要在这场比赛中拼上我的全部,我要去证明我们可以! 天不负我,我们以第一名的成绩进入了决赛圈。我很兴奋,因为我们很强! 即使我们没有用最强的阵容,但我们依旧可以拿下比赛。就在这时,教练又一次变动一组主力,我们 18 人去参加这一场 20 人的比赛。深深的挫败感降临,为什么不相信我们? 我们真的可以。泪再也忍不住地往下流。"命运在自己手里",我哭着说,在最后的比赛中拼上我们的一切。其实,教练的安排我都懂,鱼和熊掌不可兼得。只是因为我们不够强,不具备兼得的实力,那么在未来的日子就要加倍努力。哭过笑过,那些失去的,给我留下最惨痛的记忆。既然不想再一次失去,那么从这一刻起就开始努力。为了心中的梦!

这个世界很残酷,但它也很温柔,因为有这么一船人在陪伴着我。

龙舟队,这三字对我来说很沉重,但又很幸福。愿海大龙舟生生不息。

情深似海

黄成裕

（黄成裕，上海海洋大学海洋科学学院 2015 级海洋渔业 2 班学生。于大一第二学期加入龙舟队，右桨。平时兴趣广泛，曾获电子琴十级、跆拳道等考级证书，平时爱好观赏鱼及相关专业知识，积极参加学院和学校举办的各项活动，在班级担任生活委员，负责协助老师帮助同学们解决生活上的问题，外向开朗，与同学队友们相处融洽，平日认真学习动手技术知识，积极加入学校老师实验室工作，热爱生活，常投身于社会实践中。）

可能每个人刚加入龙舟队真的不是为了划船而来，但有着那样一群人爱上了划船，一入龙舟，情深似海，它在我生命中烙下了深深的印记。

转眼间，马上要大三了。回首这一年半在队伍里的日子，不禁感慨万千，辛酸苦辣，全都在这里。在大学，我始终铭记着自己内心所想：进了龙舟队，我会后悔两年，但我不进龙舟队，我一定会后悔一辈子，龙舟队不仅给我了一个不一样的身体，更教会了我如何走向成熟。

我是大一下才下决心加入到这个大家庭中，纯粹为兄弟。那时候我们同一届的人还有很多，我的同班同学也是我的好兄弟许志峰和魏启宇还在队里，他们极力邀请我参加龙舟队，也是因为一次小聚，盛情难却，一番的豪情壮语，我立志要加入龙舟队，不管再苦，再累，他们在队里一天，我就会跟着坚持一天。

三月初的一天下午，我跟着他们俩来到西操场，看到数十壮汉站在跑道上集合，我战战兢兢地凑过去和魁梧的腿哥说："队长，我想进队跟着大家练，可以吗？""哦，好，先去跑十圈吧。"我很自信地开始了第一圈，激动过头，我跑得飞快，一分多钟就跑完，腿哥急急忙忙跟我说不用那么快，跑慢点。好吧，果然是太高估了自己，即使后面慢下来了，跑到了第五圈时，我感到自己已经调整不了呼吸频率；第七圈、第八圈，我的肺感觉在冒热气，喘息声不断；第九圈，还有一圈！要坚持住，第十圈，要结束了！结束了就好了！就这样，我坚持着跑完了第一天的十圈。

走到船库里，腼腆地问了松哥："学长，我接下来要做啥？"

他跟我说等着就好了，之后我的第一位师傅——赛哥走了过来，他耐心地在码头边上教我划船的动作，一下，两下，三下……在岸边望着水上的其他龙舟队员们，我心里充满着期待。第一天的训练结束了，我浑身疲倦，在大学里第一次八点多进入了梦乡。

第二天进行的是力量训练，两圈热身后，趴下身来做俯卧撑，我虚得慌，当喊到二十的时候已经双臂发麻发胀，完全使不上更多的劲，心想，不行，可不能怂，身边的伙伴们都没停下来我不能停，难道自己会比他们差吗？坚持！就这样不断暗示自己不能放弃。喊到五十的时候，我瘫软在地上，趴着，久久不愿起来。已经不记得这一天到底做了多少的体能训练，对当时的自己来说已经是突破了极限了。想想自己居然能做到 50 个俯卧撑，便开始对自己之后的日子充满期待。

忘了第三次训练是星期几，那次是我第一次下水，随手挑了一把木桨，跟着走到了最后一个，异常地兴奋，心想着我也可以下水划船了，虽然笨拙，但是内心里却不停地在想着能够跟着大家划船了。也不容易，一桨一桨，可逐渐发现自己力量不够，不仅要发力，还需要认真跟桨，真是比做力量还要累，到了半圈的时候，感觉已经在缺氧的状态，呼吸跟不上节奏，手臂也麻到抬不起来，每到休息点的时候整个人瘫软在船舱里。真的好累。心里开始有了打退堂鼓的念头。

一周后，我感觉身体渐渐越来越疲惫，感觉有些懈怠，但是还是不停地去健身房锻炼，想尽快赶上大家的步伐。虽然感觉训练的量早已不是内心所能承受的范围，但是想到进队最初的想法，就觉得必须要坚持下去，也要向周围的人好好证明自己，我比别人强，我比别人能扛。就这样日复一日，每一次感觉要坚持不住了，感觉到自己的极限了，可下一次的训练却又将自己的不可能成为可能，期间也有像我这样第二个学期还想来加入龙舟队的同学，可他们最后都没有坚持下来，想想自己还是比别人不一样了许多。坚持，总会有收获，在第二次桨位赛，我成功地在新队员中右桨排到了第三名，很是自豪。

让我选择留下的那件事，还得从 2016 年的中国龙舟公开赛（上海普陀站）说起，那次我们大一的新队员比完赛后，返回学校的途中，突然接到了腿哥的电话,我还以为是他打错了,接起之后才知道是队旗忘记带了,需要我送到比赛现场,一回到学校我立刻去取了旗,乘上了地铁赶往比赛场地。第二天的比赛,由于船被撞的缘故,导致哥哥们需要重赛,而重赛肯定会让成绩受到影响,我心里十分忐忑,恨不得爬到船上给他们送力。当船从码头出发的那一刻,我看到他们互相鼓励,喊着号子,心潮汹涌,真正地被他们的情义所打动。期末的聚会,我偷偷地抹泪,我很害怕,害怕他们走了,我们承接不起队伍。

可能那时最痛苦的,就是暑假的集训了。其实自己当时十分不情愿来到学校集训,但是又不忍心看着队友们在经受集训的折磨而自己却在家享乐。当时第一天上午,虽说已经做好了思想准备,可却是从未有过的痛苦。先是 200 个引体,做完手差不多已经开始破了,正当手已经感觉无力马上进行第二个项目,跑到体育馆三楼蛙跳篮球场一个来回再跑下楼,往返十趟,过程中我不断地呕吐,到最后开始吐胃酸,可我不愿意放弃,我不想认输,自己不会比别人差,跳蛙跳时我双腿都开始抽筋,最后一个来回,边跪边摔,才完成了。本以为第一天的上午,应该是就这样结束了,没想到最后还有 500 个俯卧撑,其实心理防线已经崩溃,运动服早已经湿到不能再浸湿,躺在地上,闷热的天气让我的头昏昏沉沉。一组 30 个,做完第二组,我已经完全没有体力再继续下去。鸡哥搀扶着我去到医务室,此时眼睛已经无力睁开,我躺在床上,汗水又把被子和枕头浸湿了,手不断地抽搐,我只是迷迷糊糊地听到医生问我要不要去医院……什么我都听不进去了,我不想放弃,下午的训练我决不能落下。抱着这样死皮赖脸的精神,我熬过了这个暑假集训,这期间的酸甜苦辣我这辈子再也不会忘记。

开学,迎来了一批大一新生,我顿时感觉自己身上的责任感又重了,现在的身份已不是之前那个别人带着练的新生了,要学会做一个学长。这个学期跟着哥哥们去的全是大龙舟的比赛,最记忆犹新的是中国龙舟公开赛(上海崇明站)的那一次比赛,崇明岛的景色让我仿佛回到了家乡,青青的草地和树的清香,我们的迷你龙舟虽说冲到了第一和第二名,但由于赛制几乎没有休息的时间,大龙舟的比赛失利,有些失落,从那时开始,我下定决心要好好纠正和提高自己,我开始不断向博哥请教划船的姿势动作，纠正自己错误的划法，有空就到码头边的荡桨池练着。印象特别深的是十一二月份的一个晚上，下着小雨，感觉待在寝室太无聊，于是自己一个人跑到了船库拿上了自己心爱的那把我命名为"海洋之心"的桨，把荡桨池的灯打开，自己一个人默默地练着，偶然的一次插桨我找到了哥哥们那种桨入水的感觉，于是一直不停地练习，虽然天气异常地寒冷，但是半个小时的练习后，汗水也把紧身衣浸透，心里很开心。

无论寒冬还是酷暑，迟老师总是一直陪伴在我们的身边，监督和指导我们的训练。寒假回来的目标即是中华龙舟大赛的海南万宁站。舍不得家里多花健身房的钱，每天就在家举哑铃，我的扒拉太弱，就隔三岔五地练背。回来之后，这是我第一次进行寒假集训，大年初五便离开了家，心中充满了不舍，没有好好过完这个春节，就离开父母奔赴训练。天寒地冻，河水冰冷刺骨，我们却苦中作乐，每天都可以在停在岸上的船里捡出冻得厚厚的冰来玩。正月十五元宵节，大早上结束第一节训练课程后，迟老师和孙老师为我们买来了许多汤圆，大家其乐融融地围坐在一起吃元宵，喝一口煮元宵的热汤，整个人暖暖的，其实这里也是我的家。

或许是能力还不够吧，海南站尽管再努力，也还远远不够，我就静下心来准备下一个和哥哥们划船的机会，四月份的长沙站。可是天不遂人愿，不知怎么的，我突然患上了偏头痛的病，在学校休养了两个星期不见好，可检查脑部却说没问题，无奈，回家好好检查一番，可能有关的地方都检查了一次，全无结果，内心几近绝望，最后转来转去才知道原因是枕部神经痛，医生说我不能再进行剧烈运动，否则容易复发，可他哪里知道在家更是一种煎熬，我只能看着大家不断为目标奋斗着，被亲友说是怕累回家休养，常常躲在被子里偷偷流眼泪。不仅是肉体上的折磨，更是精神上的折磨。医治了三天后，我毅然决定背包回学校，我绝不做逃兵，我不想就这样被遗忘，我要证明自己。

我是多么幸运。回来一段时间后，迟老师询问我是否参加全运会的意愿，千载难逢的机遇，一生也只有一次这样的机会了，我毫不犹豫地选择参加，虽然没有完全做足思想准备，但我早已把其他抛在了脑后,我想证明自己,我想让我身边的所有人也因我而骄傲一下,我不是孬种。全运会备战期间,也非常艰辛,放弃了与亲人朋友团聚的机会,而队伍教会了我男人的担当。迟老师也一直为我们放弃了他陪伴家人的时间,他一直都是这样,以身作则,教导我们成长。

集训的苦痛,无需再提。决赛时当老师决定战略放弃大龙的时候内心其实有些动摇了,我本想证明自己,可却完全无法实现,但我应该理解老师的决定,作为成长了一年的队员,我必须调整好心态,所有的思想都得以队伍的利益至上。迟老师曾经说过,我们缺少的就是大将之风,我想,这时候的冷静,也正是学习何为大将之风的时候吧,只要为了全队的利益,我愿意牺牲自己。当龙舟冲破终点线的那一瞬间,我所有内心复杂的情绪都随着眼泪宣泄了出来,有不甘,有苦涩,有快乐,也有不舍。回首全运会,回首这两年,真的很感谢迟老师和孙老师一直的陪伴和付出,还有戚老师、卢老师为我们不辞辛劳,保障我们的后勤,兄弟们不停地鼓励,家人们对我的支持和理解。

我的哥哥们,这次比赛后再也不能有机会一起划船了,曾经熟悉的声音会不见了,想到这,又不禁潸然泪下。兄弟情,战友情,也许就是只有一起流过血,流过汗,流过泪才能体会吧,龙舟队教会我的,远远不只是划船这么简单,带给我的,永远比强健的身躯和无上的荣耀来得多得多,迟老师和孙老师则一个像爸爸,一个像妈妈,陪伴着我们成长。

再见了,我的哥哥们,有空要回来看看,我们要把队伍带得比你们更好。

我的大学龙舟梦

黄瑛琪

(黄瑛琪,上海海洋大学 2016 级食品学院建筑 1 班学生。于 2016 年 9 月份入队,担任右桨。大一上学期在班级担任团支书一职,获得优秀班干部称号,并在第一学期获得学校人民一等奖学金。入队 5 个月,于 2017 年 2 月份首次参加中华龙舟大赛担任替补,随后作为正式队员参加比赛。自入校以来,一直秉持着"勤朴忠实"的校训,努力学习,做好每一件事情,让自己变得更加优秀。)

军人家庭的我,从小受父亲影响,常常听父亲讲起部队的生活,在我记忆中很美好,但由于从小体质比较差,那种生活似乎离我又很远。一直渴望一个机会体验那种生活,锻炼自己体质同时磨砺自己意志。幸运的是,进入大学后一切都很不同,大学很多社团,可以适应很多人的需求,在这里我认识了一群不同的人。当然,在众多社团中,我选择了龙舟社。

初识,进入大学后,在军训中听连长说,龙舟队是全校体能最好的社团,门槛很低。正逢龙舟队早训,看到他们体格强健,才真正认识到龙舟队,训练很累,时间很固定。

在龙舟队社团大会上,一个很大的台阶教室坐满了人。虽然这个社团在训练上要求严苛,但也一定程度证明了这个社团的人气与魅力,看到很多老队员关系非同队友的关系更像是亲人好友,无话不谈,第一次从心里感受到龙舟社的凝聚力。在会上,认识了很多前辈,虽然不太熟悉,却让我肃然起敬,我深知没有这些前辈的默默耕耘就没有龙舟队不断前进的今天,作为晚辈我也心中默默想着,希望有一天能用自己的微薄之力为队伍做点贡献,那也是多么荣幸的事啊!令我印象深刻的是,龙舟队教练迟焕祺说:"现在我对你们的认识一片空白,你们对这项运动也是零接触,接下来的日子里,你们要用行动,让我看到你们的进步,让我认识到你们,只要努力任何人都有机会!"此刻我心中对龙舟队这个队伍更加从心里认同,机会人人平等,只要努力去争取任何人都有机会,同时,心里也充满了压力,虽然龙舟队门槛很低,但想留下来却不容易,何况做好每周的训练并不容易,对于以前很少运动,体能很差的我更是难上加难,但选择了我就从不会后悔,受军人父亲的影响,从小我骨子里就没有退缩的意识。接下来的日子,基本就是在潜移默化接受一些新的目标,这种科学训练法,由易到难,不断去突破它们,重复又重复,教练说只有按他的要求练够了量,就会由量变积累达到质变。对于没有任何运动天赋的我,我要做的只有听从教练老师们以及老队员的指导,勤能补拙是我一贯的信念。

就这样,我用勤奋努力行动书写了第一学期。甚至寒假都不敢懈息。在这个简单纯粹的队伍里,我一直都在坚持,不懂就请教学姐们,她们都很热心,慢慢地我改掉了很多动作上的不规范,对龙舟这项运动也充满着热爱,对龙舟队这个大家庭也充满着深厚感情。训练的时候很严肃,但训练之余大家有说有笑,我很喜欢这种环境,感觉自己很幸运。第二学期,我迎来了我的第一场比赛,我怎么也不敢想我可以被选拔去参加中华龙舟大赛海南万宁站,这对于我来说真的是个极大的挑战,但既然选择了我,我就要全力以赴做好准备。

为了备战万宁站比赛,寒假的集训很辛苦,我们很多人大年初三就从家里出发来学校,坐一天半的车,然后大年初五开始集训,家人很心疼我,但看到我现在的成长,就支持我去做自己想做的事,去积累去成长,其实我心里深知他们有多么舍不得,一年只能回两次家,忍住泪水我很感激,同时也深知前面有多少困难等着我。那时我很淡然,因为一起来集训的有很多人,男队女队的大家庭里也有我,我没有感觉到孤独。也因为有了这个大家庭,让我学会互助互乐,有了一群人专心一起做好一件事的团队精神。由于第一场比赛,我的状态时好时坏,心理素质不是很好,这一站,我是替补,看着师兄师姐们在赛场上迎风斩浪,男队首次摘得 500 米金杯,女队首次摘得第一个奖杯,虽然是铜杯,但这在女队史上意义重大,虽也没想到,这群姑娘们爆发小宇宙有多强,整个比赛中,我一直在岸上呐喊!万万没想到的是,作为替补,我上了领奖台,我非常开心,但我没能和队友们并肩作战,我又感到了一丝孤寂,沉默中,我心里定了个目标,下一次比赛,我一定要成为正式队员,我们一起创造奇迹!就这样,我上了电视,但还只在领奖台上,我下定决心,我下一次一定与队友同舟共济,划好每一场,争取获得更好成绩!晚上聚会我哭了,哭得很伤心,大多数人也都哭了,可能各有各的痛吧,有的埋怨自己为什么不多顶十几桨成绩就可以完美了,有的听说下一场比赛有的人不在了心情很沉重……就这样很久很久以后我们才回去。我头痛欲裂,很快就睡了。第二天醒来看到了昨天晚上,爸妈发给我的祝福,原来他们一直都在关注我们的比赛直播,看到他们发我的比赛截图,我感动得流泪了。我想父母应该曾在电视机旁为我呐喊过。

经过海南的洗礼,我们也越来越成熟了。经过之前的一些比赛总结,我们也为了下一站做好了充分的准备,这一次中华龙舟大赛是在湖南长沙,比赛机会是公平竞争的,迟老师说只要努力任何人都有机会,我也看到了其他人都很努力,我感到了很大很大的压力。虽然努力的人就应该获得回报,竞争非常大,我也希望能够参加自己家乡的这场比赛,为了实现之前没有实现的愿望,我想在赛场上留下自己的汗水拼搏,而不只是自己的掌声,我希望有人为我鼓掌。为了准备这次比赛,我请教过很多学长学姐,不断地重复练习他(她)们教给我的动作,晚上去健身房加训,白天努力做好每一项训练,为了获得更加成熟的比赛心理,我不断地翻看之前很多场比赛的视频以及我平时训练的动作。这段时间很累很辛苦,但是我觉得这种为了目标奋斗的过程很美好很感动。终于,功夫不负有心人,我们迎来了这场比赛的桨位赛选拔,我做好了充分的准备,最后进入了比赛人员名单,很开心能够再次跟着去比赛,我也很珍惜这个机会,想着能够回到家乡比赛,这对于很多人来说都是一个很开心的事。

之后就是全运会预选赛,我们先是去上海水上训练场参加运动员选拔,跑了3000米,接着是各种测试,去参加全运会上海队的选拔。上海海洋大学水上项目2008年重建,不断参加各种赛事的比赛,并不断创造了一个又一个的奇迹,这几年不断赢得各界人士的关注和好评,由于出色的表现,我们队大多数人都被选中,在外人眼里的小概率事件,在我们看绝非偶然! 平时训练特别辛苦,加上要求比较苛刻,这样一个环境中,我们付出比别人更多的努力与坚持,被选中当然是情理之中的事,这个过程只会比想象中辛苦。我们是一支有思想的运动队,也是一支有拼劲的学生军,虽然辛苦,但我们互相扶持同舟共济,虽然枯燥,但我们善于发现美。在困难中成长,学会苦中作乐。

学校龙舟队参加全运会受到校领导高度重视,我们也深明肩上的重担,一定要拿到好成绩! 龙舟项目也要经过层层选拔,我们要通过六月初的预选赛才能正式进入全运会赛场。作为学生军,我们知道自己与专业队的巨大差距,另外我们还要克服繁重学习的压力,所以我们还要做得更多,为了统一训练,我们队伍集体搬进了离学校码头最近的16小区,为了不跟上课冲突,每天早上五点起床开始准备训练,直到七点半才结束训练,吃完早餐后,又步伐匆匆赶往教室,下午上完课后四点半开始训练,真的是一点时间都不敢耽误,整个过程只有经历过的人才会懂。

六月初,我们作为上海市龙舟代表队去广东东莞参加预选赛,为了从 29 个来自全国各地的队伍中拿到仅有的 8 张全运会决赛入场券。在东莞我们遇到前所未有的对手与挑战,去适应广东高温高热天气,去适应全运会紧密赛程,去挑战来自各个省市自治区的强队,我们调整好心态,划出训练水平,队员们划好每一桨,拼搏进取,勇争第一,用头脑和勇气,最终入选决赛,艰难拿到了入场券!

龙舟育人

李　力

(李力,上海海洋大学经济管理学院,2014 级物流 2 班学生。2014 年 10 月加入上海海洋大学龙舟队,2016 年 7 月至 2017 年 7 月担任女队队长。五次获得上海海洋大学人民奖学金一等奖,一次物流沛华奖学金二等奖。多次代表上海海洋大学参加龙舟、皮划艇比赛,并取得优异成绩。其中 2015 年辽宁抚顺亚洲大学生龙舟锦标赛摘得两金一银,2015 年、2016 年全国大学生皮划艇名校赛获得女子双人皮艇 200 米冠军,2017 年中华龙舟大赛海南万宁站获得 200 米第三名。在班级中担任学习委员,多次获得优秀信息员、优秀学生、优秀学习标兵等称号。)

2014 年 10 月 14 日,这一天我记得很清楚,是我进入大学以来第一次社团招新。也就是这一天,漫不经心填写的一张表格,竟决定了我大学未来三年的生活,对我今后的发展也有很大影响。

大学之前,我对体育很厌恶,跑步最慢、跳远最短,不擅长也很少接触任何其他运动。5 岁开始学钢琴,直到高中二年级。我向来认为自己是一个很喜欢音乐的人,从小到大无人陪伴的时刻都在弹琴。高中毕业学习弹吉他,大学军训期间学习吹口琴,社团招新那天还加入了吉他社,报班学习架子鼓还有吉他。我以为我大学生活的主场应该是围绕着鼓点、围绕着音乐。然而,围绕的却是一条有鼓点的船。

与大多数人不同,招新那天我才知道学校还有龙舟的存在。当时对它的印象也就只是端午节、游船。感觉去玩一玩水很不错,根本没有竞技体育的概念。随便填了信息表,很憧憬划着龙舟去游玩。很庆幸当时对龙舟了解不深,否则我一定不会对它有任何的兴趣。回想这三年,龙舟带给我的,远比我给它的要多得多。我想,可以把这三年的龙舟生涯分为两个阶段:坚持和责任。

坚　持

社团的招新大会因故没有参加,又错过了一次了解龙舟的机会,否则我很可能会选择放弃。我想这是上天故意安排的,让我在不知情的情况下去慢慢接触体育。

第一次社团活动(其实是真正意义上的训练课)是田径场测试跑步,心理抵触,再加上确实有事,就逃过了。接下来就有了水上训练课,第一次接触龙舟,感觉还不错。过了一段时间,发现运动其实也没有之前那样讨厌。渐渐地,还产生了期待训练、挑战跑 10 圈的想法。当时的 10 圈是 4 公里,在同学眼里这也是一个很大的数字。但现在想想,也只是 4 公里而已。刚进队的时候训练强度不高,这是一个循序渐进、适应更高强度训练的过程,也是一个让我慢慢接触体育、看到自己有更多可能性的过程。

2014 年 11 月份,女队有了一次去海南参加中华龙舟大赛的机会。缺少 4 名队员,需要从新队员里选拔。第一次桨位赛测试,我和曹云庆的成绩差别很小。在第二次针对我和她的桨位赛中,因为自己的失误,快到终点时听错口令导致提前停桨,一秒的差距,所以我没能参加这次比赛。记得当时很难过,见到队长没能忍住眼泪。可能最主要的情绪是遗憾。当你和成功相差甚远时,你可能不会为自己的失败而难过;但是当成功很有可能,却因为自己的失误而失败的时候,这一点遗憾,会在心中停留很久。

12 月份,电声乐团的同学问我要不要去做键盘手,我面试也通过了,但是思想上挣扎了很久。一边是自己喜欢的音乐,另一边是训练很辛苦而且遭受小挫折的龙舟。最后选择了龙舟,这个原因可能不是电声乐团能够带给我的——龙舟社团,这个像家一样温馨而又温暖的地方。

转眼到了 2015 年 5 月份,也迎来了我的第一场比赛,中华龙舟大赛江西鄱阳站。为了这次比赛,我们进行了 7 天的集训,我感受到了从没吃过的苦,很多时候肌肉酸痛到无法抬起,但是大家在一起无论再苦再累都是很开心。这是一船好姐妹。比赛的结果是 100 米、200 米、500 米都获得了第四名(一共四支队伍),教练对成绩没有任何要求,只需要我们发挥自己的真实水平就可以了。当时我对成绩没有好与坏的分别,印象最深刻的还是出去玩了一趟,比较开心。

同年 6 月份,辽宁抚顺的亚洲大学生龙舟锦标赛,我们参加混合艇比赛,需要 4 名女生划手,两名老队员加上从新队员里挑选的左桨右桨各一名。又是一次桨位赛,这一次我成功进入。这次比赛没有停课集训,在半个月的准备期中,跟男生大三老队员一起训练,这段时间是我对划船技术有更深入的理解以及改进的阶段,成长很快,也学到了很多经验。这次比赛的成绩还不错,两金一银。回到学校之后还登上了校园网的新闻头条。但是我怎么也没想到过,今后的日子里,想要在龙舟上取得一枚金牌,是有多么地不容易,多么地艰难。

同年 10 月份,浙江丽水举办了 2015 年首届中国皮划艇名校赛,队员自愿报名参加。趁着十一国庆节假期,我们简单准备,从入门学习划皮划艇开始。这一站比赛的成绩也不错,我和彭倩获得女子双人皮艇 200 米冠军(在 2016 年 10 月份浙江丽水的全国大学生皮划艇锦标赛中,我和彭倩蝉联女子双人皮艇冠军),混合接力和四人划艇都获得了前三名的好成绩。虽然这次比赛获得了第一名,但我始终不认为自己是真正的第一名,我认为自己仍然拥有很多需要弥补需要去加强的地方,没有骄傲,更多的是背不起这块奖牌的重量。

2016 年上半年,是女队没有比赛的日子。但我们从没停下过脚步。为了今后的比赛提前打基础,大家开始每天晚上到力量房加训,包括大一的部分新队员。这半年也是我们这一批大二队员向主力队员过渡的过程。

时光飞逝,我已经在队里成长了两年。这两年对我来说应该用"坚持"二字来形容。从抵触体育运动到成长为主力队员,这期间的很多次训练让我感受到折磨身体的痛苦，一次次接近极限，在极限的那一瞬间，很多次想要放弃，但是等身体恢复以后，这些想法又都烟消云散。龙舟、运动已经渐渐融入我的生活，并且成为一部分，怎么会说放弃就能轻易放弃的呢。

责　任

同年 6 月，在龙舟生涯即将开始的第三个年头里，我担任了女队的队长。队员到队长的转变，是责任的转变，从只顾个人到思虑整体的转变。

在这一年里，我每天都在想如何去管理好整个团队，如何引导正确的思想导向，如何调动队员的训练积极性，如何保证训练质量，纠正技术动作，让整条船更上一层楼。我认为自己有比她们更丰富的经验，不论是在技术上还是比赛中。我想尽我所能、尽快把这些教给她们，让她们尽快长大。这或许是每一任队长在任期间的目标，想划出比上一任更好地成绩，优化队伍的各个方面。

很感谢我的队友们，她们很支持我，也都很努力。

2016 年 11 月的中华龙舟大赛浙江丽水站，女队 100 米、200 米、500 米分别获得了第五名、第四名、第四名的成绩，这是当时女队在中华龙舟大赛上获得的最好成绩。为准备这次比赛，我们进行了半个月的不停课集训。白天水上训练时间不够，晚上教练开着车灯下水训练。一直以来我们的目标是 100 米冲进 30 秒，200 米冲进 60 秒，这次集训中，我们终于达到。

为备战 2017 年 2 月的中华龙舟大赛海南万宁站，大家寒假提前赶回学校，进行 25 天的集训，训练中各个项目都不断刷新我们的历史成绩。女队在此次比赛中获得了 200 米第三名的好成绩，这是女队历史上第一座中华龙舟大赛的奖杯。这一刻我等了很久，我和晓晨等了很久，作为这条船上两名"独二无三"的大三老队员，过去的两年里一步步跟着女队，看着它从萌芽到开花。这一路以来经历怎样的身心折磨，想要站在领奖台上的渴望，我和她感受最深刻。

5 月份，我们迎来了全运会，这或许是我龙舟生涯的最后一场比赛。能够参加全运会，是我们的荣幸。女队 12 人龙舟各个项目皆获得第六名,虽不像男队那样获得前三名的优异成绩,这是我们自己最真实的水平,与过去相比,女队在茁壮成长。很多次 0.2 秒、0.1 秒,甚至零点零几秒的差距令人唏嘘,也让人反思"细节决定成败"这句话的真正含义。

弹琴教我何为耐心,划船教我何为坚持。作为一个将要退队的队员,心中有万分不舍,还想继续在这里走一阵。三年来,从一个不懂体育、厌恶运动的人,到一个想要在运动中不断打破自我的人。让我看到我的极限无底线,很多事情我都可以做到更好,我有更大的潜力,勇于挑战并付诸行动,这是融入我身心的一种精神。

很感谢三年以来迟教练、孙教练以及各位老师对我的培养。教练的付出,远比队员要多。每一届比赛的优秀成绩,都离不开前几届队员、队长为整个队伍所打下的基础,所以很感谢我的队长周彤敏学姐,也很感谢一直陪伴在我身边的所有队友们。没有这些人,不会有今天女队脚踏实地走来的成绩。

愿海大龙舟生生不息,越来越好!

那一年,那条龙
廖　萍

(廖萍,上海海洋大学经济管理学院 2015 级金融学 1 班学生,2016 年 10 月加入上海海洋大学龙舟队。自入队以来认真对待每一次的龙舟训练,作为女队为数不多的替补,绝对服从命令,积极配合日常训练,严于律己,当好角色。学习认真,获得一等人民奖学金多次,国家励志奖学金等,多次获得优秀团员,班团干部等先进个人称号。在课外积极参加志愿者等活动,结合自身兴趣,把专业知识特长爱好运用到生活中。)

晚风轻拂的清水码头,显得格外动人。漫步在岸边,架起的龙舟,依然神采飞扬。手机响起了《追梦赤子心》振奋人心的旋律——初听此歌是在入队前的龙舟大会上,是队歌。转身原来将近一年,思忆也随那卢潮河里的涟漪荡开。

全运会的征程，漫长而短暂

当时间定格在 2017 年 7 月 17 日的下午，湖南的柳叶湖畔，参加全运会的征程或许就这样画上了句号。夏风拂面，杨柳依依，终于结束了却也希望能继续着。我的大学，我的龙舟。

出征回来的这几天，都会偶尔翻看留存在手机里的照片。我们的青春，或许因为这一段的旅程而变得有故事有趣味多了。每一张的大合照，每一个人都笑容灿烂。而耳边似乎也在回响着一遍遍的"拉水，走嘞""快到了，挺住""一二三四，跟齐桨"等的口号。在这段集训的日子，我们渐渐形成默契；在这艘满载友谊的大船，载满了很多属于我们的独家记忆。

当晚的聚餐，举杯畅饮下是哭笑交织的难以割舍的友情。已是好久不发朋友圈的我，按捺不住地分享了："从四月到七月，从广东到湖南，从预赛到决赛，一路闯进全运。三个月的备战，一条龙一条心！第一次喝了那么多，想醉也醒着，或许有遗憾才能完美。明天过后，有些队友或许再难相见了，道一句珍重，期待重逢。集训的日子，有太多的故事，而回忆，是一条没有尽头的路。点点滴滴的感动与鼓励，姐妹情，队友情，温馨的大家庭。那些人，那些事，教会我成长！龙舟人，龙舟魂！"打下这些文字的时候，记得是在与一些大三的老骨干队员坐着，每个人都很安静，将近十一点了，他们都毫无睡意，许是能多待一会是一会吧。将近三年的友情，每一个龙舟伙伴都是重感情之人，也深深体会到，只要上了这条船，我们就是一辈子的兄弟姐妹！无论曾有多少的不悦，都可以付诸一笑，只记得，彼此的关怀与并肩作战。那晚，翻看圈里朋友的分享，真情的流露，真实的自我。有大三即将退役的学长学姐道出了自己三年来的坚持与辛酸，有大一大二的我们对龙舟的坚守与决心。每每读阅，都莫名戳中泪点。许是，这份龙舟精神已悄然进入到我们每个人的骨髓里了。

与龙舟队的初相遇

与队友很多人不一样，我并不是以一名大一新生的身份加入的龙舟队。想起张爱玲写下："于千万人之中遇见你所要遇见的人，于千万年之中，时间的无涯的荒野里，没有早一步，也没有晚一步，刚巧赶上了,那也没有别的话可说,唯有轻轻地问一句:噢,你也在这里吗?"遇见龙舟的我,只想道一句,"哦,原来你也在这里啊。"2016年的10月,偶然的机遇,刚作为大二学生的我,在上课途中,瞬间被在学校海星广场进行的百团招新吸引,一条大大的龙舟备受瞩目。对于龙舟其实自己并不陌生,家乡也是有端午龙舟比赛的传统,但从未投身试过去划,加之身边有同学朋友早已加入,听到了不少关于队里的感人有趣故事,心动了。我便怀着好好去强身健体,让大学生活丰富的初衷,欣然地报了名,才匆匆赶去上课,把身边的室友给惊呆了。

大一的我,懵懂以及家里的变故,错过了,但还好,大二的我,努力地抓住,只想有个无悔的青春,弥补内心的遗憾与胆怯,让自己变得勇敢,更加坚强!就这样,我与龙舟结缘在十月,走到现在,将近一年,很庆幸自己,能坚持下来。其实,真的,当时比较随意,不曾想过,自己能坚持走上了全运会的舞台,甚是惊讶也激动!

训练的日子,痛并快乐着

初入队里,我的内心是很忐忑纠结的。那时,与自己一起入队的几乎是大一新生学妹们,当学姐的我感觉"混"在一起略显尴尬,但后来知道队里也有不少跟我一样大二入队的姐妹,就渐渐放开,不那么拘束。其实健身锻炼从来是不分年龄的事,只是自己的心理作怪罢了。"这里的大门随时都会为你们敞开着,能留到最后的一定是最强的",大迟教练的话语依然言犹在耳。

龙舟队的训练会很残酷,我们都不是体育特长生,都只因兴趣而在一起,去接受专业的训练,无疑会是一条充满艰辛的路。而在队的一年,划大圈、速度划、拉测功仪等一听就怕的训练渐渐习惯了许多。龙舟队的训练浇灌了汗水与泪水,只有坚持下来的人才会懂得这个团队的温馨有爱,而每一次的训练都是对自身的一次挑战,只会更好。

态度决定高度,这话真的不假。进龙舟队后的日子里,让自己感到变化的应该是自己为之努力的态度转变吧。说真的,我一开始并没有要去争取参加比赛的想法,单纯的只想有个有规律的健身锻炼时间,在学习之余放松一下,结交一些有趣的朋友。虽然起点低,与其他人相比都学得慢,力量训练都弱人一等,也会鼓励自己去用心做好。在第一次桨位赛时,记得很清楚,发挥得不错,左桨第三,然后有机会被队长安排到与老队员合船学习,在那次之后,受到鼓舞,努力一把也许自己也是可以有机会的。再后来,有个去海南参加比赛的机会,我挺想争取,但自己实力仍不够。有老队员们的榜样,提醒着自己要去不断提升自己。到现在终于与队友并肩作战一路闯进了全运会,想来也真是难忘。队友的鼓励与帮助,老师的安慰与苛刻,每一个人,都可以咬牙坚持,遇见更好的自己。在这个队里,是越努力越幸运的。我敬佩那些队友对自己有严格要求,每天的晚课后都去健身房,顽强拼搏的斗志精神,让我感动,深受感染。他们取得的进步都与他们流过的每一滴汗与泪是密不可分的。

有时候想想,自己是蛮幸运的。刚入队不到一年,参加全运会是自己不曾有过的想法,而学校的龙舟队却为我们提供了极大的舞台。从最初的报名到正式集训,这一路百感交集,纠结过也喜悦过,但还好,我们都坚持了下来,共同为一个目标去奋斗。最记得,备战全运会时的五一假期,我们女队大多放弃了度假机会,在码头顶着烈日训练。一直以来划船欠佳的我在队长与老队员的帮助鼓励下,进步很大。那一天,真的给了我坚持走下去的莫大信心。

划船或许是一件孤独的事,但每人都会在孤独中让自己变得优秀。作为大学生的我们,一边训练一边应对学习考试,二者的协调对我们都是考验。队里的学长学姐,全面发展,榜样的力量,鼓舞我们既要训练好又要学习好。有一段时间,课业繁多而自己也要加强训练,倍感压力,好几次都差点在课堂上默默哭起来。一边不敢放弃学习,一边不能缺了训练,幸得身边的队友与同学朋友鼓励开导,才把我这份幼稚的抱怨除掉。再大的困难,都可以有它解决的方法,既然选择了,便只顾风雨兼程。

清水码头划下过每一条龙舟的痕迹,健身房里流下过每一个人的汗与泪。训练的日子里,笑过也哭过。曾因为自己力量不足不想给队拖后腿而去健身房补习,恨自己还是力量太小而愧疚流泪;曾因自己老泼前排同志一身水技术不长进,怪自己老学不好而难过流泪;也曾因为队里相互鼓励扶持间的幽默画风而嘻笑;曾因每一天的充实训练而开怀大笑。哭笑的训练,人生的百态,龙舟教我成长,教会我要对自己负责,对他人负责。龙舟精神,潜移默化,影响每一位龙舟人,不忘初心,方得始终,龙舟运动带给我们的更是心智的磨炼。

家一般的相伴

龙舟队的两位领头人,迟老师就像爸爸,严肃认真而不失幽默细腻;孙老师就像妈妈,默默守护而不失细心严谨,还有一直默默为我们奔波劳碌的戚老师,像母又像父,再加上我们这 50 个个性各异的大孩子们,一起吃饭,一起训练,犹如一个大大的家!

敞开心扉,我很动情,在这里,我似乎找到了父爱般的感觉。父母失败的婚姻,父亲的离世,单亲家庭里长大的困境,是我心里难以开口的痛。曾羡慕过有着完整家庭的孩子,自卑过沮丧过,很没自信。而在队里,每一天都是有趣快乐的,有着家的温暖。教练老师们像爸爸像父亲,严厉的眼神里都是对我们深沉的关爱,我感受到了父亲一般的关怀,或许,真的,我不缺父爱。更有兄弟姐妹般的互爱互助,我不再孤单。谢谢你们,给了我"家",给了我坚持下去的动力!

萍水相逢,相遇相知。翻看自己这一年写下的日记,竟发觉很多的点滴都与龙舟队有关。我是幸运的,这一年即使有过遗憾,但不后悔的是,加入了龙舟队。愿坚守这一份热爱,继承这份顽强拼搏的龙舟精神,走好往后的每一步。

龙舟人,龙舟魂。

三年龙舟生涯,青春无悔

刘 豪

(刘豪,上海海洋大学工程学院 2014 级机械设计制造及自动化 4 班学生,中共党员。自 2014 年入校加入上海海洋大学龙舟队,至 2017 年全运会赛事结束后退役,在队三年。在龙舟队为骨干队员,大三学年担任龙舟队附属赛艇社社长。大学三年期间获得一次国家励志奖学金,三次人民奖学金二等奖,两次奖学金三等奖;曾作为队长参加上海市决策仿真创业大赛,并获得上海市二等奖;大一期间担任班长、团委干事等职务。在队期间努力训练,曾为校取得过多次荣誉。)

多少次我们无酒不欢,咒骂三年太短,唏嘘相见恨晚。

2017 年 6 月 17 日 15 时 35 分,全运会龙舟项目男子 12 人龙舟 100 米直道赛决赛结束,至此我的大学生龙舟运动员生涯告一段落。和船上大多数队友一样,我也将脱下上海队和上海海洋大学龙舟队的战衣,将自己的天赋和努力带到自己未来的工作之中。回想我的三年大学龙舟生涯,感触颇深,收获许多,有烈日挥汗的激情,有经过一次次训练而渐渐强壮的肌肉,也有比赛获得的奖励,但我觉得更重要的是通过比赛的历练,一船人的心智变得更加成熟,遇事变得更加沉着以及获得的同舟共济的友情。当然也有许多牺牲,上大学之前想象的悠闲而惬意的大学生活因为加入龙舟队而截然不同,以为可以慢悠悠走到教室上课变成了冬日严寒里的早训,下课后湖边弹弹吉他变成了匆忙赶到码头去训练,但我庆幸有这段经历,教会了我坚持和守时。加入上海海洋大学龙舟队的第一天,我的队长曾说这里"以真心交朋友,以实力赢尊重,加入龙舟队是最正确的选择",三年过去了,对这句话理解得更加深刻,铁打的营盘流水的兵,队里来来往往很多人,坚持三年的却不多,很幸运我是其中之一。相信每个待过三年的人都会有坚持、信念和些许矛盾,回忆我这三年,我想把它分成三部分:期待、疑惑和责任。

期　待

匆匆忙忙填完了高考志愿,苦苦等待才接到了大学录取通知书。上海海洋大学是第五志愿,上海是一个有魔性的城市,于是稍微失落又莫名激动。不知不觉九月份到了,我离开了家,到了一个完全陌生的城市开始我的大学生活,刚到学校前几天的晚上,看到老生们悠闲得在校园里散步,三五成群地坐一起聊天,心里想原来这就是大学啊。突然我看到了一些不一样的身影,梦想拥有的身材和十分黝黑的皮肤,手里又拿着没见过的桨,于是好奇,初到学校又不好意思上前询问,故放在心里等慢慢发现。直到一次军训,龙舟队的学长在军训场招新,我才第一次了解到了海大龙舟队,于是我怀着好奇的心理以及想健身的小目标选择加入了龙舟队,期待在这里能发生些什么。然而进队的场景吓到我了,现在还历历在目,两百人在操场集合,跑操的队伍占了大半个操场,第一次训练跑了五圈,有人掉队,但大部分还在坚持,身体素质并不出众的我在队伍后面默默地跟着。第一天的训练结束之后,很累。记得队长问"还能不能坚持?""能!",声音充满了整个操场,但是第二天就有三分之一的队友选择了放弃。队伍的门槛很低,入队没有考核,如果坚持不了可以离队,甚至无须告知,当然这也决定了如果想得到教练和队长的认可和重视,就必须提高自己的实力,我是一个不愿意认输的人,我期待着我像队伍里的强者一样,用实力说话。在队里的第一个学期,我一直处于中下游水平,身体素质不出众,划船技巧欠缺,所以桨位一直在后排,但我依然不想放弃,只见身边的队友一天天减少。每周的训练依然继续着,枯燥而辛苦,看着队里师兄们出去比赛,讲述他们比赛的感觉,很是羡慕,于是期待自己的第一次比赛,哪怕是小比赛也可以,不敢想象去打中华龙舟大赛这样的大型赛事,更不用说全运会了。第一个学期以陆上训练为主,主要是体能训练很少上船,会有一批新队员提前进行水上训练,我不是那批,记得那时努力训练就为了一个目的:能上船训练。第一个学期很快过去,新队员没有机会比赛。第一个学期末龙舟队年终聚餐,我才知道这是队伍的传统,总结过去、憧憬未来。一个学期的历练,我的身体略微有些变化但又不明显,身材依然偏瘦,这对一个划手很不利,增肥成为我的目标,于是每晚的健身房加练成了常态。终于等到大一的最后几周,我迎来了自己的第一场比赛,那也是大三队员的最后一场比赛,印象很深。那是在上海的郊区奉贤区碧海金沙打的一场比赛,那场比赛的结果并不好,在追逐赛我们只获得了第九名,或许是新队员的实力还不够,但不管怎样第一次比赛就这样过去了,之后大三的老队员退役了,我们迎来了下一届。路还在继续,总要往前走。

疑　惑

终于到了我期待的第二年,我们摆脱了"新队员"的称号,这就像部队里摆脱"菜鸟""新兵蛋子"这样的称号一样,突然觉得新奇而兴奋,我们招来的新队员会是什么水平呢？我们这学期会打几场比赛？我们的身材会像以前的老队员一样壮硕吗？怀着这么多疑问,我迎来了第一次暑期集训,这次集训给我留下了很深的印象,因为开学第一周有场世界休闲体育大会青岛站要打,为了保持竞技水平,我提前半个月来到学校,和教练还有队友们一起顶着烈日在河里训练,令我意外的是,因为大龙舟人数不够,队长和社长需要在新队员中挑出三个来一起配艇,很高兴我是其中之一,很惊喜我第一年的努力被得到认可。集训对我非常有挑战性,不论是身体还是心理,身体上我要承受比以前大几倍的训练量,心理上我要接受我在这条船上比较靠后的位置。这次集训的意义远不止于我能代表学校打比赛,而是我真正体验到了之前老队员们讲的集训中一船人一起吃苦的感觉,走在校园里可能碰到的都是集训的队友,睁眼闭眼都是集训的队友,每天的任务就是提高身体素质和划船技巧,那种一群人专注一件事的状态是我最难忘的。经历过那次集训后,我的身体也发生了许多变化,肌肉线条更加明显,划船的技巧也有提升,在集训过后的第一次桨位赛我的成绩一下跃到了第一梯队,成了队伍的主力。接着开始了忙碌的比赛,云南绥江、浙江兰溪、上海市总决赛等等,一站站比赛的历练,我的心理素质有了很大的提高,比赛前少了一份紧张,多了一份淡定。除了高密度的比赛,最令我难忘的还有冬季早训,早上五点半起床,六点集合,围绕校园跑两圈开始体能训练,这个传统绝对是对意志力的磨砺,上海潮湿寒冷的早晨,校园里除了风声还有我们的脚步声和口号,但在队友们的脸上挂着的不只有疲惫,还有快乐,一群人围着操场做俯卧撑的经历很是难忘。此时的我,却有很多困惑。在队里一年多了,每周高强度的训练占据了我大量时间,退队之后我要干什么?继续划船吗?我的工作怎么办?我周末想出去旅游,不想训练怎么办?……一大堆的疑惑在我心里,我也没有和任何人谈心,就把它压在心里,与此同时,我对划船的热情在一点点衰退,与之而来的是我桨位赛一点点的落后,以至于我失去了第一次中华龙舟大赛的比赛机会。桨位赛无法挤进前六,所以我只能待在家里继续训练,看着自己的队友们出现在直播镜头里,那种感觉对我很伤,我想成为其中一员,但训练的激情又提不起来甚至想过退队,这种矛盾伴随着我有半个学期,水平处在队伍中间位置。不知不觉大二的最后一场比赛竟然到来了,没有一点点防备,又一批队员即将退役。最后一场比赛我们很是热血,那是中国龙舟公开赛,仅次于中华龙舟大赛的国内赛事,面对的对手都将是职业队,但我丝毫不畏惧,每个队友都拼尽全力,比赛准备出发前全船一起嘶喊来宣泄压力,震撼对手,最终我们拿到了中国龙舟公开赛亚军,我也找到了当初渴望上船比赛的感觉。心里的疑惑也渐渐消散,队伍对我精神品质的磨砺在以后的生活中将是非常重要的,于是我开始从心里真正接受这个队伍,把它作为自己的一个家,一个硕果累累的大家庭。在这学期末队里也给了我们很大的福利,我们将代表上海市出征台湾,和宝岛的同胞们打场交流赛,这次比赛没有任务,交流为主,台湾一行每个队友都很开心,而开心过后,我们这届即将挑起重任,不仅要提高自己,还要带领师弟们一起进步。

责　任

经过了疑惑的大二,我的思想有了很大的提高,不再像以前一样浮躁,也学会了认真分析自己的技术特点,开始思考如何才能将船划快,这期间队长魏志博对这条船非常重要,他就像船长帮助船上每个人找到自己的位置,从领桨到船尾桨手,每个人都开始清楚自己的分工,特别是参加中华龙舟大赛的那一条小龙舟上我的每个队友,那种默契是通过日复一日的磨合才能做到的,在2016年的十月份我迎来了自己龙舟生涯的第一次中华龙舟大赛:浙江丽水站。船上许多队友和我一样都是第一次参加这种大赛,久违的紧张感令我感到兴奋而又刺激,第一天的资格赛我们顺利打入正赛,进入正赛的六支队伍的实力都不容小觑,队手有东北电力、聊城大学和江汉大学这传统三强,我们的实力不差,但经验不足,最后我的第一场中华龙舟大赛以第四名告终。表现虽可圈可点,但总觉得我们可以做得更好,于是在新的一年海南站之前,船上的人都有了一个共同的目标,帮上海海洋大学龙舟队夺得一个全国冠军,为了这个目标我们在大年初五就匆忙赶回学校集训,学校寄予了我们很大的期望,校领导们在春节期间来学校慰问我们训练,学校官网刊登我们集训的信息,这让我觉得为学校取得一个好成绩是这条船的责任。在别人还在过年的时候,我们开始高强度的封闭训练,一天三次,体能训练与水上训练相结合,全身心投入备战之中,渐渐地我感觉自己的状态越来越好,体能储备越来越高,模拟计时成绩也在一点点进步,集训结束的那一天我们拍完定妆照,整理行李,准备出发,那一晚我想了很多，也有些不确定，这战又有强敌，我们究竟可以拼到哪一步谁也说不准。海南站的第一天资格赛依然毫无悬念地进入正赛，然后早早回到酒店休息，脑海里在一遍一遍地回放平时500米的训练，并且期待着明天的决赛枪。这是一次非常美妙的体验，500米的出发阶段，我的脑子里一片空白，只想发挥出我所有的力量，能在启动桨上获得优势，38桨之后慢慢调整呼吸，依旧全力拉每一桨，不敢去看自己的位置，隐约能听到解说员讲到上海海洋大学，到了300米阶段，鼓手开始提醒"水下加力，旁边船上来了"，此时全船的推动力非常明显，每个人的节奏调整到了一致，到了420米左右我听到了冲刺的口令，此时开始缩短桨幅，提高桨频，拼尽最后一点力气冲到了终点，听到了"我们是第一"，才意识到我们做到了。三年，我们终于拿到了这个冠军：上海海洋大学龙舟队历史上第一个全国冠军！看到了队友们喜极而泣，看到了教练们对我们的肯定，也看到学校和上海市对我们的关注。能力越大，责任越大，我们取得的成绩越来越好，不论是之后的长沙站，还是长三角比赛，上海与台北的对抗赛，普陀公开赛我们都让上海市乃至全国看到了我们的实力，所以我们才有了后来代表上海市参加全运会的机会。之前没人会想到，一批之前从未接触过体育的人，竟然能代表上海参加全运会这样全国规格最高的赛事。准备全运会的过程是艰难的，保证训练的同时要兼顾学业，统一住在同一个小区，每天六点早练，回去洗澡吃饭，然后去上课，备战的日子累且充实。全运会预赛顺利过关，我们的曝光率继续升高。在备战决赛的过程中，我们转移阵地到上海市水上运动中心，学校领导及上海市领导前来慰问队伍冒雨训练，提高训练激情。这段一起吃苦的日子很难忘，队友们一起住大通铺，训练完赶去公共浴室洗澡，宿舍与训练场步行十分钟的距离。之后我们又在上海市体育局的沟通下，再次转场到湖南柳叶湖比赛场地适应训练，上海市为队伍创造了很多好条件，为决赛那几天做足了准备。很快决赛到来了，终于到来了，赛前教练拿到了分组名单，布置了战术，执行之前准备时的战略，选择性放弃大龙舟，主拼小龙舟，站在队友的角度，这个安排对他们这么久的训练是不公平的，站在队伍的角度，这是把握我们最有可能性的突破点，所以要顾全大局。最终小龙舟取得了"一银两铜"。

让我会铭记一生的是 12 人龙舟 200 米决赛,我们相差 0.03 秒与冠军失之交臂,3 毫秒在生活上微乎其微,但在残酷的竞技体育里,毫秒之间已经可以决定比赛的走向。这就是全运会给我最宝贵的财富,任何一点点的细节,都可以决定你的成功与否,最后成功的一定是做到极致的那一方。全运会之后,我们合影纪念,也宣告就此结束了我的龙舟生涯。

结　语

上海海洋大学龙舟队,我来过,我奋战过,我深爱过。我不在乎结局。三年龙舟生涯,青春无悔!

情系龙舟

刘　君

(刘君,上海海洋大学经济管理学院 2015 级国际经济与贸易 1 班学生。2015 年 10 月加入校龙舟队,担任左桨,后担任左桨领桨手。在校期间多次获得过二等及三等奖学金,优秀团员及社会工作积极分子称号,并在国贸展销赛中荣获优胜奖。在队期间,多次参加中华龙舟大赛并获得名次,曾代表上海市参加过全运会群众项目龙舟比赛,获得第六名。自入校以来,秉持"勤朴忠实"的校训精神,认真学习,积极向上地参与学科竞赛与社会实践活动,力求将理论知识与实践经验融合并应用。)

上大学前,我并未接触过任何关于龙舟的运动。提起龙舟,远在大西北的我除了熟知端午节有赛龙舟这项传统活动以外,并不知道龙舟已经作为一项民间体育正在广泛展开,直到我加入了学校的乘风龙舟社,才开启了我与龙舟的情缘,让我真正地接触到龙舟这项运动,并且深爱这项运动。

记得当时初入校园,被正在招新的乘风龙舟社学姐学长们所震撼,学长们肌肉健美,在海星广场一字排开,阵势十分庞大。他们做着整齐的俯卧撑,各种奖牌摆在前方,两条龙舟有气势地摆在左右,当时,我就深深地被这景象震撼,并且难以忘怀。和我一起的同学兴奋地报了名,但是我当时仍在犹豫,因为毫无接触并且通过学姐得知龙舟队非常苦,不知道自己是否能坚持下来。之后的一段时间,我偶然在码头看见龙舟社的学长学姐们训练,她们有着一致的动作,一致的摆动,看着船头的浪花一层一层又一层,我突然下定了决心,我要加入乘风龙舟社。初入龙舟社,作为一名"晚到"的队员,第一天便是在岸边学习动作,坐在码头的桩子上,摆着自己不熟悉甚至有点别扭的姿势竟然有些小兴奋,还有未知带给我的好奇心,从那个时候,我便下定了决心,我要尽快熟悉动作,做到像学姐一样流畅与标准。在熟悉了基本动作后,我便迎来了上船的第一天,带着忐忑不安的心,拿着我的桨,踏上船的一瞬间,觉得"哇,好神奇,我竟然可以上船了"。当我的桨第一次插入水中,当我的手第一次触碰到河水,当我第一次用力拉桨,这种奇妙的感觉我不会忘。因为动作的不成熟,我桨下拉的水几乎从两边溜走,身体也不能很协调地配合我的动作。就这样,经过不断的训练,我的动作终于有了"形状",成就感也渐渐地提升,看着自己的桨下越来越有力,水花愈加明显,自己十分的高兴。时间渐渐流逝,一周四次的日常训练已成为习惯,每周二下午的2:00—5:00,周四下午4:30—5:30,周五下午3:30—5:00以及周日下午2:00—5:00,随着这些固定的见面时光,我们之间的关系越来越熟悉越来越亲密,在龙舟队训练的日子中,我们的心逐渐走近。当我们走在校园的路上,抬头一声招呼、一个微笑都变得很有默契。

我充实而有趣的大学生活就这样开始了,训练与学习并存,很多人都会问我,你们每星期训练这么多次,平时还要上课不会很忙吗?说实话,大一刚开始又参加训练,又在团委组织部做小干事,同时还要顾上学习,在时间上确实有忙不过来的时候,但是在这忙碌的日子里,也让我感受到了生活的充实,我不仅在这忙碌的生活中学会了如何合理安排自己的时间,并且学会了如何在有限的时间内做高效的事。忙碌的生活给我的压迫感,可以在码头释放,可以在划船的时候宣泄。龙舟带给我的不仅仅是一个健康的身体、一份坚固的友情,带给我更多的是毅力,是在面对困难时坚持不懈的勇气,不管再苦再累,都能刻苦挺过去的决心。迟教练说过:"一张白纸进校园,根本不懂什么是体育。梦想看起来遥不可及，但它并不是真的遥不可及，只要你找对了方向，一直往前走，梦想就会微笑着等你。"划龙舟带给我的远远超过我的想象，当一群人在一条船上，为了一个目标而拼命努力的时候，带给我们的快感，拼命表现，只因团队精神与自己的热爱。

记得我第一次陪学姐去东方绿舟参加比赛，印象最深刻的是我第一次听到了发令的声音，虽然只是远远地看着，但是心却是一直悬着的，听着发令枪的响声，眼神一直追随着我们的龙舟，第一次真真切切感受到竞赛的激烈，直到龙舟过线，这悬着的心才放下来。第一次的经历总是难忘的，不管结果如何，带给我的是学姐们拼搏时的嘶喊，这震撼的声音让我更加体会到了团结一心与拼搏奋斗的感觉。"水下！""走嘞！"是我们的口号，也是我们的气势，只有在划龙舟的时候我们才可以淋漓尽致地展现最疯狂的我们。2016 年 8 月，在江苏南京举办的第二届青少年龙舟锦标赛成为我第一次参赛的比赛，那个假期我们提前了一周参加了集训，带着第一次参赛的兴奋与急于检验自己的紧张，我们踏上了去南京的路，七天的集训对我们来说是第一次，出去比赛也是第一次，一路上我们有说有笑，气氛轻松活跃，到了南京，随着比赛的接近，心开始紧张了，面对强大的对手以及初次参赛的紧张，我们紧张又兴奋地上了船，我深深记得当时无力的四肢，直到到达出发平台才逐渐恢复。比赛期间，仿佛脑袋是发懵的，只有一心跟齐前面人的桨，脑子里只有"跟桨，跟桨，跟桨"，上岸的那一刻全身都是轻松的，因为我们尽力了。在此之后，我先后参加了中华龙舟大赛浙江丽水站、海南万宁站、长沙芙蓉站，并在海南万宁站获得青少年女子组 200 米直道竞速赛第三名的好成绩，这是学校女队获得的第一座奖杯，长沙站比赛也是我们首次挑战职业组。我们经历一次又一次的集训、比赛，在不断的竞争中逐渐找到适合自己的方式，不断改正不足之处，一点点进步。在平时的计时训练中，通过一次次的计时，一次次的反馈，不断提高自己的能力，增强自身的技巧。

当我得知有机会参加全运会的时候，我先是很激动，然后却陷入了深思，全运会不是普通的比赛，它是我从未尝试过的事情，也是我从未想过的事情，我甚至有点拒绝，因为要参加全运会势必要投入大量精力,当时已接近期末,学习任务也加重,因此有些犹豫。当我得知学校老师、领导,上海市领导为了此次全运会付出了许多;再看看一同与我划船的兄弟姐妹们,少一个人就会少一份力,我又说服自己参加了此次全运会,参加就意味着负责,负责就意味着付出,最初集训的日子,我们凌晨五点起床,训练到七点,洗漱完毕接着去上课,下午上完课紧接着四点半开始训练,一直到六点半左右,我们停了晚上的课程,遇到下雨天,健身房便成了我们的训练地点,看着汗如雨下的队友,心里有种说不出的荣幸,以能跟他们在一支队伍为荣,以能跟他们并肩作战为荣,以能跟他们奋斗到深夜为荣。备战全运会所经历的一切,都是我人生中一笔巨大的财富,我自己所经历的痛苦与快乐都是我人生的一部分,这段挥汗如雨的日子日后想起来一定是甜的。为了让我们更集中投入训练,在老师和上海市体育局领导的帮助下,我们统一住到了东方绿舟,在那里我们可以看到职业运动员每天定时的训练,为了尽快熟悉水域,增强队友之间的默契度,我们一到达东方绿舟就开始了训练,仿佛一刻不可停歇。在东方绿舟集训的日子到 28 日画上句号,我在 29 日抽空参加了一门考试后,紧接着下午转战去了湖南,原因只有一个,我们时间紧、任务重,要在最短的时间做到提升,提前熟悉水域也是一件很重要的事,在耗费了巨大的人力和物力后,常德柳叶湖成了我们最后的训练基地。在我拿到上海市体育局发的参赛证书的时候,我就意识到身上的担子有多重。我们在柳叶湖的训练也伴随着比赛场地的搭建,日子一天天消逝,看见比赛场地一天天完善,我们心里都明白比赛也在一天天地临近。比赛真是个挑战人心理素质的事情,我们的心态由紧张到从容,为期三天的比赛让我发现了自己的一个潜力——我的极限越来越没有底线了,从 21 支队伍中冲进决赛是多么困难也是多么令人惊喜的一件事,决赛时只希望我们的状态可以到达最佳,当我把所有希望押在女子小龙舟 200 米时,我真的很紧张,作为一名领桨手,内心的压力也是十分地大。听到枪响的一瞬间我就觉得自己像疯了一样地发力,狠砸水,这种感觉从未有过,只有在赛场上,我像一头雄狮,凶猛地冲向属于我的终点,最后我尽力了,我不后悔! 就像《悟空传》中的一句话:我来过,我战斗过,我不在乎结局!

体育竞赛真是个让人费神的运动,紧绷了三天的弦终于在最后一枪结束后放下,这种刺激的感觉有点让人上瘾,观看的人只知道我们划龙舟划得整齐,划得很快,却不知道在这背后我们的付出,手上一层又一层的老茧,一个又一个的水泡,由嫩白变得黝黑的皮肤都是我们的见证,女孩子有着令男孩子惊讶的勇气与毅力,我们不服输的精神深深地震慑着对手,这种由集体带来的强大信念真的是常人无法体会的。对于龙舟的热爱,我只能用感谢队友、感谢教练、感谢校领导来表达,每件事情的圆满完成,都离不开各个部门的协调合作。龙舟让我的大学生活与别人不一样,让原本平平淡淡的大学生活有了波澜,有了别人羡慕却也只能远观的不同,感谢当年选择龙舟的自己,感谢辛勤培育的老师,希望我们龙舟可以走得更广泛更深远,希望我们这一条船的人可以一直一直将龙舟精神发扬下去,坚持不懈,遇到困难顶下去!

龙舟感悟

刘　婷

(刘婷,上海海洋大学海洋生态与环境学院 2016 级环境工程 1 班学生。入学就加入了龙舟队,一开始是学习划船,后来成为舵手。自入校以来,一直秉持着"勤朴忠实"的校训精神,始终保持坚持不懈,勿忘初心的精神,认真学习,吸取每次成功与失败的经验,全面提升自己,希望能做到德智体美劳全面发展,在入学这一年中,加入了学生会学习生活部,组织了多项活动,也获得过三等奖学金和志愿者证书。)

龙舟就是船上画着龙的形状或做成龙的形状的船。赛龙舟是中国民间传统水上体育娱乐项目,已流传两千多年,多是在喜庆节日举行。是多人集体划桨竞赛。史书记载,赛龙舟是为了纪念爱国诗人屈原而兴起的。由此可见,赛龙舟不仅是一种体育娱乐活动,更体现出人们心中的爱国主义和集体主义精神。

我生长于新疆,在内陆,所以在大学之前没怎么接触过龙舟,龙舟对我而言是在屏幕中的,每次在端午节会在新闻中看到许多地方举办了龙舟赛,感觉十分壮观。因为他们整齐划一,斗志昂扬,让我激情澎湃。

后来进入大学，军训期间看到了我们学校的龙舟队，他们排着队整齐划一，气吞如虎，步调一致，目光如炬，他们脚踏同一个鼓点，声音高亮地喊着"1、2、3、4"！那种气势让我震惊！心中就在想，我要是能成为他们中的一员就好了。后来百团大战，我直奔龙舟社团的摊位报名，从那刻开始了我的龙舟之旅。

起初我是和大家一起划龙舟，学长和学姐们就会耐心教我们姿势和如何用力，在他们的教导下我们从慢慢了解到接触龙舟。我因为太瘦，力量上和大家有差别，所以我便成了舵手，教我打舵的是杨万强学长。说到他就有很多话要说，我们总是在互怼，他总是说我丑！我记得我们有次泼水，记得我还追着他，要打他，记得我还把他的鞋丢到远远的地方。但是其实他对我而言很重要，因为是他教会了我打舵，是他教会我如何应对打舵过程中的一些情况，是他总是一遍遍提醒我该注意些什么，也是他在我被骂的时候安慰我，说鼓舵就是这样，叫我多练练就好了。因为有他，好像在龙舟队的日子更有趣了些，其实有时候会因为觉得打舵很枯燥，或者是在被骂等等一些情况发生时想要放弃。他就像个小哥哥一样，像家人一样，这也是龙舟队给我的感觉。

说说从五月到七月中旬这将近两个半月的备战集训的日子，从满怀期待开始，那时真的是斗志昂扬，热血沸腾，到后来的努力坚持！我们因为是学生，学习与训练要兼顾，所以我们早上五点起床，训练到七点半，洗澡吃饭，八点十五前要赶到学校上课，下午四点二十下课，四点半就要开始训练一直到六点，晚上七点半下课，从八点训练到十点，再到后来，我们去封闭式训练了，就从早上八点半开始训练，十一点结束，中午是十二点吃饭，下午两点四十五训练，训练到五点，晚上从七点开始训练，一直到九点。生活就是吃饭睡觉划龙舟，但是大家都坚持下来了，并做得很好。

我们的教练迟焕祺老师还有孙健老师，他们都很负责，但是对我而言，迟老师像严父一样，我总是会犯错误，也是由于技术还不过关吧，总是撞到别的地方，或者就是把船打歪，会惹迟老师生气，他也是会恨铁不成钢地骂我，有时候自己也会不开心，因为觉得他好凶呀，不能好好地说吗，但是后面也理解了，因为他想让我变得更好，希望我能有更好的水平。而孙老师就像慈母一样会关心着我们的生活，在训练中也是很认真的，他也很八卦，喜欢开玩笑，让训练没那么压抑，大家都很喜欢他，是我们的男神！

在龙舟队遇到了很多像家人的朋友。像小朱，我们总是会偷偷吃好吃的，一起滑滑板，我还会蹭她的 WiFi；还有巧青姐，她像大姐姐一样，总是很细心，在各个方面照顾我，我是一个不爱喝白开水的人，她总是告诉我要多喝水，有时候还会在包里装"娃哈哈"，到训练结束的时候就拿给我，说一看你就渴了，当时感动地要哭了。还有队长，她总是能照顾到所有人，关心大家，大家有事的时候都会找队长，她也是很耐心的，是我心中的女神！还有很多很多，像华阳学长还有黄成裕学长、田旺学长等等总是会在我出现错误的时候告诉我怎么做，很感谢他们。龙舟队像个大家庭一样，而我们也像家人一样，大家互相帮助，互相体谅，有开心，有难过，有酸甜苦辣，和队里的每个人相遇都是幸运的。

龙舟，也许像刘豪学长说的那样，世上也许再也找不到什么运动，比它更讲究团队精神，虽然有点绝对，但我觉得差不多。在龙舟运动中，木桶效应体现得很明显，只要有一个位置出现短板，就直接影响其他位置的发力，这也就是训练和比赛，队员们不敢有丝毫懈怠的原因。训练非常苦，有时候会想偷懒，但是大家都在吃苦，都在努力，努力拼搏，你又怎能偷懒，大家一起拼，一起努力，那种感觉比较酷而不是苦！拼尽全力的感觉很爽！身处集体的温馨，追逐梦想的奋斗，热血青春里的美好回忆都承载于彼此的欢笑与汗水之间。

"黝黑的皮肤，健美的肌肉线条，穿上比赛服的他们跟专业的运动员没什么两样，换上生活装，青春阳光，还带着点青涩——他们是来自上海海洋大学的学生，他们这群学生军在第十三届全运会中获得了两铜一银的成绩"，这是一个记者报道的内容。我们不是专业运动员，但我们和专业运动员一样优秀，因为我们不惧怕困难，有努力拼搏的精神，也有老师的教导和学校的支持，我们是一所拥有水上运动辉煌历史的学校。上海海洋大学重点发展以游泳、赛艇、龙舟等项目为主的水上运动，着力加强海洋体育文化教育，提高海洋人才涉海的涉海技能。正是有学校的支持,我们才可以有良好的训练环境和训练设备,才能更好训练。

在旁人眼里,练习龙舟是蛮浪费时间和枯燥的,要在水上用一样的动作来来回回,没有什么自己的时间了,没什么假期,但是对于我们来说,在训练中流过的汗,和追逐时的欢笑,都是青春的一部分,很棒!

水上运动所体现的齐心协力,顽强拼搏,超越自我,永不放弃的体育精神,在我们在以后的学习和生活还有工作中都是需要的,很感谢能参与这趟备战全运会的旅程,让我的青春增添了绚丽的一笔!

在自己有限的青春里,发挥出自己无限的青春

刘　玮

(刘玮,上海海洋大学经济管理学院 2016 级工商管理(食品经济方向)1 班体育委员,于 2016 年九月初加入上海海洋大学龙舟队,是上海海洋大学龙舟队一名右桨新队员,在大学秉承着海大"勤朴忠实"的伟大校训精神,勤奋学习,朴实生活,忠厚待人,实事求是。2016 年大一上学期荣获上海海洋大学人民奖学金,校级优秀团干等荣誉。在队训练刻苦,坚持不懈,成功选入第三届全运会龙舟项目上海代表队。)

"一,二,三,四,一二三,四。"热身开始了,我们一米八也好,一米六也罢,都顺着节奏跑着跑着,出了汗热身的效果就达到了,想想自己进队也快一年了,也确实苦了一年,回想当时刚进学校,穿着训练服在太阳底下烤着,就听到上面的口号,眯着眼看过去,一群人背着桨的包斜挎在背上,穿着白色的紧身上衣和黑色高弹裤,两列跟着上面这个人的口号跑着,还真别说,看着确实还挺酷的,那一个个通过紧身衣给我的身材印象,那二头,那背阔,那身材真的太英俊了。那一刻的我真的羡慕,毕竟当时的自己就是个小胖子,心里就想着这是什么队伍啊,仔细看了看紧身衣背后的字"上海海洋大学龙舟队"。也就是因为这九个字,我有了一个不一样的大学生活,并且我相信这也会改变我的一生,我也深深地爱上了这意义匪浅的九个字。

入队第一天我就感受到了龙舟队的可怕之处,令人难以忘记的体

能轰炸。跑步加俯卧撑，从来没有过如此的训练。入队第二天仅仅一个小时的训练就把我们这群新兵蛋子给练得怀疑人生，当时结束时胳膊和手臂一丝力气都没有了，头还充着血。入队第三天，跑了一下午的圈，记不得多少圈了，好像是41圈，但我知道是因为我们跑步热身时候脚步没有跟齐。龙舟就是要求整齐一致的运动，我们连步子都踩不到一块去，大家怎么能把龙舟划齐，所以我们就花了一下午的时间去练习。这就是龙舟队，每一个细节问题都必须认真去解决，哪怕花再多时间，再多的精力，也要去解决。苦练了三次后马上迎来的就是国庆节放假，可是在国庆节第一天早上起来洗漱时却发现自己的手拿着牙刷却怎么都碰不到自己的牙齿，拿着毛巾却怎么都碰不到自己的脸，真的很努力去做但是真的办不到，手臂弯曲一定程度就痛得无法动弹。但是留校的依旧可以去训练，我也毅然去了，倒不是因为我勤奋，就是希望自己能快点变强，能跟哥哥们一起去比赛。也就这样一直努力着努力着，一个学期很快就过去了，自己也慢慢适应了龙舟队的训练强度，在平时训练之余，自己也会找时间去龙舟队专属的健身房自己训练，加强自己的肌肉强度，提高自己的实力。这也是龙舟育人的第一点，你会自己去努力做，没有任何报酬、任何奖励、任何义务，但是你会努力去做，去争取，去拼搏。

下学期还没开始，我们迎来了新队员第一次的集训，也是又一个噩梦的时间段，大年初六，大家还在喜庆春节的团圆氛围中，我们已经回到学校去挑战这噩梦。第一天虽然早已有所准备，听哥哥们说过集训第一天都会把我们的所有体能榨干，但是真正去感受依旧是那么地艰难困苦，16圈的有氧长跑加上500个喊一个做一个的夹臂俯卧撑，7组3分钟的扎马步，这还仅仅是一个上午的训练量，下午2个大圈的有氧长划，晚上2个半小时的循环力量12个项目，这一天我们也许真的是把自己的力气用完了。一天魔鬼强度的训练结束，回到宿舍，我们用仅剩的一点力气洗漱，双手同样碰不到自己的脸和背了。有人唱唱歌，有人骂骂街，都算一种属于我们的发泄方式吧，到差不多的时间了，又一件困难的事情出现了——爬上上铺的床，背痛、手酸、腰痛、斜方肌痛，好像身上就没有一块地方好受的，爬上床翻个身都像要打一场艰苦卓绝的战役一样。带着疲惫疼痛我们逐渐进入了梦乡，因为我们都知道明天还有更艰巨的任务等着我们，我们需要休息来恢复体力。第二天早上，起床变成了一件我们都不愿意做但又不得不去做的事。7 点艰难地起床洗漱完之后，7:10 在三餐门口点名吃早饭，8:30 开始码头训练，有氧长划、竞速划成了我们每天的一部分，寒假集训很冷，好几次码头都结冰，船里都是冰块，但这些冰块也成为我们休息之余的一些乐趣。每天很累，却很充实，集训期间有时的确枯燥，但是也让我们这些来自各个学院的新队员们变成了互相扶持、鼓励的兄弟，也发现其实一进队里的时候看起来严肃、凶神恶煞的哥哥们原来这么地可爱，有趣。

也许就是我一直嘲讽自己的肉多让我在接受龙舟队的锻炼过程中成了优秀的基础，也让我能够得到迟老师和队长的认可，我在同一届中逐渐冒出头来，也成为最早和老队员出去比赛的新队员之一，我们去了江苏常熟的长三角龙舟邀请赛，上海普陀的中国龙舟公开赛，广州麻涌群运会龙舟预选赛，还有两岸四市交流赛，并得到参加全运会的机会，能与哥哥们在他们的大学龙舟生涯最后一战里共同奋斗。

选进全运会后，迎来的便是更系统、更有目的的训练了。我们全运会参赛成员统一从原宿舍搬到 16 小区统一住宿，以便我们集中训练行动，也有了一份全新的训练计划。早上 5:30 训练至 7:10 吃早饭，开始上午的课程，中午集中吃午餐，开始下午的课程，上完课于 4:30 开始下午的训练，晚上有课程的上课，没课程的休息。就这样我们进行了一段时间的训练，早起永远是不情愿的，不过我们每天都在坚持，我们享受着海大的第一抹阳光，不过这样的训练夹杂着学习，我们的训练水平提高缓慢。所以我们又换了一个全新的训练场所，青浦水上训练中心。住在外表豪华别墅模样，但是里面不管大小房间全是通铺的希腊公寓，条件有限，但这段时间的训练真的令我们都难以忘却，因为通铺是最培养感情的。青浦的训练相对而言就非常地系统和有规律，训练作息也非常合理，早上依旧 7 点起床集合吃早饭，8:30 在青浦训练。因为训练场地的原因，我们训练基本以特别长的有氧长划为主，有时候每天32 公里，现在回想一下就害怕真不知道当时自己是怎么划下来的，想想自己的腰在那么长距离的上下划，都有点对不起自己的身体。不过那段时间的长划,使我们整只船的合船效果提升十分明显,也为这只船上的所有成员对如何划好这只船提供了很好的机会。青浦训练吃的是一类灶,伙食是好得没话说的,而且完全管够,每次都吃得自己肚子都满意地顶出来了。青浦训练了13天后我们再次转移阵地,直接出发前往全运会决赛场地湖南常德,进行赛前的最后冲刺。也许柳叶湖这个湖我一辈子也不会忘记了,因为这个湖是我们全运梦的终点。

斩获一银两铜,比赛虽然是残酷的,但不败的就是我们上海海洋龙舟队的精神和我们所继承的上海海洋大学"勤朴忠实"的校训。

到这里,一些人的龙舟生涯就要结束了,但兄弟们的感情却越来越好。他们被称为上海海洋大学龙舟历史上的"黄金一代"名副其实。我庆幸自己没有错过他们这一代,我们作为新队员,所有的一切都是以未知的心态去接受,我们也将撑起海大龙舟的队旗,传承海大龙舟的荣耀,继续为海洋大学夺取更多的荣誉,创造更多的辉煌。让我们秉承上海海洋大学"勤朴忠实"的校训奋斗吧。在我们有限的青春里,释放我们无限的青春。因为龙舟我们在一起,铭记一船一桨一生兄弟!

从龙舟到生活

刘永海

（刘永海,上海海洋大学食品学院 2014 级生物制药 2 班的学生。自 2014 年入队以来,担任学校龙舟队主力队员。在"勤朴忠实"的校训滋养下,学习勤奋,做人质朴求真,忠于职守,重视实践,做事讲求实效,具有一名海大人真正的精神风骨。曾获得学习进步奖,并在校运会多次取得优异成绩;课余时间,多次参加社会实践活动,利用假期经常到养老院做义工,深入公司、企业历练自己,将理论付诸实践。作为预备党员,积极向党组织靠拢,践行核心价值观,学习党的精神,贯彻党的方针。）

龙舟文化,源远流长。龙舟竞赛广为流传的一种说法是为了纪念伟大的爱国诗人屈原。唐代诗人文秀在《端午》诗中说,"节分端午自谁言,万古传闻为屈原。"因为注入了纪念屈原的节魂,才使端午节从地域性节日变为国家的节日。屈原伟大的爱国主义情怀、追求真理的坚韧品格，成为民族精神的一个重要来源，激励着世世代代中华儿女自强不息、拼搏进取，在当代仍然具有重要的价值和作用。

龙舟竞渡，不仅是一种体育竞技，更蕴含着深厚的文化内涵。以龙舟竞赛为代表的龙舟文化，寄托着人们对美好生活的期望，成为一种团结协作、勇往直前、拼搏向上的力量，成为一个推动社会和谐、促进睦邻友好的平台，成为一个继承传统、弘扬文化的象征，应该给予强有力的保护。

千百年来，先辈们浪遏飞舟时激越的号角鞭策着后人，先辈们抢前争先的精神彪炳着后人。龙舟文化代代相传、生生不息，在于它体现了励精图治、发奋图强的精神，在于它寄寓了爱国家、爱家乡这种最深厚、最真挚的情感。

在我没接触到龙舟这项运动之前，我对于它的认识很是浅显，认为它只是我们中华民族的一项传统文化，值得我们传承和发扬，并没有对这项运动有过很深入的了解。而当我踏入海大校园，进入海大龙舟队之后，才慢慢地对龙舟有了更加铭心的认识，对这项运动有了发自内心的体会和感触。

说起当初加入龙舟队的原因，不得不让我回忆起刚入学军训期间看到在队的学长集训体能训练的时候那整齐划一的步伐，铿锵有力的步伐，他们健硕的体魄给我留下深刻的影响。当我在军训的体能场上站军姿的时候，我的脑海里忍不住在想着这是一支什么样的队伍，竟然有如此高的纪律性，能够在大学里碰到这样的一个组织，并且能够成为他们的一员，那我的大学生活一定会是充满力量和色彩的。后来经过多方打听和了解，我在一位老队员的指导下通过社团招新初步接触到这个充满神秘色彩的队伍——上海海洋大学龙舟队。

刚进入队伍，和我一起参加体能训练的足足有三百多人，看着这么多人和我站在一起，其中不乏身体素质很不错的新人，我有点被眼前的这一幕震慑到了，看来和我有一样想法的人不在少数。我知道只有最后留下来的人，才能有机会成为这个队伍真真正正的一员，这个过程不免是残酷的，优胜劣汰是这个社会生存的法则，期间肯定会有很残酷的考验等待着我们,而我唯一能做的就是咬牙坚持到最后。

看着身边那么多熟悉的面孔一个接一个地从我的身边消失,但是也有些人一个比一个拼命努力,我更加坚定了我的信念,没有谁生来就是强者,机会是要靠自己把握的,我要留下来,不是可以去和别人比较,仅仅是为了证明给自己看。当然,我成功了!经过自己的努力和教练、老队员的加油打气,还有身边并肩作战的兄弟们的相互鼓励,我终于能够如愿以偿,以一名新队员的身份正式成为海大龙舟的一员。

经过一个多学期的体能积累,我终于在大一下学期的单人桨位测试中脱颖而出,有机会和老队员一起合船训练,为参加 2015 年中国龙舟公开赛(云南绥江站)做赛前准备训练。那一段时间无疑是很痛苦的,每天的训练强度对于我们来说难以接受,但是,即使是在这种高强度的训练下,我身边的每一位老队员都能坚持,我们作为新队员又有什么资格抱怨呢,看着和我一起入队的队员都能默默坚持,我更不能放弃!那段时间对我来说能力提升很大,我能很明显地感觉到自己的进步,迟焕祺教练和孙健教练也对我们所有人的努力做出了很中肯的评价,同时也对我们提出更高的要求。他们鼓励我们要坚持:"越是困难越要咬牙坚持,因为我们参加的是竞技体育,比赛最后的结果是靠比赛成绩体现出来的,你能快 1 秒,哪怕是 0.01 秒,你就有可能拿到更好的名次。当然,如果每个人都想着偷懒放松,你一桨没发力,别人也没发力,那我们怎么能比别人快,最后的结果不言而喻,结局就是领奖台上不会出现我们的身影。不要因为和别人那一点点的差距而在比赛结束的时候捶胸顿足,那时候再说自己应该怎么样怎么样,结果就不会是现在这个样子了。一切都没有用,对手并不会给我们放水,荣誉也是要靠自己争取的。场下我们可以称兄道弟,但是到了赛场上,我们就要打起十二万分的精神来面对对手。"从那个时候开始,我能感觉到我的队友们都好像变了一个人似的,变得比以前更加拼命,从每个人身上都能感受到那种舍我其谁的气魄。

之后随着参加的比赛越来越多,我们的思想和心智也更加地成熟,应对每一场的对手都能从容淡定,那种来自内心的自信让人为之动容。

"训练有素,纪律严明,统一行动,绝对服从"作为我们队伍的队训,真真切切影响到我们每一个人。不论是在平时的训练场上还是在比赛场上，如集体排队到训练场、去食堂吃饭，都能让人感觉到这是一支有组织、有纪律的队伍，每一个人都自觉遵守队里的规章制度，不做损害队伍形象的事；训练场上，当大家都疲惫不堪时，队长带头的一声呐喊、鼓励，其余队员都能积极呼应，训练热情马上被调动起来。

每一项团体运动的灵魂和基础，都来自于每一位成员的责任感，对所在集体充满信心，为能在这个集体奉献自己的青春而感到骄傲和自豪；来自于每一位成员的奉献精神，能够在自己的岗位上"尽心尽力"，主动为整体的和谐而甘当配角，"自愿"为集体的利益而放弃自己的私利；来自于每一位成员的协作精神，利用个性与能力的差异，在团体协作中实现优势互补，充分发挥积极协同效应。每一位队员的相互鼓励都能帮助大家齐心协力共渡难关，这种团队精神让我感受到集体的温暖与力量。

这个队伍带给我一种家的感觉，身边的每一个人更像是我的亲人。在这个队伍待久了，潜移默化地影响到我的生活，让我对生活充满热情。使我在生活中更加严格要求自己，先律己后律人，做到自我批评和互相批评，不断地改进自己。在与他人协作完成工作的过程中时刻铭记自己的责任，尽心尽力地奉献，充分发挥自己的作用。

"勤朴忠实"作为我们的校训，是一代代海洋人乘风破浪、勇立潮头、开拓海洋的豪迈誓言。它同样激励着我们，坚定信念、奋力拼搏、勇往直前、为校争光的决心。

上海海洋大学龙舟队，留给我一段终生难忘的记忆！

祝福上海海洋大学龙舟队生生不息！

做最好的自己

柳 旷

（柳旷，上海海洋大学工程学院2014级电气工程及其自动化专业学生。大一刚入学的时候加入了上海海洋大学龙舟队。在龙舟队的三年时光，不仅让他拥有一副好的体魄，还让他的精神更加强大，学会了不服输，不放弃。龙舟是一种非常注重团队合作精神的运动，这项运动让他认识到团结合作的重要性，比赛成绩也让他明白，只有团结一致才能战胜困难，创造奇迹，这是人生中的一笔重要的财富。）

在上大学之前，我并没有接触过龙舟这项运动，记得在我高考之后有一次在中央电视台上看过一次龙舟比赛，但是，当时我并不知道这是什么样的比赛，只记得当时的第一名是清华大学龙舟队。在上大学之后，我本来打算好好学习自己的专业课，然后找一个女朋友。

我们军训的时候，有次课间休息时，连长让我们上去表演节目，他说表演什么都可以只要上来就行了，当时没有人回应他，于是我想我可以上去表演一个鲤鱼打挺，完了之后当时我们的副连把我叫出去，问我愿不愿意加入龙舟队。可是当时我对龙舟一点印象都没有，他说等招新的时候你写个报名表就行了。然后有一天龙舟队的学长就过来招新了，记得当时我们那一届总共有 300 多人参加，练着练着人越来越少，最后只剩下了我们这一届的十几个人，但是我们也是人数最多的一届，其实在我大一下学期的时候因为一些原因曾经退过队。大一下学期清明回来那一段时间，天天晚上都要训练，当时感觉自己的腰特别疼，所以就退队休息了一段时间。

帮我重新鼓起勇气加入队伍的人是我大一时候的社长强哥，我仍记得当时是在学校的东操场，因为下雨我在看台下面的跑道上玩，结果偶遇了强哥，他当时跟我说了很多，所以我就决定了重新入队。记得重新入队之后参加了一次桨位赛，我的成绩还是第三名。可能每个人都有自己命中注定的事情，比如我喜欢的是划龙舟这项运动。等我重新入队的时候已经是大二了。大二上学期我记得我是从长江三角洲的城市龙舟邀请赛开始的，那是我第一次出去参加比赛，比赛地点是在浙江的金华，第一次出去对很多事情都感到好奇。当时是坐大巴去的，坐了四五个小时，那场比赛并没有让我认识到更多，只知道我们去比赛了，其实大二上学期可以说是没什么大比赛的，小比赛有几次，但是都不能算得上是记忆深刻，只有上海市体育大联赛的时候，我们的大龙舟因为舵手打偏了航道，在距离终点 10 米的时候与第一名失之交臂，当时整个队伍每个人的心情都非常差，当时我才领悟到为了比赛成绩每个人都是这么地重要。

过完年以后我们进行了寒假集训，为了参加 2016 年海南万宁站的中华龙舟大赛。集训的时候我们状态非常不错，去比赛的时候就想着希望可以拿一个第一名，还记得第一天的比赛日是 500 米的决赛，当时起航以后我们是领先的，但是在冲刺阶段，由于我们冲刺能力不行，被对手反超了，第二天的比赛结果也不怎么理想。当时心里有一种委屈的感觉，这个学期后面也参加了两场比赛，印象最深刻的一次是在上海举办的中国龙舟公开赛。当时 200 米比赛我们被对手撞船了，然后裁判组让我们单独划一次。当时感觉心里憋着一口气，最后在中国龙舟公开赛上我们 200 米拿了第二名，总成绩也是第二名。我们的队长发了一条朋友圈说，我们是拿自己的爱好抢别人的饭碗，最后就变成了一个梗。后面我们去台湾参加了交流赛，回来之后就开始放了暑假。大三第一个学期刚开学，我们就去天津参加了中华学子龙舟赛，将近一个月的赛前集训，我们的比赛项目是男女混合龙舟，有 5000 米往返赛，但是我们全都积极备战希望能有一个好成绩。最后的结果令我们非常满意，因为我们在混合组拿了三个冠军，这是我们第一次出去比赛拿到总冠军。在十月份的时候我们突然收到邀请，让我们去参加龙舟世界杯的五人龙舟比赛，我和其他四个队员在十一假期积极备战。我们几个在训练期间还把船搞翻了，这是我划龙舟以来第一次翻船，当时龙舟世界杯是在江苏常州举办的，这一战，我们没有拿到一个第一名。但是经过这一次集训比赛我感觉我们成长了不少，而且也见识到了其他的强队，更锻炼了我们的舵手，之后我们再一次参加了长三角地区的龙舟邀请赛，又是第四名。丽水站中华龙舟大赛云集了从全国各地而来的高水平队伍，像东北电力大学、江汉大学、聊城大学，虽然我们没有拿到理想的成绩，但是我们也算与传统强队江汉大学和聊城大学交锋了。

2017 中华龙舟大赛海南万宁站是我记忆最深刻的比赛之一，这一次去比赛我们放下包袱，不想拿第几，只想划出自己。在第一天的比赛日 500 米比赛项目上我们力克聊城大学拿了第一名，当时感觉很不可思议，因为我们并没有想到会在 500 米的项目上超越聊城大学。划到终点，当我们的鼓手说我们是第一名的时候，我们每个人都非常高兴，领奖手更是向摄像头摆出了第一名的手势,当时觉得寒假集训都是值得的。回来之后,有一次在码头跟孙老师聊到这个事情,当时就控制不住自己的眼泪,感觉像是多年的委屈终于被释放了。以前康哥说我们从来没有赢过聊城大学,一直被他们压着,我们不仅创造了历史,也实现了学长们的一个梦。在之后长沙的比赛中我们在 100 米上也赢了聊城大学,长沙站比赛回来后,我们对大二队员说:第一名我们也拿过了,就差一面锦旗了,这个锦旗要靠你们拿了。

五月份我们为了参加全国运动会的龙舟项目集训了一个月,全运会的龙舟项目预选赛在广东麻涌举行,经历了一个月的集训我们在预选赛上以总成绩第×名进入了决赛。三天高强度的比赛让我们每个人都感觉到很累,尤其是需要兼项的队员,我们跟来自全国的 20 多个队伍对抗,最终我们完成了迟老师给我们的任务——拿到决赛的入场券。预选赛打完以后,我们转场到上海青浦水上运动中心进行紧张的赛前集训,每一天除了训练还是训练,在迟老师科学的安排下,我们进行长达两个星期的赛前集训,这让我们提高很多,也为决赛拿到不俗的成绩做了铺垫。两个星期后我们转战到湖南的决赛场地,在湖南的柳叶湖上进行集训,这是为了让我们适应湖南的高温天气。7 月 15 至 17 日是三天的决赛日,在迟老师的安排下,我们充分发挥自己的优势,扬长避短,经过激烈的比赛,我们拿到了 500 米第三名,200 米第二名,100 米第三名的好成绩。之所以说是好成绩,是因为我们在预选赛的时候每个项目都没有拿到过前三名。在这一个月期间,我们的集训成为我们冲击前三名强有力的保障,这次全运会的龙舟项目比赛虽然有点遗憾,但是我们从不后悔。谋事在人,成事在天,我们已经做了最好的自己,至于结果不是我们自己可以掌控的,只要做好自己该来的总会来。比赛结束了,我们也要退队了。祝上海海洋大学龙舟队再创佳绩,学弟学妹们砥砺前行为校争光。

龙舟队——新的起点

罗侯晋

(罗侯晋,上海海洋大学经济管理学院 2016 食品经济班学生。在大一开学之际,乘风龙舟社第一批招新,他就积极参加,秉承着"训练有素、纪律严明、统一行动、绝对服从"的队训精神,在平时训练中刻苦认真,认真学习有关划船的技功、经验。尽管是队里一名普通的队员,但是也一心想为队里出力,在队一年中,坚持各项训练,并在第十四届上海苏州河城市龙舟国际邀请赛取得优异成绩。)

在进入大学前,从未接触过龙舟,对龙舟也一无所知。还记得军训一次休息的时候,一群穿着上海海洋大学龙舟队队服的学长们来到我们营,虽然有点失望他们没有带来表演,但是还是被学长的肌肉吸引了,很希望自己也能练出那样的好身材,而且室友在一旁跃跃欲试,我们就毫不犹豫报名了。最初参加乘风龙舟社的理由就是这么简单,想好好健身练个好身材。

入社团之后的训练就没有那么简单了。第一次正式训练,所有社团成员在西操场站队,占了整个操场的四分之一,场面也颇为壮观。很快我们就进入正题,跑步热身,以为轻松跑两圈就可以了,没想到由于我们跑得很乱,队长强调了集体的重要性,又让我们接着跑。于是,浩浩荡荡的队伍绕着西操场跑了一个下午,3 个小时,还有人算了一共 42 圈。跑到后面我感觉腿没知觉了,属于条件反射往前迈步子。尽管这么累,我还是很开心,因为耐力偏弱的我,从未试过长跑,高中时期参加运动会仅限于短跑,一直以为长跑很辛苦,自己坚持不下来。但这第一次训练,我全部坚持下来了,身体很疲惫,心里却很激动。以前认为我做不到的,原来也可以做到。

刚开始的训练总是痛苦的,不仅是跑步还有体能训练,第一次的体能训练印象很深。那天正好是下雨,大家都在 50 米室内跑道里,室内略显拥挤,由于是老队员带着我们做训练项目,跟上训练对我来说显得十分困难,尤其是俯卧撑,前二十个还能跟上口令,到了后面就越来越吃力,两只撑着的手都在抖,更别说要做俯卧撑。老队员严厉地训斥让我不敢放松,撑到三十个,队长还没喊停,内心很崩溃,但别无他法只能坚持着,已经跟不上训练的节奏了。到了后面,整个人的状态就是一喊"停止"自己就扑通一下扑到地上,然后再挣扎起来,狼狈得很。看看旁边的室友们,也跟我差不多,都很吃力。训练结束后,室友来问我怎么样,原来他看我训练的时候脸色很不好,来关心我的。而现在,坚持了一年的训练,很明显能感觉到自己变化很大,手臂更有力了,肌肉更明显了,想要的腹肌也出来了,划船能力也得到了提升,也更加适应了训练的强度。回家后也有很多朋友发现我有明显变化,身体变壮了,这都得益于队里严格的训练。

在这一年的龙舟队训练里,变化的不仅仅是身体上的,还有做人方面的。队里的老队员在平时会带着我们训练,也会给我们讲一些经验教训。在刚入社团里的一百多号人里,我的身体素质不算出众,成绩也是在中游,然而经过一个学期,我属于留下了的三十号人中的一员,我的这份坚持中也有学长们的不断鼓励和教导。训练过程中,有很多时候都坚持不住,身体反应很大,有时候会想吐,有时候肌肉酸痛以至于动一下就痛。学长们的教导就常常在耳畔响起:训练很苦很累,你可以跟不上训练,但是你要尽力做到你能做到的,你做不了 30 个俯卧撑,你今天就标准做好 15 个,下次 16 个,慢慢赶上来。训练如此,平时学习生活中也是如此,循序渐进,达到自己想要的成绩。学长们还经常说的就是坚持和努力,我对这一点深有感悟,这也是高考给我带来的教训,我的高考属于失败的典型,在应该努力奋斗的三年里没有好好珍惜,所以结果也可想而知,一塌糊涂。所以在这一年的艰苦训练里,努力和坚持训练的信念一直支持着自己,经历了失败才更明白努力的可贵,并在训练中贯彻。

我是属于那种自律性较差的人,也很喜欢玩,就和很多大学生一样有这样的想法:进了大学没人管了,父母也管不着了,可以随便玩了。而事实确实如此,一个星期的课不算满满当当,甚至有两个下午没有课,课后作业也少,玩起来可以随心所欲。所幸的是,龙舟队在大一就把我这种堕落的想法扼杀在摇篮里,尽管平时训练时间长,而且辛苦,但也给了我充实的感觉,不会在闲暇的时候浪费自己的时间,自己的青春。郝立华学长经常跟我们说:"这么好的太阳,出来划划船多好。多适合划船的天气,总在宿舍打游戏多浪费。"的确,我很赞同学长的说法,就应该趁着好天气多到外面运动运动,生活感觉充实多了,也不排斥训练时间占了许多休息时间,甚至在不训练的时候,都会想去健身房练练。

在龙舟队里最大的收获是这些兄弟们,很真挚的感情。龙舟队,就像一个大家庭,各个学院、各个专业的人加入进来,大家就是兄弟,就是一家人。寒假集训的时候,恰逢元宵节,大家因为集训而不能在家团圆,于是队里支起两口锅,买了几袋汤圆在码头煮起了汤圆,过着属于我们龙舟队的元宵节,大家在码头其乐融融地吃汤圆,过节的气氛并不比在家里差。从入队的第一天,训练我们的华哥就一直跟我们强调:入队了,就是兄弟,有困难就跟兄弟说。而在生活中,我们正是一帮团结互助的兄弟,有需要会及时帮忙,今天这里需要宣传缺人手,微信说一声,就有许多队员去,明天那里要扫码转发,也会很多人去帮忙。在训练的时候就更不用说了,正是因为我们是兄弟,所以要为兄弟着想。社长茅哥告诉我们为人处世的道理:累的时候你要想着你身边的兄弟,你放一桨,别人就要多一桨。划船,就是一种坚持,靠着一种顽强拼搏的精神。每次长距离划船训练,每个人都会想偷懒,大家一起鼓励的时候,一起喊号子的时候,这种感觉真的很兴奋,大家都在努力,都在拼。划船对我而言,是一种快乐的过程,有兄弟一起拼搏,然后一起分享快乐,才是真正的快乐。大家有共同的目标,为了同一个目标去奋斗,这种感觉很美好,值得好好珍惜。当然,这种兄弟的感觉不仅限于同一届之间,新老队员间也存在。或许刚进队的时候,训练的时候老队员会很严格,语气也会很重,一开始我很不理解,甚至会怕这些学长们,不太敢跟他们交流,然而在之后的集训过程中,发现了这些学长们有趣的另一面。对我们寄托很多期望,所以才严厉对待我们。

最初进队的想法很简单,健身而已,能秀秀腹肌就好了。而越是了解龙舟,越是了解我们龙舟队,就发现加入龙舟队的意义不仅仅是为了健身,更是为了传承龙舟队代表的精神,捍卫承载的荣誉。如今,在老队员的拼搏努力下,这两年队里的成绩有了突飞猛进的进步,拿到的奖杯奖牌,甚至是冠军都比之前多了很多。更了不起的是,第十三届全运会第一次增加了龙舟项目,而我们学校的男女队有幸代表上海去全运赛场拼搏,并且在赛场创下一银二铜的好成绩。这份荣誉,即使我们这些没有去参加全运会的队员也感同身受,为他们感到骄傲的同时,更觉得肩上的责任更重了。一代人得到的荣誉,那整个队都得到了这份荣誉,兄弟们在捍卫这个荣誉,那我也要一起捍卫,现在老队员们为我们撑起一片天,打出了名声,我也要将这份荣誉传承给之后的人。

龙舟队是我人生中的又一个新的起点,虽然这条路很艰苦,但是有这么多兄弟一起陪着奋斗,我相信,我可以在这条路上坚持得更远。

坚持继续前行

罗晓韵

(罗晓韵,上海海洋大学食品学院 16 级食品科学与工程专业学生。2016 年 9 月进入龙舟队并担任右桨。曾荣获 2016—2017 学年第一学期上海海洋大学人民奖学金二等奖,2016 年上海海洋大学英语演讲比赛暨"外研社杯"全国英语演讲比赛选拔赛三等奖,食品学院"见义勇为"锦旗荣获者,校艺术团管弦乐团钢琴声部部员。在校期间,加入大学生科技创新项目,丰富课余时间,拓宽知识层面,培养科学严谨精神,并利用暑假时间参加有关专业的工作实习,增加人生阅历和经验,立志做一名爱钻研的科学人。)

如果说人生宛如一场戏,那么我的人生在大学伊始便是一番轰轰烈烈的了。一年前的我绝对不会想到有一天我会站在全运会的比赛赛场上,代表上海与全国各地省市进行角逐。

当初加入龙舟队也是在因缘巧合之中。大一新生军训时候,操场外传来喊破天的口号声,我一抬头,只见龙舟队的学长们正背着桨,嘴里喊着口号,身穿队服,在学校四周集中训练跑步。那一刻,我被他们矫健的身姿震慑住了,一直在大学里寻找定位的我此时产生了一种想身在其中的强烈渴望,我想成为其中一员,想在大学里活出不一样的我。

最初的龙舟训练给我的感觉是紧张、新奇和疲累。第一次接触桨,第一次上船下水,第一次靠自己桨的力量拉起了一条船。龙舟是完全陌生的项目,我们如同一个新生儿,蹒跚着,从最基础的动作开始学起,学长学姐们耐心地教我们划桨,动作不断地分解,而为了实现肌肉记忆,通常一个分解动作要维持几分钟以上,手臂前所未有地酸胀,每次想悄悄放下,却又为自己这种逃避的念头而感到羞愧,别人都在训练,自己凭什么偷懒。一次次练习动作,一次次试图听着鼓声跟桨,每一次的进步都使我雀跃,每一次的赞扬让我更加有动力坚持下去。

到了大一第二学期,训练内容出现了微妙的变化。经过一个学期的练习,动作上基本已经学得差不多,那么接下来就是考验自己的领悟能力和身体素质能力了。残忍的桨位赛便是体现这些能力的最好证明,它只看你的实力,不论你的出身和人际关系。这也是我喜欢龙舟队的原因之一,在队里实力是纯粹的,没有勾心斗角,没有明争暗斗,只有实打实的能力才能证明自己。未参加过寒假集训的我在大一第二学期初的桨位赛上输得很惨,这给了我巨大的心理冲击,之前建立起来的自信全面崩塌,我一度很自卑,觉得自己的能力太弱,一起划船的话会被其他人埋怨,但是队友们后面对我的不断鼓励让我再度重拾信心。是啊,每一个人都期望变得更好,更强,即使能力再弱,只要带着问题去划船,一次次总结教训和经验,你也会成为更加出色的自己。成功不止于努力,更多的是每天不断的自省和总结,这是我从龙舟队中所感悟出来的真谛,让我终生受用。

2017年4月13日深夜,随着报名全运会的消息在群上忽然传来,为期三个月的集训生活正式拉开帷幕,同时注定这一年将变得不再平凡。

2017年5月7日—6月1日,学校,全运会备战集训

——苦,是真的苦,但苦的滋味自知而不愿抱怨

对于之前从未集训过的我而言,集训的生活是令人期待的。集体住宿在16小区长达将近一个月,每天同吃同住,这种半军事化管理让我们对全运会这场比赛的概念愈来愈清楚:每天5点半起床,训练到7点20分再吃早饭,然后去上课,下午的课程结束后再去训练。强制穿插在学习生活中的训练让我前一周几乎在课上都是睡过去的。苦,是真的苦,但这种苦的滋味自知却不愿抱怨,因为参加全运会的50个队员都如此,教练也是如此。他们每天陪我们早训,跟我们吃一样的盒

饭,想着如何在伙食改善上跟学校沟通,让我们每个人在训练完后吃饱肚子。迟教练和孙教练一直是我所敬仰的两位老师,这两位高大的老师竟然仅仅为了饭菜不合我们的胃口而屈身在打饭窗口前为我们申诉和争辩。所有人都暗暗下定决心,无论如何,必须在训练和学习中快速调整过来,努力不成为船上的负担,决赛这张入场券才能稳稳地送到我们的手里。

2017 年 6 月 3 日—6 月 5 日,东莞麻涌,全运会预选赛

——那个时候大家一股劲让船头"蹭"地扬起来,气势昂扬地代表着我们的倔强与不甘

第一天的 500 米,打了四枪,对于第一次参加比赛的我只有紧张和疲惫,感觉每一次都在突破极限。

犹记得 200 米是我们打得最激动的一场,因为在参加完预赛后刚刚回休息区,广播里就播出上海队要参加复赛的消息,当时凭着一腔要打好复赛的热血,大脑一片空白,只想着桨插深插深,跟桨跟桨!果不其然,我们竟划出了历史的最好成绩,50 秒!冲过终点时的兴奋呐喊声如今仍仿佛响在耳畔,内心的澎湃油然而生,想到震耳欲聋的呼喊声与手中挥动的桨遥相呼应,想到那个时候大家一股劲让船头"蹭"地扬起来,气势昂扬地代表着我们的倔强与不甘。

2017 年 6 月 15 日—6 月 28 日,东方绿舟,封闭式训练

——每天只有划船吃饭洗澡睡觉,生活被规划得很简单而有序

回忆起东方绿舟封闭式训练的那段日子,正好是期末考试阶段,当时很累很辛苦,每天只有划船吃饭洗澡睡觉,而这唯一的四件事却分布在了四个地方。不仅如此,耐力训练也在训练内容中占了不少比重,记得那个时候一天 4 个 8 公里,每组绕湖两圈,一开始真的很难坚持下去,时间太长,一组划完人基本就倒在地上起不来了,但是每个人都咬着牙坚持了下来,《士兵突击》中不放弃、不抛弃的军人精神在所有人身上得到了印证。除了耐力训练,夜划也是一次不错的训练体验,在黑暗中暂时被剥夺视力的情况下,听觉就会变得十分灵敏。鼓声,插桨入水声,出水声,每一种声音的变化都深深印在我们的脑海中,为下一次、下下一次的训练做好充足的准备。

2017 年 6 月 29 日—7 月 18 日,湖南常德,全运会决赛及其赛前集训

——一次全运,两周时间,三个酒店

之前迟教练说要提前适应常德的天气和水域,便在距离比赛两周多的时间来到了常德。每天的计时划量不多,不过强度很大,还记得最多有一次上午有 16 个 100 米,每一次距离虽短,但要求的爆发力和竞速能力仍是让我们身心俱疲,但我们都清楚,必须提前适应柳叶湖不定的水流感觉,否则,难以在决赛获得一席之地。

日子飞逝,因为战术要求弃大龙舟保小龙舟,所以虽是不甘,但为了整支队伍的利益大家都思想统一,一枪一枪按照战略要求完成任务,最终,决赛随着男子小龙舟再次摘得了 100 米铜牌而告终。至此,上海代表队在龙舟项目上拿下了一银两铜,而近三个月的备战全运会集训也是圆满地画上了句号。有泪水,有欢呼,有不甘,有惊喜,但最重要的是这是一次很宝贵的人生经历,虽在漫漫人生路上是小小的一点,可那一点的耀眼却是终生难忘。

再次回首往昔,家,好长时间没有回去了,之前几次训练很辛苦,结束后我想到了我的家人,妈妈瞧见我现在这样子一定心疼不已吧。一直把我视为掌中宝的她每天都会打电话过来关心,有时候实在想看看我,不远千里从家里赶到训练基地,而我们能相见的时间不过几分钟。那个时候妈妈和姐姐待在车子里,我站在车外,这次她们又以送小点心为借口来找我了,一袋子的点心在交给我手中的过程是多么漫长,不愿放开,不愿再次分别,因为再相见不知是什么时候了。尤其是姐姐,7 月初便要去美国,所以每一次相见变得尤为珍贵,但我并不想让队友和教练看见家人老是看望我,便强忍着泪水催促她们赶紧走,我在这里一切都好,再慢慢目送她们离去。内心的不舍和挣扎滋味五味杂陈,而对这温暖港湾的苦苦思念之情,在全运会结束的那一刹那终于释然,我知道,家人都在背后支持着我,他们一直在等我归来,为我庆贺,为我骄傲。

我们,刚刚启程,正迎上 2014 级学长学姐的光荣退役。龙舟队的人员大变化让我有些不安,升入大二后,我也算是个老队员了,想着可

以慢慢代表学校参加中华龙舟大赛这种比较重大的赛事,但是我的动作,我的力量,我的信念能否去胜任,亦或者说,是否有勇气去努力成为一名主力?

"我跟你之前说什么来着?"

"要……要对自己有信心,相信自己是最棒的!"

"对,还有,船上没有一个人的过错,要错都是大家的错,不要每次把错都揽在自己身上!"

"可……可是我这次感觉没有一桨是插得很深,我太紧张了。"

"没关系,这毕竟是你第一次参加比赛,我第一次的时候,还要差劲!下次再努力嘛,记得我跟你说过什么,今晚不许哭,只许笑!这是队长的命令!"

脑中忽然掠过最后一晚大家在常德聚餐时力力姐与我的一番对话。我轻轻笑了,是啊,我为何不能相信一下自己,相信自己的划船能力,相信自己是完全有能力当主力的呢?现在的我们还很稚嫩,学姐们就像一个巨大的保护伞一直罩着我们。全运会比赛的时候我只是个小龙舟替补,我暗自庆幸自己是个替补而不用每一场都上,然而学姐们呢?一枪一枪毫不歇息地去参加比赛,因为是主力,所以承受的压力更大。我想,她们是比我们更想在比赛上摘得奖牌,我们是新队员,我们可以闹腾,可以犯错,但这并不代表我们可以松懈。主力,主力,这两个字有多少人曾经或者正在或者将要沉重地肩负着,有多少人为这个词骄傲,却也为这个词呕心沥血。在龙舟队的这一年里,我看到更多的是所有人为得到这个殊荣拼尽全力,暗自努力。同时,每一个龙舟队的人内心都会经受着这样的拷问:

你有作好成为主力的觉悟吗?

我伸出手,默默看着自己磨破的皮,生出的茧子。伤口并不丑陋,疼也不能哭,不能抱怨。龙舟女将们只许笑,不准哭,经历了多少风风雨雨,我们只有汗水,没有泪水。"主力"的背后有许多的血与汗,是时候我们要走出学姐们的保护伞,成为一个能独当一面的队员,去承担我们需要承担的责任,我们已经成长,成长到自己可以决定自己的人生定位。意识到自己需要做什么才能不辜负前辈们的期望,笃定地坚信会在这条路上继续走下去。

前方的路还很长，三年的时间足够让我在这条路上摸爬滚打，成为一名经验丰富的老队员了。如果三年后我退役了，还会有新的一批女将们继续前行。龙舟队从来没有过完整的大合照，但只要曾是一条船上的，就都是兄弟！一年的时间不长，却足够让我考虑了：

龙舟这件事，我会坚持下去。

一个胖子的龙舟生活

马绍胤

（马劭胤，上海海洋大学爱恩学院 2014 级信息管理与信息系统 2 班学生。积极参加学校志愿者活动。热爱体育，大一参加上海海洋大学篮球新生杯，篮球学院杯，U 联赛。2015 年加入上海海洋大学龙舟队，严格履行"训练有素，纪律严明，统一行动，绝对服从"的队训。2017年 7 月代表上海市参加中华人民共和国第十三届运动会龙舟比赛。）

说起上海海洋大学龙舟队，知道的可能会说苦、说累、说变态，不知道的可能会说这项运动不时髦，但作为其中的一员，谁都会觉得，龙舟队的时光跟青春、拼搏、快乐这些词联系在一起。龙舟队的成员一般都是大一入队，但大三的我仅仅入队两年，大一的时候就知道龙舟队招新，可当时的我觉得那种训练简直是地狱，就错过了这一年。到了大二体重已经 220 斤的我抱着减肥的心态决定加入龙舟队，当时可能也在跟同学打赌，他们都觉得我不敢或是坚持不下来，他们越这样更是让我下定决心留在龙舟队。训练第一天跑到第二圈我已经吐得不行了，之后还有卷腹、俯卧撑，还有最变态的早训，天天六点起床。就这样一天天，心中不知道想了多少遍退队。队里的胖子一个接着一个都退队了，跑步掉队的也变成了只有我一个人。谁会自甘堕落？努力跟上去！慢慢地不知不觉我跑完了人生第一个十圈。一个学期的体能训练着实叫人难受，很快我们就下水了，第一次摸桨、第一次下水、第一次划了 8 公里。下水时兴奋的我们不知道什么时候是终点，一个动作无数遍的重复，肩膀、手臂、腰感觉都不是自己的了。我们满怀的高兴变成了难受，想着这个过程还要维持多久。上了岸才知道自己刚刚划了8公里。不敢想象是自己划完的。于是划一大圈又变成了期待,那可是8公里啊!多么有成就感。这个开始意味着今后的每一天都要这么度过,所以在这个过程中,我们休息会聊天、玩闹,划船时也会喊口号唱歌,拉水!走嘞!……天这么黑!OA、OA;风这么大!OA、OA……也是在这无数遍重复一个动作中找到一些乐趣。这又是一学期的水上训练,这个过程中有太多的欢笑、难过和感动,但最值得怀念的当是每学期开始前的集训。我们通过集训恢复状态,提升能力。第一天必定就是蛙跳、鸭子步,因为在我印象中集训的每一天都是伴随着腿部酸痛度过的。体能加水上是地狱中的地狱,仿佛自己是刚入队的新生一上二下地做着俯卧撑,又感觉自己是个娴熟的划手,全身酸痛还能做到整齐划一。慢慢地我们适应了这种强度,开始酸痛中作乐,带着肌肉酸痛我们一起打橄榄球、篮球,虽然跑起来就像一个出生没多久的孩子,但每个人脸上都不是酸痛的表情,而是兴奋、开心、激动。可是生活就是这样,它不会让舒服的日子过太久,一转眼就开学了,集训结束了,我们开始上课,开始恢复正常训练,开始了我们又一学期的拼搏。

一学期体能一学期水上,入队的这一年就过去了,于是我们开始有了比赛。记得第一场比赛是龙文化的比赛,现在想起来那时的我们真的感觉稚嫩和年轻。没有比赛经验的我从上车的那一刻起就开始紧张和激动,比赛结束,开始感慨,想想赛场上满打满算只有三分钟,可是我们是要通过一年的刻苦训练换来这次机会。

一个暑假过后,我们迎来了第二场比赛"第二届全国青少年龙舟锦标赛",这场比赛记忆尤为深刻。因为这场比赛是我参加的第一场在上海市以外全国性的比赛,只有100米和500米,我们都拿了第三。这条船上有一半的新队员加上准备时间很短,我们对比赛结果还是很知足的。那是我第一次体验到正式比赛的规模和过程,第一次拿到奖牌,第一次在比赛结束之后和兄弟们一起去逛街……很难忘。

记得在我的生日,我迎来了我的第三场比赛,2016中国龙舟公开赛(崇明站),那次的比赛只有大龙舟500米和迷你龙舟100米。大龙舟有点遗憾,获得了500米第四,迷你龙则是包揽100米第一第二。这次比赛让我在经验上有了至关重要的积累,因为对手是来自每个地方的强队,为我今后的比赛打下了基础。

第三个学期最后一场比赛就是上海市的二届市民运动会,记得那次六名老队员肩负使命由迟老师带队去参加国际龙舟联合会龙舟世界杯,而我们肩负着另一个使命去参加市民运动会,分别获得 200 米和 500 米的冠军。

很快,就到了第四个学期,也就是这个学期,没人会想到一个二百十多斤的胖子可以代表上海去参加全运会,这次机会来之不易。当知道自己可以代表上海去参加全运会的时候,当时的心情可以说是天天都期待着每一次训练,没人会想着这训练有多苦。于是,我们开始了集训,开始准备六月初的预赛。开始了早上五点起床,训练完上课,上课完训练的集训生活。

为了适应预赛,我们的比赛也多了起来。在距离预赛只有一个月的时间里,我们准备了两场比赛。第一场是第九届长三角城市龙舟邀请赛,毫无疑问,在经过了那么多天的集训后,我们拿下了这场比赛,分别取得了 200 米和 500 米的第一名,尽管对手中有全运会会面临的队伍。第二场比赛是 2017 中国龙舟公开赛(普陀站),这场比赛的赛道采用的是抽签选取的方式,而且赛道很窄,一道受岸边的侧浪影响对船的出发、加速、维持有很大的影响。所以很不幸 500 米预赛的时候我们抽到了一道,划了小决赛小组第一,虽然成绩比决赛第一要快,可是,尊重比赛规则,我们拿了第五。但谁会甘心,当听到 200 米我们抽到的是一道时,我的心"咯噔"一下,心想难道这就是命?从那一刻到比赛开始我的手一直是麻的,只听旁边的兄弟们一遍又一遍地说:"放轻松,启动一出来我们就出来了",但我相信我们船上的每一个兄弟心都是揪着的。直到比赛开始,同一个动作,同一个水下力度,整齐划一没有中途停桨,因为所有人都不敢节省一丁点力,当船划过终点我们看着半条船后的其他队激动地举起了手中的桨。我们证明了上海海洋大学的实力,同时,也证明了上海队的实力。忽然想到前任队长的那句话"拿我们的爱好去挑战他们的饭碗",感觉真的是"一船、一桨、一心"。

没有调整的时间,紧接着我们就迎来了全运会龙舟预赛。我们低估了其他队的实力,每天的成绩都是及格线,这三天,闷热的天气和暴雨不断,让每个人都感到窒息,简直就是煎熬。最后,拿到了决赛的票,大家都身心俱疲。

全运会决赛前的最后一场比赛是两岸城市龙舟文化交流活动,这次我们依旧第一,依旧有着全运会的对手,依旧代表着上海海洋大学。

半个月的封闭训练,住着七八个人一间的宿舍,从训练场回宿舍要走十五分钟。谁也没想到我们会在这训练,天天几乎都是有氧长划,磨炼我们的意志。就这样我们对这种训练生活又爱又恨地度过了半个月。紧接着又是半个月的速度训练,看着日子一天天临近,自己心里也没个底,因为太多的时间我们都是训练中度过的。就这样,决赛开始了,体检,领参赛者,验桨,一步步流程都结束了,心里似乎没有那么紧张,也许是自信吧。第一个比赛日小龙舟 500 米第三,又一个第一次,见到了全运会的奖牌。第二个比赛日,200 米大龙舟第四小龙舟第二。第三个比赛日,100 米大龙舟第六小龙舟第三。很快,三天的全运会龙舟决赛结束了,有太多的留念和不舍,说不完道不尽,因为我们为此付出的太多太多。这次比赛的结束意味着刚进队一直照顾着我们的大哥要"退休"了,而我们又挑起了这根大梁,虽然不舍,但都需要长大。他们和我们需要传承,这就是上海海洋大学龙舟队。

龙舟给了我太多的第一次,因为龙舟我们相聚,因为龙舟我们称兄道弟。一船,一桨,一生兄弟。

风里雨里,码头等你

满岩岩

(满岩岩,经济管理学院 2016 级国际经济与贸易 1 班学生。2016年 9 月入队。自入队以来,秉持着"勤朴忠实"的校训精神,始终保持着积极向上,坚持不懈的态度,认真汲取队友、教练的经验,全面提升自身的综合素质水平。在第一学期获得了二等奖学金,并且在假期时间一直做着志愿者活动。)

龙舟? 龙舟是什么? 好玩吗?

赛龙舟不仅是中国民间传统水上体育娱乐项目,更体现出我国传统的悠久历史文化继承性和人们的集体主义精神。

自从踏进上海海洋大学的大门,从未想过会有这样的经历,只想平平淡淡、简简单单度过大学四年。

九月份,上海的天气还是那么的炎热,我们还在图书馆门口军训,烈日炎炎啊！当时就想着自己身体咋这么好,怎么不中暑呢！依旧是那么一个阳光明媚的上午,突然听到很响亮的口号声,说的啥早就记不住了,一心只想看看到底是些什么人。于是,就开始用余光搜索声音的来源,然后就看到排着很整齐的两队人,像是在训练一样从我们面前跑过。大家都在想这是干啥的,有人就看到他们的后背上印着"上海海洋大学龙舟队",顿时就觉着这些学长们真帅。这是我与龙舟队的第一次相遇,冥冥中注定我与它的缘分不浅。

再次相遇,还是那个地点,一天下午,几位学姐来到我们军训的地方宣传龙舟队。喜欢运动的我心动了,当然也担心自己训练以后会不会变成虎背熊腰,整个人身材显得很壮。现在看来,我想多了！经过几分钟的思想斗争后,我最终还是决定报名加入龙舟队。这一天,我就正式与龙舟结缘。

还记得动员大会的时候,好像是因为要面试个什么组织就没有去参加。等到室友回到宿舍,听他们的讲述可以总结为几个字:颇有激情,满满的荷尔蒙。当时就感觉加入的这个龙舟社团、龙舟队会是个很有爱的家庭。后来,果不其然,我觉得认识这么多朋友是我的荣幸,我感觉自己很幸福。

终于等到了第一次训练,很激动,很紧张,还没有真正地下水,只是提前练一下力量,一直以来对自己的力量还蛮有信心的我,见到那么多人能拉起很重的举重片,才发现自己还需要多努力。之后又有几次是练力量,然后就开始在荡桨池里学动作,但记得我好像因某事请假没在荡桨池学过就下水实践了,现学现卖,紧张得很,还好自己学习能力强,很快知道应该怎么划了,虽然动作还是很僵硬,不太标准,总有一天我会做得很标准,等着吧。

经过两次的桨位赛,自己的信心建起的围墙彻底被撞破,不是倒数第一就是倒数第二,那时就开始思考龙舟真是我的菜吗?想放弃,可是,心里有种不甘心让我选择坚持,我相信会有奇迹发生,因为努力是奇迹的另一个名字。

日子就这样平平淡淡地过着,训练也是这样平平淡淡的,准时训练,准时结束训练。一个学期结束了才知道,寒假集训的人还挺多,当然自己当时正在家"好生休养"。看着他们越来越强大,自己也越来越努力。新学期开始,还是像往常一样,平平淡淡,平平淡淡……谁也不知道,东海上会有一个巨浪到来把我们拍向什么风口浪尖上。这也意味着我们的苦日子来了。

这个巨浪就是我们一生难以忘记的全运会,在写下这篇文字时,我不知道是自己脑子好忘事的问题还是什么,想回忆起一些事情却怎么也想不起来,只是一直傻傻地很幸福地笑,感觉自己是个傻子。一直觉得备战全运会期间虽然很累,真的很累,但是这一切都很值得,真的哭过,抱怨过,想放弃过……但是,这些都被我们的笑声覆盖了。

预赛的时候,我相信每个人都体会到了比赛的残酷和激烈。所谓,山外有山,人外有人。预赛之后,感觉自己的力量是多么得微不足道,对广东、重庆、贵州参赛队伍的强大甚是佩服。这种强大不是几个月就能赶得上的,真是打心眼里钦佩。好想和他们做朋友。预赛过后,我们更加认真,日子也越来越枯燥,真是考验我们毅力的时候,唯一能做的就是听教练讲的每句话,做教练给的每一项任务。

比赛那几天,我们互相加油打气。我们为男队取得的傲人成绩感到高兴,我为他们感到骄傲。我再次被他们迷住了。当然我们女队也不差。等到比赛结束的那天,我们在赛道上留下了笑声。那笑容是发自内心的。很怀念那几个月一起训练的日子,其实就是怀念和那些队友们一起奋斗,一起划船的日子。

未来的路还长,可是不会再有那么几个月,我们一起为了共同的目标,奋斗,努力。在这里结下的情谊,我相信,不会忘也不会断。

我的最后一座象牙塔

茅嘉俊

（茅嘉俊，上海海洋大学海洋文化与法律学院 2014 级行政管理 2 班学生。于 2014 年秋加入龙舟队，后于 2016—2017 学年担任乘风龙舟社社长，负责社团事务和大部分的文书、宣传工作。在队内，始终秉持"训练有素、纪律严明、统一行动、绝对服从"的十六字队训，首先做好一个龙舟队员、一名合格划手的本职工作。三年来坚信"以实力赢尊重、以真心交朋友"的龙舟队优良传统，积极提高自己的实力以跟上队伍的发展；关注队内团结，对队伍未来有着美好的愿景。）

上海海洋大学龙舟队，十年历史，迎来又送别，一届届。这个队伍赋予每一个独特的人以独特的意义。于中国龙舟界著名人物任玉龙而言，这里是他传奇开始的地方；于前国家赛艇队队长迟教练而言，这里是他时隔多年后体育生涯的延续与传承；于"喜剧之王影帝"烈总而言，这里是他深爱的舞台；于"国家跳水队员"柳旷来说，这里是他走向职业龙舟运动员的摇篮……这个队伍，她是家、是课堂、是梦想……对上海海洋大学龙舟队非著名成员茅嘉俊来说，这里是我人生中的最后一座象牙塔。

灵魂 BGM

"阿鸡，再放一遍《追梦赤子心》吧。"全运会结束了，最后一次聚餐后，微醺地走在夜幕下湖南的街头，前方影影绰绰十几个熟悉的可爱背影。

"我手机没电了……"

Gala 乐队的《追梦赤子心》不是一首普通的歌，尤其对于这群自称为"14 黄金一代"的小伙子们来说。北风中、烈日下、流汗时、流泪时、夺冠了、惜败了，所有最深刻的回忆里，这首歌鲜少缺席。

隆冬时节的集训，一个大圈之后手脚僵硬麻木，风再急，上岸休息时也只能小碎步挪回稍许温暖一些的船库，而那苟延残喘的老音响，适时地用沙哑的电子琴和架子鼓奏起熟悉的前奏，然后温度就顺着呼吸流回四肢、十指，刚复活的感官分辨不出，热量是来自微弱的阳光还是慢慢摇头的电暖，又或者是别的什么东西。

最让人头大的训练项目，速度力量和测功仪占去了半壁江山。尤其在闷热盛夏，有时候大家的呕吐物把洗手台弄脏了，觉得挺对不住保洁阿姨的，辛苦她们了。力量房红色的地毯能从视觉上起到加热效果，所以每次到了难挨的最后几组，每完成一组，伙计们不约而同地挪到空气新鲜的走廊里，然后再一屁股砸在大理石地面上。这时不知道哪个打了鸡血的王八羔子，率先起身进去，把那震得隔壁合唱团直翻白眼的大音箱调到《追梦赤子心》，紧接着是卧拉架轰得"砰砰砰"虎虎生风的伴奏。还瘫在地上的这帮非积极分子无奈对视，非积极分子中的资深演员魏志博老同志慷慨赴义一声令下"开始下一组!"和胃里幸存午饭的新一轮搏斗开始了。

比赛后的归途也是 BGM 高频率出现的场合，而心境不尽相同。圆梦海南，第一次中华龙舟大赛 500 米夺冠，那一次听《追梦赤子心》，有一种奇妙的满足感，虽然确实不是什么很了不起的成就，也不足为外人道也。在海口机场闲聊中，我们曾自比湘北高中，然而即使是灌篮高手的主角湘北高中，最后也止步于全国高中联赛的十六强。所以让我们感到快乐的绝不仅仅是冠军奖杯本身，而是关于我们从前辈们继承的梦想与执念。从我进队那时候，就时常听"康哥""腿哥"他们说要战胜聊城大学，然而那个时候高校龙舟霸主聊大，离我们还很远，"14 黄金一代"还只参加过一些边边角角的比赛。然后突然有一天，大哥们退役了，无人再在前排挡风遮雨，无人在船首为你破浪，几支龙舟界的高校霸主化身高大的拦路虎。所以当战胜聊城大学这个执念最终实现的时候，那种亲手创造奇迹的激荡心情，"大鹏一日因风起，扶摇直上九万里"。这一次，夹杂着泪的笑，是新加入 BGM 的伴奏。

这首歌真正刻进了灵魂，也是在湖南，这个龙舟的故乡，在整个龙舟生涯里两次主演，但谢幕时都不完美，却也深刻。那是在 2017 年的中华龙舟大赛长沙芙蓉站，"14 黄金一代"的最后一场中华龙舟大赛。当聊城大学、上海海洋大学势均力敌分别攻下一座金杯，最终在 200 米上见分晓，"14 黄金一代"与他们最触手可及的一次总冠军错身而过，眼看他要登顶，眼看他跌下来。聊大高举他们无数次捍卫过的锦旗骄傲地游湖，而我们意识到，我们中的大部分人此生已没有了这样的机会。象牙塔里年轻的我们，总是容易将自己带入一种主角般的宿命感，相信创造奇迹的会是自己。直到离开这座象牙塔之前，我才领悟，真实的人生没有主角，如果命运与你擦肩而过，那你以往的懈怠都曾将你一点点推开。离开赛场的路上，狭小的丰田中巴里，没有人再像往常一样客串那"事后诸葛亮"，大家心里都清楚，已没有意义，如同真实的人生一样，真实的人生没有分站赛，每一场都是最后的总决赛。遥想以前，展望将来的时候充满着希望，因为大家都知道，这站没赢，我们下一站再来，不够强我们就回去练。那个时候的我们真是非常幸福，一如在象牙塔里。好比一场马拉松，才刚跑了几公里，就算落后，也会觉得没关系，后面的 40 公里还有无限可能。而当终点在你眼前，就算不论功过，你也怅然若失，因为前方已是确定的将来、确定的结果，它们就这样毫不掩饰地、坚定不移地呈现给我们。"……命运他无法让我们跪地求饶就算鲜血洒满了怀抱……不妥协直到变老。"廉颇老矣，尚能饭否？或许这不仅仅是他问，可能某一刻也是他的自问。中巴穿行在芙蓉区大大小小的桥洞里，光明与阴影，交替着掠过车顶，一如车中人的心境，唯一不变，是那首《追梦赤子心》。

一入龙舟　情深似海

康哥讲，龙舟是最能体现团队精神的运动。这话没毛病，十个人、二十个人，练到极致，如那武侠小说中的少林十八罗汉，抑或是像阅兵式上引人惊叹的三军仪仗队，同发同至、同时呼吸、同步心跳，不得不说也是近乎艺也。"14 黄金一代"，仗着人多，在贯彻十六字队训中的"统一行动"时，也有着很高的积极性。同练同吃同睡同玩同逛，事事都喜好集群作战，凡此种种，不足为外人道也。甚至集训时，每逢佳节，如中秋国庆乃至从不缺席的端午，全队挤在小小的船库过节，却也美滋滋，咱们可爱贤惠的女队队员们往往会准备汤圆、小吃、火锅等，男生们又腆着脸前去哄抢。早两年的时候，还会有前辈被逼迫在晚会上表演节目，现在却是少见了，大约那个时候，前辈的人数不像我们这届这么多，三四人互相踢皮球也不能幸免，然而再尴尬的节目都格外鲜活。再过十年，我不会记得如今大热的那些综艺，但要是想起这群土土少年们的尬唱尬舞尬演（其中又以龙舟界著名"谐星"陈永烈领衔），嘿嘿，我还能再往后笑十年。

是的，除了"统一行动"，来过龙舟队的年轻人也是各有各的可爱；各有各的傻气；各有各的传说："六朝元老"炮哥，传说异常严厉，做俯卧撑不会数数的宝哥，用一人一条船划一大圈晚训的传奇龙哥，传奇队长夺冠无数的老海军博哥，刻苦的小力王"海大李小龙"阿宇，阿宇的徒弟光脚跑四十圈的王强，王强的室友"亚洲舞王"金泽，"国家跳水队员"柳旷，时尚男神刘豪，"人形泰迪"周从心，不是一家人却可以假冒双胞胎的"鸡家帅兄弟"，"毛大力"我本人，"诗仙"陈桂林，骂人总是逗我们笑的狠心舵手万强，"盗版计春华"老王，喊麦不输 MC 天佑的"鸭王嘎嘎嘎"永海，不抽烟却总被人误会是烟民的"老烟民"，四好青年模范男友阿裕，头很大的下任队长"巨婴皮皮"，当然，怎么能少了影帝"太子"MC·hot pig·格里芬·陈·骨裂。

既然说起了烈总，他带我们领教的美食江湖不得不提，进龙舟队之前，什么羊腰、猪脑、知了，我一概没有吃过。但是在龙舟队首席美食达人及养生滋补专家永烈的带领下，我们脑中的中国地图，既是一幅龙舟赛地图，一幅水文人文地图，更是一幅美食分布图。比赛训练每到一地，志愿者导游永烈第一时间开团带着我们浩浩荡荡向当地美食进发，当然还有我们敬爱的教练，也时常客串风土人情美食讲解员，更是常常做东请客。自此，南北海鲜、西南辣味、两岸珍馐，一辆"逛吃逛吃逛吃"的列车行遍中国大地。

划龙舟的人大多是豪爽的，每到一地，除却风土，人情也是留下美好回忆的关键。高校之间、两省之间、两岸之间，场上是对手，场下是朋友。拿起桨来快意恩仇，碰起杯来相见恨晚。几年来，以"龙"会友，结识不少虽身各处异地，但都心系龙舟的好友。从他们的身上，尤其是那些已踏入社会但仍喜爱龙舟、参与龙舟的前辈们身上，我发现一个共同点，那就是尚存一种大多数人所不具备的纯粹。在天下熙熙、天下攘攘之中，仍有这么一群人，不以"利"字当先、不随强调个人的大流，纯粹地享受融入集体、共逐梦想的快乐。

　　而大学生队伍应该说来是更为幸运的,我们自己品尝三载峥嵘岁月后,还能把贴有自己名字的桨传递给下一代的海大龙舟人,就好像有什么沉甸甸的物事担于其上,递于他手。大概这就是大学生队伍的动人之处,纯粹地为梦想和荣誉而战,将自己的青春点燃,再将火种递给下一代,乘风破浪,生生不息。

　　当离开这个队伍,走出这座象牙塔的时候,我惊觉,在往后可以预见的未来里,再难有这般"灌篮高手"一样励志的人生故事;再不会光着膀子烈日下长划 32 公里;再难认识一班刀山火海陪你闯的兄弟;再难保有一颗这么纯粹的追梦赤子心。好在,我曾经加入上海海洋大学龙舟队,在这与你们一起,并肩而立,一道吟唱那句"乘风破浪会有时"的低语。

我的龙舟梦　海大梦

彭　天

　　(彭天,上海海洋大学海洋文化与法律学院 2014 级行政管理 2 班学生。2014 年加入龙舟队,曾任 2016—2017 上海海洋大学龙舟队副队长。自入校以来,秉持着"勤朴忠实"的校训精神,为人乐观,积极向上,努力提高各方面综合素质,曾先后多次获得各类奖学金。课余时间,结合自身的兴趣爱好,积极参加各类大学生科技创新比赛和社会实践活动。)

　　回想三年前的自己还刚在为高考后欢呼雀跃,现在的自己已经站上全运会的舞台;三年前的自己对龙舟一无所知,三年后自己能在全运赛场上奋力拼搏;三年前的自己瘦弱不堪,三年后的自己身强力壮。这一路走来,只有自己心里最清楚。

　　大一的时候因为自己太瘦弱了,所以一直想让自己变强一些,刚好几个同学说龙舟队可以锻炼身体,后来就一起加入了龙舟队。刚进队时我们学院就我们三个,三年后还是我们三个。刚开始的时候有 300多人,后面陆陆续续人就越来越少了,等到了大三人就更少了,最后只剩下我们 14 个"精英"。不知道为什么能坚持这么久,大概骨子里有一股不服输的劲吧,因为我只想让自己变得更强。

刚进队的几周训练量特别大,根本跟不上节奏,每天晚上自己的胳膊、腿都疼得上不了床,动都不想动。就这样持续了一个月,很快就有第一批上船的人了,但起初的自己很差,根本不足以支撑起自己的欲望。后来有学长开导,就一步一步坚持了下来。差就自己努力练,不求自己能进步多少,只求自己心里安稳一些。人在某一阶段都是要有目标的,有梦想才能驶向远方。

依稀记得自己第一次比赛是在大一下半学期的时候,那个时候就划小龙舟,因为还没有足以上大龙舟的能力。但是自己已经很知足了。因为我当时的目标就是能够上船。随着时间的推移,紧接着大二比赛就多了起来,因为学长走了,自然队伍就缺人了。大学生队伍特色就是这样。队里有这样一句话:以实力赢尊重,用真心交朋友。自己的实力逐渐成长了起来,自然肩上扛的重担就多了很多。大二我印象最深就是最后一场上海普陀站的比赛,因为从这场比赛开始,我们 2014 级"黄金一代"的实力才逐渐显现了出来。当时的比赛进程很紧,对手都很强大,但是我们也取得了总成绩第二名的好成绩。要知道这在以前是想都不敢想的。

大三这一年,可以说是很圆满了,些许遗憾但并不影响心情。我们把以前没能拿过的冠军都拿了一遍。但是要说最喜欢的就是这几场比赛了。大三上半学期,能够去龙舟世界杯比赛是非常幸运的事情了。我见到了许多来自世界各地很强的人,很强的队伍,可以说是已经心满意足了。然后时间到了今年年初,中华龙舟大赛海南万宁站。这里是海大梦开始的地方,在这之前我们从未在这个比赛拿过金杯,最好的也仅仅是第二名。因为这是中华龙啊,这里是来自全国各地的强队。但是这一站是不同的,迟老师为我们制定了目标,就是一定要拿个冠军回去。第一天青少年男子组 500 米,其实当时心里没有想太多,完全是放手一搏。中途的时候,作为领桨能很清晰感觉后面的兄弟们干劲十足,有持续不断的力能传送上来,那我肯定要去拼了,要玩命了。功夫不负有心人,我们成功了,赢了多年的"宿敌"——聊城大学。冲线后回头望了望后面的船只,才知道我们是第一,这一刻如梦一般不愿醒来,等清醒后喜极而泣的泪水,不为别的,为一起划了三年船的兄弟;也为了海大一届又一届的学长,正因为有了前人栽树,后人才可乘凉;更为了在后面为我们喊得声音嘶哑的教练,女队队员们,是你们成就了我们。

如果说前面参加的所有比赛都是为这一场所做的铺垫,那真的是太合适不过了。4月份刚开始,我们就收到了消息,上海海洋大学即将代表上海出战全运会龙舟项目。这可是全运会啊,这是全国规模最大、水平最高、实力最强的体育赛事。

紧接着我们便开始了长达2个月的全运集训,因为在这之前还有一场比决赛还重要的预选赛。预选赛,顾名思义,就是要提前选出进决赛的8支省代表队。每天早上5:30,天还未亮,我们便开始一天的训练,白天还要继续上课,下午4:30继续训练,然后晚上有的时候还要加训。那一段时间可以说是最累的一段时光。但后面想起来,累并快乐着。预选赛是在广东东莞麻涌举行,男队省市28支代表队,女队20支代表队,取前八进入决赛。第一天500米比赛赛程很紧,再加上我们自己多划了一枪,导致身体机能出现了各种问题,累得已经吃不消了。但是我们充分发挥了海大学子"勤朴忠实"的优良作风,遇到问题就解决问题;遇到困难就迎难而上;遇到荆棘就披荆斩棘。三天我们就这样坚持下来了,比赛激烈程度难以想象。最终,男队总成绩第七,女队总成绩第六。上海男女队双双进入全运龙舟决赛。

对于大多数大三的学生来说,这也是他们的最后一场比赛了。打完预选赛到决赛的备赛阶段,中间我们转了两次场,第一次是去青浦水上运动中心进行全天封闭式训练;第二次直接去比赛场地——湖南常德进行赛前训练。训练虽然是很辛苦的,但是能和一群人在一起共同为一个目标而努力奋斗,这自然是非常幸福的事情。

比赛第一天同样还是500米,这是全运会决赛了,迟老师说要有战略性放弃。当时定的优势项目就是小龙舟500米,因此不可能两头都抓,这是不现实的。所以我们几个大三的主力队员上午休息就为了下午一枪决赛。紧张程度可想而知,说不紧张是不可能的。赛前看了那么多视频是为了什么,训练那么辛苦是为了什么,当然是为了能够站上领奖台,为了那一块奖牌,为了能够实现龙舟梦,为了能够实现海大梦……后来我们成功了,最后取得了小龙舟第三名的成绩。虽然只是一枚宝贵的铜牌,我们已然拼尽全力。

在一个组织当中,在什么位置你就要发挥自己位置的作用。只有每一个人都坐好自己的位置,扮演好自己的角色,这个组织才能成功,这个人才能成功。第二天是 200 米决赛,和第一天一样,上午我们照常休息,只为下午一枪决赛。我知道大龙舟的兄弟们心里已经很难受了,以为自己没出什么力,没什么用,那就大错特错了。我们领桨在岸上看到兄弟们哭心里也很不是滋味,可是我们唯一能做的就是领好自己的桨,带好自己的节奏,听从教练的指导。因为教练以前是全运会冠军,亚运会冠军,他有着丰富的大赛经验,他能了解到我们比赛时遇到的任何问题。后来我们以 0.03 秒惜败吉林队。想得到一个冠军真是难上加难,是天时地利人和的结果,缺一不可。

人生正是因为有了遗憾才算完美吧。从长沙 500 米,到普陀死亡一道,再到现在全运会 200 米,我想通了很多事情。正因为有了遗憾,才有了我们前进的动力;正因为有了遗憾,才有了前进的方向;正因为有了遗憾,我们才收获到这一帮重感情重情义兄弟。最后一天 100 米反而特别轻松,因为它代表着我们——"黄金一代"结束了……

感谢队友,是你们从后面给力送力;感谢籽宇搭档,三年来最佩服的人没有之一;感谢教练,是你们将我们带向这条冠军之路;感谢楚楚,谢谢楚楚三年在我背后默默支持;感谢海大,这个让我们梦开始的地方,感谢所有支持海大龙舟的人。愿我海大龙舟生生不息繁荣昌盛,预祝学弟早日夺锦旗而归!

不忘初心,才能始终。

我与龙舟

沙尼牙木·艾麦尔

(沙尼牙木·艾麦尔,上海海洋大学食品学院 2015 级食品科学与工程类 3 班学生。2015 年 10 月加入龙舟队,左桨。自 2015 年 9 月入校以来,秉持着"勤朴忠实"的校训精神,以积极向上的态度认真汲取身边同学的经验。课余时间,结合自身的兴趣爱好,参加社团丰富自己的经验。作为来自新疆的维吾尔族姑娘跟其他民族的同学和睦相处,相互帮助,相互尊重,相互学习各自的习俗、文化。)

第一次见龙舟队训练是在 2015 年 9 月 3 日,那时候是为了准备比赛,龙舟队的学长学姐们都提前回到学校集训。那天也是我第一次见到龙舟,来自祖国大西北新疆的我,之前都没有亲眼见过龙舟,对于一些水上运动也不是太了解。当时在码头看到龙舟队的学长学姐们在划船,就很佩服他们,因为他们在用整齐的动作划着,让船在水上前进。在我们军训的时候每天也都能看得到学长们顶着大太阳跑步的身影,当时觉得这一群人好帅,也很厉害。后来在学校的百团大战日那一天看到学校的乘风龙舟社在招新,我也就报名参加了龙舟社。

还记得在 2015 年 10 月 26 日下午,我作为一名刚刚加入队伍的新队员参加了第一次社团大会。记得那是一个很大的阶梯教室,当时在教室里面坐满了人,有老队员,也有像我这样刚刚报名的新队员。在第一次社团大会上听着老队长在介绍我校龙舟队以前获得的各种好成绩,听着前辈们在聊他们在这个队伍的感受和收获,记得当时有几个老师也跟我们分享了他们自己的经历。在第一次的社团大会上听到了学长学姐们的故事,听到了老师们的故事,还看到了老师们在讲述他们经历时流下的眼泪。记得在大会结束的时候,听队长邵杰说希望到学期末能有一半的人留下来。当时就在想他为什么会这么说,在后来的训练过程中自然就找到了他说这话的原因了。

记得自己第一次去训练的感觉就是不知所措,手里面的桨一直带着我从水下漂过,不知道在水下怎么用力,身体不协调,各种问题。经过了一两个月在学长学姐的指导下学习,不断地重复动作,不断地在河上划,一点一点进步着,再加上健身房的力量训练,让我的动作些许熟练,能够拉到水,拉出水花,那时的我很有成就感。到第一学期期末的时候,跟我一起加入的伙伴留下来的就那么几个。总是会有同学或者老师对我说:你们龙舟队是不是很累,女生能坚持下来真不容易。一周四次的训练对于我们这样普通的大学生来说是有点累,因为当我们的室友出去玩时,我得去训练,当她们在宿舍打游戏的时候我还是得去训练。这样的训练虽然累，但是当我上了这条船，和这群人在一起时很快乐。来自各个专业、各个年级的我们会在一起训练，做一件事。在这里，不像是别的社团，滑滑水，我们必须要认真对待，两个教练会安排好每一次的训练计划，合理地调控，让我们可以划得更好。每次在码头上看老队员们在水上练习时，我都会觉得他们好帅，我也想划得很好。大家都是从普通学生开始的，都没有练过体育项目，到现在能够代表上海市区参加全运会，坚持走过的每一步，都少不了教练的教导、队员相互之间的鼓励。是的，龙舟就是这样一个有魔力的项目，让这条船上的人从不相识到相知，在我的学习之余，其实时间很少，不过因为龙舟，让我结识了这些人。去上课路上，偶尔碰到，互相欢快地打招呼。还记得我的室友跟我说：怎么走到哪都有认识你的人。每当这个时候，我都会说，这是龙舟队的谁谁谁，那时候我是自豪的，就像一个很厉害的人一样。

第一次参加比赛是在大一的暑假，那时候是突然通知的，当时躺在家里看着老师发的通知心里非常激动，毕竟是第一次要去参加比赛，以前都只是看着老队员们集训、比赛。那也是第一次参加集训。2016 年 8 月 3 日我拖着行李箱坐上了火车，记得很清楚，当时因为时间急没有买到卧铺的票只买到了硬座的，就这样我坐着开往上海的火车经过 2 天时间到了学校。8 月 7 日我们就开始训练了。记忆犹新的是：很热很热。教练会根据天气来决定我们的训练时间，尽量避开高温，以免我们生病，因为在高强度训练的情况下，身体的免疫力会下降。教练也会叮嘱我们的饮食。训练的时候，两个教练会很严肃，但训练结束，两个教练就会像我们的老师、朋友一样，一起开玩笑，一起聊天。集训的时候，会有一些时间是在进行比赛长度的计时，用来对比我们的训练成果。这样的对比，会让我们了解自己的实力，每个人都想有突破时，自然而然这条船越来越快。第一次比赛，多多少少留下了遗憾，但是紧接着的几场中华龙舟大赛，让我们逐步强大起来，在接下来这一年中，一起经历了太多，汗水、血水、泪水。每次参加完比赛，都觉得自己又成长了一些，心态会成熟一些，去参加下一次比赛时，会多一些经验。每一次计时、比赛、训练之后的总结，也让我们这条船配合得越来越默契。

当我们真正得知能够参加全运会时，一开始，真的不是很相信，毕竟我们都只是划船时间很短的大学生。不过后来开始进行集训时就慢慢稳下心了。准备预赛时，那是一段很漫长的集训，学校这边不能耽误学业，我们就每天早晨上课之前和傍晚下课之后训练。学校给予我们很大帮助，让我们所有人都住在一起，方便训练。说实话，一开始早起，我并不适应，不过在教练和队友的互相敦促下，我们都会按时训练，当然，也是因为对龙舟的那一分热爱，我也想让自己可以划得更好，这样坚持下来也就不会觉得很难。训练一段时间过后，进入疲惫期时教练总会引导我们调整心态，让我们对自己有信心。

在东莞的预赛，第一不适应的就是炎热的天气，第一天去试水，感受到了这次比赛的艰难，压力又增加了一些，还是会想很多，会害怕。教练在战术安排上也进行了一些调整，让我们能够充分发挥自己的实力。很荣幸，这艰苦的 3 天比赛顺利结束了，男队女队都进入了决赛。开始进入决赛的训练，教练想让我们更加专注，于是我们就全体去了东方绿舟水上训练中心进行训练，在那段时间，每天都有着规律的作息，训练、吃饭、睡觉，大体上就是这样，偶尔散散步。在这里训练到了 6 月 27 日，我们在 6 月 29 日转场去了常德，也就是决赛的地点。能够提前去适应常德的比赛环境，也是很不容易，这中间很感谢那些为此争取的领导、教练、老师们。这让我们多了一些优势、多了一些信心。接下来我们就在比赛场地——柳叶湖进行集训，以便适应天气和水域。

我们会有更好的明天，再战，我们只会更强，这就是龙舟精神：一条船，一条心，一条胜利之路。

我想这样的经历不是每个人都有的，这样的机会也不是每个人都能遇到的，我很荣幸自己能有这样的机会，跟队友一起代表上海市参加了全运会。这一次的经历是终生难忘的，也是值得我去记住一辈子的。

在龙舟队的这两年里，不仅学会了怎么去划船，也体会到了真正的体育精神。在上海海洋大学有一群青年，他们来自全国各地，来自不同专业，不同年级，但是他们都有同一个目标，同样的梦想，他们会为了他们的梦想一起努力，一起奋斗，他们就是上海海洋大学龙舟队！我因我是这个队伍的一员而骄傲。

龙舟与我

唐尚海

（唐尚海，上海海洋大学水产与生命学院 2014 级生物科学 1 班学生，皮划艇社社长，大一加入龙舟队。在队三年时间，训练刻苦，随队获得荣誉无数。在中华龙舟大赛、中国龙舟公开赛、全运会等高级别龙舟舞台上斩获佳绩，为学校龙舟事业贡献了自己的一份力量。在第一届全国大学生皮划艇锦标赛中，在单人双人皮艇项目上均有奖牌收获。三年来，他多次获得人民奖学金和单科成绩优秀奖。他热爱龙舟队，加入这支队伍是他觉得最酷的事情。）

初入队伍

在进入大学前，我对于龙舟这个项目一无所知，可是后来偶然的机遇让我与龙舟有了不解之缘。

在军训时，一帮赤裸着上半身的肌肉男在烈阳高照下跑步时的场景记忆犹新。对于他们的肌肉感到佩服，对于在如此天气下艰苦奋斗的精神更是感到震惊，后来，我才知道他们是龙舟队的健儿。在我未加入龙舟队之前，上海海洋大学龙舟队已经取得了骄人的成绩，在学校里更是老师与同学们的骄傲。知道了这些我对这个队伍更是向往。

然而，迟老师的魔鬼训练却让我们吃尽了苦头。

第一天进行社训时的场景还历历在目。300 多人绕着操场跑圈，整个 400 米的跑道都是龙舟队的人，看不到头尾……龙舟队从不踢人，从来不会因为你的身体素质差而让你离开这个队伍。然而，每次社训过后总有一些兄弟离开了这个队伍。曹强学长曾说过连跑步都坚持不了的人还能做些什么？一次次俯卧撑的一上二下，力竭时脸与地面的亲密接触，现在想来真的是辛苦，可也正是这样的艰苦奋斗才为接下来的辉煌打下了坚实的基础。

在每一个早训的清晨，当同学们还在温暖的被窝里酣睡时，我们已经整装待发，开始了一天的训练。早训并不辛苦，锻炼的却是大家的心智。我仍记得我因为缺训在一周内罚跑了 70 圈的不堪经历，想来也是惭愧。

当同学们和家人在一起欢度元宵时，当同学们趁着假期感受着这有趣新奇的世界时，我们已回到了学校，开始了我们假期的集训。夏天集训时的酷暑，冬天集训时的寒冷以及每次训练过后全身的酸痛让我不止一次地问过自己是什么支撑着我。可能是不服输，为什么别人可以坚持，我不可以？为什么别人做得到，我不能？

测功仪的训练让人崩溃。我能感受到全身每一处的细胞都堆积了乳酸。我的脑子快要爆炸，时间一秒一秒在我身边读数，过往的一幕幕在我脑海中重现……没有人愿意碰这个玩意，没有人。

关于比赛

很幸运在大一快结束时能跟随教练、学长参加我的第一次龙舟比赛：苏州河国际邀请赛暨中国龙舟公开赛。我的心情是既兴奋又紧张的，看到他们身上的肌肉块，不禁对他们产生了敬畏心理。很遗憾第一次的出征并没有取得骄人的成绩，但是与竞争对手同场竞技的体验让我知道了竞技体育不会因为你是学生就会对你有所照顾，0.01 秒的差距就是金与银的差别。

"用我们的爱好挑战职业龙舟队的饭碗"，第二年的苏州河中国龙舟公开赛是我们和大三哥哥们一起参加的最后一场比赛，每个人都想为他们、为我们自己留下点珍贵的回忆。公开赛总积分第二，这是前所未有的新高度，我们终于可以自信地称上海海洋大学龙舟队是上海滩霸主了！

2014 级"黄金一代"终于扛起了海洋龙舟队的旗帜，我们再也没有哥哥们在前排为我们领桨，再也不能想着有一个臂膀可以依靠。我们必须担负起自己的责任，用自己的努力让海大龙舟再创辉煌。

大三这一年里我们参加了太多的比赛，拿到了以前没拿过的冠军。

中国龙舟大赛是除了全运会国内龙舟最高水平的赛事，这里有我们一直想要超越的选手，有我们一直想要拿到的奖牌。2016 年浙江丽水站，在 100 米决赛上我们力克聊城大学、江汉大学，取得了第二的成绩，我们终于完成了哥哥们的夙愿，赢了聊城！2017 年海南万宁站，经过了 20 天的冬季魔鬼集训，"以我为主，兼顾对手，顽强拼搏，夺取胜利"，放低自己的姿态，平衡自己的心理，在学校领导的高度支持与关怀，教练的英明指导与带领，兄弟们的不懈坚持与付出下，我们拿到了属于我们海大龙舟第一个中华龙舟大赛的金杯！百感交集，泪眼婆娑……这样的荣誉属于每一个支持海大龙舟的兄弟姐妹们，我们这群普招生竟让体招生吃到了我们的回浪，看尽了我们的龙尾！

全运会是国内最高级别的赛事，龙舟项目进全运会终于不再是龙舟人的梦想。在迟老师的努力下，我们有幸成为上海代表队的一员，代表2400万人民出征湖南常德。我们学业延期，牺牲了与朋友、父母的相处时间，进行了两个月封闭训练。困难总是摆在眼前，但我们统一思想，为了同一个目标而奋斗，更何况这是中国第十三届全国运动会的舞台。我相信这样的经历是我人生宝贵的财富。虽有以0.03秒与冠军失之交臂的遗憾，却也有站在国内最高赛事领奖台的喜悦。0.03秒这是竞技体育的残酷性，更是它的魅力。我感谢上海体育局，学校领导对我们这次比赛的肯定，这样的荣光属于台前，属于幕后。

关于皮划艇

龙舟之余，皮划艇是我爱上的第二个水上项目。不同于龙舟，皮划艇在水上显得形单影只，但是它的速度却不比龙舟慢！参加皮划艇比赛出于偶然，当时连皮艇都没见过的我就向队长报名参加了全国大学生皮划艇名校赛。短短两周里从艇里都坐不稳到能取得第六名的成绩也是让我出乎意料。赛场上能与北大、浙大的同学切磋较量也让我兴奋无比。他们虽然没有我的体格，但他们的划水技术却让我刮目相看！不辱使命砥砺前行，第一届全国大学生皮划艇锦标赛的争夺中，我和搭档宏畅取得了单人第三双人第四的成绩。然而，金牌始终是我奋斗的目标，道路漫长，十月份浙江丽水让我们再一次拭目以待！

我很难说清楚龙舟队带给了我什么？可能是一群兄弟的情谊，一个结实的体格，一个站在电视机前的机会，一种团结奋斗，顽强拼搏，勇于直面强大对手，不卑不亢的精神，一段一生难忘的燃情岁月……龙舟队带给我的精神财富太多太多。我不会忘记清水河畔的夕阳，不会忘记早训时东操场升起的五星红旗，不会忘记东海旁集训时的半马，不会忘记田地里偷来的西瓜和元宵节的汤圆，不会忘记"飞虎队"留在五湖四海的痕迹,不会忘记赛后大家有哭有笑畅谈遗憾畅谈未来……

祝福上海海洋大学龙舟队生生不息!

一路播种,一路收获

田 旺

田旺,上海海洋大学经济管理学院 2015 级工商管理(食品经济)学生,入党积极分子,曾担任班长、学院学生会外联部部长、龙舟队队员等职务。大一时加入龙舟队,秉承"因为有梦,所以去追"的信念不断进行新尝试。他孜孜以求,在班级组织、学生会部门、学院实践中锻造自己,重塑自己。在学习和实践中,他因帅气而著称,他化理论为经验,化自我为系统。在无数次机会中,他培养了坚毅与执着,踏实和坚定的品质,也因为如此,他为自己即将实现的热血军人梦奠定了坚实的基础。

距离全运会决赛结束已经有十多天了,回想起来,那扣人心弦的赛程和紧张激烈的氛围仿佛就在昨天,我忍不住的心跳就会加快,血液开始膨胀。经历 100 天的艰苦集训,10 天的比赛,从预选赛再到决赛,一路走来,最终取得了一银两铜的成绩,为全运会画上了一个圆满的句号,也为我的龙舟生涯画上了一个圆满的句号。

我是加入龙舟队两年,经过两年多的训练,最终有幸和大家一起代表上海市参加全运会龙舟项目,闭上眼,这两年的一幕幕都在眼前浮现……

当初大一刚入校的时候,我在军训的列队里,顶着烈日站军姿,发现有这样一群人,同样顶着烈日在整齐地跑步,光着上身喊着口号,每一个人身材都很好,肌肉和线条让人羡慕,而且他们气质所展现的精气神尤其让我震撼,然后通过打听知道他们是我们学校龙舟队的,是我们学校最牛最厉害的团体,从那时候,对龙舟从来没有印象的我就决定,要加入他们,练就和他们一样的身材。

初入队里的人大都是抱着和我一样的初衷吧。第一次社团大会,坐在 200 个人中间,看完招新视频,感受着大家迫切的心情,心里也十分热血，我想那时候大家的心情应该都是一样的，急切地想加入这个组织，同时也对接下来的训练十分忐忑，当时队长对我们说："不是所有人都能留下来，但是我们也不会赶你走，训练是很辛苦的，有些人会坚持不了自己退出的，而留下来的人，才能真正地加入我们，收获不一样的经历。"我在心里就暗暗告诉自己，一定要坚持下来，不能比别人差。之后的每一天都是体能力量的训练，冬天早上要 5 点 30 分起床，天都还没亮，外面还一片漆黑，就要忍受着寒冷去操场集合，最初我都要定 5 个闹钟，才能起得来保证不迟到，迟到会被加罚得很重。等到了操场，大家就要开始跑步，做俯卧撑两头起，无论是 8 公里的跑步还是每天 200 个的俯卧撑，这对于没有基础的我们是非常痛苦的，对于意志力是极大的挑战，每一天都是逼近身体的极限，最痛苦的时候，我就会看着旁边的人，他还在坚持，我又怎么能比他弱呢。就这样在互相的鼓励和竞争中，我们度过了那段最艰难的时期，那段打破我们原有的身体条件，每一天都有进步的时期。真的是每一天身体都有疼痛的地方，但是想着会变得更强壮更好，就不断地提醒自己要坚持下去。这一年的经历被我称为"锻造"，就像炼铁，反复地捶打、变形，再经历火的灼烧，最终才能成为一块精铁。这也是为我们后面出去划船比赛做准备！

龙舟运动，主要看的就是身体实力和技术配合两方面，如果说之前的一年都是为了提高我们的身体能力的话，那接下来的一年就是训练我们的技术配合，我们是大学生队伍，和其他的俱乐部职业队相比，我们的身体实力可能要略差一点，所以技术就是我们着重练习的方面。在这一年里我们进行大量的划船练习，长距离有氧练习和短距离无氧加速冲刺相结合，最初还非常不适应这种强度，往往在长距离的后半程心肺尤其难受，这时候靠的就是意志力。教练时常教导我们："在船上你松一分力，队友就会多承担一分力，大家都是兄弟，所以在困难的时候每个人都不能松力。"每次在很难受的时候，我就以此来提醒自己，坚持撑到最后一秒。随着一天天的进步，我迎来了第一场比赛，我们参加比赛的名额是通过桨位赛排名来选取的，当时还有很多老队员排在前面，因此我要想取得参加比赛的资格，就得争取那最后的一两个名额，排在新队员里前面有实力的才可以。当时为了这个目标，我每天晚上都去健身房,有空时也常去练单桨,请教老队员。最终我获得了去台湾参加两年交流赛的资格,那一次只有两个新队员去了,一个是我,另一个成为现在的队长。

在这一年中经历了大大小小的各种比赛,获得了很多的荣誉,我们也逐渐成为一支稳定成熟的队伍。每一次比赛都有不一样的收获。还记得第一次比赛是在上海市苏州河进行的中国龙舟公开赛,老队员们参加大龙舟和职业队进行对抗,我参加小龙舟和青年组比赛,在那场比赛中我们遇见了我们的老对手海事大学的代表队,当时由于是第一次比赛没什么经验,心里压力很大,各种情绪交织在一起。比赛前一晚教练给我们鼓励:"放手去拼,不要有什么思想负担,新队员第一次比赛对你们成绩没有什么要求,注意总结经验,重在过程。"最终我们取得了第二名,惜败海事大学代表队,也是从那一次开始,我感受到竞技体育的魅力,决心要提高自己,争取第一。接下来比赛我们不断提高,获得了很多第一名。这也是我们建队以来最辉煌的一年。这期间,我也动摇过,由于学业的繁重以及亲友的不解,再加上频繁的比赛,让我觉得很疲惫,与此同时有些曾经并肩的兄弟离队,更使我产生了想退缩的念头。在那个时期,自己的实力也有所下降,如同专业运动员的瓶颈期一样,时常彷徨不知所措,不知道前进的动力,比起身体上的劳累,更让人难以坚持的是精神上的疲倦和思想上的负担。那刻转念又想,更多的兄弟还在坚持,忍痛训练,两年的训练承载的不仅是身体机能的改变,更让我心中一股"风雨同舟"的使命感和责任感日益凝聚,因此我挺过了这段时期坚持了下来。正如那句在我们队中口口流传的口号"一船一桨,一生兄弟,风里雨里,码头等你"。

有人说:"一个好的队伍建设都在等一个契机。"在这个时期中的我,有幸见证了也参与了龙舟队创造辉煌的巅峰转变。最初接到我们能代表上海市参加全运会这个消息,大家都沸腾了,都想获得参赛的机会。当进的我因为下半年即将应征入伍,渐渐淡出队伍训练。当教练通知我也进入全运会参赛名单的时候,心里十分得激动,而更多的是忐忑。这对我来说也是个契机和转变,让本来有所目标的我,在短期的等待应征时光里充满了热血和激情。当教练安排好所有比赛人员的名单,我们就进入了备战时期。首先放在我们面前的是预选赛,我们将要面临来自全国的 28 个省代表队,最终只有 8 支队伍进入决赛,所以我们的初步目标是拿到入场券。当时还在上学期间的我们为了不影响课程,早上五点半起床进行训练,下午下课后又进行两个小时的水上露天训练,晚上还要在健身房训练两个小时,强度真的是非常大。那时候我就感觉像专业运动员一样,每天集体训练,标准伙食,集中住宿,统一休息,回想起来,真是很累但是又让人怀念。我们牺牲了所有的空闲时间,排除一切干扰,就为了一个目标:全运会。学校也是非常重视我们,给了我们良好的条件,更让我感到肩上压力的沉重,我们将代表学校,代表上海市去参赛,将要被记录在校史馆里。

等到了预选赛,可以说心情如同当年高考一样,热血沸腾,精神集中,出发前,学校为我们举行欢送仪式,校长给了我们鼓励并且一一握手将我们送上车。带着大家的希望我们去了广东,那里天气非常炎热。在紧张刺激的比赛中,我们如乘风破浪般获取了决赛资格。经过这次比赛,我觉得心理成熟了许多,我们感受到了"强中自有强中手"和大赛的残酷,这个经历教会我们的道理是受用终生的。回去以后,我们进行了封闭式训练,与外界隔离,全身心备战决赛,这个过程对于我们的心理和身体又是一大考验。大家带着疲惫就这样坚持了一个多月,最后在湖南决赛,在教练的领导下,我们获得了一银二铜的好成绩,远远超出预期,圆满结束了这次全运会。

这次全运会使我成长了。我的大学让我受益颇丰,而我的龙舟更是我大学生涯中独一无二的标志,每一桨都是青春,它承载着训练的酸甜苦辣,记录着胜利的喜悦和折戟的泪水,更凝聚着队友们的友谊和情怀。每一站都是起点,每一次出发都是为了到达终点,而下个时代的开篇和成长,我和我们都在期待和见证,一路播种,一路收获,回味沁人心脾的味道更让人难忘和感念。

保住这颗奋斗的心
王冰淇

王冰淇,上海海洋大学经济管理学院 2016 级食品经济 1 班学生。

在 2016 年军训后加入龙舟队，在船上是右桨，认真对待每一次训练比赛，她也从"懒人"变成一个热爱运动、充满活力的大学生。长时间的训练比赛让她学会积极向上，坚持不懈；并把这种态度用在生活学习中，努力坚持做好每一件事。

《强风吹拂》这本书说的是一群业余爱好长跑的大学生参加日本著名的箱根接力赛并完成长赛的故事。上海海洋大学龙舟队就是现实中的"强风吹拂"，一群非专业大学生代表上海市参加第十三届全国运动会龙舟比赛。不同的人物地点，相同的信仰追求。而我何其有幸成为上海海洋大学龙舟队的一员，套用阿走的一句话，明明这么痛苦，这么难过，为什么就不能放弃呢？因为全身细胞都在蠢蠢欲动，想要感受披荆斩棘迎风破浪的滋味。龙舟的故事，很长。

时间过得真快，一晃眼就过去了。一堆人坐在船库开会说我们将代表上海参加全运会时的那份激动自豪还历历在目，而训练也就开始了。

全运会是国家最高级别的赛事，四年一届，就如同奥运会一样。在进入训练期时，学校还是蛮重视的，让我们住进了 16 小区，管起了我们的一日三餐，也尽可能满足我们的要求，其实也符合了我们队的要求"统一行动"。

教练在不耽误我们正常学习的情况下，为打进决赛圈制订了具体的训练计划：每天早上五点半训练，训练结束便去上课，结束一天的课程后又开始下午的训练。记得最开始的一两天早训结束后便疲惫得不想上早课，每天就在固定的地方来回奔波，后来过了一些时间后便能在五点准时醒来，更是在早训过后的早课上精气十足，这大概是习惯了那般的作息规律，已经调好自己身体内的生物钟。那个时候一到七点十几二十几分的时候用餐的全是早训完后一身汗臭的龙舟队员们。那个时候我们吃完早餐才会看到稀稀拉拉的同学去排队买早点，那个时候觉得自己特别有成就，我终于不再是赖床的小屁孩了。开始训练的时候，女生每个队员都充满了忧心，女生从始至终从没有凑过大龙舟，甚至有几个新队员连基础的技术都不会，但是大家既然选择了去拼搏，就敢于克服。不会,就从零开始;技术不行就多练习;力量不够就多做力量;比别人弱就要去追。风里雨里,码头等你。这是大家的口头禅,更是我们的行动。启动划,追逐划,有氧长划,十分钟变速划,每天划船,速度力量,大力量,循环力量,还有赛前的不断计时等等,在这样的训练之后,我们去参加安排在广东东莞的预选赛,目标是进入决赛圈。

穿着白色的上海海洋大学龙舟队队服 POLO 衫,一起拍照合影,校长的激励鼓舞,摄影师的拍照录像,就这样我们怀着激动而又紧张的心情出发了。

六月的广东天气又闷又热,参加预选赛的有来自全国二十几个省的队伍,无形的硝烟战火,非常激烈。还记得出发前看的福州站中华龙舟大赛中突出的几支队伍,我们分析参赛的各个省市中能力比我们强以及能与我们抗衡的队伍有一半左右。"进决赛圈不是件容易的事""压力非常大""预选赛没进,那就不用谈以后决赛了"等等,都是大家内心真实的想法。这高温闷热的环境更是加重每一个人的紧张感,可这炎热的天气并没有扑灭我们对进入决赛的野心,甚至这耀眼的阳光更像是挑起了我们心中澎湃已久的激情。

正式比赛的前一天是试水,可以观摩到许多队伍的划法以及船速,教练和队员都会留心,无形的硝烟就这样进行着。正式比赛的三天,每天晚上教练都会召集开会,根据分组情况以及能力差距分析战术战略,大龙保分小龙抢分,尽可能拿到更高的分,教练也会让队员们都谈谈自己对比赛的想法以及存在的细节问题,更完善地备战。三天比赛,第一天是 500 米,上午大龙舟下午小龙舟,可以说是队伍多时间紧,如此长距离的比赛,在这样酷热的天气下每多划一桨都是对体力的考验,在按照教练的备战方案比赛下,第一天还算顺利结束,第二天、第三天分别是 200 米和 100 米,对体力的要求也不是很大了,我们铆足了劲超常发挥分别夺得了 200 米第七、100 米第六的好成绩。最后,女生队的积分排名成功进入了前十,获得了总积分排名第七的好成绩,获得了进入湖南决赛的资格。这是我们代表上海市在龙舟项目上打下的第一个漂亮的攻防战。但是,我们深知,这并不是结束,只是另一个挑战的开始,比赛到现在才进入了真正的困难时刻。

预选赛结束，能进入决赛的队伍都很强，后面的压力会比前面更大。比赛结束我们回到学校，教练给我们差不多一周的时间休整，可是却迎来了期末考试，大家都趁机放松了紧绷已久的精神状态，而接下来的训练都有人陆陆续续请假，人数不齐全，再加上多多少少的松散，造成训练的低效率还有队员们内心的疲惫。迫于这样的情况，教练决定了换一个封闭的环境来提高大家的训练专注度。

之后我们就来到了青浦，还记得刚到青浦激动兴奋的内心以及小小失落的大床铺，现在想起来是满满的兴奋幸福。避开了学校的很多烦心事，我们就这样开始三点一线的训练生活，还能想起刚开始划几十公里内心的小害怕，以及坚持下来的胜利感，而几十公里的追逐划更甚。还有每一天的训练下都会加重的身体疼痛。我印象最深刻的是学姐们忍着生理期的疼痛还仍旧上船，在她们眼里，不管这船上缺了谁都不是最理想的状态。所以大多数人都忍着伤病疼痛依旧坚持一起划船。但在青浦发生了给我印象最深甚至现在想起心里都心疼发麻的事情：我玩滑板脚扭伤，骨头轻微骨裂，脚特别肿，还记得医院医生看了片子说脚骨折后内心的崩溃，真的是世界崩塌的感觉，还有怀着即将要退出的心，现在想起来都觉得难受。之后把这件事跟教练说了以后，教练让我自己做决定，把问题抛给我，我还记得当时是怕自己脚伤没办法训练，麻烦别人，记得自己在训练和养脚的选择中犹豫不定，当时即将要奔赴湖南了，内心超级纠结，在那么三天左右的犹豫之后，我给教练的回复是我决定去湖南坚持训练。"我等的就是你这句话，没问题"，这是教练当时的原话，还记得听到这句话我立马就哭了，后来教练说了"我从来不会放弃任何一个人，放弃是自己的决定""我需要的是你的态度，只要你坚持，所有的困难都不是困难""希望你走得更远"等等。这些话我至今记忆犹新。

去湖南那一天，我把石膏拿掉了，既然决定了训练比赛，那就坚持吧！没有什么是不可能的，训练的时候，很多队友都让我先把脚养好，训练比赛不重要，脚是自己的，以后受苦的是自己，"可是我要养就在上海养，干吗还来湖南？"这是我当时最真实的想法，边恢复边训练既是我的选择，那我就会坚持。现在也很感谢坚持下来的自己，感觉到成长的意义。

我们在湖南常德柳叶湖里训练,也是在那里比赛,算是适应性训练,也把我们自己的船带了过去。我们提前进入湖南,以及大家吃住方面和外界压力,都是老师协商搞定。这次比赛真的很重要。训练强度比以前轻了很多,不断适应水性,中间还和湖南阿姨们模拟比赛,大家都不弱。就这样我们迎来了全运会决赛,最终赢得不错的成绩,男生更是获得了一银两铜的好成绩。

全运会随着 7 月 17 号的聚会而结束,有泪水、有欢呼、有不甘、有惊喜,但最重要的是这一次不凡的体验。备战了很久的全运会终于告一段落了,突然间一直奋斗的目标完成了,心里会感到空落落的。刚开始加入这支队伍只是因为好玩,甚至在开学前都不知道龙舟项目的我就这样参加了全运会,世上没有什么是不可能的,再大的困难都不是问题,只要你敢于去面对,那你就会成功。很感谢这次机遇,感谢为我们付出的教练和老师以及坚持下来的自己,使自己成长了不少。未来的路还很长很长!但愿自己能保住这颗奋斗的心,越走越远……

龙舟梦——我的激扬青春梦

王继兴

王继兴,上海海洋大学 2014 级水产养殖专业,自进队担任右桨,为人低调,谦逊好学,待人和善,是为人豪爽,勤奋踏实的西北人,训练方面,"训练有素,纪律严明,统一行动,绝对服从"队训贯彻始终,作为班上的组织委员以及学院海帆创新创业俱乐部活动交流部部长,跟团队一起获得上海市大学生创新创业大赛一等奖,水族造景最佳人气奖。

被选中参加第十三届全运会时,我是一名大三龙舟队员,也是即将面临考研和就业选择的时候。在这个突如其来的机会到来时,正好学期初,从来没有想到会有机会登上这样一个舞台,也不敢想象这竟是我最后一段竞技生涯。就如同无法去理解曾经那个懵懂少年,如何一步步成长并坚持到现在的……

在三年所有的比赛中,最记忆深刻的是全运会整个过程,从开始的选拔,到最后的决赛,经历了难以想象的困难,但我们是创造奇迹的一群人,同舟共济,克服了一个又一个的困难。

毋庸置疑,作为一个大学生社团,能够代表学校代表上海市参加全运会比赛是一件特别难得的事,但也不是不可能的事。我们是新一代的海大人,要肩负起使命重担、勇于迎接挑战并战胜困难。一年内我们拿到许多重大比赛奖牌奖杯。

可能只有自己才知道,拥有着这些耀眼光芒背后更多的是前辈们的铺垫和队员们的默默付出。我们学校有悠久的水上运动历史,早在五六十年代的上海海洋大学的前身上海水产学院的划艇队就代表上海队参加第一届全运会比赛,并获得优异的成绩。海大水上运动老前辈还回校为出征全运会队员加油鼓劲,激励我们奋发向上,为校争光,为人生添彩。我们也深感责任之重。

从今年四月开始,我们就接到使命,去参加全运会上海队的选拔。由于出色的表现,我们队的绝大多数人都被选中,在外人眼里的高概率事件,在我们看来绝非偶然!平时训练特别辛苦,加上要求比较严苛,这样一个环境中,我们付出比别人更多的努力与坚持,当然情理之中的事,这个过程只会比想象中辛苦。我们是一支有思想的运动队,也是一支有拼劲的学生军,虽然辛苦,但我们互相扶持同舟共济;虽然枯燥,但我们善于发现美。在困难中成长,学会苦中作乐。

上海海洋大学的校龙舟队队员分别由大一、大二、大三的本科生组成,几乎所有的队员在进入大学之前都从未接触过龙舟这项体育活动,经过长达两三年的魔鬼式训练后,具备了与全国一流龙舟队伍比拼的实力,并且几乎所有节假日都需要留在学校训练,寒暑假提前数天返校进行集训,这些学生不但平时要花费大量的时间在队伍的训练上,而且还需要兼顾自身学业,刻苦程度可见一斑。还记得大一的军训时,骄阳似火,我们在站军姿,不敢做任何小动作,汗如雨下,突然听到步伐一致稳健有力的脚步声,所有人的目光都不由自主被吸引过去了,我看见白色的印有"上海海洋大学龙舟队"字样的衣服,当然更值得一提的是那强壮有力的身板,整个场面很震撼。听连长说他以前大一也是龙舟队的,体能很好就去部队当了特种兵,龙舟队是半军事化管理,训练有素,纪律严明,统一行动,绝对服从。这一切引起了我极大的兴趣,于是我加入了龙舟队。

接着,学校龙舟队参加全运会受到校领导高度重视,我们也深明肩上的重担,一定要拿到好成绩!全运会作为中华人民共和国的最高体育赛事,龙舟项目也要经过层层选拔,我们要通过六月初的预选赛才能正式进入全运会赛场。作为一支学生军,我们知道自己与专业队的巨大差距,另外我们还要完成繁重学业,所以我们还要做得更多。为了统一训练,我们队伍集体搬进了离学校码头最近的 16 小区,为了不跟上课冲突,每天早上 5 点起床开始准备训练,直到 7 点半才结束训练,吃完早餐后,又步伐匆匆赶往教室,下午上完课后 4 点半开始训练,真的是一点时间都不敢耽误,整个过程只有经历过的人才会懂。

六月初,我们作为上海市龙舟代表队去广东东莞参加预选赛,为了从 28 个来自全国各地的队伍中拿到仅有的 8 张全运会决赛的入场券。在东莞我们遇到前所未有的对手与挑战:去适应广东高温高热天气,去适应全运会紧密赛序,去挑战来自各个省市自治区的强队。首先我们调整好心态,划出训练水平,队员们划好每一桨,拼搏进取,勇争第一,用头脑和勇气,最终入选决赛,艰难拿到入场券!

拿到入场券之后,本想可以松一口气,但压力越来越大,上海市体育局领导和学校领导都来祝贺,但同时也寄予厚望,想让我们在龙舟项目决赛上为上海市金牌榜抢金。我们还是觉得不能辜负信任与期望,短暂的休息之后再次进入紧张备战决赛阶段,教练说,全运会不比奥运会差多少,基本上每个队都要高度重视,不可小觑,我们艰难进入决赛也暴露了很多问题,需要从细节上去抓,从各环节上去改,之后,我们就从学校转移到上海市水上基地训练,来到了东方绿舟地球村和各个项目的运动员一起训练。在水上中心,我们认识了很多优秀的运动员,他们很多人都是从小进行训练的注册运动员,想一想我们还真是一支"杂牌军"啊!然后第一天我们就开始进行长距离有氧训练,按照教练的意图是任何无氧运动都是建立在有氧的基础上的。我们在这里封闭训练不与外界接触排除干扰,一心一意用最好的状态去承受住每天的训练量,从第一天开始我们就进行了 32 公里长距离有氧训练,汗水把衣服浸湿,手指都磨出血泡了,头一次感受到竞技体育有多辛苦!接下来的日子里,会按每天规定的任务完成,用教练的话来说就是勤能补拙,量产才会质变,一个优秀的运动员都会经历几百万次重复,要经受别人不能忍受之痛并孤独前行!

我们做着不可能的事,一次又一次挑战着极限,循环往复。这个漫长的过程,一度枯燥无味且绝望痛苦着,可又不见丝毫效果。瓶颈期,面对身体和心理的巨大压力,百折不挠中,我们探索,突破,超越,再超越。这种获得感、充实感、自我价值实现感,超越以往任何时期,这种信心指引着你,实现着人生的各种可能性,"我想做不同!"

进入大学前,对龙舟运动我一无所知,慢慢地逐渐了解,在全国众多校园里很多院校组建龙舟队,而在全国高校中,海大龙舟队逐渐崭露头角。上海水上运动中心、上海海洋大学体能测试中心、大型龙舟桨、赛艇桨专用荡桨池,海洋大学龙舟队的基础建设规模庞大,学校投入了千万资金用于建设,现设有上海海洋大艘,赛艇十余艘,皮划艇数十艘,龙舟测功仪 30 挺,赛艇测功仪 10 余挺,另设有龙舟队专用训练房,设施齐全完备。在这样一个好的基础设施条件下,我们发愤图强,利用硬件优势,不断向专业队靠近,并在校园中兴起了一股龙舟热,不少师生利用空余时间来学习体验,划龙舟成为上海海洋大学一种校园文化,海大清水码头的健儿们是一道风景线。

对于外人来说,不太看好普通大学生走向竞技体育之路,既面对巨大的学业压力又要靠大量时间弥补天赋不足,面对那些体育专业特长生以及俱乐部职业龙舟队,我们劣势太多……

我们深知需要做的太多太多,争分夺秒,朝饮露水,夕饮汗水,风雨不动,课余时间总被占得满满的,训练间隙拿起课本聚精会神地补习上课内容,训练场上以舍我其谁的信心认真完成每一个训练内容,那条河那条跑道我们不知流了多少汗,我们的手上不知出了多少茧,流过多少血,历经数不清的日日夜夜,迷茫中彷徨,遇到困难撑不下去,无数次想放弃却怎么也不甘心,难道这一切都结束了吗? 在人生导师教练的指导下,我们明白真正的体育人体育精神,永远不服输,力挽狂澜的大将之心,孤独中成长,沉默中爆发。在赛场上"勤朴忠实"校训铭记于心,并指引着我们,克服重重困难,实现着一个又一个看似不可能完成的任务,也同时在挑战着人生的不可能,痛并快乐着!

挥桨拼搏 舞动青春

王连涛

王连涛,上海海洋大学水产与生命学院2015级水产养殖4班学生。自入校以来,秉持着"勤朴忠实"的校训精神,始终能够保持积极向上的态度,认真汲取身边同学、老师及朋友们的经验,全面提升自身的综合素质水平。两年中,多次获得奖学金以及社团优秀部长的称号;课余时间,他积极参加各类学科竞赛、实践活动等,并多次代表学校参加全国龙舟比赛,为学校争光,为大学生活添彩。

人生如梦,醒来方知一场空,不曾带来什么,也不将留下什么,不,应该留下点什么,留下点美好的东西吧!也不算白来一场。

2015年9月,我以上海海洋大学水产与生命学院一名新生的身份来到了学校。刚入校的我对大学生活一片茫然,不知如何应对。对于我,早就有投身军旅的想法,来到大学这一想法又涌上心头,我就是想到军营里锻炼、磨砺我自己。最后因为多方面的原因,最终我还是没有报名去参军,但是想吃苦想锻炼自己的想法一直埋在心里。开学军训期间,在校园里看到一群光着膀子、皮肤黝黑、肌肉发达的大哥们在跑步锻炼,当时第一反应就是很羡慕他们的身材,觉得他们很厉害。后来问了同学才知道他们是我们学校龙舟队的,为学校赢得了很多荣誉。当时同学还笑着问我说:"你问这么多是不是想加入龙舟队,唉,别想了,龙舟队训练很辛苦的,你坚持不住的。"对于他说的话,我一笑而过,心里还在想:训练苦,那不正好吗,刚好可以锻炼、磨砺自己,何乐而不为呢?

开学不久,学校要举办水上运动会,我报名参加了我们学院的龙舟队伍,这算是我人生第一次划龙舟吧。我觉得挺好玩的,感觉还不错。当时腿哥(2015届队长)问:有没有人想参加龙舟队的?我第一个举手说我想参加。后来在招新大会上我如期而至报名参加了龙舟队。就这样,我大学最苦最累,但却是最精彩、让我一生无法忘怀的时光开始了!

古语有云:天将降大任于斯人也,必先苦其心志,劳其筋骨,饿其体肤,空乏其身,行拂乱其所为,所以动心忍性,曾益其所不能。这句话可以说是我们的真实写照。刚入队的我们,首先进行的是体能训练。所谓的体能训练就是耐力训练。每次训练课我们都要跑步、俯卧撑、两头起、平板支撑等等。跑步从刚开始的 4 公里逐渐加到 8 公里甚至 10 公里,俯卧撑渐渐地从 20 个到 50 个最后到 100 个,两头起从 20 到 50 个,平板支撑从刚开始的 1 分钟到 3 分钟最后到 5 分钟。随着训练强度慢慢加大,陆陆续续开始有人退队了,有人已经受不了这种地狱式的训练了。其中有一段时间,因为做俯卧撑,双手磨掉了皮、胳膊酸痛到"无法呼吸",我甚至到了回到宿舍要洗澡的时候自己脱不掉衣服,上床准备休息但爬不上去的地步。那一段时间真的很难熬。在此期间我都有了放弃的念头,但是在同期队友、同学的鼓励下,我咬紧牙关坚持到最后留了下来。在这里我对我的教练、同学、队友兄弟们表示由衷的感谢!没有他们,就没有我现在这样精彩的大学生活。体能训练持续了一个半学期之久,这段时间真的是痛并快乐着。体能训练结束后随之而来的是水上专项训练。

水上训练不同于陆上训练。水上训练不仅需要耐力、意志力,还需要技巧,只有掌握正确的划船拉水技巧才能够事半功倍。刚开始教练教我们划船动作,要我们保持划船动作不变,不一会儿胳膊就酸了,但每一个人都还是咬牙坚持着。还有就是进行有氧长距离训练,一次划十几公里,每次划到四分之一的距离,我蹬船的腿就麻木了,没有一点儿知觉,这种感觉真的很难受。然后我就开始换另一只腿蹬船,就这样反反复复交换直到划完我们的训练科目。有时候我们会在船头套一个轮胎,用来增大船的阻力,我们进行长距离有氧训练。刚开始有种我们拉水船根本不动的感觉,划一圈要好长好长的一段时间,划第二圈的时候都快绝望了,感觉这时候时间过得是最漫长的。还有一个训练科目:4 公里追逐划。追逐划既需要速度又需要耐力,是一个非常考验队员实力的训练科目。在途中,稍不留神就会被别人反超抢占先机。水上训练长时间坐着,加上划船需要借助腰背的力量,导致腰会非常酸,肩膀疼痛,手上更是磨出了许多水泡。虽然训练很辛苦,但我们都无怨无悔。平时的艰苦训练都是我们通往成功路上的垫脚石。

"宝剑锋从磨砺出,梅花香自苦寒来"。十年磨一剑,比赛是最好的练兵场,是检验我们训练的最好方法。大二第一学期,通过桨位赛选拔,我有幸跟随队伍去浙江丽水参加中华龙舟大赛。虽然我是以替补的身份去的,最终也没有参加正式的比赛,但看着比赛队员在赛场上顽强拼搏,更加坚定了我刻苦训练的决心,我也希望有朝一日能够以正式队员的身份参赛,为学校争光。这次比赛回来后我刻苦训练,自己加训,成绩有不少的提升。寒假的时候我们很早就来学校集训了。集训是我们队伍的传统,也是为了备战海南万宁的中华龙舟大赛。集训的那段日子,大家训练热情很高,顶着寒风,不畏河水的冰冷刻苦训练。我们都有一个目标:拿冠军!集训结束我被选到了比赛阵容里,心里还是挺高兴的,但无形中给我增加了压力。到了比赛场地,看着那阵势,不由自主地紧张了起来,毕竟是第一次参加这么高规格的比赛。500米比赛那天,下着小雨、刮着海风、温度很低,龙舟在水面上起伏不断,这不仅考验我们划手,更加考验舵手的技术、经验与胆识,稍不留神我们的船就有可能窜道或者翻船,但是凭借着舵手的高超技艺,我们的船顺利到达了终点。当时在起点平台的时候,我非常紧张,怕出差错影响大家,拖大家后腿。当起点裁判发口令时,我心还在扑通扑通地快速跳动。但是等裁判"划"的口令一出,我开始动了,我按照平时的训练节奏划启动桨,紧紧跟着前面的桨,努力拉水到最满。100米我们领先聊城大学,200米、300米我们一直处于领先位置,我们有机会拿到冠军了。350米的时候我手臂已经发硬,手指则已经僵硬了,我自己感觉我快不行了,桨都握不住了。就在我最艰难的时候,我听到了舵手声嘶力竭的呐喊声:"兄弟们,顶住,再加把力冠军就是我们的了!"听到这声音,我顿时力量感爆棚,桨握得更紧了,拼命地拉水,50米、40米、30米、20米、10米,到终点了。我们率先冲线,我们是冠军,我们在船上欢呼,激动的泪水不由自主地流了出来。大家都哭了,真的很激动,训练这么久终于有回报了,终于拿到队史上第一座金色龙头冠军奖杯了,第一次打败了聊城大学……这一战创造了很多个第一次。这一个500

米,这一站比赛我至今忘不了,想起来从启动到中途到冲刺的画面历历在目。继海南站之后,我们又参加了湖南长沙的中华龙舟大赛,并在100 米项目上夺得冠军,200 米、500 米上与冠军失之交臂拿到了亚军。这次比赛结束后,听说龙舟以群众项目进入了全运会,而上海市也将派队参加。随后教练带我们参加了上海市的选拔,我们顺利通过。当知道我们能够代表上海市参加比赛的时候,我们非常高兴、自豪、激动。全运会是我国规格最高的大型运动会,四年举办一次,也是为奥运会选拔人才的运动会。能参加这种级别的赛事是我们以前做梦也没想过的,既然有这么好的机会那我们当然不能以逸待劳。

我们龙舟队在预选赛前就启动了强化训练。早上 5 点起床,训练到 7 点半;下午 4 点半开始训练,直到晚上 6 点;晚上 7 点半下课后,继续训练到 10 点……在保证队员正常上课的同时,我们利用课前课后的时间开展训练。6 月 3 日到 5 日在广东举行的第十三届全运会龙舟预选赛上,经过奋力拼搏,经过高密度、高强度、极为激烈的对抗,学校男女龙舟队在 12 个小项中全部获得决赛资格。在顺利闯入决赛后,我们还前往东方绿舟水上运动中心进行了更严格的封闭训练。在此期间,吴建农副校长及校党委常委、宣传部部长郑卫东,体育部主任孔庆涛来看望慰问我们备战全运会的队员。吴校长勉励我们践行"勤朴忠实"的校训精神,发扬"齐心协力、顽强拼搏、超越自我、永不放弃"的体育精神,赛出水平、赛出风格,努力为学校争光,为上海市争光,为上海海洋大学的百年发展、为把学校建设成为国际上有影响力的高水平特色大学不懈努力。

6 月 29 日,我们提前半个月出发,前往决赛场地——湖南常德柳叶湖适应当地的气候和水域。抵达目的地后,我们立即进入"实战"训练。日复一日的训练,是我们取得成功的基石。最终在决赛中,我们代表上海市获得了一银两铜的好成绩。我们是唯一一支以全部非体育特长的大学生参赛队伍。在小龙舟 200 米比赛中,我们以 0.03 秒之差位居第二,错失金牌。比赛虽有遗憾,但我们无悔,至少我们曾经拼搏过、努力过。就像程裕东校长说的:我们学校的龙舟队能够代表上海市参赛即是胜利,能够闯进决赛已经是辉煌了,能够夺得奖牌是创造历史,我们的全运之旅必将载入校史。

"训练有素、纪律严明、统一行动、绝对服从"是我们龙舟队的队训，指引着我们前进。在以后的日子里，我必将严以律己，发扬龙舟精神。最后，祝愿海大龙舟生生不息，再创辉煌！

挥桨书写青春
王腾伟

王腾伟，上海海洋大学工程学院2016级电气2班学生。自从入校加入龙舟队，悉心认真踏实跟着教练学长学习训练，取得不错的成绩，得到教练学长的认可，并有幸参加了全运会，在这段时间里锻炼了自己的能力，磨炼了意志，还收获了美好的友谊。在学习生活中，认真学习，团结同学，深受同学老师的欢迎，同时还积极参加学校学院组织的活动，为班级贡献一份力。他本着认真踏实，谦虚谨慎，坚持不懈的态度去做好每一件事，并且将带着在学校在龙舟队学习的东西，热情洋溢地奔向未来的学习工作生活。

青春承载了无数人的梦想与渴望；青春见证了无数人的成功与失败；青春充满了未知与彷徨。谁的青春不迷茫，唯有朝着梦想不断拼搏才能让自己的青春时光绚丽多姿。为了我的青春，我选择上海海洋大学龙舟队。人生总会遇到岔路口，向左或向右，总是害怕走错，但选择龙舟队是我最正确的选择。

一年前，我背上行囊来到这个陌生的城市开始了我的大学生活，面对陌生的环境和陌生的人，我感到焦虑与彷徨。我该怎样做才能更快适应这个环境，未来的方向怎么确定，大学生活是什么样的，难道就只是上课吃饭睡觉这样无限循环，过这样枯燥乏味的生活吗？我不要这样，直到我知道了上海海洋大学龙舟队并加入了龙舟队，接触了教练和各位哥哥，我才知道这就是我想要的，龙舟队从此改变了我的生活。还记得第一次见到龙舟队的哥哥们是在我军训的时候。那是一个早晨，我们穿着军训服迎着朝阳重复着枯燥无味的训练项目，突然一阵响亮的口号声传入耳朵，一队穿着白色队服，背着桨，踏着整齐步伐，喊着响亮口号,身材倍棒的人从身边跑过,这时教官(后来才知道是队里的老大哥赛哥)告诉我们这就是海大的龙舟队,我被他们深深地迷住了,我也要加入他们,也要拥有他们那样的身材,也要像他们那样帅气。终于在室友的怂恿下,我们俩一起加入了龙舟队,开始了我的龙舟生涯。

还记得第一次参加社团大会,初次见到迟老师和孙老师,他们在讲台上的句句话无不透露出老师对龙舟队投入的心血以及对我们殷切的期望。看到哥哥们获得的各种奖项和他们平时的训练,我深深地感到他们的艰辛与付出,这一项项荣誉都是他们用血用汗水换来的。记得当时教室里坐着黑压压的一片人,大家都是在报名册上虔诚写下了自己的名字,不管当时每个人心里是怀着怎样的想法加入了这个团队,我依旧记得老师对我们说的一句话"以实力赢尊重,以真心交朋友",在这个团队的人都是兄弟,处处都存在竞争,只有让自己努力变得更强,才能让人认可你,获得更多机会。没有谁是弱者,只有那些不敢面对自己不肯努力上进的人。还记得第一次参加训练,俯卧撑、卷腹、跑步,这一项项高强度体能训练对于我们来说是一个巨大的挑战,忘不了参加完训练回到寝室洗澡手举不过头顶,躺下就能睡着;忘不了刚开始因为能力不行不能上船的痛苦,我下决心一定要努力赶超队友,让队友看到我的实力。第一次划长距离,划完一圈我们躺在船舱享受那片刻的悠闲惬意时光,那时抛开所有,只想好好休息。忘不了冬天每天早晨六点顶着寒风早训,响亮的口号被同学们吐槽了无数次,光着膀子在寒风中拍照,参加了每个学院的升旗仪式。

第一次参加比赛是在常熟,那时的我是幸运的。当我真正坐在船舱里,手握船桨,心里的紧张难以掩饰,手心的汗不断心跳加速,脑子只有一个想法,盯着终点奋力挥桨,当第一个冲过终点时,再苦再累也抛之脑后。那一次我们获得了第一名的成绩,这是我龙舟生涯的第一梦,我永远忘不了第一次站上领奖台时的激动与喜悦。

还记得三个月前,当听说由我们学校龙舟队代表上海参加全运会,心里感到无比自豪和骄傲,我自己从来没有想过,我能有机会加入这个队伍为学校争光为上海争荣誉,然而当教练和博哥真正给我这个机会的时候,我当时是懵的,因为我自己从来没敢想过我能有机会接受这么艰巨的任务,站上这么大的舞台,那一刻我想我一定会尽自己所能,为这个团队贡献自己的力量。三个月的训练说长不长,说短不短,这一段经历终生难忘,将是我一辈子宝贵的财富。

没见过凌晨四点的洛杉矶,但我见过很多次凌晨五点的临港,每天早晨迎着朝阳我们便早已在河里挥洒汗水。怀念在青浦大家一起睡大通铺洗大澡堂,虽然条件艰苦,但这段经历这辈子不会再有。头顶着烈日,我们一桨一桨丈量着湖面的宽度。那段日子回想起来虽然很辛苦,但是每天有兄弟们的陪伴,有教练的鼓励,朝着梦想的方向努力,一切变得轻松愉快。手中的桨挥了成千上万次,直到肩背失去知觉,那时候多么想能够休息一下,但是我不能,时刻牢记哥哥们的话:"你们自己松懈了一桨,其他兄弟就要多顶一桨。"手上的水泡磨破了一个又一个,已经结成厚厚的茧子,这一切跟我们的梦想比起来根本不算事。有的时候累了就想想身边的兄弟,想想这个团队,想想我们的梦想。我们既然已经在路上了,就要努力地走下去,因为坚持已经很不容易了。相信自己,改变很难,但尝试着改变就是一个一个新的开始,只要心里想着,身边和我感同身受的人还有很多,不止我一个,大家都在坚持走下去,每天都能看到自己的变化与进步,最后那个不过是个人运气罢了。

最后的决战如期而至,我们辛苦了三个月只为能在最后的比赛中展现属于我们的实力,展现上海海洋大学龙舟队的风格。再炎热的天气也无法抵挡我们对比赛的热情与积极,兄弟们互相用船桨泼水鼓励,有来自对手和观众的加油呐喊。坐在起点,此时的我们是单纯的人,只有一个想法一个目标,倾尽全力划好每一桨,直到最后冲过终点。也许这就是比赛的魅力,不曾经历过的人永远不会体会那种感受,优胜劣汰,胜利者骄傲自豪,失败者垂头丧气。当哥哥们把奖牌挂到我的脖子上的时候,我深深感受到了奖牌的重量,那是他们用血用汗拼命换回来的。那一刻,以往所有的辛苦付出都是值得的。也许这次比赛我们也留下了一些遗憾,但这也是积极的,这将是催促我们前进的动力,是为了让我们能够变得更强,那一刻有欢声笑语也有遗憾落泪。当我离梦想最近的那一刻,现实却狠狠甩了我一巴掌,那时我忍不住了,不争气地流下了眼泪,但这又怎样呢,没人会同情和可怜你,与其用泪水悔恨今天,不如用汗水拼搏,失败只是为了让自己变得更强。有些人在激烈竞争的汹涛骇浪中被卷走,从此一蹶不振;有的人迎着风口,踏上浪尖,上了岸成功了。这就是因为坚持,风口浪尖对于他们来说不是绊脚石,而是前进的垫脚石,我想我要做后者。成长之路布满了脚印,我们不求每个脚印写着的都是甜蜜与欢乐,但求无愧于每一个脚印;我们不求每一个脚印都是幸福与欢乐,但求无愧于每一个脚印;我们不求每一个脚印都是美好和痛快,但求无愧于每一个脚印……走好人生每一步,不让人生之路布满悔恨、遗憾、愧疚。人的一生要做很多事,做一些有意义的事好过一生碌碌无为,我想全力以赴,给自己的人生一个无怨无悔;给曾经那些流过的泪、那些声嘶力竭的发泄、那些彷徨无助的日子一个隆重的致敬;给那些冷眼嘲笑,不屑质疑一个赤裸裸的反击;有那么一天,蓦然回首镜子里的自己,我可以淡然一笑;原来我也可以。

风景不同于人各是不同滋味,如人饮水,冷暖自知。选择往往决定了前进的目标方向,我很庆幸我选择了上海海洋大学龙舟队,这里有平易近人的老师,有一起欢笑一起吃苦的兄弟,我热爱这个大家庭,我热爱这一群可爱的人。未来的路还很漫长,我会时刻牢记"训练有素,纪律严明,统一行动,绝对服从"的队训,切实落实到行动中,让自己变得更强,让这个团队变得更强,将海大龙舟的精神永远传承下去。海大龙舟,谢谢你出现在我的青春里。

漫漫龙舟路

王晓晨

王晓晨,上海海洋大学食品学院 2014 级生物制药 1 班学生。2014年加入上海海洋大学龙舟队,在队伍中刻苦训练,成为女队中的骨干队员,多次参加龙舟、皮划艇的重大比赛,并取得优秀成绩。在训练之余也不忘努力学习,多次获人民奖学金一等奖、先进个人称号等。

时间如白驹过隙,三年时光转瞬即逝,仿佛昨日我还是社团招新大会上懵懂的新成员,然而今天已经要挥手作别了。

加入的原因总是很简单,但留下的原因却越来越复杂,以至于一想到要离开,简直要立刻流下眼泪来。

我总是说,女队比男队不易太多太多,我们本来也是又娇又俏的小姑娘啊,何苦每天在太阳底下晒着,河水里泡着,在健身房流大把大把的汗,在龙舟上磨一层一层的茧。

以前最怕划长距离,一个大圈八公里实在太磨人,到了大二、大三成了老队员也还是会怕的,但是要做新队员们的榜样啊,所以带着大家喊一路的号子,成了船上的大嗓门。一个八公里,两个八公里,三年里不知道划了多少个八公里,河道两岸的水鸟,也不知道听了多少遍"水下""走嘞"。

好累啊,胳膊发酸发胀,腰背也挺不起来了,腿蹬得一阵阵发麻,真想停下来歇一歇,就歇一会儿。"顶住啊!"是谁在喊?鼓手?舵手?还是一起在划桨的划手?为什么喊这一句呢?她们也累了吗,是在为队友也为自己鼓劲吗?我们一起划了这么长的路,同心协力向前走着,他们也同样累了啊,我怎么忍心停下来呢,怎么忍心再给她们增加负重呢?"走嘞!"这一船的姑娘,喊得真精神啊。

测功仪训练几乎能称得上噩梦了,现在想起来,两个腿肚子都忍不住要打摆子。机器呼呼的声音,和着大家的呐喊声,场面十分壮观,但只有坐在上面的人才知道,腿有多酸,胸口多闷,两耳隆隆,简直要立刻倒在地上。有一次,教练定了 4 个 2000 米课程,每 500 米不超过 1 分 45 的标准,女孩子们几乎都是哭着完成的,结束以后,大家在健身房地上躺了很久,然后相互搀扶着回去。

力量训练和水上训练相比要枯燥很多,但强大的水上实力离不了好的力量基础。原来连水桶也扛得很艰难的小姑娘,在健身房一次又一次的"撸铁",在镜子前搞笑地比较着各自的肱二头肌。

痛苦的集训回忆更是数不胜数了。寒风凛凛的 2 月份,大家匆匆告别家人,从春节的温暖热闹中抽离出来,从全国各地聚集到小小的码头,摩拳擦掌为中华龙舟大赛海南站练兵。冷,实在是太冷了,冰冷的河水,冰冷的风,留给我们冻红的手,皲伤的脸。烈日炎炎的 7 月份,我们赶到湖南常德,实地备战全运会决赛。偌大的柳叶湖,我们顶着明晃晃的太阳,被炙烤得喘不过气,只好不断用河水拍去难耐的藿香正气液和难消解的暑气。

这么多说起来都让人却步的事情，那为什么还有这么多人选择留下呢？

不知道队里哪位老学长说的话："任何团队运动与龙舟相比都是苍白的。"这是龙舟这个运动本身的魅力。一鼓一舵一桨一船人一条心，当你真正坐到船上的时候，你才能真真切切感受到团队的力量。一个人再出色再优秀，也无法带动整条船，唯有十支桨一同驱使，依着同一个节奏，发力拉水，才能让静默的"龙"升腾活跃起来。团结一致，同心同德，我们才能创造奇迹。那是一次再寻常不过的长划训练，八公里的最后一百米了，鼓手倒数，发出了信号，队长一声令下"加水下!"大家绷住肌肉，加快拉桨速度，船速瞬时加快。停下时我沉默着喘气，心中却对这种无言的默契十分感动，这一条小小的船，让一船原来互不相关的人，紧紧绑在了一起，贡献力量与热情。训练场上，不只我一个人在努力；比赛场上，不只我一个人在战斗。

海大龙舟走到今天，取得这样的成绩，最难能可贵的，我们是一支普通学生军。大家怀着懵懂之心入队，好像还没做好准备就已经要上战场。大学生队伍无法避免的就是周期性人员的更换，所以我们要更快地成长，在一次又一次的比赛中磨砺自己。大家都是如此，从前辈的手中接过重逾千钧的桨，打磨三年，再珍重又珍重地交到后辈的手中。所以我们说海大龙舟，生生不息。海南那一站，男队第一次在中华龙舟大赛这个舞台上夺金，500 米归来的那个登舟码头，多少人热泪盈眶。我去扶彭天，他推开我，说，我想站一会儿。然后我想起他曾说过的话，"康哥说一直没赢过聊城大学，他们没能做到的，我们一定要把它完成了。"桨位赛的时候，他说："最后一百米，你就给我喊'聊城追上来了'。"这是他的执念，是从老学长那传承下来的执念，在海南，在那个 500 米，他们终得所愿。我悄悄背过身，擦了擦泪。

而这三年热血龙舟岁月，对我而言，更为重要的，是让我感受到体育，尤其是竞技体育的魅力。原来我对体育，最多最多的体会也就只在于中考的体育测试，平时连 CCTV5 都不会看，所以在竞技体育上是真正的一张白纸。我一共参加过 5 次中华龙舟大赛，一次更比一次体会到比赛的激烈,于是真切地理解了这句话,"想要体会一毫秒有多少价值,你可以去问一个错失金牌的运动员。"人说"台上一分钟,台下十年功",比赛最长不过 500 米,但我们划了多少个 8 公里,为了先声夺人,我们反复练习起航,一桨三桨八桨;为了做好快慢桨衔接,我们练变速桨;为了在两船相持的时候能够脱颖而出,我们练追逐划;为了适应比赛节奏,我们打了无数场模拟赛,计了无数次时。比赛场上的辉煌,都要靠训练场上扎实的每一桨来换。比赛带给你紧张和兴奋,狂飙的肾上腺素和燃烧的多巴胺,但你将这些都悄悄压下,调整呼吸。静若处子;"各队注意——预备——划!"动若脱兔。现在的我能在电视机前看一整天的 CCTV5,也许是因为这三年的经历让我能够感同身受,让我为竞技体育的魅力所倾倒。

这三年我也成长了太多太多,感谢龙舟队带给我的改变,感谢队友的信任支持,感谢教练的悉心教导。2014 年夏天初见,2017 年夏天谢幕,一直站到最后一班岗。在最后之际,扪心自问,也算是做到了不让教练失望,不让队友失望,不让自己失望。

龙舟,这样一个力与美,传统与竞技体育的结合。遇见它,爱上它,成就它。

编织梦想的时光

王艳林

王艳林,上海海洋大学信息学院 2014 级计算机科学与技术 3 班学生。在 2015 年 10 月加入上海海洋大学龙舟队,在龙舟队里是右桨。入校以来,她对师长尊敬友善,对同学团结友爱,对工作认真积极,对生活勤朴热情。每学年都会获得各类奖学金以及优秀团员等称号。积极参加各类活动:贵州义务支教,大学生数学竞赛,易班插件大赛还有中华龙舟大赛以及中华人民共和国第十三届全国人民运动会龙舟赛等。她说,年轻是我们唯一拥有权利去编织梦想的时光。

我是一个性格开朗,认真负责,沉着稳重的人。大学生活给了我很多启示,在龙舟队经历的事改变着我,使我不断完善自我,使我逐渐走向成熟。

我的父母都是普通的农民,生活朴素,但却有着传统中国农民的善良与勤劳,而且非常重视对子女的教育,我的弟弟现在是一名大三学生。在这样一个贫穷却又温暖的家庭,我健康快乐地成长。这也让我从小就养成了艰苦朴素,不怕吃苦,勇于奋斗的性格。

2000 年 9 月,我进入了天合义小学,开始了我的学习生涯。在小学的六年中,我牢记父母的告诫,老师的教诲,好好学习,不辜负家人和老师对我的期望,在班上学习成绩一直名列前茅。

2006 年 9 月,我进入哈林格尔中学。在懵懵懂懂的年纪,也曾调皮,也曾与同学打打闹闹,但却始终拥有着一股不服输的劲头,不向困难低头,不向懦弱低头,不向懒惰低头。最后以优秀的成绩考入重点高中。

2010 年 9 月,我进入包头市第三十三中学,在刚开始的时候,成绩不是很理想,但在与老师和同学有了进一步的交往之后,成绩也有了较大的进步。我知道这一切都离不开坚持:对学习的坚持,对大学向往的坚持,对家人希望的坚持。

2014 年 9 月,我进入上海海洋大学,开始我一直向往的大学生活。想象中的五彩缤纷,在踏入校园的那一刻仿佛都在向我张开怀抱。开学社团招新,一张张来自俊男靓女的海报传单,让我眼花缭乱。当时在军训休息的时候看到龙舟队的一群身材超棒、长得有点小帅的学长们拿着好多超大的奖杯来招新,他们说女生也可以报名。可我当时在想:我是个女孩子,我应该参加那些舞蹈社,街舞社团或是合唱团,划船我这短胳膊短腿的肯定不行。于是大一就这样在平淡无奇的生活中过去了。心里有点空虚,每天都沉浸在电脑的世界里,偶然从身边同学的朋友圈得知她加入了龙舟队,交到了好多好朋友,并把教练老师称为"迟帅""孙帅"。我知道这样的称呼意味着老师和学生融为一体,像朋友一样的相处,还看到他们一起去比赛,一起过生日,而且听说队里的人都是学霸,这一切的一切都像外星球一样吸引着我。几番思考后,在大二招新过后通过社团的女队队长,加入了让我值得回忆一生的队伍。

2015 年 10 月 13 日,我第一次来到码头,和大部分都是大一的学妹们学习着动作，有点自卑，总觉得别人都是大一的，我是大二的。我有点手足无措，担心学得慢，担心大家嫌我笨，担心她们会瞧不起我。每周四次的训练，每次都一点一点学着，我的动作一直都不太好，甚至在周六的时间也用来练习，尽管周周队长一直都在纠正我的动作，可我在划船的过程中总是被点名，我看着我的搭档，她被夸奖动作是最好的，心里特别不服气。那段时间是我入队以来最灰暗的时刻，我偷偷地哭过好多次，为什么我的努力没有结果，为什么简单的动作都学不会，看着一些坚持不下去的队友都放弃了，我也想放弃，但又觉得这样的我太过懦弱。于是我私下里和队友探讨，她们跟我说了很多鼓励的话，队长也为我加油，我终于放下对别人的芥蒂。在第一次的奖位赛中我证明了自己，得到了队长的夸奖。人们常说，患难见真情，在当时认为辛苦的训练中，我交到了好多朋友，她们不矫情，不做作，都是真性情的人，这也是我继续待在队里的动力。在寒冷的冬天，大汗淋漓成了我的家常便饭，从小到大，跑步一直不及格的我在这个冬天不断进步。从开始的 800 米到后来的 80000 米，都深深刻在心里。这不仅仅是身体上的进步，也是心理路程的变化。到大二结束的时候我报名参加了宁波大学的交换生，我曾以为自己就要告别这个队伍，告别这些好朋友。但在换届的聚会中，周周队长的真情流露，各位队友的依依不舍，队长的临别感言，队长告诉我，我很努力，可是动作有待改进，如果交流回来，龙舟队的大门依然为我敞开。当时我哭了，上大学以来虽说班级是一个大家庭，但我从心底里觉得龙舟队才是我大学的归属，是我的大家庭。

2016 年 7 月和几个队友去贵州支教的过程中我得知队里要去南京比赛。因为在此之前决定放弃交流，所以和李力队长申请想要参与比赛。那个暑假我总共只在家待了五天，虽然有点不舍得离开家，但好不容易有这个机会，所以我参与了女生的第一次集训。集训开始我才知道平时一周四次的训练在集训面前就是小巫见大巫。在炎热的夏季，一天两训，那段时间感觉累得一动不想动，手上起了很多水泡，屁股也被磨破，脸被晒伤，看着大家都在努力，抱怨归抱怨，但我却实践着训练有素、纪律严明、统一行动、绝对服从的队训。十几天的集训结束，我们去南京比赛。作为替补的我心里有点失落，觉得自己太不中用，只能在岸上帮大家看东西。看到比赛的激烈，大家拼尽全力也没拿到好的成绩。回到学校后，我认真训练，划好每一桨，不放弃每一桨，不给队友添麻烦。再后来的桨位赛中我突飞猛进，成为右桨第二，从那以后，我的名字也渐渐地被老师熟知。老师说："桨位赛是最能代表自己实力的测试。"

在迟老师的争取下我们参加了丽水、海南、湖南的中华龙舟赛。在丽水的比赛中我终于不是替补并且坐在了第四排。在船上我深刻认识到龙舟是最能体现团队精神的运动。500 米划完上岸后四肢僵硬不能动，大家都是在别人的搀扶下回到帐篷。尽管我们没能拿到龙头，但我们不后悔，因为曾经奋力拼搏过。迟老师也在不断鼓励我们，老师在每次出去的比赛中又当爹又当妈照顾着我们，虽说我们是参赛者，但我能感觉得到老师比我们更紧张。在去海南比赛前我们正月初五来集训，不为所求，只为我们的努力不付之东流。迟老师在寒冬里一天三训，没得商量，像魔鬼一样在岸上喊："水下不够狠，挂体重……"但是在过年给我们压岁钱，元宵节给我们煮汤圆，又像家人一样照顾我们。我们不怨他对我们严厉，反而庆幸是老师让我一个来自农村的孩子去见识更广阔的世界。在海南的比赛中我们终于拿到了龙头，所有的姑娘都喜极而泣，我们虽然不负众望，但也有一些遗憾。老师认为我们会更好。正是这样，在湖南与职业组的比赛中，我们守住了我们的地位。

天将降大任于我们，我们可以代表上海参加全运会，激动万分。当时我已经找到了实习工作，每天的工作让人焦头烂额，只有训练的时候我才是快乐的。最后我决定辞职和大家一起划船，因为加入了很多新成员，所以一切都得从头开始：从队员的排练顺序、上船、靠船、平桨、挡水、体前屈、体侧屈、五桨划、十桨划到最后的全程划，启动划。我们都很认真地学习。还记得第一天上船时很多新成员都不敢往两边靠，怕掉进水里，船一波动就紧张得要命，但是在两位老师耐心温和的指导下，我们迅速掌握上船和使船平稳的动作要领。接下来在迟老师和孙老师耐心讲解和不断重复动作要领的练习后，我们逐渐掌握了划龙舟的技巧，从 0 到通过全运会预赛，在广东打预赛，0.01 秒的差距都有可能带来失败，不容我们放弃每一桨，广东的温度虽然高但从老师到学生热情高涨。现在比赛结束了,脑海里依然看到戚老师顶着烈日炎炎替我们抽签,卢老师跑前跑后为我们张罗饭食。老师们怕我们饭不够吃,总是最后吃。从 16 小区到东方绿舟,再到湖南,每一个地方都充满了太多训练的记忆。在决赛中迟老师战略得当,男队 12 人龙舟拿到 3 枚奖牌,女队 12 人龙舟都进入决赛。三天的比赛结束后,校长为我们加油,教练为我们呐喊,老师为我们奔跑。

当一切结束的时候,心里空荡荡的,一下子失去了方向。走着,坐着,躺着,脑子里都是我们一起划船、一起玩、一起哭、一起笑的样子。刚分别就觉得好想念大家:想念像严父一样的迟老师,想念像慈母一样的孙老师,想念像兄弟姐妹一样的队友,也想念那个每天都充实的自己。感谢老师,感谢队友,让我一步步强大自己,从懦弱到坚强,不断地努力。迟老师预赛结束后说他为我们骄傲,我想说您才是我们的骄傲,是我们龙舟队的骄傲!

龙舟心语
魏志博

魏志博,上海海洋大学经济管理学院 2014 级会计 2 班学生。2012 年 10 月加入龙舟队,2016 年至 2017 年担任龙舟队队长,平时热爱学习,做事认真负责,2013 年入伍参军,加入东海舰队,曾在部队中任班长,退伍回到学校期间,不断坚持在军中所学到的精神,并运用于生活当中,对待所学专业态度一丝不苟,对待训练严格要求自己,不断追求提升和创新。

部队里有句话:"当兵后悔两年,不当兵后悔一辈子。"在龙舟队里的 3 年,我觉得是比我当兵两年更不后悔的经历。

从 2012 年入队到 2017 年退队,在这 5 年的时间里我见证并且亲身感受着龙舟队的成长与进步,可以说龙舟队是一个一直在进步的光荣集体,直到今天已经成了上海海洋大学的一面旗帜以及龙舟界的榜样集体。

谈到龙舟好像有说不完的话题。

当初进龙舟队的理由很简单,作为男生就是想和那些早晨在操场跑步的龙舟队前辈一样有一身漂亮的肌肉。第一次的训练到现在我仍然记忆犹新,那是在图书馆旁边的河道旁,训练内容就是俯卧撑。一个下午的训练内容就是俯卧撑,队长宝哥和老队员带着我们训练,他们个个都很凶,做不好就连骂带讽刺的。对于一个刚进大学一个都做不好的自己来讲,那个下午真的有点漫长。训练完回到宿舍洗澡胳膊根本抬不起来。经历了第一天的训练好多人就因为承受不了就离开了,对于我而言却更加坚定了留下来的决心,因为自己好像看到了和老队员一样健壮的模样,虽然自己还很瘦弱。记得当时的龙舟队跑步是主要项目,为了能让自己跟上老队员的步伐,自己就在十一放假期间加练跑步,第一天十圈,第二天十一圈,累,但也坚持了七天,等假期结束的时候队里的跑步训练就轻松了许多。可能是对自己的期望抑或是队长的要求,我记得当时偷偷加练成了一种好的风气,除了白天的训练,晚上都会主动在寝室做一百个俯卧撑和仰卧起坐。当然当时是不能一组做完的,需要分几组才能完成。就这样经历了一年的魔鬼训练,自己的胳膊粗了不少,也有了一点胸肌和腹肌。回想起来不知道自己跑了几万公里,做了几万个仰卧起坐和俯卧撑。

当然龙舟队的主要训练项目还是水上训练,因为我们是新队员,身体基础太差,所以很少有机会上船训练。2012 年的时候,学校龙舟队的条件是很艰苦的,龙舟很少,桨也很少,而且当时用的还是木头桨。但是每把桨对我们新队员来讲都是宝贝,如果你把桨磕坏,那结果是几天都不会再让你碰桨,而且一顿痛骂是少不了的。那个时候码头、船库、划桨池都没有,河边的一条石凳就是我们练习划船动作的地方,体育馆旁边的石桥下是能避雨的地方,图书馆旁边的小湖里就是我们训练划船的地方。对于一个新队员来讲能够参加比赛,那会是一件非常光荣的事,既是所有新队员的愿望也是教练和老队员对平时表现的肯定。大一参加了两次比赛,一个在上海碧海金沙,一个在浙江嘉兴。碧海金沙是我参加的第一场比赛,第一次和上海市的所有强队一起比赛,自己又是一名没有任何比赛经验的毛头小子,那种心情比参加高考都刺激。比赛时脑子一片空白,就是跟在老队员后面和我的搭档赵川涌拼命地搂,比赛完之后用一句话总结就是累死我了,再也不想比了。当时的心情,更多的是心里累。大一结束应征入伍和队里的两名队员去当了兵,第一次在龙舟队哭,不是因为训练的苦和累,而是在即将离开这个队伍的前一天晚上的聚餐上,就连在我们心里面无比坚强高大的老队员也和我们一起大声痛哭,或许眼泪就是同吃苦共训练的兄弟情的结晶。没有人压抑自己,入队以来从来没有这么难受过。走的那天早上,所有龙舟队队员以龙舟为轿,把我们扛着送上车的,至今回想起来仍然感动得想哭。

万事开头难,对于大一的每一次训练身体的反应都是痛苦的,每次划完船之后手上都会多一个血泡。但是所有人在一起训练,一起比赛,一起唱歌,一起玩,一起哭,一起笑,大一在龙舟队的生活可以简单地总结为痛并快乐着。

从部队回来之后就重新归队参加训练,但是现在的龙舟队无论是从成绩,还是训练条件方面都有了极大地改善。最令我吃不消的是训练量比以前大了许多,比赛的机会也越来越多。回来后的第一次训练就是可怕的速度力量训练,由于长时间缺乏高强度的训练,所以第一次就做吐了。后来就是不停地训练,不停地比赛,全国各地到处跑。龙舟队的成绩也越来越好,这时候已经成为上海市的龙舟霸主。直到 2016 年 2 月份的中华龙舟大赛海南万宁站,终于在 500 米项目上力克聊城大学取得青少年男子组全国冠军,后来又在中国龙舟公开赛上取得 200 米冠军,接着又在中华龙舟大赛长沙站取得了 100 米的冠军。最激动人心的莫过于参加全运会,这也是龙舟首次进全运会,上海海洋大学龙舟队一路过关斩将代表上海市取得了两个第三,一个第二的历史最好成绩。2017 年可谓是收获的一年!

最后我想和学弟说一些话,欢迎你们能够加入到这个满载荣誉的大家庭——上海海洋大学龙舟队。你们一定会为自己的选择感到骄傲和自豪。从队员到队长这一路走来,我想告诉你们要踏实、认真地训练,为队伍设身处地奉献,只有这样,你才能成为更好的自己。成功对于体育运动来讲没有捷径,付出多少就会收获多少。教练曾讲过:训不走的队员,值得培养,抗压强的队员值得重用。不努力,要聪明,说不得的队员，趁早放弃。管理严是爱，松是害。什么事都严格监督你的人，会让你变成超人；什么事都放任你，三个月后你还是什么都不是！管理自己，也是一种历练。什么事该做，什么事要做，自己要清楚——致训练努力、积极向上的人！

经历过了才会成长

吴越洋

吴越洋，上海海洋大学海洋科学学院××级海洋科学 5 班学生。性格活泼开朗，真诚，喜欢冒险、有挑战性的事情。很爱龙舟这个运动所带来的酸甜苦辣。

大一进校时，我特别想参加校足球队，但由于我的技术不过关落选了。后来就想到健身房锻炼一下身体，听说龙舟队有专门的健身房就去参加了，当时的目的其实并不是划船而是锻炼身体。

我就与几个同学提前进入了龙舟队。当时国庆节放假，我们就四五个人参加了训练。当时我感觉有点苦，但是还能接受。让我没想到的是全员开始训练的第一天就是绕操场跑 27 圈，真是让我难忘，让我有点想退队的冲动。我记得第二次训练的时候，人好像就减少了一半，但是我还是咬咬牙坚持下来了。到后来的训练就没有一开始那么辛苦了，我想可能是给我们新队员一个下马威吧。有时候的训练量还是有点大，但是到了现在，我们感觉都可以接受这种程度了。

我加入龙舟队时的身体素质比一般的新队员要好一点，但一开始老队员要求我们一次做 50、100 个俯卧撑的时候还是很痛苦的。但当我看到大家都在坚持的时候，甚至一些身体条件没我好的新队员还在坚持的时候，在老队员的鼓励下我一次一次地战胜了自己。

在队里我认识了很多的新朋友，而且学长们都很好。其中有几个新队员慢慢成为我的死党，我们在队里训练的时候一直在相互比较，我们谁也不服谁，都想把对方超过去。但我们在平时都是非常尊重对方，相互敬佩的。每一个不怕吃苦的人都是我们的兄弟，都是值得我们去关爱去看重的。

再说说我对老队员的感觉吧。我个人认为大部分老队员一开始对我们的要求都很严格，最初可能你感觉不到老队员对你像那种哥哥对弟弟一样的关爱，但这是需要一个过程的，同时也是需要我们有成长的，不然你可能就发现不了老队员对你的关爱。但现在我知道了，我们作为新队员是龙舟队的未来，所以老队员以前对我们要求严格是想在他们离开的时候好让我们把龙舟发展得更好。这样的话，他们离开龙舟队的时候才安心，才愿意把龙舟队交给我们这些新队员。其中我们的队长，我们都叫他博哥，他是大三的学长，他带完这届就会退队。他平时就是非常严厉，我们做得不好、不到位，他都会毫不犹豫地批评我们，包括其他的老队员也是。但我们新队员都非常尊敬他们，他们是我们学习的榜样。

上海海洋大学有着悠久的水上运动的历史，早在二十世纪五六十年代就开始在学校开展各类划船训练，并曾在上海及全国比赛中取得优异的成绩。上海海洋大学曾先后培养出国家体育总局副局长、国际龙舟联合会主席张发强先生，国家赛艇队教练陈士麟先生等杰出校友。上海海洋大学龙舟队于2007年成立，现有男、女队员共70余人，龙舟运动爱好者数百人，海大百年水上运动所体现的"齐心协力、顽强拼搏、超越自我、永不放弃"的体育精神，成为海大不可或缺的品质。作为一所拥有着水上运动辉煌历史的大学，上海海洋大学在秉承"勤朴忠实"的办学宗旨下大力发展水上运动以体现上海海洋大学特色的育人理念。2012百年校庆之际学校明确提出了"发展水上运动，振兴海洋文化"的目标，重点发展以游泳、赛艇、龙舟等项目为主干的水上运动，进而加强海洋体育文化的教育，提高海洋人才的涉海技能。

我们的基础设施也很好。学校投入了千万资金用于建设，现设有上海海洋大学水上运动中心、上海海洋大学体能测试中心、大型龙舟桨、赛艇桨专用荡桨池，龙舟17艘，赛艇10余艘，皮划艇数十艘，龙舟测功仪30挺，赛艇测功仪10余挺，另设有龙舟队专用训练房，设施齐全完备。

我还要介绍一下我们的教练。主教练迟焕祺是前国家赛艇队队长，身材魁梧，目光炯炯，曾带领国家赛艇队在亚洲乃至世界上屡屡斩获佳绩,作为曾经水上运动的王者,迟焕祺教练在如何科学地训练龙舟队队员方面颇有水平,平日也悉心关注队员的学习生活,重视培养队员们的文化素养,深受队员们的爱戴。副教练孙健,亦是国家赛艇队的前任队员,身材健硕,和蔼可亲,在国际赛事上比拼多年。他是迟焕祺教练的好兄弟,好帮手,平时十分注重队员们的身体情况,热心关切每一位龙舟队员,同样深受队员们的敬仰和爱戴。另外,国际级龙舟赛事裁判孔庆涛,校体育部重要负责人时霖等人亦是上海海洋大学龙舟队取得成果不可或缺的中坚力量。同时他们也是我们这些队员心中的支柱,是我们的导航也是指南针,对我们也是粗中有细的关爱与指导。

我们开始的一两个月是学长带我们做的体力训练,合格过后就是水上划船了。但在水上划船之前,还要拿木桨在荡桨池计划一两个星期做标准动作。接下来就是正式的水上训练了。在学长们的辛苦指导下我们提升得很快,每次都汗撒湖水,但大家都绝无怨言。作为新队员,我们希望像老队员们一样厉害,与他们比肩。我们有时也会体力训练,一个星期大概训练4天,但是每天大概只训练2个小时。我记得是下霜的时候,天气转冷了,我们突然要早上6点早训5点半得起来,但是我们还是咬咬牙挺过来了。我记得早训是训练了两个多月才结束的。最有意思的是我们测桨位赛的时候,测桨位赛是最能体现我们实力的一种检测,我们每次都是既期待又害怕:期待我们有能超过他人的机会,证明自己的机会,却又害怕被别人超过。测桨位赛就是一个人划一条船,划一个两百米。有时候我们还测一百米,比谁的时间最短谁的成绩就是最好的。

当全运会名单下来的时候,我们其实也有人一开始不愿意去全运会的,一听要封闭式训练,既辛苦又耽误我们学习的时间,但是比赛结束后我们才知道原来参加这次的比赛是多么得难得。四年才有一次的全运会,它让我们尝到了什么是酸甜苦辣和团队精神。在这里我想感谢的是老师还有其他人坚持让我走上这条路,谢谢他们给我的机会。

全运会期间我们每天都很辛苦,我们每天上午8点半训练大概到11点半左右。我们每次训练前都是必须热身的,有一些动作让我们做得很难受,都是龇牙咧嘴的疼痛,但是我们的伙食还不错,就是去吃个饭要走比较远的路程。下午 3 点训练到 6 点左右,在炎炎烈日下的那种劳累我也就不多说了。我们每次训练完都腰酸背痛的,但是我们每次洗完澡都会相互按摩,现在想一想感觉真的很怀念很开心。

我们走上了全运会的赛场,我记得比赛期间我们大家都在相互鼓励、相互支持,我们都拥有着很强的信心。不论是对大家还是对自己,我们都认为我们是可以的,我们不服输,我们就是王者,我们一定可以的,我们就是这样告诉自己的。过程是那么让人激动,但又是那么让人不甘与担心。虽然最后我们取得了一定的成绩,但我们都是充满了不甘与无奈。后来我想,比赛的结果是不会骗人的。你努力了多少,就会有多少的回报。我们还有什么不甘的,只有努力做得更好。

在这个队里,在全运会的过程中我都成长了很多,也体验了很多。让我明白,有些事情你经历过了才会成长,才会在下次的时候不害怕,不会畏惧,才会为下次做好更充足的准备。在这里我要感谢我的教练给了我这次机会,感谢上海海洋大学让我有了参加龙舟队的机会,也感谢我的队友们一路对我的帮助和鼓励,在这里我衷心地祝愿我校龙舟队永远长存下去并且越来越好!

一桨,一生的荣耀

徐 燕

徐燕,上海海洋大学经济管理学院 2016 级食品经济 2 班学生。自从 2016 届军训一结束后就加入了乘风龙舟社。长时间的刻苦要求和严格训练的情况下,坚持到最后,并成了龙舟队里的右桨划手。在长时间、大幅度、高要求的龙舟训练中,学会了坚持不懈,也把这股认真刻苦不轻言放弃的劲儿运用到了生活里和学习里。在艰苦的训练下也兼顾学习,不忘初心,专注做好每一件事。

我是徐燕,一名 2016 级的女生新队员。

7 月 17 号晚上,一场离别的宴会在 1912 饭店里开始。独具特色的地方菜,一群盛装出席的小姑娘,还有抹着发胶的帅学长帅教练们。氛围十分热闹,从满上第一杯酒开始,教练们一通感谢的言语和一些有感而发的话,开始煽动全场了。一杯一杯的酒水,像是化作了绵绵不断的泪水。印象最深的还是晓晨学姐说的一番话:"这是我龙舟生涯的最后一程,今天我也算从龙舟队毕业了,而你们就是龙舟队的未来。"话音刚落,她的泪水也控制不住地落下了。在我印象里晓晨学姐是个特别幽默的人,从来没有这么伤感地哭过。是啊,晓晨学姐在这个队里一待就是三年,没有假期,有的只是寒假集训和暑假集训,国庆七天也照样划船。在这个队里收获了太多同甘共苦的朋友们,这里有太多太多割舍不下的东西。哽咽的话语,淹没在拥抱中。只记得自己当时一直抱着学姐们哭,像是要把这所有的委屈,所有的不甘和所有的痛苦回忆一并哭出来。啤酒一杯一杯地往肚子里灌,最后只剩下哭尽泪的红眼睛,喝醉了的晕乎乎的脑袋。这一场离别的宴会在醉酒声里结束了,是的,结束了,最后一枪男子一百米决赛的鸣笛声并不是真正的结束,真正的结束是在泪水里,在拥抱中,在学姐们的哽咽中。

7月18号,我一早便收拾着行李。昨晚的醉酒今早的头疼,直到坐上了回家的火车上才恍然。自己放假,全运会结束了。时间真快,我还记得最开始教练告诉我们咱们学校龙舟队可以代表上海去打全运会的龙舟项目,这是最高规格的比赛。当时知道这个消息的激动,恨不得奔到小伙伴们的面前告诉她们这个好消息,这份荣誉和这份自豪。当时我们这批大一刚入队还没一年的队员们,你望着我,我望着你,每一个面孔都透露出激动和不可思议。多么震撼的消息啊!从那一刻起,我们便在心底告诉自己,不管多苦多累都要扛下去,为上海海洋大学争光,更要为上海市夺一份荣誉回来!紧接着便是教练为了最初期的目标:打进决赛而制定了具体的训练计划。每天早上5点半训练,训练结束便去上课,这样的安排正是为了不耽搁学习而制定的,结束一天的课程后便又开始下午的训练。记得最开始的一两天早训结束后,便疲惫得不想上早课,后来过了一段时间,便能在五点准时醒来,更是在早训过后的早课上精气十足,这大概是习惯了那般的作息规律,已经调整好自己身体内的生物钟。那个时候一到7点十几分二十几分的时候,用餐的全是早训完后一身汗臭的龙舟队员们。那个时候我们吃完早餐才会看到熙熙攘攘的同学去排队买早点,觉得自己特别有成就感。我已经结束了一早的训练,别人才起床,一日之计在于晨,多么宝贵的时间啊,真不该赖床上流失掉。就这样在训练上课两不误的情况下,注定了训练的每一分钟都很宝贵,都不容许浪费,也注定了训练的强度之大,风雨中依旧只顾划行。就这样离比赛的日子越来越近,每个人都像是铆足了劲,划着每一桨,用心专注地进行每一次训练。比赛越来越近,我们也越来越紧张。那一刻紧张到忘记了长久划船所带来的身体上的疼痛了。

因为参加全运会龙舟比赛的省市代表队伍比较多,这就意味着我们在决赛之前必须进行一场预赛,以便足够优秀的代表队伍能够脱颖而出。所以说,在广东麻涌举行的预赛,是我们釜底抽薪的驿站。当我们穿着整齐划一的上海 polo 衫,领着自己的武器,奔往预赛的战场时,那一刻握在手心里的桨似乎比往常更沉重了几分。我心里沉甸甸的,怀揣着激动和紧张来到了广东。在预赛的时候每个人都很紧张,因为这一场很重要,是决定你是否能通往决赛的门槛,它容不得有一点失误。6 月的广东,已经是三伏天了,酷暑难当,这份高温闷热的环境下更是加重每一个人的紧张感,可这炎热的天气并没有影响我们进入决赛的决心,甚至这耀眼的阳光更像是挑起了我们心中澎湃已久的激情。正式比赛之前,因为没有真正见识到敌方的实力,所以没有哪一支队伍能够很清楚了解自己的位置,自然每一支队伍都可能是自己强劲的对手。在赛前,教练有对我们女队的对手进行了分析,只要我们在教练分析的基础上再战胜两三个队伍,我们便有机会进入决赛。第一天就是500 米,如此长距离的比赛,在这样酷热的天气下每多划一桨都是对体力的考验,所以这注定了预赛第一枪要拼尽全力,一举冲进半决赛,避免进入复赛从而节省体力。紧张的预赛第一枪划完了,很幸运一举拿下了进入到半决赛的资格,这样越战越勇的情况下,我们又有惊无险地进入了决赛,最后拿到了第六名的好成绩,这似乎是预料之外,足够惊喜。一天下来,我们也知晓了自己的大概位置,接下来的两天也是铆足了劲超常发挥,分别夺得了 200 米第七和 100 米第六的好成绩。最后,女生队的积分排名成功地进入了前十,获得了总积分排名第七的好成绩,获得了进入湖南决赛的资格。这是我们代表上海市在龙舟项目上打下第一个漂亮的攻防战。但是,我们深知,这并不是结束,只是另一个挑战的开始,比赛到现在才进入了真正的困难时刻。

预赛已经结束了,鉴于如此高压高强度的三天比赛,教练决定放两三天的假以舒缓我们生理和心理上的疲惫。正好过不了多久便是学期期末考试,在这样的情况下注定了接下来的训练不会那般高强度。似乎大家都趁着这个机会放松了紧绷已久的精神状态,接下来的训练都有人陆陆续续的请假。人数不齐全的情况下,再加上多多少少的松散,注定了训练的低效率。在这样的情况下,迟教练决定了换一个封闭的环境来提高大家的训练专注度。

于是我们来到了青浦区东方绿舟水上训练基地,这个没有网、没有期末考试、没有共享区琳琅美食的地方,有的只是三点一线食堂—码头—寝室的生活,这似乎没什么不好。而这般固定统一的军事化管理也大大提高了训练的专注和训练的效率,此刻的我无比敬佩迟教练明智的决策。

能进入决赛的注定不是简单的队伍,除了一家独大的广东队,剩下的似乎都势均力敌。要想在决赛中拿到好成绩也注定了集训的强度之高,力度之大。而之后的训练计划便是一日三练,上午下午晚上,一次训练更多都是十几公里的长距离有氧划,晚上集中在力量训练上。每一天的训练后都会加重身体的疼痛。我印象最深刻的是学姐们忍着生理期的疼痛还依旧上船,在她们眼里这船上缺了谁都不是最理想的状态,所以大家都忍着伤病疼痛依旧坚持一起划船。这是个集体,是大家一起拼搏一起向上的团队,看着她们舍小我为大家的精神给了我很大的触动,这也让我有了更加努力拼搏的动力。最终的决赛结束了,我们也没有辜负那么久以来的努力,男子小龙舟更是取得了 500 米第三,200 米和 100 米第二的优异成绩。

不经历风雨怎么见彩虹,这是多么深入人心的话语。参加全运会估计是我人生中最值得骄傲和自豪的一件事儿了,这一场圣战结束了,多么痛苦的训练都过去了,那些伤痛也终将从身体的每一个部分消失而去。最终留下来的是上海海洋大学的荣誉,这载入上海海洋大学史册的光荣。这次比赛使我更加坚强,也改掉了许多坏毛病,锻炼了自己。从这次集训中让我收获了太多太多,坚持不住的时候转头看看睡在身边的姐妹,在想要偷懒放松每一桨的时候听听船上其他人鼓劲的号子。咬着牙挺过去,那么前方就是终点。

是呀,我才大一,路还很长。我即将用接下来的日子发挥着学姐学长们教会我不认输不放弃的精神。路漫漫其修远兮,吾将上下而求索。雨后的彩虹会让你忘掉所有的狂风暴雨,为了那一刻多么努力的付出都是值得的。

青春不悔入龙舟

杨飞宇

杨飞宇,上海海洋大学 2016 级海洋生态与环境学院环境工论 1 班。积极参加各种活动,担任过辅导员助理,在刚刚进入大学的时候就加入了龙舟队,一直努力坚持实现自己的梦。

来到大学每个人心中都充满憧憬,同时也充满迷茫,可是最终每个人总能找到适合自己的大学方式,而龙舟队可能正是适合我的大学方式。

加入龙舟队应该是我来到大学做得最正确的一件事。刚拿到上海海洋大学录取通知书的那时候,心里对大学充满了特别美好的向往,想着我终于脱离父母的掌控,终于自由了,终于可以自己想干什么就干什么了,终于没有人再来约束我了,想想就很开心。可是真正来到大学才知道,现实中的大学和自己想象中的真的差太多太多。大学并不是让我们来放飞自我的,不是让我们来逃离父母的管制的,不是让我们来彻彻底底放松的,也不是让我们来挥霍青春的。所以进入校园的第一天我对大学的一切美好幻想就破灭了,当时心里很烦躁,干什么都提不起兴趣和心情,对加入社团和组织也没什么想法,当时就准备浑浑噩噩地度过大学四年。后来陪我的朋友去面试的时候看见一个学长穿着上海海洋大学龙舟队的衣服,当时感觉好帅啊,然后回去就跟学长学姐了解了海洋大学的龙舟队。

学长和学姐就跟我说:“你想加入龙舟队啊?”我说就问问。他们告诉我说,龙舟队是学校最苦的一个社团了,平常五六点就起床早训了,而且每次训练要跑 40 圈呢,很苦的,就我这个小身板是受不了的,还是不要去了。当时我还就不爽了,我这小身板咋了,不至于那么弱吧。然后回去之后我就想我的大学到底该怎么过呢,很多社团都不感兴趣,要不就去龙舟队吧,龙舟队这么苦,这样至少我在大学体验到了苦,就这样我就决定去加入龙舟队了。

等到百团招新的时候,我就拉着室友去龙舟队报名。当时几个学长坐在那儿,旁边还有学姐,我去报名的时候就看见这学姐也并不是那么精壮的啊,那我也一定可以的,然后就这样加入了龙舟队。

当时因为有比赛所以最开始的时候并没有见到队长和教练,是一个学长带着我们练的。第一次见到教练是在训练当中,当时教练就说了:"龙舟队的训练会很残酷,这里的大门永远为你敞开着,能留到最后的一定是最强的!"当时想着我一定要努力留下来,我会变强的。等到加入之后其实平常的训练觉得并没有什么,就是觉得占用太多时间而已,累和苦倒是没有自己想象中那么多。就这样坚持了半个学期,我的室友挺佩服我的,能坚持这么久,当时笑笑就过了。这个学期开始因为事情太多,整天感觉有点忙不过来,刚开学的两个星期我有过想退的想法,我清楚地记得我的小伙伴和好朋友们都说坚持了这么久说退舍得吗? 当时眼泪就下来了。是啊,我坚持了这么久,为什么就因为觉得时间都被占用了而舍弃呢? 就这样又坚持留了下来。

后来听教练说有机会参加全运会,如果想去就得做好吃苦的准备。我当时听说这个消息特别兴奋,想着我一定要去,不能错过这个机会,然后就毅然地跟学长报名了。可是正是开学上课的时期,所以要一边上课一边训练。每天训练要 5 点起床,然后训练完还要赶着去上课,刚开始执行训练计划的那几天真的很不适应,每天起床比较早,然后上课听不进去,只想睡觉,注意力无法集中。当时心里挺慌的,觉得这样下去不行,我告诉自己一定要调整好自己的生物钟,不能这样浑浑噩噩上课。经过努力地调整适应,终于不是这种状况了,心里也稍微好受一点。可是对于是新生的我来说不仅是学习上的问题,训练强度一下子提上来,不再是平常的训练强度,这也让我有点吃不消,身体上的反应特别大,每天睡觉翻身都疼的那种,特别是去力量房训练的时候,有时候真的觉得有点力不从心。那段时间真的很难受,不过还好,自己的承受能力还算不错,挺过来了。其中队友的关心与鼓励真的给了我很大的动力,对这个大家庭的感情也随着训练强度的加深而变得越来越深了,与队友的关系也越来越紧密了。刚开始备战的时候只有一个目标,那就是打进全运会决赛,拿到全运会入场券。因为自己在队里实力算比较弱的,所以我必须比其他人更努力才不会拖她们后腿,我们都是一条船上的人,只有提升自己的实力才能更好地与队友并肩作战,才能为这条船出自己的一份力,所以每次训练真的很努力,特别是累的时候。教练和队长一直强调说:"每个人都有累的时候,每个人都要下意识地去顶一把,如果你松掉了你的力,那你的兄弟就会在累的情况下更吃力更累,所以每次累的时候要坚持,要想着船上的兄弟。"

就这样过了一个月每天训练、上课、训练的日子,预选赛如期而至。因为全运会是我第一次参加的龙舟比赛,所以心里还是挺紧张的。特别是每次看见和别的队成绩就差一点点的时候,心里真的不是滋味。心想为什么自己就不更使劲地顶一把,说不定成绩就上来了。可能因为是第一次参加,所以心理承受能力比较差吧。不过还好,经过大家的不懈努力,最终男队女队都进入了决赛。比完最后一场知道能进决赛的时候,心里突然就释然了,差的一点点回去一定要更加努力赶上来,决赛我们会更强的。

预赛回来,没有太多的时间给我们调整,因为决赛时间提前了,所以给我们准备的时间也少了。预赛回来正好学期末,教练最后决定让我们封闭训练,于是我们就去了青浦。在青浦的训练强度又提升了不少,这段封闭训练的日子真的让人难以忘记,不知道划过多少公里,也不知道划过多少个 500 米、200 米、100 米;不知道手上起过多少个水泡和多厚的茧子,也不知道把多少汗水流进水里,可是就是没有泪水。这期间真的累也真的苦,但我没有请过一次假,每次训练都在努力,我都一一挺过来了,回想起来挺为自己骄傲的。

在决赛之前我们提前半个月去了决赛场地柳叶湖,湖南正是热的时候,每天都顶着大太阳训练,感觉都快晒成非洲人了。不过我们还是每天认真训练,看着比赛场地慢慢建成,时间总是过得很快,决赛时间转眼之间就到了。在比赛之前我自己还是信心满满的,毕竟我们训练强度还是有的,所以很期待在决赛场上拿到奖牌。我一直相信一分耕耘一分收获,我们付出了肯定会有回报的。晚上睡觉做梦都想上领奖台,但真正的赛场竞争很激烈,真的尽全力拼了,可是最终还是无缘领奖台,觉得很遗憾,说明我们实力还是不够,回去还得继续努力。男队的学长们就很厉害了,拿了两铜一银,真的很佩服他们,看他们在比赛场上的时候,特别是快要冲过终点线的那一刻,我一直在旁边喊加油,以至于嗓子最后都喊哑了,可是每当看他们在场上拼的时候就忍不住喊加油,虽然嗓子已经说不出话。教练也是这样,嗓子都发不出音了。看见他们站上领奖台,拿到奖牌真的特别高兴,也特别想哭,真的只有经历过比赛的人才知道在竞争这么激烈的全运会上拿到奖牌站上领奖台是多么不容易。很多人可能只看见荣誉时刻,可是奖牌后的付出没有经历过真的难以想象,只有亲身经历了才知道不容易。

全运会就这样结束了,因为男队拿的两铜一银也使上海海洋大学成为关注焦点,而上海海洋大学龙舟队也给很多人留下了深刻印象。我们都只是普通学生,在进大学之前从来没有接触过龙舟,而我才划了几个月的船,参加这次全运会真的是我一辈子都印象深刻的事情。这次备战全运会才两个多月的时间,但是这两个多月给人的成长真的难以想象,不只是技术的成长,更多的还是心灵上的成长。

一看见自己黝黑的皮肤就能知道这两个多月是怎么过来的,其实回想起来我觉得幸运之神真的很眷顾我,我刚开学因为时间的问题是有想过退出的,可是后面我还是坚持下来了。就是因为我的一念坚持,所以才让我能有参加全运会的机会,我觉得自己真的很幸运。这两个多月我真的学会了很多,以前我性子比较急,经历过集训,我能耐得住性子去想更多,心理承受能力也有大幅度提升。比起预赛,决赛的心理承受能力真的强大了很多,还有教练教我学会了在累的时候一定要想着身边的兄弟,因为我们是兄弟是姐妹,所以一定要思想统一,为自己兄弟顶一把。因为全运会这次比赛,和学长学姐还有队友的感情也更深了呢,真正有了大家庭的温暖。加入龙舟队可能是我大学最自豪的事情了，我相信上海海洋大学龙舟队在教练的带领下一定会更好，生生不息，我也会一直努力下去。

以后我会一直坚定地努力下去，我为我是龙舟队的一员感到骄傲！

坚持就是胜利

杨巧青

杨巧青，上海海洋大学信息学院 2014 级计算机科学与技术 4 班，在龙舟队担任鼓手。我是一个性格开朗的女孩子，喜欢结交朋友，我的家乡是内蒙古，因为自己家乡的水很少，所以很羡慕跟水的一切，当时大一的时候由于觉得自己体型应该会被拒绝，就没敢报名参加，有一次无意间了解，龙舟队招新没有要求，只要你有毅力能坚持下去，所以在大二加入了龙舟队，在此期间我没有耽误学习，拿过两次人民奖学金一等奖，两次人民奖学金二等奖，优秀学习标兵，而且加入队里自己的身体更加健康，还在暑期去贵州义务支教，同时还参加勤工助学活动，大学生活过得很充实。

大二的时候我加入了龙舟队，当时进龙舟队的原因是有好几个的：第一是想健身，不想整天宅在宿舍浪费大学时光；第二室友是龙舟队的，经常听室友讲龙舟队里的故事，非常羡慕，结果我大二想入龙舟队的时候，她去参军了。当时她的龙舟队友和我去送她的时候，我觉得龙舟队里的女生很重感情，因为当时我的其他室友们都没有去送她参军，她的队友跟我一样在默默地掉流泪，我感到了龙舟队友间的温暖，感到这个大家庭值得我也加入，我就叫上隔壁班的女孩子一起加入龙舟队，从此开始了我的龙舟生涯。

加入了龙舟队后，基本上只认识几个一起入队的女孩子，大家在船上休息之余介绍自己是哪里人，叫什么名字，女孩子在船上都很开朗，基本都是北方的女汉子。我介绍自己的时候说是内蒙古的，还跟她们开玩笑说，自己高考是考骑马射箭，那时候大家单纯地相信了，想想大家真是好可爱的一帮女孩子。刚入队的时候，老队员开始在岸上教我们学动作，那时候的动作极其僵硬，但是看着其他女孩子都在努力练习,自己也就跟着一起练习。练完了之后觉得自己有一点进步,知道了基本动作,跟小伙伴们在回宿舍的路上还是会互相讨论自己的动作,哪里有问题,谁划得好,谁划得标准。可是第二天早上起来发现自己浑身酸痛,想起来我当兵去的室友以前每天早上起来都会在床上捏着胳膊喊几句好疼啊,当时挺不理解的:有这么夸张嘛,还打扰其他室友休息。可是轮到自己身上才发现,确实是很酸痛,才发现自己当时不应该抱怨她,想跟她说一声抱歉。但是她已经去当兵了,所以心里默默说了句道歉。刚入队的一年里基本没有参加比赛,因为那时候的我们技术还不是太成熟,需要很多改进,只有老队员们才有资格去参加比赛,所以心里特别羡慕她们可以出去比赛,可以享受胜利的果实。队长她们每次出去比赛都会给我们新队员带当地的特产,心里十分感谢。那时候的自己很少请假,觉得只要自己请假了,就比其他队友少练习一次,觉得会拖累到队友,虽然自己也会很累,但是觉得付出了就会有回报。当时入队是 10 月份,冬天马上就要来临了,这对于女孩子是最难熬的,每次上岸自己浑身湿透,真是恨不得将被子带到船库,双手冻得通红,很长时间才能缓和过来。但是女孩子一起抱团取暖地走回宿舍,也是很温暖的事情,那时候特别幼稚,以为身上淋湿的越多就说明自己越卖力,结果发现自己的想法很愚蠢,其实越会划船才会湿得越少。进队很长时间,都已经习惯了这样的生活,有时候室友也会说这么累,快放弃吧,每次说到这里我就想起了前任队长说过的一句话:"既然选择了龙舟队,就要坚持下去,不要半途而废。"

刚入队的时候,没有什么特别大的要求,只是希望有一件跟老队员一样的队服。那时候还不敢奢望可以参加比赛什么的,唯一一次比赛还是学校自己举办的定向皮划艇赛,虽然很卖力,但是自己水平不够,只拿到了第八名的成绩,但是领到人生中的第一块奖牌,真的很开心。还记得那时候为了庆祝一下,女队员们自己到湖边去摘芦苇叶子,之后包粽子吃,觉得特别幸福。有时候大家在休息之余还会买点东西,一起在码头煮火锅吃,那种感觉超级棒。每个学期末都会举行一次大型的聚餐活动,大家都会借着酒劲儿互相倾诉这一学年的各种感受,有的哭,有的笑,最后就是合影留念。

　　到了大三上学期,我还想待在队里,很多人在每个学期末都会退出,忙自己学习的事情,当时的鼓手是大四的,要退队了,也因为我比较瘦小一点,就从一个划手当了鼓手,坐在了船上的不同位置,感受也就截然不同了。以前当划手是纯体力的累,现在当了鼓手,体力累减少了,但是心理负担就比别人多了,一是自己资历还不够,觉得自己在这个位置还不够格;二是自己也没敲过鼓,怕自己节奏掌握不好。刚开始的时候自己的鼓点会不自觉地加快,之后老队员会提醒我,我也虚心接受,因为这也是一个慢慢磨合的过程,她们已经习惯了以前的鼓手,所以大家一切都要学会适应。之后我们就要准备丽水的中华龙舟大赛,那时候我真的很紧张,毕竟是第一次参加这么大型的央视直播赛事,怕自己没敲好影响到队里的成绩,以至于自己赛前一个多星期都睡不好,每次做梦都会梦到自己敲砸了,被全队的人批评。在这期间也很累,有时候敲得胳膊都拿不起来,手上也是很多水泡,但是看到别的队友也是如此,觉得自己并没有他们那么辛苦,不应该抱怨,应该帮着队友做一些力所能及的事情。在去丽水的路上我们大家一起玩狼人杀,渐渐地跟男队友也开始熟悉起来了。之后就是比赛,虽然女队的成绩是第四、第五,但是相比上一次的比赛,女生已经进步了很多,教练总是给我们女孩子一些鼓励,让我们拉好每一桨,忘掉手臂。有时候真的可以让我们分散手臂的酸痛,我作为鼓手,更是要时刻提醒她们,让她们肩背发力,登船起腰,桨下拉实,每个人都要顶一把,这样大家都发力,才能更好地保持船速。我们每天进行着重复的训练,但是每天有不一样的感觉,可以感到自己的每一点进步。那一学期只进行了一场大型比赛,但是我们总结经验,为以后的进步做好了准备。放假的时候接到了老师通知,开学要到海南参加中华龙舟比赛,我兴奋不已,可以去海南的机会难得,但是知道这意味着我们又要在别的同学享受假期的时候,提前来学校进行集训。当时初七就来学校开始集训了,天气的寒冷难以用言语表达,每天早上船舱里面的积水都会结冰。正值南方最冷的时候,女孩子们可谓非常勇敢,不畏惧严寒,开始了我们一天三练的训练计划。那个时候我们鼓、舵手每天晚上要在操场上跑20圈,慢慢地也就习惯了,当时觉得老师真的挺严厉的。最开心的事情就是早上起来第一眼看手机,老师有没有通知今天上午休息,有一天老师真的通知了,可是没看手机,起来洗漱好准备出发,其他队友说今天上午休息,当时又开心又纠结,最后还是趴回被窝继续睡觉,那感觉超级棒。在海南的比赛中我们拿到了女队的第一个龙头,男生拿到了 500 米第一名,上岸了男队员有的都不能动。记得那时彭天一直在哭,大家都知道这眼泪包含了很多心酸与激动,胜利的喜悦早已把疲惫冲刷得一干二净。回学校后我们又开始准备 4 月份湖南长沙的比赛,当时还进行了个人桨位赛,女孩子又紧张又兴奋,当时很庆幸自己是鼓手,不需要参加桨位赛。还记得当时我们的舵手在比赛的前一个星期,因为一些情况退出了,所以只能让一位男舵手来参加比赛,当时大家都有点担心,毕竟大家还没有怎么磨合过,但是我们都知道这是在考验我们,我们没有回头路可以走。比赛期间还给我们队里一名队员过了一个生日,比赛中我们战胜了自我。比完赛回学校了,有一天老师在船库拿着手机兴奋地说,我们可以参加全运会比赛啦! 至今还记得老师激动的模样,那时候说比赛是九月份,有几个女队员有点想放弃了,毕竟这就得全身心投入,她们怕耽误学习,还有其他一些原因,人数不够最后就开始在新队员中挑选,终于人数够了。虽然新队员的基础不是特别好,但是新队员都非常努力。我们大家统一搬到 16 小区住,为了不影响学习,我们的训练计划是每天上午 5 点起床,7 点结束,下午 4 点 30 分开始到 6 点 30 分,每周二和周五下午训练,上了大三后,下半学期基本上没有周末休息,都是在码头过的。但是渐渐跟男队员熟悉了,觉得男生还挺逗的,起外号,打闹。训练已经是家常便饭了,偶尔不训练就觉得心慌慌。当时我准备考研,又不想退队,队长人特别善良,跟我说只要不下河划船,我都可以不去训练。这期间过得真累,又要学习又要敲鼓,我的爸爸妈妈特别支持我,给了我许多鼓励,毕竟这两样事情都是很骄傲的事情,都不想放弃,所以每次基本在训练之余背单词。日子一天天过去了,我们准备去广东东莞进行资格赛的选拔,那三天是我参加比赛中最累的三天,每一天都要划七八场比赛,基本没有休息的时候,都是上了岸拿上签到牌,再入场登龙舟,每一场都得全力以赴,因为大家都不想被淘汰。当时的名次不是很靠前,所以必须争取更多的分数。经过三天激烈的比赛,我们男队和女队都进入了全运会的决赛。比完赛的那一天在大家一起吃饭的时候,老师哭了,我们都知道这一切来得多不容易,有多苦有多累只有亲身经历过才知道,老师虽然不训练,但是老师要承受的是心理的折磨。比赛完我们回学校就搬到了上海东方绿舟水上训练基地,那个外表华丽的"别墅",里面是大通铺,床板上只有一个薄垫子,没有网络。队里有一位男生刘豪带了吉他,有一次晚上偶然在楼下看到他弹吉他,一首《斑马,斑马》还记忆犹新,当时觉得我们队里也并非都是粗犷的汉子,他们也有柔情的一面。白天开始了一天的长距离训练,一天有时候要划船40公里,把湖边的风景看了一遍又一遍。记得在一次长划中,一条超级大的鲤鱼从船的一边一跃到了船的另一边,那时候左桨领桨彭天都被鲤鱼溅了一身水。

为了让我们更好地适应比赛场地,我们提前半个月来到了湖南常德柳叶湖。柳叶湖很美,在湖的对岸还有一个摩天轮,再加上湛蓝的天空,让人觉得特别浪漫,简直美得难以用言语形容。领队戚老师说队里不会游泳的人很多,就去酒店的游泳池教我们三个女生和一帮男生,我们在水里努力学习。老师说 7 天速成班开业了,每天在晚上训练之余去学游泳,看着每个人从呛水到会游泳,过程很逗又搞笑。老师说北方的旱鸭子都会游泳了,你们女生还是不会,真让人头疼。马上要比赛了,大家的状态越来越好了,可突然有一种释怀的感觉,又有很多的不舍,毕竟这对于大三的我是最后一场比赛了。那三天是我们来湖南最热的三天,每天顶着烈日在比赛,虽然辛苦,可是大家已经习惯了。男队取得了优异的成绩,但是也留下了些许遗憾,与金牌只差 0.03 秒的成绩。就这样比赛匆匆结束了,但是集训的过程是最难忘的。

加入龙舟队是我的荣幸,让我的大学生活过得如此充实,如此回味无穷,如此有价值。青春无悔,拼搏过的人生才是最美好的,累就对了,舒服是留给死人的。吃得苦中苦,方为人上人,皇天不负有心人,坚持就是胜利。

以我之桨，乘风破浪

杨 莎

杨莎，上海海洋大学经济管理学院 2016 级物流管理 1 班学生，入校以来，坚持追求卓越的理念，坚持每一件事都做到最好。大一加入上海海洋大学龙舟队，秉持"训练有素，纪律严明，统一行动，绝对服从"的队训投身训练，在女队中担任右桨。努力学习，勤奋刻苦，积极向上，与人为善。入学一年，曾获人民奖学金三等奖。课余时间，专注运动与阅读，喜欢书法与绘画，并尝试写自己喜欢的小说。

在我人生的前十八年中，从没有想过会在大学参加关于体育竞技方面的活动。对于懵懂刚成年的少女来说，"大学"两个字，承载了我们对摆脱应试教育的寄托，也代表着我们在这个过程中可以蜕变成为另一个自己。可以这样说，遇见龙舟之前，大学是自由，是蜕变，但遇见龙舟之后，大学就变成了青春、热血、速度、激情。虽然现在享受的大学时光与自己想象的定位有些偏差，但我却是满腔热血一头扎进，沉迷其中，无悔。

与龙舟结缘的原因很简单，单纯地陪着本班的女同学一起去，想试试这项运动的减肥效果，本没有对龙舟这个运动留下许多印象，还想着去过几次训练便把它退了。但是套用一句话来说：我猜中了开头，却没有猜中结尾。同学退了龙舟社团，我却在真正喜欢上这个运动的基础上，以一个正式队员的身份留了下来，开始走上了大学校园的龙舟之路。

教练说我们学校龙舟队的队员是一张白纸进校园，这无疑是对于刚接触龙舟运动的我们精准而又犀利的评价。什么都不懂，所以什么都要学。什么都很累，所以什么都得吃得起苦。在很多人眼中，女孩子就是娇滴滴的，理应被捧在手掌中宠着、哄着，但是进了龙舟队之后，就没有"女生""差别对待"这些字眼。实力决定一切的竞技体育，要的就是你全身心的努力和付出。当你开始想要下定决心做一件事情的时候，最初总是不易的，需要一个过程来适应。我们在进队的第三四周起,就开始了对龙舟运动正式的学习。当初的记忆尤为深刻,四五十个大一新生,每人一把木桨,占据了荡桨池的两条船,懵懵懂懂地学习划船动作。当时并不知道什么叫真正的划船,听完学姐们的动作分析,就只是单纯的机械重复,纯粹用胳膊拉水。开始的固定动作尤为痛苦,因为没有足够的力量训练,每次下来手都是十分酸胀。但是在学姐们的悉心教导下,每一次都慢慢忍了下来。一个学期下来,感觉自己的极限一次次在突破,第一次下河划船,第一次举起四十斤,第一次有氧长划,第一次……每一次的积累,铸就了我的成长与进步。

2017 年,注定会是我大学生涯中难忘的一年,这是我在队里的第二个学期,其间,以一个非专业运动员的身份,有机会代表上海海洋大学、代表上海市参加第十三届全运会龙舟比赛。训练很累,学习很紧,需要处理协调的事情烦琐且多,但是机会和使命既然已经交在了我手中,就没有轻易放弃的道理。因为王小波说过:"人脉、资源、关系,这些我都明白,我就是想看看,凭着我们的诚意,能把我们想做的事情做到一个什么程度,我们就靠自己不靠别人。"

龙舟比赛是第十三届全运会新增的群体运动,在教练告诉我们学校的龙舟队即将代表上海市参加全运会的龙舟比赛时,心中难以抑制的兴奋不言而喻,但是其中的责任感也沉甸甸地压在了我们每一个人的肩上,女生的责任甚。相较于男队而言,我们学校的女队大部分都是大一的新队员,在没有正式集训前,我们甚至都不知道自己的实力在一个什么水平的位置。但是无论如何,弓既已拉起,就必须射出最有力的一箭。

每个省市都会挑人组成一支最厉害的龙舟队,因为省市太多,在进行全运会最终的决赛之前,得先实打实打一场预赛,只有进入十八支预赛队伍前十名的队伍,才能有进入决赛的资格。想要获得成绩,只能是踏踏实实的训练。预赛时间是六月初,最初开始训练时距离比赛也只有一个月了。对于当时划船姿势都没有全部学会的女生来说,时间真是很紧张的。因为我们是非专业运动员,同时是在校大学生,训练不能放下,学习同时也不能落下。教练努力为我们争取训练时间,最后的训练时间定在早上 5 点和下午 4 点半以后。每天早上 5 点起床,每天晚上 10 点钟睡觉,这个训练时间我用了三天才适应。虽然说早睡早起精神会很好,但是经历了每天早上 2 小时的训练,一上午的课稍微把持不住便会睡死过去。开始的几天,没有调整好作息时间,整个人一天下来头都是晕乎乎的,但是训练还是坚决不能放下。一开始,生活节奏被打乱了,学习的步调也差点难以跟上,心里总是憋着一股气的,连着训练都带着一股浮躁之气,但是教练的劝说却让我们心里慢慢沉静了下来。不是每一件事只要努力去做就能获得成功,这其中枯燥艰难的过程需要我们不断地适应,因为成功的花,是浸透了奋斗的泪泉,洒遍了牺牲的血雨,才得以傲然绽放的。一个月,每天不间断的训练,到最后都说不清楚自己都经历了什么,现在回忆起来,其中辛酸难以言喻。

预赛是在广东麻涌进行。第一天是划 500 米,在我看来这是龙舟比赛项目中最累的一个。没有比赛之前,教练对我们分析,能成为我们的对手,至多也就八个,所以我们尽力争取第九、十名。但是第一枪划下来,不敢置信的是我们竟然拿到了第六名的成绩,可以说是在预期之外的惊喜。下午的小龙舟比赛我作为替补队员参加了,也是拿到了第六名的好成绩。在水平正常发挥的情况下,我们拿到了总分第七的好成绩,有了进入总决赛的资格,完成了第一个阶段的攻防战。但是比赛远远还没有结束,正如教练所说的,我们现在才进入了最艰难的时刻。

第二阶段的训练开始正逢学校的小学期,因为进入了比赛的攻坚阶段,全队一起请假去上海市东方绿舟体育训练基地进行集训。之所以选择这个地方,是想让我们静下心来,认认真真做好手上的这一件事。这里的住宿条件远不如学校,但是努力顶一把却是可以坚持下来的。因为环境封闭,时间充裕,训练的强度也在加强。一天三训,白天划船,晚上做力量。还记得来的第三天,早上下午两个追逐划,一个追逐划的距离就是八公里,划了一个下来四十多分钟没有休息,结束之后只想躺在地上不起来,虽然每个人都很累,却没有一个人说要放弃,即使手痛到抬不起来,也还是要咬着牙顶上去。大通铺的生活很精彩,寝室的浴室也是大澡堂,虽然只有短短的两个星期,但是和队友的"兄弟"情更进了一步,训练也更加努力了。之所以说是"兄弟"情,是因为在龙舟队,女生是当男生来用的……

　　经历了在东方绿舟的集训之后,我们在比赛前的半个月转战到了湖南常德的柳叶湖,也就是最终的决赛点。在这里,训练环境焕然一新,训练内容也多是以速度为主,但是常德炙热的阳光和柳叶湖的迎风浪潮都是巨大的考验。最累的一次现在还是记忆犹新,我们当时绕着柳叶湖的湖边整整划了一圈,21公里,没有休息,整整划了一个半小时。最痛苦的就是因为睡觉姿势出了问题,第二天划船太猛,就直接落枕了,脖子也是三天才好的。即便是这样,我也还是要跟上队友的步伐,因为女生没有替补。之所以现在能风轻云淡地说这些,是因为我知道能坚持下来的困难,都算不上什么。比赛在即,现在能做的,就是努力踏实地走完最后的每一步,训练很紧,和大三的可爱的学长学姐们相处的时间也就是最后的这几天。训练时间太短,只争朝夕。

　　七月的湖南酷暑难当,决赛还是在预期之内来临了,因为赛制和实力的原因,为实现小龙舟在决赛的绝对冲刺,我们在大龙舟的某些项目上做了一些放弃,心中是有些苦涩的。毕竟一路走来,每个人都付出了巨大的努力,说放弃很难受,但是身在一个集体之中,最应做到的就是舍小我、护大我。最终学长学姐们不负众望,都取得了一定的好成绩。男子的十二人小龙舟还在500米、200米、100米分别斩获了铜、银、铜三枚奖牌,值得尊敬,值得热血澎湃!

　　"心有猛虎,细嗅蔷薇"。盛宴之后,泪流满面。比赛的兴奋在庆祝宴上同时也是与学长学姐的告别宴上荡然无存,留下的只有满满的心酸。一路走来,一路陪伴。一路走来,一路指导。不想说再见,却仍要笑着挥手道别,人是向前看的,学长学姐们把他们从上一代人得到的传授给了我们这一代,很沉重,但是责无旁贷。我们的这一代,会怀揣着希望,一步一个脚印,勇往直前。

　　很多人以为自己离成功只差奋斗两个字,等他一努力就可以追上大神们。这不只是无知,也是一种傲慢。成功并非如此廉价。成功需要努力,但成功不止于努力。一年的龙舟生涯,一年的坎坷岁月,我已长大,不管明天要面对多少伤痛和迷惑,要记住曾经吃过的苦,留下的汗。以我之桨,乘风破浪,再回首,恍然如梦;再回首,我心依旧!

龙舟回忆简录

杨万强

杨万强,上海海洋大学 2014 级食品学院生物制药 1 班。2014 年加入龙舟队,担任舵手。大一入校以来,"勤朴忠实"的校训精神一直铭记于心,始终保持积极乐观的学习态度,认真学习身边老师及同学们的优良作风,学习和提高打舵技术,总结训练经验。积极参加学校各种志愿活动并获得优秀志愿者称号,曾多次参加国内及国际比赛,在龙舟 200 米、500 米等获得冠军。上课期间认真学习,全面提升自身的综合素质水平。四年中,先后多次获得各类奖学金以及优秀个人称号。

当你想要去做一件事的时候,努力付出了总会有收获的!

一段缘等待着你来!

和你相遇是个偶然,却又是注定刚刚好。还记得刚来学校的时候,这里一切都是那么地新奇;偌大的校园,充满了绿色;而且校园里面还有河流和湖,这更是为学校增添了灵气。我对自己的大学生活充满了期待。时间就是这样地刚好,遇见了一群在学校跑步的帅哥们,个个都是身强体壮,虽然隔着衣服,但是依然可以看出他们健壮的身体。慢慢地自己开始从别的同学那里知道,这些人是我们学校的一个社团里的:龙舟社! 在之前,只有端午节的时候从电视里才知道关于龙舟的一些东西,而得知龙舟队之后,我便与龙舟有了渊源。

等到百团招新的时候,各种的社团都在忙着拉喊:来加入我们这儿吧,我们社团可以怎么样怎么样,但是龙舟社却不一样。他们都在"玩"着从社团里面搬出来的各种器械,胸肌和腹肌凸显无疑。我相信这对很多男生来说都是一种渴望或者诱惑,更有女同学"哇"的惊叹声。自己也想拥有一个健康的体魄,也想和他们一样,看起来"有肉"。有人就说这个社团训练是特别累的,如果怕累的同学就最好别参加了,我想来自农村的我应该还好吧,虽然还不知道训练是个什么样儿,不过加入了就知道了,还是毅然报了名。

感谢当初的选择！

我以为报名了自己就是其中一员了，其实那时候真的是自己想太多了。通知训练的第一天，来了好多人，登记表都有好几张 A4 纸，后来才知道有三百多人报名参加了龙舟社。第一天的训练对于我们这些初出茅庐的小朋友来说，还是有些大，几乎所有的新生都在喊累，第二天自己的手全都是一动就疼。第二天，人似乎少了一部分，第三天人又少了一部分。训练的确很苦，不能坚持的人都选择离开了或去了其他的社团，不过留下的人依旧在咬牙坚持着。一个月后人数稍微稳定了一些，尽管走了一些人，但是似乎并不影响大家训练的热情。训练的日子长了些，大家也相互间熟悉了，参加的人数基本上也就确定了。初期都是一些体能的训练，是为后面龙舟的水上训练打基础。所幸自己和本专业的几个同学在训练期间，大家相互鼓励，我们专业的几个同学都坚持下来了，自己也比上大学之前更加地健壮。假期回省内的时候，以前的同学遇见都说朋友圈里都知道我在大学里过得不错，比较充实。

其实，当你想放弃的时候，离成功也就不远了；咬牙顶过去你也就胜利了，或许还没到终点，至少你战胜了自己！现在想想要感谢当初的自己，选择了坚持下来！

"革命一块砖"，哪里需要哪里搬！

训练也是一种学习。刚开始的水上训练都是所有人一起参加，训练一段时间之后会有技能考核，类似于我们章节小考，这也是检测大家训练的一种方式。有的人吸收快或者体能好比较有优势，但是前提也是要付出努力的！我自己觉得在体能等方面不像其他队友那样具有优势，似乎自己不太适合划船。当然龙舟项目里面并不是只有一个角色，当时社团里面另一个位置又刚好缺人，就是这么刚刚好，我向于队长建议让我去，队长问我会不会游泳，我非常肯定地回答说："会！"队长同意之后我便在社团里从一个角色转到了另一个角色。就这样，我从一个划手成为一名舵手。

由于在这之前我都没有接触过，所以刚开始学习的时候都紧张。刚开始教我的钟佳明学长也很耐心，慢慢地一边解释给我听，一边操作给我看。还记得刚开始学的那段日子里，自己晚上休息的时候也在反思和总结,有时候做梦左手也在摆动。训练的时候学长也让我大胆去尝试,练习多次之后我已可以掌握基本操作,日常的训练基本可以拿下。钟学长因为自身学业规划的原因,在不久之后就全身心投入学业了。有的时候,有疑惑的地方,我便向李诚学长请教;他为人谦和,大家都叫他"诚哥",后面的日子,方便的时候我跟在龙舟尾部,在水上向诚哥请教龙舟航行的打舵技巧。慢慢地懂得更多的时候,他就让我操作舵把,他自己便稳稳站在后面,看着我操作龙舟运行。等自己都悉数掌握的时候,还是感觉有所欠缺,离上届学长的"游刃有余"还差一些,还是有待提高。可能有人读到这儿的时候会问:你自己干吗不站在船尾呢?原因是那个时候自己对平衡的掌握还不能达到这样的境界,只能坐着,不然很多时候容易掉到水里。这时候队长的问题就显得尤为重要了——你会游泳吗?当然我们训练也基本是水里去水里来,自己也有难免注意力不集中的时候不慎落水;自己会游泳,加上龙舟的队友们在,所以一般不会有太大的危险。在此,非常感谢两位舵手前辈当初的悉心指教。虽然在学校已经很少见到两位学长了,但是提到打舵心里一直非常敬佩和感谢两位学长!

有些故事需要传扬!

不入海洋陌不识,一入海大情似海。

时光荏苒,岁月如梭。转眼间我们都已经大三结束了,我们一行的很多同学,都将离开这个集体——海大龙舟社!当二位学长将打舵的技术教会我以后,我也认真学习并灵活运用。下一届的队员学习的时候,我也将两位学长优良的作风和精湛的技术言传身教悉数告知他们,也希望他们能够认真吸取掌握,努力提高自己的技术水平,为社团为学校获得更多的荣誉。"铁打的营盘,流水的兵",以前常听人说,或许只有到自己亲身经历的时候才知道是什么感觉。虽然在这其中,经历了许多,有时候会很苦,无奈,犹豫,但是我们也有开心、激动的时候。当听到上海海洋大学队第一个冲线时,所有的痛苦都将化为冲线那一刻的激动和泪水。从 2014 年×××的邀请赛,到 2015 年中国龙舟公开赛,2016 年第二届龙舟世界杯,2017 年十三届全运会,每一场竞技的背后都曾挥洒过无数辛勤的血汗。过程之中,也让队伍中的每一个人都有收获,回想这一切都是值得的。我们当中的每一个人都将会从海大毕业,从这里再次起航,飞向远方。但是海大赋予我们"勤朴忠实"的精神,龙舟社团带给我们的坚韧,过程之中的种种美好回忆都将一路陪伴着我们。我相信未来海大的学子不管在世界的哪一个地方,它都将永远陪伴着我们,激励着我们前行。

十里海大桃花笑春风,万千学子书香满天下!

一路前行心存感恩

随着我们龙舟社团日益壮大,更多的同学能够近距离地接触和感受龙舟文化,还可以体验划龙舟,这全是在学校各级领导的大力支持下才得以实现。社团能有现在的成绩,教练们更是功不可没,当我们在校训练的时候,有着迟老师和孙老师两位教练耐心指导,除了训练和技术上的细心谋划,在我们队员年轻气盛的时候,偶尔也会犯点儿小错误,也是少不了二位教练的教育和指导,我们也加以改正。当我们出去比赛的时候,衣食住行等各种问题都有着学校及体育部各位老师们的安排。其中全运会的比赛大家都是有目共睹的,戚明老师等体育部几位老师除了自己的学校工作以外,还得操心我们队队员学业和比赛的事情,在上海水上运动中心的时候,更是多次两地折返,这些仅仅是我们学生能够看到的,或许有着更多的时候,其他老师们都在默默付出着,只是我们在水上训练没有看到。

在此,代表龙舟社团每一位成员衷心地向学校各级领导对龙舟社的支持表示感谢!向曾经帮助和支持龙舟社的老师们说一声:您辛苦了!

最后祝愿海大成为一个新时代海洋特色的高校,祝愿海大龙舟蒸蒸日上,海大龙舟健儿伴"勤朴忠实"的精神扬帆远航!

船上的蚂蚱

叶 维

叶维,上海海洋大学水产与生命学院×××级学生。于2015年10月加入龙舟队。在龙舟队担任左桨。在队期间,铭记"训练有素,纪律严明,统一行动,绝对服从"十六个字的队训。遇到困难永不退缩,并且把训练精神运用到学习和生活上。到现在大三总共获得一次二等人民奖学金、一次三等人民奖学金和一次学习进步奖。热爱训练，热爱学习，热爱健身，对生活充满热情。

刚上大学的时候，我完全无法想到，龙舟会融入我的生活，并与龙舟一起走得那么远。可能是因为兄弟，兄弟是那群人，兄弟是那条船。

大一开学后，怀揣着对大学的向往，纠结着加入哪个社团，哪个社团可以让我的大学时光变得充实，哪个社团可以让我结识一些志趣相同的人。正好，军训的时候见过一群男生光着膀子在做引体向上，肌肤黝黑，肌肉饱满。同时，同班同学王连涛问有没有同学要加入龙舟队，我本着强身健体的心态就跟着去了。当时去了龙舟队训练的清水码头，那是学校最漂亮的地方，不仅因为它本来就漂亮，更是因为那里有很多有趣的故事，那里留下许多汗水与泪水，承载许多热血少年的梦想。

刚开始的训练是很磨人的，因为我们之中大多之前没有这样锻炼过，身体反应极大，有很多人跑完 5 圈就吐了，做完俯卧撑和两头起，第二天下床和穿衣艰难。也就是因为这样艰难，出现了两个选择：退出队伍或者继续坚持。继续走下去是艰难的，当你累了的时候你可能依然会想着放弃，每次训练到了体能极限时，你的内心不断地告诉着你：放弃吧！放弃吧！然而我们有个规矩，中途鼓手不说停桨，你就不能停，所以你不管怎么受不了，你都会把当天的训练计划做完。但是下次开始训练的时候你又会忘了上次训练所经历的痛苦，又开始了下一次的训练。随着时间的推移你会变强，你会把那种到了极限的痛苦当作习惯，然后苦中作乐。更幸运的是，你还有一帮好兄弟，在同一条船上，他们来自各个省，各个学院，性格各异，因此你的生活开始变得不那么枯燥。

我们每学期开学前都会有一个集训，这是一个提高自己的机会，也是一个对心智的考验。刚开始的时候热情澎湃，一天三练，那段时间就是吃饭、睡觉、训练，生活很平淡，生活很简单。但随之而来的肌肉酸痛感倒是很难受，几乎没有一处是不酸痛的。这个时候，你又会想着退缩了,内心无数个"老子不干了"想脱口而出,但你看到前面那么多兄弟还在坚持,这个时候你会舒一口气,也许他们和你有一样的想法,看到你还在坚持,他们就没有停下来。人在最累的时候是内心最容易崩溃的时候,负面情绪最容易感染,因此,队长和教练会提醒我们,要相互鼓励,加油,困难很快就会过去。集训的时候,我常说的话就是,熬过集训,以后的日子都是幸福的。集训过后,我的脑海中有个声音就是,以后没有什么是你不能坚持下来的,这就是集训对我的磨炼。

读大学这两年让我感觉到在龙舟队收获最多,特别是让我爱上了健身,我们队伍中有老队员,有新队员,而有个传统就是新队员拜老队员为师,老队员带着新队员练习力量。我也有一个师傅,他叫何梓宇,很喜欢健身,身材很好,力量也很大,这可能跟他喜欢去加练有关。进龙舟队之前,我完全没有体育基础,对进力量房训练可以说是一张白纸,都是师傅和其他老队员教的,因为练起来比较吃力,每次完成训练计划后我都会累趴到地上。因此,我的内心是不喜欢去力量房训练的,也不喜欢举铁,但是师傅每次去都会叫我,我不好意思拒绝,所以每次都会跟着去,每次都累瘫了回来。但也得到了别人的认可,说我努力训练,其实被迫无奈啊。就这样不问为什么的坚持,让我得到了提高,训练任务对我来说也没有刚开始那么艰难了,直到有一天我看着镜子里的我,已经不是原来那个瘦弱的自己,肌肉线条也慢慢变得明显,那时候才明白,付出的汗水得到了回报,自己也越来越清楚,每一次去力量房加练,都会让自己变得更强,效果越来越明显,我就爱上了健身。在刚开始也不知道为什么坚持到下一次练习结束后成果就很明显,这个过程很艰难,但只要度过这个时期,你会得到很多,有时候并不是努力没有回报,而是你的努力还不够,这就是一个积累的过程。

只要是在这个队伍里面待过的人,就会对这个队伍有份特殊的感情,这份感情你说不出它到底是什么样的感情,但是走出学校后你会牵挂着它,牵挂队伍里的每一个兄弟姐妹、教练。也许很多年后,我们聚在一起,回忆着大学生活,我们记得的事情肯定会是,队伍里发生过的人和事,那些在充满许多苦难的日子里,那些趣事、那些快乐显得格外珍贵,我很珍惜这份感情,感谢陪我度过枯燥而又痛苦的日子的兄弟,也感谢这个队伍带给我的特殊的回忆。你在这个队伍努力过，奋斗过，你就无怨无悔。

代表学校出去比赛，圆了我的一个梦。从小爱好体育，梦想着长大以后能够当一个职业运动员，小时候的理想总是那么不切实际，总与现实脱节。现实是我高中毕业，志愿填到了上海海洋大学，成为一个普通的大学生。这时龙舟比赛让我眼前一亮，我作为一个参与者，感受到比赛的激烈和赢得比赛的喜悦，也体会了输掉比赛，看着对手从你旁边超越过去，你却无能为力的绝望。不管是胜利还是失败，你手中握住的桨总能给你准确的反馈：你到多少米时能力已尽，是不是拖累了队友，比赛的时候，短暂的几秒你内心的对白会给出答案，只有通过比赛你才能更加清楚自己的能力到底是什么水平，才能懂得认真训练的重要性。在赛场上你要相信你的队友，更要相信你的教练，在比赛结束之前可能你的成绩就已经决定了，而你的训练水平，如何发挥出来甚至超常发挥这才是最需要考虑的。这个时候我们只要完成好教练安排的战术奋力拼搏，就没什么遗憾了。

很幸运能够有机会随学校代表上海市参加全运会的龙舟项目，全运会以前都是高水平运动员代表各省去参加的，可见比赛的激烈程度。虽然我们是群众项目，都不是注册运动员，但激烈程度还是很高。因此，各个代表队会用大量的时间备战，我们也不例外，但是我们还要上课，这个挑战是巨大的。最后，我们做到了。我们拿到了一块银牌，两块铜牌，我们坚守在广阔的湖面上，一圈又一圈长划，在烈日下，看到了湖边所有的风景，留下了无悔的汗水，在领奖的那一刻，所有人都开心地笑了。这种笑容来自内心，是单纯的，是无悔的，当所有努力都得到了回报，还有什么比这更开心的。在预赛中，我们是以第六的成绩进入决赛的，可决赛时我们进步了几个名次，太戏剧化了。可见只要你的努力足够多，你的结果总是出乎意料的，这都是一个积累的过程。

龙舟队是一个让人成长的地方，你所付出的努力，流过的汗水，可能当时并不能让你收获什么，但这是一个积累的过程。这需要半年，或者一年，更或者两年，只有少数人能走到最后，见证这个成长，很庆幸，我就是其中一员。

改变自己

张雅强

张雅强,上海海洋大学水产与生命学院2016级生物技术1班学生。自入校以来,秉承着"在大学,不当一条咸鱼"的原则,践行着"勤朴忠实"的校训。生活和学习上,严于律己,兢兢业业。始终保持着好学谦逊的态度,向身边的老师同学学习。在学术上,不断钻研,不断创新。入学一年以来,每学期均获得人民奖学金。合理运用课余时间,积极锻炼身体,并置身于科学研究中。

每一个故事,都有一个开端,而我大学故事的开端就是龙舟队。起初幻想的大学是"上课一排全睡,喝酒搓麻全会,魔兽如痴如醉,大学生活万岁"。然而,我的大学好似走上了一条"不归路",我完完全全没办法活得像一条咸鱼。正如队里学姐所说:"除了学习,我的其他时间都给了那条河,从海事大学到电机学院,从晌午到黄昏。"

谈及如何"入坑",我依旧忘不了队长博哥在军训场上"卖肉",挺拔的站姿,健美的身材,爆筋的三头肌,结实的腹肌。我心中那股火被点燃了,我想加入龙舟队,即使我是那么地异类,整个专业就我一个人去报了名。我要追求我喜欢的东西,我想改变自己,而不再是一个小胖子。

尼采说过,"人的成长分三阶段,一是首先要做骆驼,跋涉于沙漠,一时见不到绿洲,被枯燥与寂寞所环绕,但仍忍耐不屈地一步步地走下去,最终提高了能力,培养了意志,在风暴烈日的考验下,增长了见闻。这是一种修炼,是形成"人格"特征,到达创造境界的首要步骤"。

我的"骆驼"阶段始于去年九月。虽是九月,但上海的太阳还没有收敛它的余威,田径场上一群糙汉子,长跑、俯卧撑、两头起,忘不了兄弟们刚开始一张张痛苦的表情。每次训练,总会发现少了几张面孔。有位学长说:"坚持不下来的人,龙舟队也是不会要他们的,龙舟队要的是怎么逼、怎么赶都不走的人。"我不想当那个被淘汰的人。每当出现放弃的念头时,我都会看一遍招新的宣传片,看看队里哥哥们顶着压力,一次又一次地干掉强队,踢掉职业队的饭碗,我就如同打了鸡血般,再一次原地满血复活,再一次满腔热血。

故事终归是跌宕起伏的,寒冬正常人巴不得能在床上多睡一会,而我们,天还没亮,五点多就从床上爬起,六点准时到室内跑道,每个早上强撑起来我的第一个想法就是退队。但我会看看自己以前的照片再对比现在,身上多余的脂肪少了,肌肉也慢慢地浮现起来,我又撑了下来。"没有傻傻的坚持,就没有很好的结局。"入队的第一个学期,就在一次又一次地咬牙坚持下挺过去了,但也明白了自己还不够强,还要努力努力再努力。

大学第一学期期末考,平时除了学习,就是划船,训练,娱乐时间少之甚少,也很难腾出时间去自习。值得庆幸的是,复习的效率还不错。在老师眼里,龙舟队似乎就是不务正业的,但他们很难体会到龙舟队员的那股热忱。相较于艰苦的训练都能挺过去,60 分似乎没有那么困难。一学期的训练不仅仅给我的身体带来了改变,还有心理。我开始变得自信,没有因为考试的接踵而至而慌乱,也不会有什么社交恐惧症。一学期下来,我拿到了人民三等奖学金,还结识了一大帮朋友。

"其二,去做狮子。勇猛无畏的动物之王充满了激情与勇气,在与权威与传统的抗争中,不屈不挠,乐于迎战,更敢于挑战。狮子的勇敢是创造者必要的内心特征。"队里哥哥们口中炼狱般的集训终于来了,仅仅才大年初六,许多人还在家里如痴如醉地享受着阖家欢乐,通宵达旦的愉悦,然而我们已经齐刷刷地跪在田径场,做着俯卧撑,扎着马步。下午,小龙舟套着救生圈,整整一个大圈,龙舟艰难地蠕动着;晚上,没有休息,循环力量,一天下来,四肢疲软到仿佛可以"卸下来"。但如果有一位兄弟选择了离开,这比训练带来的疼痛还来得厉害。正如《友情岁月》中所唱"曾共同患难的日子总有乐趣"。队里一向倡导"兄弟龙舟",你放一桨,你的兄弟就更累一点,你顶一桨,你的兄弟就会轻松一点。跑不动的时候,兄弟会在后面推你一把;推不动的时候,兄弟会使一点力辅助你;划不动的时候,兄弟会在后面叫你顶住;累到不行的时候,兄弟还会给你按摩,帮你拉伸。17 天的集训伴随着痛苦,也伴随着欢乐,一群人已经累傻了,随便抛一个梗都把人笑得人仰马翻。这大概是心理学中所说的"生理与心理共同作用,相互影响,当身体极度疲惫,人的情绪和感官都会被放大"。也正因为如此,我们才拥有着令他人艳羡的兄弟情。集训结束,发现每个人都开始变强了,从下学期开始出去打比赛的机会也开始多了。所有新队员都变得不一样,为了我们出去打比赛的憧憬而开始奋斗,力量房,我们开始天天打卡,渴望今天的自己比昨天多强一点,哪怕只是多做一个引体,多做一个俯卧撑。渐渐地,我们开始由被逼着练变为自己主动去练。不仅如此,我们也开始变得聪明起来,知道去扬长避短。耐力差的,每天都会去跑五公里;爆发力差的,也会去拉划船机;技术不好的,每逢周末也会去划单桨。

很感激在大一我能获得出去比赛的机会:苏州河国际邀请赛。对手均是来自国外,一开始没有清楚地认识对手的实力,赛场上就吃了憋,泰国队第一枪就紧紧咬着我们的船,没有比赛经验的我们,时不时看一眼对手,桨跟得不够齐,节奏划得不够明显。长距离 500 米没有划出优势,屈居第二,惜败泰国队。当晚分析原因,除大赛经验不足,休息、饮食、补给,都没有做好。第二天比赛,再次滑铁卢,已跌至第三,保加利亚队的身体素质,粗胳膊粗腿,200 米的爆发力真的很强,泰国队实力确实不凡,不论是 500 米还是 200 米,我们的后程爆发成为一大诟病;没力,疲软,水下拉不起来,船速上不去。第一场比赛实实在在是交了学费。

比赛告一段落,接下来就是全运会。比赛机会有限,但想上艇的人那么多。淘汰、竞争必不可少,虽然残酷,但这就是现实。竞技体育不会怜悯弱者,机会总是留给有准备的人。因实力不济,我未能入选。刚开始也有点郁郁不得志,觉得对不起自己的努力,整整一周没有去过健身房。入选的兄弟们享受着优待,让我们羡慕得不得了。一周里,未入选的几个兄弟也在互相灌鸡汤,整理了心情。"再启程,莫惊慌。"他们在慢慢变强,我们则在走下坡路。如果我们继续萎靡,那么只会被甩得更远。教练曾说过:"体育场上从来不缺天才,但天才多半被埋没,只有自始至终坚持的人才能走到最后。"既然先天不如人,后天更应该脚踏实地。暑假本是休息调养的日子,但对于一些人来说,也是追赶的日子。回到家里,我给自己安排了训练计划,一周六练,每次训练两小时以上。天道酬勤，慢慢地我的力量也上去了，增肌也有了效果，下学期，我要更加努力，更加相信自己的实力。把握每一次桨位赛的机会，给自己创造机会。还要跟兄弟们一起加油，你们跑得越快，对我越有利，我才会拼了命想赶上你们，个人的胜利是暂时的，集体的胜利才能持续。我们是来自不同地方的兄弟，有着不一样的脾气，但在龙舟上，我们连呼吸都能保持一致。

"其三，恢复于婴儿。人出世伊始，双目惺忪，以莫名的天真观察世界。这时他兼有骆驼的忍耐与狮子的勇猛，又平添婴儿的好奇及对新鲜事物追逐探索的兴趣。"如今的我还没能达到这个境界，但忘不了哥哥们令人骄傲的"14 黄金一代"，经历过挫折，经历过质疑，经历过不公，但他们坦然，他们冷静，以一股大将风范面对，他们通过自己一步步的努力，让旁人对他们刮目相看，他们是海大的金字招牌，他们是央视评论员嘴中"好像曾经的顺德乐从"。他们划船的手像是搬砖的，而不像大学生：老茧、水泡、溃疡、伤口。如今他们手中的桨传到了我们这一辈，他们的这股精神力量薪火相传。

在队一年，我发现我深深地爱上了这个队伍，爱上了这群人。大家从相遇到相识，再到相知，有过矛盾，有过争吵，但彼此间的棱角都慢慢磨去。一开始入队只是渴望拥有一副好看的皮囊，但后来还让我的灵魂变得更加有趣。既然选择了远方，便只顾风雨兼程。我要变得更加强大，强大到不会错失机会。

我的龙舟情

赵燊濚

赵燊濚，上海海洋大学海洋科学学院 2015 级海洋测绘班的学生。于 2015 年 9 月加入龙舟队，是一名右桨划手。在校两年期间获得人民奖学金三等奖 2 次，二等奖 1 次，自强奖 2 次，国家励志奖学金 1 次，2 次优秀学生干部，2 次优秀团员。在队两年期间，在迟教练和孙教练等老师的带领下参加多次中华龙舟大赛，以及近期已经结束的全运会。

我真心为自己大学参加了乘风龙舟社而骄傲。在龙舟队的这两年里,我不仅在划龙舟方面,更是在学习方面勇争第一。我始终相信,一条船一条心,这样的龙舟才能划得快,这些人才能在比赛中稳住心,在今后的路上走得远。

我大一刚刚入学就加入了龙舟队。第一次见龙舟队训练是在2015年8月31日,那时候是为了准备比赛,龙舟队的学长学姐们都提前回到学校集训。来自北方的我,很不熟悉水上运动,当时看到船上的老队员们,在用整齐的动作划着,让船在水上前进,我觉得很好看。划龙舟的动作其实看起来有些"单一",感觉很容易的样子,这个感觉在我第一天下水划龙舟的时候,就消失了。当一开始真正拿着桨去划、去用力时,第一感觉是不知所措,手里面的桨会带着你从水上飘过,不会用力导致拉不到水,这样船是不会走的。我算是力气大的,但是学动作学得很慢,总是会有一些小小的瑕疵,身体做不到足够协调。

经过了一两个月的学习,不断地重复动作,不断地在那条河上划,一点一点进步着,再加上健身房的力量训练,让我动作稍微熟练,能够拉到水,拉出水花,那时的我很有成就感。总是会有同学或者老师对我说:你们龙舟队是不是很累,女生能坚持下来真不容易。其实当你上了这条船,和这群人在一起时,累是肯定的,但很快乐。一周训练四次,其实时间并不多,也就这个时候,来自各个专业、各个年级的我们会在一起做一件事。在这里,不像是别的社团,划划水,我们必须要认真对待,两个教练会安排好每一次的训练计划,合理地调控,让我们可以划得更好。

每次在码头上看老队员们在水上练习时,我都会觉得他们好帅,我也想划得很好。大家都是从普通学生开始的,都没有练过体育项目,到现在能够代表上海市区参加全运会,坚持走过的每一步,都少不了教练的指导、队员相互之间的鼓励。是的,龙舟就是这样一个有魔力的项目,让这条船上的人从不相识到相知,在我的学习之余,其实时间很少,不过因为龙舟,让我结识了这些人。去上课路上,偶尔碰到,就会互相欢快地打招呼。还记得我的室友跟我说:怎么走到哪都有认识你的人。每当这个时候,我都会说,这是龙舟队的谁谁谁,那时候我是自豪的,就像一个很厉害的人一样。

第一次参加比赛是在大一的暑假，那时候算是突然通知的。我当时在支教，接到消息时，计算了一下自己的时间，可以赶得上。当时其实很兴奋，毕竟是第一次要去参加比赛，以前都只是看着老队员们集训、比赛。那次机会其实很好，有队里面的老队员带着，那也是我第一次参加集训，记忆犹新的是：天气很热很热。教练会根据天气来决定我们的训练时间，尽量避开高温，以免我们生病，因为在高强度训练的情况下，身体的免疫力会下降。教练也会叮嘱我们的饮食，训练的时候，两个教练会很严肃，内心还是有一些怕的，但训练结束，两个教练就会像我们的老师、朋友一样，一起开玩笑，一起聊天。集训的时候，会有一些时间是在进行比赛长度的计时，用来对比我们的训练成果。这样的对比，会让我们自己也了解自己的实力，每个人都想有突破时，自然而然这条船越来越快。

训练的时候我们有一句话：风里雨里，码头等你。我真的很喜欢这句话，事实上我们也是这样做的。在这个码头，这条河，我们让自己更加坚韧，不论训练多累，甚至在有些时候想瘫在床上时，想到那句话，内心就会有一丝波动，会有那样一种吸引，还是会走向码头，拿起桨，划龙舟。

第一次比赛，多多少少留下了遗憾，但是紧接着的几场中华龙舟大赛，让我们逐步强大起来。在接下来这一年中，我们一起经历了太多，汗水、血水、泪水。记忆最深的就是，我们女队在中华龙舟大赛——海南站时拿到了青少年女子组 200 米直道赛的第三名，那是比赛的第一天，也是女队第一次拿到一个龙头，真的超级开心，在回住处的路上，大家可能都想一路高歌回去，但是兴奋过后，带着微笑，大家都慢慢入睡。比赛时，划的距离虽然不长，赶不上平时的训练强度，但不知道是为什么，比赛过后总是会很累，会睡很久。每次参加完比赛，都觉得自己又成长了一些，心态会成熟一些，去参加下一次比赛时，会多一些经验。每一次计时、比赛、训练之后的总结，也让我们这条船配合得越来越默契。

当我们真正得知能够参加全运会时，一开始，真的不是很相信，毕竟我们都只是划船时间很短的大学生。不过后来开始进行集训时就慢慢稳下心了，准备预赛时，那是一段很漫长的集训，学校这边不能耽误学业，我们就每天早晨上课之前和傍晚下课之后训练。学校给予了我们很大帮助，让我们所有人都住在一起，方便训练。说实话，一开始早起，我并不适应，不过在教练和队友的互相敦促下，我们都会按时训练，当然，也是因为对龙舟的那一份热爱，我也想让自己可以划得更好，这样坚持下来也就不会觉得很难。训练一段时间过后，进入疲惫期时教练总会引导我们调整心态，让我们对自己有信心。

在东莞的预赛，第一不适应的就是炎热的天气。第一天去试水，感受到了这次比赛的艰难，压力又增加了一些，还是会想很多，会害怕。这次的预赛赛程安排得很紧密，上午下午都要比赛，尤其是第一天的500 米直道赛，现在想起来还是心有余悸，因为有平时训练的 20 公里长度有氧训练的基础，体力上还是有足够的支撑。教练在战术安排上也进行了一些调整，让我们能够充分发挥自己的实力，很荣幸，这艰苦的 3 天比赛顺利结束了，男队女队都打进了决赛。回校后，进行了几天的调整，我也开始准备剩下的期末考试。

开始进入决赛的训练，教练想让我们更加专注于训练，于是我们就全体去了东方绿舟水上训练中心进行训练，在那段时间，每天都有着规律的作息，训练、吃饭、睡觉，大体上就是这样，偶尔散散步。这儿训练的赛道是 2000 米，真的是有那样一种一眼望不到边的感觉，也是因为不熟悉水域，不熟悉这个新的龙舟，刚开始大家都有一些不适应，尤其是这个新的龙舟，因为各自的体型不同，有着不同的不适应状态，不过在接下来的训练中，也都慢慢找到了自己的方式去适应这个龙舟。在这里训练到了 6 月 27 日之后，我们在 6 月 29 日转场去了常德，也就是决赛的地点。能够提前去适应常德的比赛环境，也是很不容易，这中间很感谢那些为此争取的领导、教练、老师们。这让我们多了一些优势、多了一些信心。

接下来我们就在比赛场地——柳叶湖进行集训，以便适应天气和水域。临近比赛，时间过得很快，感觉没有很久，决赛就开始了。不论比赛结果如何，我都为自己能够参加这次全运会而骄傲。当在东方绿舟拿到参赛证书时，就已经很满意，抱着想让自己站上领奖台的心来认认真真比赛,其实遗憾总会有,但作为一个普普通通的大学生,能够参加这样的赛事,我已经很荣幸了。

我想,这样的经历不会是每个人都有的,而我努力了,坚持下来了,和我的队友们一起战斗过了,这一定会像教练、老师们说的一样:终生难忘!

在接触龙舟的这两年里,我能够真实体会什么是运动员精神,什么体育竞技精神,我觉得我已经得到了很多很多,很感谢教练、队友们对我的帮助,让我在这条路上走了这么久,也是因为坚持划龙舟让我在学习上多了积极向上的精神,让我更加热爱生活。龙舟使我的大学多了一分明亮色彩,这是一笔永不磨灭的财富,我是受益于这些经历的。不管我还在不在龙舟队,还划不划龙舟,我都知道,我有那样一群可以和我一起在竞技场上奋斗的教练、队友们,这样的情谊就像是在一起战斗的士兵一样,有一种同生死共患难的感情在。

这次比赛结束了,但我们龙舟队还在继续奋斗着,我们会有更好的明天,再战,我们只会更强,这就是龙舟精神:一条船,一条心,一条胜利之路。

龙舟人,龙舟魂

周　松

周松,上海海洋大学爱恩学院×××级信息管理 1 班学生。2014年大一加入上海海洋大学龙舟队,三年来刻苦训练为校争光,于 2017年 7 月退队。在队中担任右桨一职,热爱集体,与队友相处融洽。三年来,与队友并肩作战,获得多次比赛佳绩。在 2017 年拿下普陀公开赛200 米冠军,两岸文化交流赛 500 米冠军,长三角邀请赛 200 米与 500米双料冠军。全运会小龙舟 200 米银牌,500 米和 100 米铜牌。在训练龙舟之余,还参与了皮划艇的训练。曾获得全国大学生皮划艇名校赛200 米双皮季军。2014—2015 学年第一学期获得二等奖学金。

从接触龙舟时的懵懂,到最终赛场上的拼搏。

三年,让我爱上这个运动,让我爱上这个集体,让我结识这么多兄弟姐妹。

谢谢每一个人，我的教练，我的队友，我的学校。

2014 年 9 月我踏入了上海海洋大学的校门。在初二就接触田径的我，一直对体育项目有极大的兴趣。练了三年的中长跑让我的体型偏精瘦，在高三毕业那年开始健身，只为强大自己的身躯。所以到了大学以后，第一时间便询问学长学姐是否有健身塑性的社团。答案都是一致的——你可以去龙舟队锻炼锻炼。这是我第一次听闻海大龙舟队，当时对此项运动还一无所知，谁知它将陪我度过最有意义的三年。

在进队之前，我便已知道龙舟队的训练是非常艰辛的，时常能在下午的码头听到鼓声。但印象最深的还是老队员的魁梧身材，所以毫不犹豫地在社团招新那天在龙舟社报了名。那晚自己也在网上查阅了竞技龙舟的资料。

龙舟竞渡是端午节的一项重大的群众性体育活动。龙舟竞渡，其关键在一个"竞"字上。竞，比赛也。正是在这种渗透着"龙"的精神的比赛中，中国人民充分表达了中华民族不惧艰险、奋力争先的心愿。也正因为如此，龙舟竞渡这一习俗得以在民间长期流传，经久不衰。有人把端午文化活动中龙舟竞渡、祭祀、下水、挂艾、插菖、吃粽子等一系列活动称之为原生态，简而言之就是屈原以前先民的端午文化。屈原殉国后，把这些活动都改姓"屈"了，增加了爱国、驱疫、镇魔之说，龙舟竞渡也成为悼念屈原的活动。

很多人看来，龙舟就只有端午节的时候才举办，其实并非如此。近几年来，龙舟运动在国内发展迅速，全年在全国各地都有大大小小的龙舟比赛。熟为人知的就是央视转播的中华龙舟大赛，全年七站比赛，拿到中华龙舟大赛的冠军，总冠军更是每个龙舟队奋斗的目标。

依稀记得，进队训练的第一天是由 2011 级的老队长任裕龙带的大家。他是我们每一个都敬佩的学长，现已在全国水平最高的龙舟职业俱乐部顺德乐从罗浮宫队效力。当时西操场的码头足足站满了长有一百米跑道的人，但我知道这差不多三百多人中最后留下的只有那么十几个。新生进来还是以体能训练为主：俯卧撑与两头起。因为海大的龙舟队是普招的，所以每个人进来时的基础都有大大小小的差异，只有在把身体素质练到标准的水平后才能在后期水上做文章。不出意料，经过第一天的魔鬼训练后，到第二次训练就退了一大半人。不得不说2014级这届是人最多的一届，将近一百号人坚持了大半个学期。

在体能训练后便要登船开始水上训练，在一开始每个人都要选好自己的搭档。我的搭档叫杨国栋，在大一结束后他便开始了他两年的军旅生涯。当时每个人拿的都是木桨，能用老队员手中的碳素桨是我当时心中的一个愿望。从学会拿桨到会跟桨慢慢划，再到长划。这差不多就是新队员第一学期该练的东西。第一次十四公里长划后心里很高兴，自己坚持下来了。不管是平日训练还是早训，坚持下来的人都是好样的。这也是龙舟精神的体现：坚持不懈。

整个大一，我参加了一场比赛。2015 年的普陀公开赛，当时参加的小龙舟，心里很激动有这个机会。然而当年成绩并不理想，不过这也是我们之后不断前进的动力。上海海洋大学龙舟队是不断在进步的，不管是教练，还是队员都为了同一目标，中华龙舟大赛的冠军！到了大二，在云南的公开赛上，强敌劲旅让我大开眼界。东莞麻涌，顺德乐从，广州白云，当时国内顶尖水平的龙舟俱乐部都来参加了这次比赛。也让我们看到了差距，那次拿了总成绩第六也算是历史最佳了，很鼓舞人心。我们一边积累比赛经验，一边向对手学习。

在队伍待的时间长了，自然也有了感情。除了训练比赛，在龙舟队学到的更是龙舟精神和做人的道理。教练三年来对我们呕心沥血的栽培，除了教划船更多的是教我们如何面对问题，如何做人，如何在离开学校后适应社会。

付出多少，收获就有多少。2017 年中华龙舟大赛海南站，经历了刻苦的寒假集训后，我们拿下了 500 米直道竞速的冠军，击败多年劲旅——聊城大学队。这也是海大龙舟队第一次登顶中华龙舟大赛的舞台，之后的长沙芙蓉站，100 米的直道竞速冠军也收入囊中。遗憾的是没有拿下分站的总冠军，但我相信后辈们可以做到。海大龙舟队已从三年前一支中等水平的队伍，如今在全国登顶。如果没有老队员之前打下的基础，教练的针对性训练和我们的努力，这些都是无法完成的。2017 年是收获的一年，中华龙舟大赛的冠军，长三角的冠军，普陀公开赛的冠军,两岸三地的冠军我们都拿到了。真的很开心能看到我们的队伍不断成熟,不断强大。最振奋人心的是我们打进了全运会的决赛。

这次全运会感触很多,足足备战了一百天。人力物力都付出了很多,学校很支持我们,上海市也很支持我们。很感谢能让我有机会可以登上全运会的舞台,结局虽有遗憾,但大家尽力了,我们发挥出了自己的水平,展现了自己的风采,这一百天将会是我们人生以后一段美好的回忆。

龙舟比赛,作为一项重要的端午民俗,不仅是单纯的体育活动、竞技比赛,还可以把人们内心深处的使命感激发出来,形成一种你追我赶、永不服输、力争上游、精诚团结的"龙舟精神"。龙舟比赛,仅有蛮力是不够的,将力量转化为强大而巧妙的凝聚力、竞争力才是关键。划龙舟时,动作要整齐统一,心理节奏也要同频共振、协同一致。龙舟比赛现场,鼓声、欢呼声破空而来,竞速度、赛激情、蹚激流、渡险滩,人们血脉贲张、群情激奋。就算失败,也要奋力拼搏、一往直前,将失败当作台阶,继续迈向成功。

龙舟育人,三年来它真的教会了我很多。谢谢你,上海海洋大学龙舟队,谢谢每一个人。龙舟精神将会伴我一生,这是我人生中最美好的三年,最刻骨铭心的三年!

备战全运的自己

朱宇新

朱宇新,上海海洋大学 2016 级经济管理学院物流管理 2 班学生,2016 年 9 月加入龙舟队。乐观向上,团结同学队友,与人为善。不断在学习与训练中提升自我,提高自己各方面水平与综合素质。努力学习,认真对待考试。荣获 2016 年人民奖学金,服从命令,认真训练,在校内担任社团组织部长,认真负责,有效领导,高效完成组织的日常工作,获得主席与带团老师的一致认可。

参加全运,备战全运,感触颇多。

从 5 月 7 日起我们就正式开始了全运会的备赛集训,那时我们首先要保证白天正常上课,每天早上5点多就要起床去早训,下午放学后也要立刻去码头训练,训练很辛苦,每天湿两身衣服已是家常便饭。7公里长距离划,500米、200米、100米模拟比赛也搬上日程。刚刚开始集训,校方给予很大重视,但是大家心里都没底,都不知道预选赛能不能进,所以压力颇大。集训期间为了保证大家不出状况,我们的日常生活作息,饮食规划也成了教练管理的重点。就这样,我们度过了艰难却不觉漫长的一个月,迎来了广东预选赛。

预选赛的3天是最累最揪心的3天,上午比22人大龙舟,下午比12人小龙舟,比赛分为预选赛、半决赛、决赛这3场,每天上午划3枪、下午划3枪,500米、200米、100米所得分数之和计为最终成绩,那时候有20多支队伍参赛,但是只有前8名进入决赛。大密度、高强度的比赛对我们的生理与心理都是极大的挑战。那个时候各个省市的代表队都很强,前几名只相差零点几秒,每一枪我们都拼尽全力去划,生怕有半点差池。不仅怕比赛时发挥失常,成绩不理想,更怕航道偏离,左右发力不平衡而翻船,直接被取消比赛的资格。那时的我们很累,压力很大,却很简单,一心划好每一枪,兄弟齐心,齐力断金,闯进决赛!很庆幸我们成功拿到全运会入场券,但这也意味着后面的决赛备战将更加艰难。

6月初,我们从东莞比赛回来调休了一两天,就开始了又一轮的集训。这次的集训更苦更累!为了训练效果更好,这次我们直接被送到东方绿舟水上训练基地进行封闭式集训,那里的住宿条件很艰苦,我们共睡大通铺,共洗大澡堂,共被蚊虫叮,我们的宿舍、食堂、训练地点又都间隔很远……但是大家都在努力克服,教练和领队也做了很多工作帮我们改善环境,适应环境。在东方绿舟的训练强度更大,大到我怀疑人生。刚去的几天每天32公里,上午16公里,下午16公里,晚上力量房做力量训练。长距离划不仅考验体力,更考验心智。那么长的距离感觉怎么也划不到终点,划不到结束,亲眼看到队友划到泪崩……每天晚上的力量训练亦是累到晕厥,速度力量、大力量、循环力量每天都会轮流上阵,在力量房的我们汗水浸湿了衣服,杠铃磨破了手指,高架磕青了双腿……那几天天气变化很大,大家身体疲劳,免疫力下降,感冒发烧,训练受伤的队友很多,更是有骨折的队友,但是训练从未停歇,我们从未放弃。在东方绿舟集训的半个月亦是艰难却不漫长的。

赛前我们为了适应比赛场地,提前去往湖南赛区作战,湖南的温度很高,太阳很大,连日的集训导致我的脸都被晒伤了,很疼,很难受。有的时候夜里睡觉都不舒服,柳叶湖的水很深,安全起见我们需要去学游泳,晚上虽然没有了力量训练,但增加了游泳学习。在湖南集训的后半期可能是我在集训中最累的几天了,因为座位前后转换,我得坐第一排去领桨。第一天领桨是环湖划的时候,绕着 7 公里的边,30 桨慢,20 桨快,划到放飞自我,怀疑人生,之后的几天依旧再领,有一天记时 4 组 100 米,4 组 200 米,38 桨的启动,短距离中高桨频的维持,使我不敢有丝毫松懈。坐在第一排,我的桨频直接影响着整船的速度,船头前面的水又都是死水,我很累,但是得到了大家的认可与鼓励,我很开心。每天的训练都很累,但是也正因艰苦训练,使得大家对比赛充满信心。

转眼就到了比赛的日子,比赛时我们遵循教练的战术安排,大龙舟在一定程度上做出了牺牲,我们都很难过,但是为了总体成绩,比赛大局,我们统一行动,绝对服从。男生小龙舟取得了不错的成绩,女队有一点遗憾,但是努力过了,不后悔!

全运会结束了,但是全运的经历永生难忘!

我的龙舟行
左 雅

左雅,上海海洋大学爱恩学院 2015 级市场营销 1 班学生。大一加入龙舟队,两年来,刻苦勤奋,认真训练,是龙舟女队的实力左桨。学习生活中,"勤朴忠实"是她的座右铭,积极向上,乐于助人,注重自身的全面发展。两年里,先后获得了两次一等奖学金和一次三等奖学金。课余生活中,积极参加各种活动,努力发展自己的兴趣爱好,积极地投身于社会实践中,有丰富的社会经验。

龙舟行,伴我行;龙舟情,一生情。

2015 年 9 月 5 日我踏入了上海海洋大学的校门,当时就有团委和学生会的代表在招新,但我当时认为很无聊,觉得大学干脆什么社团都不参加了。后来,军训的时候,听到了一阵阵的呐喊声"训练有素、纪律严明、统一行动、绝对服从",铿锵有力,不自觉地就吸引了我的注意。转过头去,看见两排赤裸着上身的肌肉猛男,健美的线条,整齐的步伐,让所有人都不禁发出了感叹:"好帅啊!"后来一打听才知道是龙舟队,这就是我与龙舟队的第一面,或许也是我与龙舟队缘分的开始。同年十月份,海星广场开展"百团"大战,所有社团都在招新,龙舟队的招新场地在靠近海星广场的大屏幕和看台那边,并没有其他社团那么得花里胡哨,几张简单的桌子和几个负责人,乍一看并不是很起眼。可能是前期招新工作做得好,报名的人还是有很多的。我正在愣神的时候,室友拿胳膊肘捅了我几下:"哎,你不参加吗?有帅哥哎。"说完,室友就拉着我去报名了,报名方式格外简单,写下名字和联系方式,再加一下QQ群就可以了。"乘风龙舟",其中是上百人,我当时一看到这个名字,就感觉好炫酷啊。不用经过什么测试,就这样我成为龙舟队的一员。

　　龙舟队的训练在每周的周二、周四、周五和周日。还记得第一次训练在周二下午两点,天气很热,但去训练的人依旧很多。在岸边看着老队员在水上划,动作整齐,一桨一桨撑着船走。队长在岸边教我们划船,先是划左桨,再划右桨,然后让我们选出划哪边舒服就划哪边。最终,我成了一名左桨。还记得当时队长夸我水感好,我还挺高兴的。第一次下水划船,我很兴奋,拿着桨跃跃欲试,但水感觉总是在和我作对,一会儿身上就湿了。但大家依旧不气馁,就这样一桨一桨练了起来,慢慢地从一次一桨到十桨,再到五十桨,一百桨,从不熟悉到熟悉。教练每次都会制定好合理的训练计划,日常的训练就这样进行着,天气好的时候就下水,天气不好的时候就去健身房练力量。说实话,训练确实有些枯燥也很累,但队员之间的感情却在慢慢变得更好,队员之间也更默契,教练也成了我们的良师益友。有人坚持着,自然有人就忍受不了。不知不觉中,一些新队员受不了这么累的训练,退队了。记得曾和我搭档聊过,我们都互相问了对方要退队吗,回答当然都是不。我说,训练得这么辛苦这么累,还没有参加过一次比赛,我不甘心就这么退掉。

很快,大一结束了,进入了期待已久的暑假。但女生的第一次比赛也随之而来,第二届全国青少年龙舟锦标赛在南京举办。由于这个比赛在8月14日至18日,所以我们全部要在8月7日到校开始训练,只有一个周的时间准备比赛,时间紧迫。由于之前我在家里不幸中暑,身体还有点恢复不过来,训练的时候教练就给我喝"十滴水"和"藿香正气水",我第一次知道有那么难喝的东西。比赛即将到来,我既兴奋又紧张。在去南京的路上,我们一起玩狼人杀,也就是那个时候大家才慢慢熟悉起来了,包括和男生之间。也就是这次比赛,我知道了聊城大学和北华,不知道谁说过,聊城大学就是冲着北华去的,我们只是个陪衬,仿佛从那时候开始就和聊城大学对上了。我们住在南京一个职业学院的宿舍里,在大澡堂里洗澡。碰到聊城大学的成员,感叹一下这宽厚的后背与粗壮的胳膊,感觉我们根本就不是一个档次的。第一次的比赛带着紧张与兴奋,当然还有技术与力量上的不足,女生并未取得好成绩,男生却登上了领奖台,内心很失落。但心里同时也会安慰自己,没关系,我还年轻,还有机会。

开学后,自己就成了老队员。大家一起去军训的阵营里招新,去海星广场招新。看着一张张新面孔,心里感触良多,也觉得身上的担了仿佛更重了。大家一起训练,感受着自己的成长,看着新队员的变化,她们很棒。可能是教练看到了女生的希望吧,说来年的中华龙舟第一站海南站,女生也参加(以往只有男生参加的)。就这样,过完年之后,正月初六大家又回到了学校开始紧张的训练,那是最难忘的一段时光,虽然在上海,但天气依旧很冷,队员们的斗志与激情却没有冷却下来,不论男生还是女生。那是我见过的所有人最有激情的一段时光。正月十五,别人都在团圆,我们在训练,晚上大家聚在一起煮汤圆,可以说那是一段痛并快乐着的时光。时光如白驹过隙,我们整装待发,来到了海南万宁。比赛的那几天是阴天,但紫外线依旧很强烈,下去试水一圈,上岸后黑两度。不知为什么,这次比赛,进航道总是不顺利,再加上船尾工作人员的失误,每个人都很气愤。200米预赛划了第一,大家保持劲头,200米决赛划了第三,拿到女生有史以来的第一个龙头。上岸后,队长哭了,孔老师走过来握住队长的手,说:"谢谢你,李力。你们很棒!"我也不禁湿了眼眶。之后是男生的 500 米决赛,每个人都憋着一口气,想要超过聊城大学。结果也很令人高兴,男生拿了 500 米第一,拿到了第一个金龙头。上岸后,好多学长都哭了,或许我无法体会他们的那种悲酸之后的喜悦,但我能感受到他们的伟大。是啊,我们都很棒。比赛结束的晚上聚餐,大家聊着聊着都抱在一起哭。这次比赛让我们得到了成长,更增加了我们的信心。

能参加全运会是大家都预料不到的。2017 年的全运会新添了 19项群众比赛项目,龙舟就是其中一项。从确定上海海洋大学龙舟队代表上海出征全运会起,学校做了很多方面的调整,开辟龙舟队专用窗口,龙舟队集中住在 16 小区教职工宿舍。我们每天早上五点起床,五点半训练到七点,吃饭上课。下午下课后接着训练,晚上调休。说实话,训练量并不大,都是专攻强度。但俗话说得好,早起毁一天,感觉这一天都是昏沉沉的,很累,感觉每天都睡不够。就这样,我们一直坚持到了广东麻涌预选赛。20 多支队伍竞选 12 个名额,天津、湖南加上港澳台直接进入决赛,所剩的名额也不多了。闷热的天气,让人连呼吸都很困难,少的时候一天划六枪,多的时候划八枪,每个人都是在用生命划船。印象最深的就是 200 米,划到最后真的就是用意志在插桨,每次上岸迟老师都会给我们做一下分析,鼓舞一下大家。我觉得每一个人的意志都很坚强,大家都秉持着一个信念,打进决赛。就这样,每个人都顶一把,插深,送力。我们最终男女队都是以第七名打进了决赛。听说当天晚上迟教练和孙教练都哭了。

回校之后,大家都有所触动,这就是真正的竞技赛场,比赛就是这么地残酷。为了更好地在全运会的决赛场上拼搏,教练决定封闭训练。就这样,我们去了东方绿舟水上运动中心。每天最多的时候 30 多公里的训练量,下雨天也依旧奋斗在水上,累,真的累。时间长了,就和每天按时打卡上班一样,失去了以往的斗志,身心俱疲。感觉大家都有点丧失了斗志,失去了那股激情。在上海开完全运会的誓师大会之后,我们就去了湖南常德柳叶湖(比赛场地)训练,每天看着湖南队在航道里训练,我们进不去,很心酸。和湖南队打了一次对抗赛之后,更是认识到了和湖南女队之间的差距,差距很大,有些泄气又有不甘,我们这么年轻还打不过这么一群上了年纪的阿姨。然而,实践证明,阿姨们很可怕。这次对抗赛之后,迟老师指出了接下来男女队的主要进攻项目并加强了训练。一次次的计时,一次次的突破,一次次的总结,让我们越来越默契。可这毕竟是全运会,教练也很紧张,压力很大,一直到临近比赛都没有好好地休息过,一直在训练,身体很累,但随着比赛到来的那种兴奋感也一直萦绕着我们。比赛终于要开始了,教练每天都会制定比赛计划,侧重点。第一天,男生小龙舟 500 米得了铜牌,女生没有站上领奖台。看着男生脖子上挂的奖牌,触动了所有女生的心,每个人都燃起了斗志,女生变了。对于 200 米,我还是比较有信心的。然而结果总是那么地出乎意料,女生大龙舟没有打进决赛,小龙舟也只得了第六名。大家都很伤心,有的新队员都哭了。第三天的 100 米,女生大龙舟不管是预赛,半决赛还是小决赛都拼了,但始终还是不行。我多想让大龙也进一次决赛,或许是大家比较紧张没有发挥出来,或许是水平还不够。上午小龙舟的半决赛以第四名打进了决赛,我很高兴,觉得下午再拼一把,很有可能就会站上领奖台。然而下午大龙舟的半决赛和小龙舟决赛都使劲拼了,最后小龙的决赛,我实在是没力了,最后 10 米都软了,桨都插不下去了。我觉得女生大龙舟划了这么久,一次决赛都没进,反而是练的不多的小龙舟每次都进了决赛,有一种努力与回报不成正比的感觉。但后来一想,只要我努力过,拼搏过,我也就不悔了。这次全运会男生得了一银两铜,也算是不错了。有遗憾,但也不后悔! 能参加这次全运,我感到很荣幸。这将是我一生难忘的经历。

这次全运会让大家都成长了,风里雨里,码头等你,或许真正明白了它的含义。不管多累,龙舟队都支持你,这都是你的家。在龙舟队的这两年,我真正体会到了龙舟精神,竞技精神。感谢教练和队友们的努力付出,我学到了很多很多。有人说,参加了龙舟队,大学里最难忘的朋友不是你的室友,而是你的队友。是啊,我们都是一起拼死上过赛场的兄弟姐妹,这份感情,任何人都无法取代。加油吧,上海海洋大学龙舟队! 加油吧,上海海洋大学!

肆

展望
——数风流人物,还看今朝

第十二章　水上运动发展机遇与挑战

"水"是生命之源，水善利万物而不争。"水"作为自然的元素，生命的依托，从一开始就与人类文明的发展形成了不解之缘。纵观世界文化源流，是水势滔滔的江河孕育了四大文明古国，而流淌在东方的黄河和长江则滋润了蕴藉深厚、绚丽多姿的中华文明与传统文化。上海海洋大学自诞生之日起就与水结下不解之缘。回顾海大百年的发展历史，水上运动贯穿始终并且发挥了重要的作用。面对未来，即将揭开海大水上运动新的一页。

一、水上运动历史经验借鉴

上海海洋大学的水上运动历史上曾经取得过辉煌的成绩，在人才培养方面积累了宝贵的经验。以 1958 年 11 月组建赛艇队为标志，学校进入水上运动发展的第一个黄金时期。后来逐渐发展成既有与学科专业紧密结合的航海多项、游泳运动队，又有赛艇、水球等现代体育项目运动队，形成了特色鲜明、形式多样的水上运动教学与训练，在上海市乃至全国具有很强的影响力。这段时期，学校培养的人才既有后来的学术精英，也有走上领导岗位的高级管理者，还有为国家体育事业发展做出突出贡献的运动员、教练员，体现了海洋大学人才培养的高质量和多样性。时至今日，他们中的很多人依然在各自的工作岗位上发挥着重要作用，践行着海大"勤朴忠实"的校训，真正做到了"每天锻炼一小时,健康工作五十年,幸福生活一辈子!"海大水上运动在百余年的发展历程中,经过艰辛探索,之所以能够取得令人难忘的辉煌成就,是因为积累了许多宝贵经验,概括起来有这样几个方面。

(一) 校领导高度重视,各部门大力支持

两个主要历史时期海洋大学在人才培养和社会影响方面取得的成绩,得益于校领导的高度重视和各部门的大力支持。五六十年代校水上运动队的组建是在原校党委的领导下、原校团委的具体负责下开展起来的。档案资料中存有多次原校务会议关于水上运动项目的会议记录和批示,体现了学校领导的高度重视。八九十年代学校在游泳运动方面取得的成绩,得益于学校上下高度统一的认识和在财力紧缺情况下各部门的大力支持。校领导在运动员招生、后勤保障等诸环节高度重视,多次亲临现场关心训练、竞赛工作,鼓励运动队师生,对运动队伍的建设和场馆建设给予了全面支持。学校的关注与重视是水上运动取得辉煌战绩、实现历史跨越的根本保证和强大动力,更为水上运动今后的发展指明了方向,插上了腾飞的双翼。

(二) 运动项目的选择围绕着学生专业发展的需要

体育运动项目的选择体现了上海海洋大学涉"水"的特点,紧密结合学生专业发展的需要。学校自诞生之日起,无论是校园环境,还是专业设置都离不开"水","水"是生命之源,更是学校学科专业发展的重要资源。这一特点要求学校学生必须掌握涉"水"的生存技能,具备发展"水"体育的内、外条件。

(三) 充分利用政府和社会资源

纵观海大水上运动发展历程,尤其五六十年代水上运动取得的成绩,离不开原上海市军管会、上海市划船俱乐部等政府部门的大力支持,学校得以从政府部门划拨全套划船训练器材,校运动队周末到上海划船俱乐部进行专业训练,得到了原上海市划船队的专业技术支持。市教委关于各高校运动项目的布局规划,使得学校在游泳、划船等水上

运动特长生招生方面形成优势。学校集中了包括上海市体育部门、教育部门等广泛的社会资源,统筹社会力量,不断改革创新,完善训练和竞赛管理体系,形成了符合校情、独具特色、富有实效的发展模式和管理体制,表现出强大的凝聚力、协调力和战斗力。全校上下齐心协力,和衷共济,成为水上运动发展的强大保障。

(四)以特长生招收为突破口,贯彻和谐发展的人才观

在水上运动最初发展阶段,在训练场地、设备等严重缺乏的艰苦环境下,早期水上运动员们不缺的就是胸怀学校、为校争光的雄心,吃苦耐劳、艰苦奋斗的精神,奋发向上、百折不挠的斗志,团结友爱、爱队如家的品德,牺牲自我、顾全大局的胸怀。校水上运动队是在艰苦环境中磨练、成长起来的优秀队伍。根据上海市教委关于海大发展水上运动项目布局的规划,学校得以优先招收划船、游泳特长生。这批有水上运动项目特长的学生进校后边学习边训练,品学兼优,在师生中具有较好的影响。特别是"勤朴忠实"的校训和德智体和谐发展的人才观,保证了这些学生的健康、全面发展,使得海大培养的学生既有高质量又有多样性。

回顾历史,总结经验,会更好地展望未来,为明天创造新的辉煌奠定基础。从艰难起步,到灿烂辉煌,再从一度沉寂到今天的稳步走向全面复兴,上海海洋大学水上运动带着一个世纪的丰厚积淀,正在奔向更加美好的明天!

二、水上运动发展机遇与挑战

学校的发展规划为水上运动的未来发展和项目布局提供了明晰的发展思路,在认真总结历史、寻求宝贵精神财富和文化传统的基础上展望未来,为海大水上运动未来的发展勾画科学的蓝图。上海海洋大学水上运动发展的指导思想是以高素质人才培养为根本任务,以高质量师资队伍建设为根本保障,紧紧围绕着水上运动的特色,合理布局、分类指导,发扬顽强拼搏、团结一致的体育精神,营造自强不息、追求卓越

的校园文化。在高校体育教育作用日益凸显，以及休闲体育运动日趋蓬勃发展的今天，海大水上运动艰辛与希望同在，机遇与挑战并存。

（一）上海海洋大学转型发展指导原则

建设高水平特色大学，是学校在总结经验、科学定位基础上形成的具有广泛共识的共同行动目标。学校的发展指导思想是全面贯彻落实国家与上海市中长期教育改革和发展规划纲要，践行爱国明志、敬业奉公、搏浪天涯、学求致用的办学思想，坚持以育人为根本，以提高教学质量为核心，以提升科技创新能力为支撑，以深化改革为动力，大力推进以加强师资队伍建设、提高育人质量、优化学科专业结构、提升科学管理水平为主的内涵建设，面向海洋、水产和食品三大产业建设三大主干学科，在服务国家战略和上海社会经济发展的主战场上不断提升学校的人才培养能力、科技支撑能力、服务社会能力与文化传承创新能力。

第一，提高育人质量是学校科学发展的核心任务。突出"为了师生的终身发展"的核心办学理念，坚持把促进学生健康成长作为学校一切工作的出发点和落脚点，不断巩固教学的中心地位，不断提高教育教学质量，把一切为了学生、一切从培养学生出发贯穿在高水平特色大学的建设任务中，把培养具有国际视野的复合型创新性人才作为建设高水平特色大学的根本任务，坚持育人为本、德育为先、能力为重、全面发展，着力增强学生服务国家服务人民的社会责任感、勇于探索的创新精神、善于解决问题的实践能力，努力培养德智体美全面发展的社会主义建设者和接班人。积极为学生发展创造更好的师资、条件和环境，努力做到让每一位学生在校期间都能受到更好的教育，让每一位学生在毕业时都能找到合适的工作，让更多的毕业生在工作中受到用人单位的好评。

第二，加强师资队伍建设是学校科学发展的基本保障。强校必强教，强教先强师。要把加强教师队伍建设作为教育事业发展最重要的基础工作来抓，充分信任、紧密依靠广大教师，努力建设一支具有国际视野、师德高尚、素质高、能力强、有活力的教师队伍。在教学、科研、管理和服务社会的一线中不断优化队伍结构，加大培养工作力度。加强师德建设,营造严谨治学、崇德博学、为人师表、启智求真的良好氛围,建设一个全员育人、让所有教职员工都能充分发挥作用和体现价值的良好环境。

第三,坚持办学特色是学校科学发展的必然选择。继续坚持以特色求生存、以特色求地位、以特色求支持、以特色求发展的办学理念,按照"聚焦、错位、合作"的发展思路,强化以政产学研为支撑,以行业服务为宗旨,理论联系实际的办学特色,使传统学科实力不断提升,新兴学科不断拓展,特色学科优势不断凸显。

第四,坚持分类指导是学校科学发展的重要途径。坚持分类指导、分层推进是充分调动各方积极性,建设和谐校园的重要保障。学校鼓励不同类型、不同层次学院和学科专业形成特色,办出水平,形成院院有目标、院院得支持、院院有发展;充分运用分配、考核、资源配置、岗位目标责任制等机制激发广大教职工的创造性和积极性,做到人人有方向,人人有机会,人人有进步。使学校不同学科专业都有发展,各类人才积极性竞相发挥,和谐发展局面不断形成。

第五,培育海大精神是学校科学发展的动力之源。培育新时代海大精神是学校内涵建设的重要任务,是高水平特色大学的重要支撑。在改革与发展中不断培养广大师生不惧挑战、自强不息的拼搏精神和求真务实、追求卓越的工作作风,使奉献教育、关爱学生的优良教风和刻苦学习、尊重师长的优良学风日渐深入人心,使"勤朴忠实"的校训精神在继承中发展,在创新中光大。

学校在发展规划中指出,要不断完善学生文体活动条件,丰富学生第二课堂,积极争取赛艇队等高水平运动队项目。发展水上运动是上海海洋大学创办高水特色大学的重要内容之一,是丰富校园文化的重要组成部分,由此应积极探索水上运动发展的策略措施,努力构建独具特色的有效发展模式。

(二) 新时期体育在高等教育中的历史使命

体育的发展离不开教育,特别是在青少年成长过程中显得尤为重要。西方经济发达的国家,往往也是竞技体育强国,它们成功的经验之一，就是有一套完备的培养优秀青少年的体制，这一体制的最大特点就是把教育和体育有机地结合在一起，使青少年在成长过程中既能学到文化知识，又能根据个人的特点，不失时机地挖掘自身的运动才能，在运动领域实现自身的价值。

竞技体育与教育有着千丝万缕的联系，现代奥运会的创始人皮埃尔·德·顾拜旦体育思想的重要组成部分就是将体育与教育结合在一起。顾拜旦对法国在 1870 年的普法战争失败感到十分的痛心，他把战争的失败归结于法国的青少年体质不够强大，由此悟出只有教育改革，把竞技运动列入学校体育的课程中，使学生在体育锻炼中培养刚毅、果断、尚礼、勇敢、遵守纪律和公正无私等品格才是救国之道。在顾拜旦看来，19 世纪英国工业革命后社会的高速发展，英国人的自信心与活力主要来自英国推行一种以古典教材、竞技运动和伦理道德为基础的德智体全面培养的教育体制。在这一体制中，竞技运动充当了重要角色，其价值在于可同时收到身体训练、道德教育和社会活动能力的功效。因此，1894 年当国际奥林匹克委员会成立之际，讨论的主题即为教育的价值。

时至今日，竞技体育与教育的结合是历史发展的必然趋势，奥林匹克运动作为人类灿烂文化的重要组成部分，对人类文明事业的发展发挥着积极的作用。它的兴衰告诫我们：竞技体育只有与教育的结合才能真正地体现出竞技的魅力，表现出顽强的生命力。否则，竞技体育的发展将会受到始料不及的冲击，路越走越窄，最终被时代抛弃。

随着时代的发展，学校体育承担着越来越重要的历史使命：它是全面发展教育的组成部分，是培养现代化社会需要人才的重要内容。现代社会的生活、学习和工作条件，对人的身心健康要求越来越高，因此体育已深深扎根于为社会培养高质量的人才的教育中。当今世界面临新技术革命的挑战，当今大学生是 21 世纪的接班人和建设者，社会发展的新形势对他们的智力要求越来越高。因此大学生不仅要有高度的思想觉悟，渊博的文化科学知识，还必须有强健的体魄。强健体魄是掌握知识的基础，是现在的学习与未来事业的成功保证。德智体三者是辩证统一的关系，而体是德、智的物质基础。学生参加适当的体育锻炼,能精力充沛地进行学习和培养良好的道德情操,还能在促进人的智力发展方面起积极作用。人的智能的高度发展,正是未来社会人的极重要的特征。因此,未来社会需要教育,而未来教育需要体育。

大学体育朝着终生体育方向发展尤为重要,如果长年坚持这个方向使每个学生都有终生实践体育的良好习惯和体育意识,那么十年、二十年,很多年,这些学生中的佼佼者,将是我们今后各级各类学校的领导和决策者,学校体育将逐渐被这些体育意识强并有终身体育习惯的同志来领导,学校体育将会出现崭新局面。整个学校的体育工作水平的提高,不仅将对我国的体育工作整体水平的提高起着重大推动作用,而且会对我国的整体教育工作水平,以及全民族素质的提高有重大的推动作用。

学校体育将由健身转向育人。学校教育是基础、是关键一环,担负着非常重要的育人任务。而学校体育是学校教育的重要组成部分,它同样要完成培养未来一代新人的任务。应与整个学校教育目标相一致,把培养现代人的意志、品格作为未来学校体育的出发点,对未来的学生不仅是传授体育知识、技能或活动身体,达到健身的目的而已。育人的思想已经成为世界当前教育、体育改革中的一个最主要潮流。

通过体育在学生的心灵深处培植体育所代表的文化精神。人文精神的本质是对人的尊严的尊重。对人来讲,最宝贵的是生命,而人的生命的价值不仅在于有健康的体魄和活力,还要懂得热爱生命、享受生命。这种热爱和享受不仅是物质层面上的,更应该是精神层面上。在精神层面上不仅是社会层面的维持社会秩序和规范,而且是更高层次的高尚的灵魂。奥林匹克精神中的"更快、更高、更强"就是一种追求优势的超越,包括体能上的超越和精神境界上的超越。

众所周知,经济越发展,社会越进步,对人的全面发展的要求就越高,体育的地位就越重要,作用就越显著,对体育相关专业人才培养的要求也就越高。进入20世纪以来,中国众多高校把体育作为研究对象和人才培养的专业进行建设,已有一百多所大学具备授予体育相关学科硕士学位的资格,二十多所大学具备授予体育相关学科博士学位的资格。这些体育相关专业的设立,为社会发展培养了具有体育相关专业知识的复合型人才。科学研究是高校的三大功能之一,但对体育从多学科进行探索和研究在我国高校并未被广泛接受。进入 21 世纪以来，体育科学研究和奥林匹克研究在中国高校有了长足的进步。借助体育科研，中国高校在理念、内涵、战略上拓展视野，拓宽国际交流渠道，增强同外界的联系，既为中国体育，尤其是奥运会等大型体育赛事提供了科技支持，又提高了中国高等体育教育在国际教育界的知名度与影响力。

20 世纪 80 年代以前，中国优秀运动员培养走的是业余体校、省市运动队和国家队集中管理的专业化道路，由于学训矛盾突出，运动员的文化教育受到极大影响。进入 20 世纪 80 年代中期以后，随着社会用工制度的变化，运动员退役后的就业难问题日显突出，运动员专业化培养的体系受到质疑。以普通高校为龙头，逐步完善大、中、小学相衔接的优秀体育人才培养机制，减少学训矛盾，让运动员从业期间能受到大学教育，为国家培养全面发展的高水平体育人才，开始进入人们的视野。今天，在许多综合性大学，高水平运动队已在学校扮演着重要角色，直接对大学体育运动产生着重大影响。大学生运动员开始分别在奥运会、世界锦标赛、世界大学生运动会等重大比赛中取得优异成绩，大学体育在新的起点上开始担负起了为国家培养"优秀体育人才"的任务。同时，高校高水平运动队的建设，推动了高校间赛事的广泛开展，极大地推动了大学体育的开展。

服务社会是大学的三大功能之一。大学体育向周边居民辐射，主要体现在场馆设施逐渐向居民开放，以场地设施开放为契机和主要形式，完成大学体育对社区体育的科技服务、人才服务、场馆服务、宣传服务等作用，为推进全民健身作贡献。

大学体育作为学校体育的最后一站，作为学校体育和社会体育的衔接点，需要通过各种途径和方式培养学生的终身体育观。进入 21 世纪，社会经济发展促使了中国高校转变观念，不断探索构建新的体育教学模式，使课内教学向课外体育活动延伸，并通过体育俱乐部、体育协会、体育社团等方式培养学生终身体育观。大学生体育社团的增加、可供学生选择的运动项目的增多、学生课余体育俱乐部的建立，越来越多地促使学生积极参加体育锻炼，养成经常锻炼身体的习惯，提高了自我保健能力和体质健康水平。

从以上对近年来大学体育运动实践发展的简单概括中不难发现，大学体育运动实践在整体上已经突破传统学校体育所划定的学校体育是学校教育的组成部分、国民体育的基础的基本角色定位；工作对象已经从学生扩大到教职工、社区群众；工作范围从校内服务延展至校外服务，由课内延伸到课外；工作领域从体育教育拓展至竞技体育、群众体育、体育产业；发挥的作用从体育教育扩展至素质教育、文化教育、道德教育；研究的问题由单一的体育教育问题，扩大到大学体育运动与社会、大学体育运动与传播媒介、大学体育运动与环境、大学体育运动与志愿者、大学体育运动与妇女儿童、大学体育运动与市场开发等多个方面，大学体育运动在实践中表现出来的功能和在实践中逐步进行的各种改革和发展，要求不同国家、不同背景的体育实践者和体育研究者携手共同研究和解决。

（三）水上运动发展的美好前景

水上运动一般是在优越的天然环境里进行的，可使人们充分体验阳光、空气和水这健身三要素的韵味，已成为健身运动的新时尚。蓬勃兴起的健康旅游，也把阳光、水、绿地、山林和海洋公认为五要素。作为休闲体育重要组成部分的水上运动，将是人们用来增进健康、缓解压力、度过余暇的主要手段之一。

水上运动内容丰富多彩，它寓运动竞赛、科学技术于一体，以独有的惊险和优美等特点，正在得到广大群众，尤其是青少年体育爱好者的青睐。参加水上体育运动，既能锻炼身体、增强体质，又可以磨练意志、增长才智。在城市的公园和旅游区开展多种多样的水上运动，不仅能为优美环境增添新的生活气息，丰富人们的文化精神生活，而且为城市生活增添了一道美丽的风景线。随着体育事业的发展，水上运动新项目不断涌现，传统项目一再更新，从徒手戏水征服自然，到利用器材装备挑战风险，是水上运动成熟、发展的标志。科技化、现代化加勇气和力量，给水上运动注入了新的生命。许多项目既有挑战性，又具观赏性，这是最初创史者们所无法想象的。由于水上运动的这些变化，热衷者风起云涌，半个世纪以来，水上运动如日中天，发展异常迅猛。水上运动在一些发达国家已相当普及，仅法国就拥有潜水俱乐部两千多个，有百分之九十的人参加该项活动。赛艇已成为世界上最受欢迎的项目之一；帆板项目从出现至今仅二十几年的历史，现已发展成世界体育运动中发展最快、最热门的项目之一。

水上运动中赛艇、皮划艇、帆船、帆板是奥运会、亚运会及全国运动会的比赛项目，在奥运会、亚运会中占有重要位置，金牌数约占奥运会金牌总数的六分之一。一个国家能否在重大的综合性运动会上取得好成绩，这些项目起着重要作用，故引起了各体育大国的普遍关注。其他水上运动项目在世界锦标赛、国际大赛和全国锦标赛中，也占据着举足轻重的位置，具有不可忽视的影响。因此，大力发展水上运动，提高全民的运动素质和运动水平对我国早日成为世界体育强国有着重要的意义。但是相较于西方发达国家，我国水上运动由于国情的影响发展起步较晚。改革开放以来，尤其进入 21 世纪以来，随着人民生活水平的提高，工作压力的增强，人民对休闲娱乐的需求越来越大，对充分享受阳光、享受大自然的娱乐休闲活动要求日益增加，因而促进了我国水上运动的蓬勃发展。

我国有着漫长的海岸线，拥有大量的江、河、湖泊、水域资源极为丰富，具有开展水上运动的有利条件。改革开放以来，我国经济、文化迅速发展，社会体育的种类越来越多，终身体育的概念也要求学生能够在年轻时就了解适合自己不同年龄段时的体育运动项目，培养起终身锻炼的兴趣和习惯。各级体育部门对水上运动项目逐步重视起来，水上运动越来越受到人们的青睐和欢迎，各项目运动技术水平得到了迅速的提高。赛艇、女子皮划艇、帆板、潜水、航海模型等项目，在一些重大国际比赛中曾多次打破世界纪录，获得金牌，为祖国争得了荣誉。随着我国经济的不断发展，水上运动将大有可为。但是，我国的水上运动项目，普遍开展时间不长，再加上多年来在计划经济体制控制之下，单纯靠国家有限的财力投入，多数项目局限于少数人的训练，主要应付各种类型的比赛，广大群众远离这些项目，缺乏对水上运动和它的发展前景的认识，水上运动市场没有打开，我国优越的水域资源没有得到开发，不少项目的场地器材设施还处于落后状况，一些项目同世界先进水平相比，还有很大差距。

为了加强对水上运动项目的管理，国家体育总局于 1994 年设立了水上运动管理中心。该中心是国家体育总局的直属事业单位，又是赛艇、皮划艇、帆船、帆板、潜水、滑水、摩托艇等运动项目全国性单项运动协会的常设办事机构。该中心负责管理的项目已建立七个全国性单项协会：中国赛艇运动协会、中国皮划艇运动协会、中国帆船帆板运动协会、中国水下运动协会、中国滑水运动协会、中国摩托艇运动协会等。随着我国体育改革的进展，水上运动管理中心在加强几个重点大项目训练工作的同时，加大了水上运动的普及和市场的开发力度，依托社会、服务社会，充分调动各方面的积极性，有效利用我国广阔的水域资源。现已建起了中国水下运动协会潜水运动俱乐部，并在全国各地建立俱乐部分部，目前有二十多个，北京就有四个，为喜爱此项运动的群众提供了潜水训练和娱乐场所。

群众性的激流皮划艇运动正在兴起，帆船、皮划艇运动已面向广大群众进行开放式训练，在社会上公开招收学员，摩托艇运动正在开辟适合群众参加的运动项目，让人们有机会亲自体验富有现代文明特征的高速水上运动。航海模型是青少年项目，归入各类模型项目之中，属国家体育总局航空、无线电、模型运动管理中心。这个项目按青少年的特点，配合科技教育广泛开展各种类型的群众活动，自 1994 年开始已连续组织三届"我爱祖国海疆"活动，每届都有几十万人参加。1998 国际海洋年期间，在中国人民解放军海军的支持下，组织了"少年海军远航"活动。

水上运动的市场开发已经起步，各种水上运动场所，各项俱乐部将广泛发展起来。水上运动的发展有着美好的前景，这也给学校发展水上运动带来前所未有的机遇和挑战。

第十三章　水上运动发展策略与模式

一、水上运动发展策略

上海海洋大学水上运动的发展目标是要树立"立足上海，面向全国，放眼世界"的战略思想，坚持"控制规模、优化结构、保证质量、提高效益"的总体思路，坚持为国家和上海海洋大学的水上运动事业做贡献的主体目标不动摇，坚持选拔、培养和输送优秀后备运动员为主要工作方向；以部分项目运动队独立承担和合作承担国家、省市比赛任务，培养优秀运动员为重要抓手；依托教学、训练、科研、医疗、后勤"一体化"保障体系，依靠联合办学办队方式，探索高等院校培养水上运动人才的新途径。为了实现水上运动的发展目标，学校坚持普及与提高相结合，特色和多样性相结合，以赛艇项目为突破口，大力发展游泳和其他划船运动、沙滩体育等涉海运动；将水上运动的发展服务于学校学科发展的需要和学生专业发展的需要，加强海大学子的海洋体育文化通识教育，提高海洋人才的涉海技能；充分利用水上运动项目的特点，增强学生的体能，培养学生吃苦耐劳的精神和集体主义观念；广泛联合专业运动队和基层运动队，形成"一条龙"的人才培养网络，培养出高水平的人才。

(一) 加强校内外水上运动基地建设

水上运动训练基地建设是学校水上运动振兴的基本条件。2008

年,学校整体搬迁至浦东新区临港新城。按照上海市政府规划,临港新城除发挥国际航运物流枢纽功能和现代装备产业集群功能以外,还具有海洋文化特色展示、休闲旅游基地和影视文化基地的功能。城区中心区域已建有 5.56 平方公里的滴水湖和水上运动休闲设施。目前,临港新城已建有滴水湖水上运动俱乐部,面向大众开展龙舟、皮划艇、帆船帆板等水上休闲运动服务。同时,由于临港新城比邻东海,自然风力和滴水湖良好的水质等条件非常适合帆船帆板运动的开展,国家帆船帆板队多次来此集训备战重大比赛。帆船帆板运动亦是上海的优势项目,上海籍选手徐莉佳在 2008 年北京奥运会帆船激光雷迪尔级的比赛中获得铜牌,2012 年 8 月 6 日,她在伦敦奥运会上勇夺该项目的冠军,创造了新的历史。然而,由于上海缺乏良好的海滨条件,上海帆船帆板队常年远离家乡在外省市集训。目前,有关方面正积极争取滴水湖上海乃至国家级帆船帆板集训基地的建设。

为了振兴学校水上运动,2010 年我校与上海港城滴水湖建设管理有限公司滴水湖水上运动俱乐部共建上海海洋大学滴水湖龙舟训练基地,今后,还将进一步加强在赛艇和帆船帆板项目上与滴水湖水上运动俱乐部的合作,充分利用滴水湖良好的水域条件,拓展校外水上运动训练基地建设。

海大与滴水湖水上运动俱乐部共建龙舟训练基地(2010 年,孔庆涛提供)

海大滴水湖龙舟训练基地码头(2010 年,孔庆涛提供)

海大滴水湖龙舟训练基地内船艇(2010 年,孔庆涛提供)

　　同时,新校区建设也为校内开展水上划船运动创造了良好的条件。校内建有游泳池、划船教学用码头,大小龙舟和皮划赛艇数条,可同时供 100 人开展教学和基本训练,健身房和田径场等训练场所一应俱全,与学校比邻的芦潮引河长逾数千米,河道宽阔,规划中的校内水上基地临河而建,为队员们训练和比赛提供了更开阔的空间,为提高上海海洋大学水上运动竞技水平提供了得天独厚的条件。

新校区游泳池(2011 年,叶鸣提供)

队员们在校内开展训练和教学(2009 年,陈礼平提供)

运动队力量训练房(2010 年,陈礼平提供)

学校田径场(2010 年,陈礼平提供)

我校毗邻的芦潮引河是开展划船训练的天然河道(2006 年,孔庆涛提供)

(二) 加强人才队伍建设

学校振兴水上运动,基地建设是基本条件,人才队伍建设是根本。人才队伍包括教练员队伍、运动员队伍和科研人员队伍。海大历史上所取得的优异成绩离不开"一切为了学生"、德艺双馨的优秀教练员队伍。目前,学校从事水上运动教学的教师共有 7 人,教练员 4 人,其中健将级和一级教练员各 1 人,分别是赛艇和游泳项目。2012 年,学校成功引进一名赛艇教练员,曾获得全国运动会、亚洲运动会冠军和世界杯比赛第三名,荣获省劳动模范、五一奖章和记一等功等荣誉和奖励,对充实水上运动优秀教练员队伍,为国家培养更高水平优秀体育人才提供了可能。然而,学校水上运动教练员队伍整体上无论从项目结构还是从专业水平上还需继续加强,应积极创新教练员选聘机制,把引进和用好高水平的专职教练员作为水上运动人才队伍建设的首要任务。

优秀的水上运动人才是队伍建设的重点。水上运动人才的来源有三种方式,一种是已经具备较高水平的优秀水上运动员,一种是具备一定基础和培养潜力的水上运动员,此外是没有训练基础但有发展前途的优秀后备人才。2012 年,学校根据国家教育部的有关文件规定成功招收 6 名健将级赛艇运动员和 3 名健将级帆船运动员入学,为优秀水上运动员人才队伍建设开创了一条高起点的途径。学校要充分利用国家、上海市的招生政策，大胆创新培养模式，走出一条有特色的大学培养高水平水上运动人才的成功之路。

（三）加强制度建设

上海海洋大学振兴水上运动，制度建设是关键。在当今条件下，没有好的的制度和机制保证，很难达到高水平。学校的最终建队目标是独立和合作承担省市、国家参加重大比赛的任务，这就要求我们首先要坚定体育人才是教育培养人才的重要内容的办学理念，在制度建设方面为教练员、运动员专心开展高水平的训练和比赛工作做好保障工作。在具体环节，协调好高水平教练员的教学和训练、竞赛工作关系，制定适合高水平教练员发展的考核机制，发挥他们的长处，让他们能够有更多的时间和精力一心扑在训练和竞赛上面，使他们成为"训练型"的体育教师；处理好运动员的学习和训练、竞赛的关系，解决好学训矛盾，制定适合他们学训特点和专业特点需要的专业培养方案。建设一支与学校发展目标相适应的高水平体育人才队伍。

（四）加强学科课程建设

综合考察国内涉海高校体育学科发展的特色，学校体育工作紧紧围绕着水上运动逐步确立海洋体育的发展思路，形成以海洋体育文化研究为方向的学科团队。以水上运动教学团队建设为基础，加强师资培训和课程建设，在普通高校中形成课程特色，使得广大学生受益。

（五）加强特色文化建设

赛艇运动是大学校园文化和体育文化的完美结合，是现代高等教育的品牌和标志，是名校之间交流的重要载体。学校将以参加涉海类高校间划船比赛和国内外高水平大学生赛艇比赛为重点，加强校级交流，扩大社会影响。鼓励学生和教职工积极参加水上社团和水上活动，开展综合性水上运动会，营造健康、阳光的校园体育文化，倡导积极参加体育锻炼的良好氛围,提高学生和教职工的健康素质。

(六) 加强条件保障

高水平运动队建设是学校发展的重要方面,但不能"等、靠、要",要充分依托政府和社会资源,加强与企业的联合,充分挖掘高水平运动队的品牌价值,逐步培养校水上运动队的自我造血功能。通过为社会服务争取上级主管教育部门的建设项目立项,通过发挥教育和特有的体育优势与省市专业队共同招收和培养优秀运动员争取体育部门的实际支持,通过为企业提供品牌宣传或直接创造服务价值争取社会资金的注入等方式,在发展初期主要由学校投入基本条件的基础上,致力于打造一支在全国有影响力的水上运动队,努力争取多方支持,最终实现政府、社会、企业、学校共同建设的发展局面。

二、水上运动发展模式

上海海洋大学水上运动始建于 20 世纪 50 年代后期,从 50 年代后期到整个 60 年代,赛艇、游泳、水球队在众多比赛中取得了一系列优异成绩。上海海洋大学有历史,有积累,在此基础上以学校极佳的地理位置为基地,深入发展教体结合,横向与体育系统合作,纵向与中小学衔接,积极探索与中小学的合作,构建大、中、小学"一条龙"的培养模式,建立高素质体育人才的新模式,建立一支属于海大的高水平运动队,培养一批高水平学生运动员,并走出了一条高校俱乐部市场化运作的成功之路。

(一)"教体结合"发展模式

"教体结合"是中国特色的正在实践中探索和尝试的一种竞技体育人才培养模式。通过高度专业化的竞技活动与教育机构的结合,摸索出一条顺应时代发展并与国际接轨的竞技体育人才成长之路。"教体结合"的主要形式表现为高校与体工队联合办队。高校招收国家、省市专业水上运动队队员入学,这些学生既是高校学生又是体工队队员,具有双重身份。这种形式可以在短期内取得优异的运动成绩；但要创新培养机制，做好他们的专业学习保障工作。这些运动员从小开始专业训练，为国家体育事业的发展做出了贡献。他们在文化学习方面难免有所差距，但他们丰富的运动经历和对学习的渴望，为他们进入大学学习打下了一定的基础，可采取统一返校、在队集中、送教到队和自学、借学等多种方式完成他们的学业。

目前，学校已于上海市水上运动中心建立了初步的"教体结合"建队关系，并成功招收第一批优秀运动员到校读书，争取进一步纳入上海市教委和上海市体育局水上运动"教体结合"的发展规划。

（二）大中小学"一条龙"发展模式

依靠自身教育资源的优势组建"一条龙"的培养体系，与本地区的一些体校或体育重点中学挂钩，实现定向培养和输送，同时争取全国招收优秀水上运动后备人才的目标，使得水上运动人才从中学起就开始纳入学校人才培养的轨道，取得相应成绩后可录取为中专生、大专生、大学生，甚至研究生，延长学生运动员的培养周期，使得培养国家级选手的训练周期更加科学合理。

在欧美等体育发达国家，学校是培养高水平运动员的主渠道之一。1987 年，教育部和原国家体委联合下文，在高校中试办高水平运动队。经过二十多年来的探索和实践，各学校在高校培养高水平运动员方面已经基本上达成了一种共识，这就是"一条龙"的训练管理体制有利于人才的培养。"大、中、小"学校在运动人才的初期选拔、基础训练、中期发展及高水平保持方面的有机结合将是学校体制与竞技体制结合的有力保障。这一模式打破了我国原有的单纯依靠隶属体委的体校，省队和国家队培养高水平运动队的格局，不但能够提高高等学校的体育美誉度和知名度，而且能够为高水平运动队创造良好的体育训练环境，培养全面素质发展的运动员队伍为国争光。

从欧美发展竞技体育的成功经验中，有许多值得借鉴和深思之处，尽管头绪很多，但主体脉络十分清晰，就是体育与教育的有机结合，保证运动员在思想品德、学术水准和竞技水平方面的全面发展，为竞技体育寻求可持续发展的道路。

"一条龙"训练体制保证了竞技运动人才培养的连续性。在一条龙的系统中,以学习为中心的管理将起到非常重要的作用。强调学生运动员要以文化课程的学习、运动训练的学习、思想品质的学习、道德修养的学习为主线,系统、完整地接受小学、中学、大学的基础教育,并在此基础上发挥个人的运动潜能,在最佳的运动发展期创造出最好的运动成绩。

(三) 教育部高水平运动队立项建设模式

随着我国成功举办 2008 年奥运会,经济的迅速发展,体育教育也取得了突飞猛进的进步,很多高等院校逐渐具备了组建高水平运动队的条件,而且从高校建设来说,各高校也更深刻地认识到通过培养体育队伍以及高水平的运动员对提升高校知名度的重要作用。高校办高水平运动队是学校建设的重要组成部分,不仅能丰富校园文化生活、促进校园精神文明建设、带动学校体育的开展,而且能提高学校知名度,有助于学校品牌建设、培养学生对学校的自豪感,增强学校的凝聚力。高水平运动队是学校课余训练竞赛的有机组成部分。建设高水平运动队,不仅能为国家培养和发现优秀体育后备人才,为国家争取荣誉,而且还能活跃学校课余文化生活,带动群体活动的开展,扩大学校的影响。为此,重视高水平运动队建设工作,是提高学校体育运动技术水平的重大举措。2010 年,校田径项目被列为教育部高水平运动队,为学校体育事业的发展打开了新的局面。在当前条件下应继续坚持"水上为主,水陆并举"的传统,利用教育部高水平运动员的招生资质,招收具备水上运动培养前途的等级田径选手充实到水上运动的发展中来,同时继续申请上海市和教育部的高水平水上运动队建设立项。

(四) 校企联合创立水上运动俱乐部

高校与企业或行业体协联合办队,组建水上运动俱乐部。这种办队形式既解决了高校办队的经济困难,又发挥了高校自身力量。同时,运动员毕业后的工作有了可靠的保证。高校队挂企业的牌子,企业赞助一定的训练、比赛经费。同时,学校可以充分利用临港新城水上运动休闲基地建设的发展定位和人们日益增长的水上运动休闲的需要,引进企业资金和公益化的管理模式,建设上海市水上运动休闲俱乐部,开展社会服务,在为企业盈利的同时,服务于师生的教学和周边居民的闲暇休闲生活。特别是面对青少年开展内容丰富的海洋体育文化夏令营的活动,使海洋通识教育更加深入人心。随着体育社会化和商业化的深入人心,企业和高校联合创立高校俱乐部是值得大力提倡和推广的。

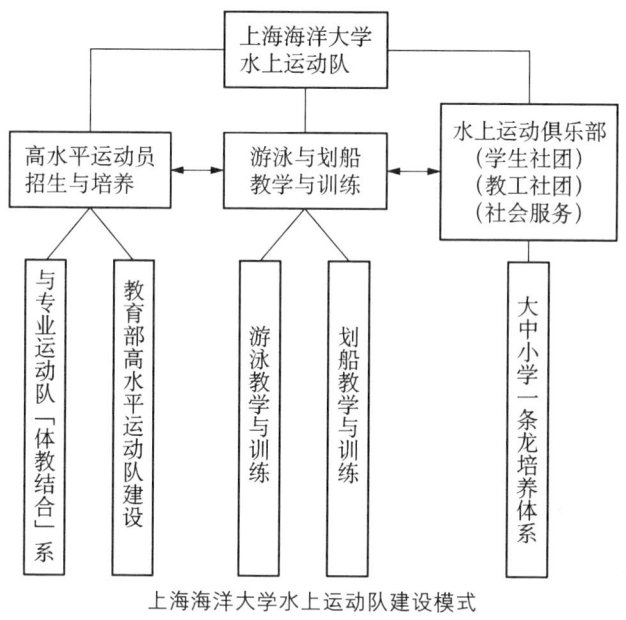

上海海洋大学水上运动队建设模式

着眼未来,上海海洋大学应努力建立体教结合一条龙的培养模式,进一步聚焦优势项目,积极拓宽办队思路、提升管理绩效、建立高水平运动队、提高竞技水平,搭建人才培养的"竞、产、学、研"平台,构建理论与实践相互促进、协同发展的良性机制,开创一条竞技体育后备人才培养的特色道路,为实现更多的冠军能从大学校园中走出、我国能够真正实现体育大国向强国的跨越而奋斗不懈。

第十四章　感悟

一、体育精神，激励人生

体育精神是由体育运动所孕育出来的意识形态，它已超出了体育运动本身，内化为人类心中的一种信念和追求。通过领略上海海洋大学早期水上运动队员的昔日风采，深深感受到他们身上坚韧不拔、顽强拼搏、自强不息的奋斗精神，奋发图强、为校争光的无私奉献精神，团结协作、顾全大局的团队精神和集体主义精神。这些老队员曾经的水上运动经历使他们养成了认真做事、吃苦耐劳的优良作风，对他们的人生观、价值观、荣辱观产生了重要影响并使之受益终生。每一所大学都有不同的校训，彰显着各自的追求和风格，而体育精神更像是大学共同的底色，因为在强身健体之外，体育带给青年人的，还有品格与精神层面的塑造。让这种体育精神浸润上海海洋大学的校园，让海大学子们在水上运动中提升自我并将其发扬光大。

(一) 坚韧不拔，受益终生

大学期间的水上运动训练和各种比赛对早期的海大水上运动员各方面的锻炼，对他们今后各方面的工作产生了良好的影响，成为伴随他们整个人生的财富。

水上运动的各种项目尤其赛艇、舢板、游泳等，最能锻炼人坚韧不拔、顽强拼搏的精神。上海海洋大学早期水上运动员普遍认为大学时代曾有过的水上运动经历对他们今后的人生产生了非常大的影响,共同的一点就是"身体素质好,工作上精力充沛"。虽然水上运动训练又累又苦,但50年代的队员从未因此而耽搁学习,由于外出集训或比赛耽搁的一些课程,队员们回来后总能及时补回来。因此,当时水上运动队队员们的学习成绩普遍都在年级中等以上的水平。如今,这些老队员们都已成了各自行业中的领军人物:有的成了著名学者,有的走上了领导岗位,有的成了国家级的功勋教练员,其中不少人还成为享受国务院特殊津贴的专家、教授。正如原东海水产研究所所长、校早期赛艇队副队长郭南麟老师所说:从当时校水上运动队出来的学生"大有出息",功课不会比别人差,工作不会比别人差,艰苦创业和团队精神是当年学校水上运动成功的关键。

游泳队队员刘敏现在回想起当时的运动训练,认为并不感觉到苦,而是很有兴趣,几天不游就觉得浑身不舒服。刘敏老师现在已近五十岁了,有时候搞科研忙起来,常常要熬通宵,但身体仍很棒,精力也很充沛,这都得益于游泳使他具备了良好的体能。前几年刘老师参加厦门市横渡海湾比赛还拿了第三名。

林志强老师80年代初期从日本留学回国后,在温州水产研究所搞对虾养殖研究,几乎天天都泡在养殖池里,最终搞出了好几个高产对虾繁育和养殖品种,在当时的经济条件下,每年能为温州水产研究所创造超过一百万元的经济价值。

原农业部东海研究所科技处处长的张关忠先生现在退休在家,每星期都要带孙子去游泳,几年坚持下来,今年孙子还获得了上海市青少年游泳比赛的两块金牌,游泳已经成了他退休生活中主要的日常锻炼和交际活动内容。

无独有偶,几乎所有海大早期游泳队员和教练们,他们的子女甚至孙辈的游泳技能都是他们自己亲手教出来的。例如原游泳队教练陈亿敬老师的儿子如今也成长为一名高校的游泳专业教练,许多老游泳队员的家庭都成了"游泳之家"。

80年代游泳队队员周云翔先生关于游泳对他几个方面的深远影

响作了这样的总结：在校游泳队的经历培养了团结协作的意识；长期的游泳训练锻炼了坚强的意志品质和坚忍不拔的精神；良好的身体素质造就了充沛的工作精力；游泳作为一种爱好，给予了积极向上的生活、工作态度。

90 年代游泳队队员谈起当年校游泳队对他们人生的影响时，也感慨颇多，获益甚丰。他们一致认为海大游泳队员最大的特点就是意志品质好，吃苦精神强，因而在工作中遇到挫折总是咬咬牙想办法挺过去。长期的游泳训练培养了队员们敢想敢干、反应敏捷的优点，现在干工作都靠拼体力，而游泳运动练就的身体素质使他们在工作中始终能保持高昂的精神和充沛的精力。许多游泳队员进队初都是很内向的性格，而游泳队的锻炼增强了他们在与人交往中的沟通能力。由于游泳队有着良好的团结氛围，如今他们在工作中都自觉养成了团结协作的精神。

从水上运动队员们身上可以看出，学校给予他们的不仅仅是那些深奥的专业理论知识，更重要的是意志与精神的磨炼和不断学习的习惯的养成。正是在水上运动的一次次训练与比赛中，锻炼出了他们强壮的体格和充沛的精力，也造就出了他们经得起挫折、不达目的不罢休的坚韧不拔的意志。

(二) 顽强拼搏，自强不息

僵硬的道德教条和死板的书本知识不会全面发展完善一个人的性格与品质，在正确的指导下，年轻人可以经过艰苦、紧张的运动训练以及公平严格的竞技比赛来雕琢磨炼自己，克服在运动场上无意识地显现出来的自身的缺点和不足，从而塑造诸如勇敢坚毅、乐观机智、顽强拼搏、自强不息的性格和品德。由体育运动获得的这种优秀品格将伴随一个人走向社会，并在工作岗位上做出比别人更出色的成绩。

一晃几十年过去了，回想起大学的体育运动生涯，早期水上运动员们仍豪情满怀、激动不已。20 世纪五六十年代的水球队队长吴承璘先生认为自己在上海水产学院的大学生活值得他一生回味和珍惜，而水球队的运动经历对他的人生道路起到了非常大的帮助，他在生活工作中的不怕苦，勇于克服困难，思维敏捷，勇往直前的工作作风与他曾经的运动生涯有着直接的关系。现如今吴先生虽然七十多岁了，但仍忙于工作，为国家做力所能及的事情，尽自己的全力回报社会对他的养育，回报母校对他的培养。吴先生在水球运动中获得的优异成绩和表现出的顽强拼搏精神，以及晚年还在发挥自己的余热贡献社会的精神，对我们每一位海大人来说都是一种鞭策，更是我们学习、工作和生活的榜样！

　　赵永坚先生，1959 年 9 月进入上海水产学院养殖系海水养殖专业学习。他上小学的时候其实对体育的兴趣并不是很大，只是喜欢玩，喜欢放学后到江边去嬉戏，慢慢地就学会了游泳，空闲时候他和小朋友三五结伴到江边去游泳，再后来就开始慢慢地喜爱游泳并且游得特别棒，升入中学后他因游泳特长被选入上海少年游泳队，并担任上海市少年游泳队队长，后转入上海游泳集训队。早在 1956 年的全国十五城市少年游泳运动会中，赵先生就获得了一枚金牌一枚银牌二枚铜牌的优异成绩。1957 年在上海市首届横渡黄浦江比赛中获第四名，并代表上海赴武汉参加全国首届横渡长江比赛。1957 年在全国游泳跳水锦标赛获得游泳比赛的铜牌。1957 年代表徐汇区参加上海市水球锦标赛获得第二名。1960 年代表上海高校参加上海游泳水球锦标赛获得 4 × 200 公尺混合泳第一名和水球比赛第一名。赵永坚先生现在虽已白发苍苍，但精神矍铄、身板结实，还常常自驾出门。他念念不忘并十分珍惜大学时代水球运动的诸多往事和经历，那段在母校文化课学习和水上运动训练的美好时光给他留下太多难忘的记忆。

游泳、水球队员获得的比赛奖牌（赵永坚提供）

　　林志强先生，1959 年进入上海水产学院养殖专业，大学毕业后分配至温州水产研究所工作，担任过温州水产研究所所长，浙江水产厅副厅长，并获得浙江省优秀工作者、全国劳动模范、享受国务院特殊津贴的首席虾类养殖技术专家。林先生将自己在工作岗位上所取得的优异成绩归之于意志坚强、善于合作等素质，而这些优秀素质的形成来自于年轻时期水上运动的锻炼经历。

校游泳队员成长为享受国务院特殊津贴的专家（林志强提供）

校游泳队员林志强获奖证书（林志强提供）

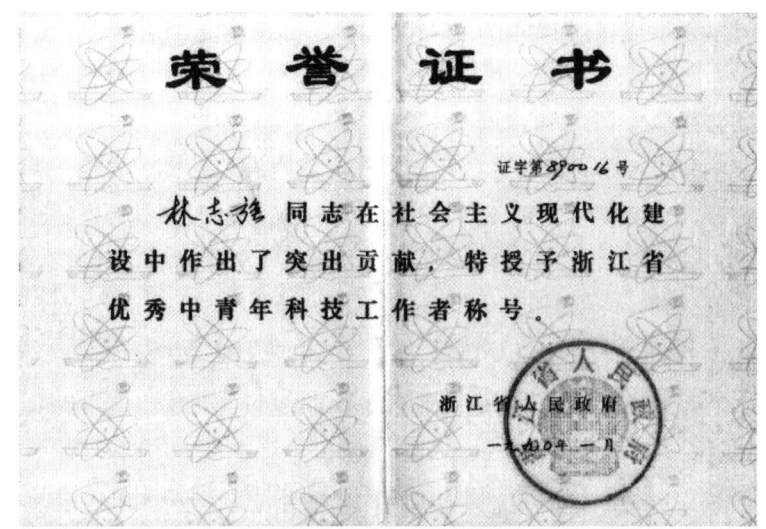

校游泳队员林志强获奖证书(林志强提供)

　　水球队队员们普遍认为水球运动生涯培养了他们吃苦耐劳的生活作风和顽强拼搏的体育精神,这种体育精神一直激励着他们的人生。拼搏是学校水球队的传统,在训练和比赛中靠的就是这种拼搏精神。对水球运动的热爱和对球队深厚的感情常使得很多水球队员为水球运动舍弃其他。由于经常参加运动训练及运动比赛,毕业后走向工作岗位,一直到离退休,他们的身体和精神状态都很好。而这正是体育运动磨炼了他们的意志品质,培养了他们吃苦耐劳、做事认真的风格,造就了敢于战胜困难的性格。对学校早期的水球运动员们来说,大学时代最难忘的就是"水球"情缘,他们非常珍惜曾经的水球运动生涯,也很想念曾经朝夕相处一起训练的队员和指导训练的教练老师们。

　　海洋大学早期水上运动队员的回忆不但真实生动地再现了当时水上运动员的生活、学习、运动训练及比赛中获得的佳绩,而且完美诠释了"体育是培养完全人格的最好工具"这样一个道理。"天行健君子以自强不息",历史会铭记海大水上人的不懈努力。

(三) 团结奋进,无私奉献

　　水上运动中的水球、龙舟以及赛艇、舢板等都非常强调团队合作精神,队员们如果不协调配合,没有相互的团结奋进和集体奉献精神,即使个人非常努力出色,也难以获得最终的胜利。海大水上运动的各种运动队都是一个团结的集体,有凝聚力的集体。

蔡和麟老师1952年考入上海水产学院附设水产技术学校三年制渔捞科,毕业后考入上海水产学院海洋渔捞专业学习,并成为校舢板队队员。1959年蔡老师留校工作后长期从事学生管理和教育教学工作,直到退休离开学校一共工作了40年。蔡和麟老师认为,水、阳光和空气很重要,水不仅是人体之必需,在海大更有水上运动大发展之意。海大水上运动所取得的成绩是非常不容易的,这段经历也为他今后的学习、工作、生活打下了坚实的基础。蔡和麟老师在校工作期间,曾多次送渔捞专业毕业生去西非实习、工作,带着学生经受了大风大浪的考验。他们曾从广州出发,花了45天经过了大西洋、太平洋、印度洋到达目的地后,一年365天里仅有几天停靠码头到陆地补充生活给养。如果没有好的身体和吃大苦、耐大劳的精神是难以坚持下来的。

海洋大学有着非常辉煌的水上运动传统,蔡老师认为,水上运动跟其他项目一样,都能促使学生健康发展,但是这个健康发展是从总的来讲,是共性;从上海海洋大学来讲又有它的特点,有它的个性,就是与专业联系非常紧密。比如说,游泳和赛艇运动就有这样的作用,这些运动都包含了这两个特性,不仅能增强体质,还跟水上专业结合紧密。蔡和麟老师1980年曾在"发奋""图强"号担任指导员。船长41米,宽7.2米,船头吃水2.8米,船尾吃水3.5米,两条船要容纳30个人生产、生活。在这么小的地方,常常一出海就是两个星期,同鱼打交道,与水打交道,没有与风浪搏斗的勇气和"勤朴忠实"的事业精神是难以胜任的!

蔡和麟老师在校任教期间,一次带着1981届海洋捕捞专业的学生出海实习,船的螺旋桨被网衣挂住开不动了,拖去船厂修也来不及,当时水流是每小时三节,一节是1.852公里,三节就是5公里多。在这种情况下,蔡和麟老师跟船长商议后要自己下去试试看。在做好了安全措施的前提下,他拿了把刀准备出发,人刚下水,一下就被水冲倒了。后来,利用船上的一个很长的梯子,把一头卡在螺旋桨上,又顺着梯子潜入水下割断了缠绕物,船只才得以脱困。在场的同学们都很惊讶于蔡和麟老师的勇气:"蔡老师你怎么敢下去？胆子这么大！"蔡和麟老师说:"没有一定的游泳水平,我是没有把握下去的！……不会游泳在水上面就不能驾驭自己,也不能去救人家！"

蔡和麟老师一直与体育运动为伴。蔡老师在担任学生处处长的时候就每天坚持和同学们一起出早操锻炼身体。2003 年,已 71 岁的蔡和麟老师还参加了上海市半程马拉松比赛,并按时到达终点。至今,已 80 岁的蔡老师还坚持每天早晨赤膊 3000 米跑、洗冷水浴、游泳等运动。良好的生活方式和锻炼习惯使得蔡老师保持着健康、精力旺盛。蔡老师骄傲地说:经医学检查,自己的晨脉每分钟不到 50 次,骨密度是年轻人的 95％,这与自己在学生时期养成的和后来工作后一直保持的良好的生活和锻炼习惯有很大的关系,并且六十年如一日的坚持下来,得益良多！

从学校退休后,蔡和麟老师并没有闲歇下来,而是被请去杨浦区政府继续工作了十年。至今蔡老师仍然在健康地忙碌着。可以说蔡老师真正实现了"每天锻炼一小时,幸福工作五十年,健康工作一辈子！"谈到学校体育教育工作,蔡老师的观点就是身体越健壮,脑子越灵活,认知的能动性越强,生存能动性越强。所以说身体健康是很重要的,是人一生奋斗的基础,在学生时期养成良好的生活和锻炼习惯会受益终生。一个人从个体走向社会,蔡老师最深刻地体会到"以健康为本,以家庭为根,以事业为心"的真谛。

"我与毛常鱼"(1960 年 11 月摄于"发奋号",蔡和麟提供)

二、激情岁月,无悔青春

历史很漫长,但无论她怎样漫长,最终都会以一种浓缩的形式保存下来,浓缩为一本书、一幅画、一段胶片或者一张照片。在对当年水上运动队员的寻访过程中,接受我们采访的许多老先生们虽然都已白发苍苍,但初次见面都无一例外给人以身板结实、精神矍铄的印象。对他们来说,几十年过去了,但回忆大学时代的体育生涯,仍不禁感慨万千。那一段如诗如歌的岁月给他们留下了难忘而美好的回忆与无穷的乐趣,记忆依然鲜亮并将一生不可磨灭。在当年的海大,在践行"勤朴忠实"的校训中,他们获得了知识,获得了健康,获得了意志品质和体育道德风尚,也收获了友情和爱情。

(一) 水上运动伴我们成长

在上海海洋大学的百年发展历程中,水上运动不仅在提升学生身体、道德素质等方面发挥着不可或缺的作用,更累积起一种文化底蕴,成为这所百年老校体育精神的宝贵财富。回忆起当年校水上运动队的诸多往事和经历,水上运动队员们总是显得异常激动和自豪,他们仍念念不忘那一段在海洋大学学习和训练的日子。

20世纪五六十年代海洋大学水球队曾代表上海队多次参加比赛,当时上海市水球队的队员整体进入海大,只要有水球比赛海大队员都会参加,只是代表的对象有所区别。为备战全运会,在上海市体育运动委员会的要求下,水球队的队员集中在一起进行训练,当时他们住在学校的本部,也就是文化课在本部按自己的专业上课,但运动训练是在校外进行的,因当时学校的训练场馆及训练条件有限,这样他们就要学习、训练两头跑,虽然很辛苦,可他们的信念很坚定,学习认真,训练刻苦。当时是"大跃进"的年代,人们意气风发,干劲十足,学校当然也希望在体育方面取得突破,希望有更多的运动员在比赛中取得好的成绩。当时的形势下,学校对运动员的培养是以高校学生为主,有利于学生的健康发展和就业。当时在文化课方面没有特殊化待遇,水上运动员经过努力后仍然能获得优异的学习成绩。

因为是上海市水球队的代表选手,校水球运动员当时也特别自豪,其他学生也很羡慕和敬佩,而水球队员们时刻提醒自己要表现得更好一点。那时他们年轻气盛,梦想就是在水球运动中创造辉煌。每次比赛取得的好成绩的背后,都是他们付出的常人难以体会到的酸甜苦辣。在成为一名水产学院水球运动队员时,学校就对他们提出了要求:校代表队不但要有好的运动技术水平，还要勇于取胜，更要有好的体育道德。在比赛中要作风顽强，尊重裁判，爱护对方，胜不骄，败不馁。由上可见当时学校培养全面发展人才的严谨方针，勤奋、求实、创新的学风，以及坚持到底、决不放弃的不屈不挠的精神，这种精神也一直激励着水上运动员。

大学五年的体育生涯对运动员们人生的影响非常大。因为经常参加体育锻炼与比赛，健壮的体魄、高度的政治觉悟、吃苦耐劳意志坚强的品德、善于协作的团队精神，这些都为他们后来在工作岗位上取得优异成绩，打下了良好的基础。他们驾驭自身的能力较强，从而改善了对自身的满意程度，并确立了良好的自我概念。有了海大水上人的拼搏精神，他们毕业后在工作中没有克服不了的困难，并能在工作中找到支点和乐趣，工作中每踏上一个新的台阶，他们都会想到母校，想到水球队的队友，是母校给了知识，水上运动培养了他们克服困难、团结拼搏的意志品质，塑造了雷厉风行的工作作风和超越自我的勇气。

水上运动带给队员们一生的幸福，特别是水球运动，改变了他们的人生观和世界观，让他们超越自己，实现了人生的梦想。队员们都曾不约而同地表示：水上运动的辉煌是每一个海大人的骄傲，如果能重回年轻的话，他们还会选择水上运动！

（二）海大水上人的精神家园

20 世纪五六十年代，学校开展赛艇运动的时间虽然不长，然而却取得了今天难以被超越的优异成绩，培养了一大批优秀的人才，以至于今天海大学子都为那段历史感到光荣和振奋，而经历过那段历史的人每谈及海大的赛艇运动和比赛，总是难以抑制的激情澎湃，忘却了时间，忘却了年龄，仿佛又回到那个火热的学生时代。

新中国成立之后党和国家领导人非常重视体育工作，校园里锻炼身体、保卫祖国热情很高，体育运动氛围很好，等级运动员也不鲜见。当时上海的很多学校都开展了赛艇运动，包括上海交通大学、第二军医大学、华东师范大学、上海水产学院。据宋佳坤女士回忆：上海水产学院和第二军医大学的水平相对较高些。那时她们队员特别团结，上海交大的有些学生看不起我们学校,于是队员们立志要团结一致,在比赛中打败对手。队员们早晨出早操,下午课后训练,大家比着加量加强度,学习成绩都很好。有考试不及格的同学要被停训,自己都不好意思来训练了,正因为此,他们中才有了那么多令人尊敬的学长。在运动队待过的人都会对学校有着特别深的感情,因为他们穿着印有"水产学院赛艇队"的队服,他们与学校荣辱与共。因为赛艇队,同学们彼此间建立了非常深厚的情谊,母校,在这些人的心里永远有一个赛艇之家。

原校党委书记叶骏(右2)、校办原主任张敏(左1)与赛艇队老队员陈士麟(右1)、宋佳坤(左2)合影(陈祺提供)

宋佳坤女士在中学时期就是学校的文体骨干,1959年底进入上海市青少年业余划船体校,因为有赛艇方面的特长,根据上海市高校水上运动项目布局和招生的安排进入上海海洋大学读书。大学时期,她更是同学们的榜样,读书、体育、文艺样样在行,并且是赛艇队女队的队长。要不是一次在练习摩托车的时候腿受了伤,她便会和解云云一起去杭州参加全国比赛。宋佳坤学长后来去美国发展,成了世界著名的鱼类神经学家。

当年学校准备邀请宋佳坤教授回国时,宋佳坤表示自己最想做的事除了建设鱼类神经学实验室,为母校培养具有国际先进水平的研究人才外,就是希望帮助学校复建赛艇队。她说,自己一路走来,永远感谢母校赛艇队的经历，在这里收获的是一辈子的友谊、健康的身体和永不放弃的精神力量。在美国，宋女士目睹和亲身感受到了体育运动对大学发展和人才培养的作用，并且始终感怀母校赛艇队对自己一路走来的帮助。在往返于美国和上海的日子里，宋女士心中始终有一个信念，母校应该复建赛艇队。为此，她积极奔走呼吁，联系老队友为母校的发展出谋划策。当她在美国看到2006年新赛艇队参加海峡两岸高校赛艇对抗赛的画面时，她淌下了激动泪水。重振水上运动辉煌，这个目标，在宋佳坤等一批早期队员的心中从未放弃过。

2005年全国第一届大学赛艇公开赛在绍兴举行，陈士麟先生从上海水上运动场第一时间得到消息，在他的主动联络下促成了上海海洋大学赛艇队的第一次复出参赛。2006年8月那个炎热的夏天，为了带领学生参加赛艇比赛，71岁的陈先生每天和年轻师生们奔波于市区与青浦区之间。仅用了一个月的时间，便把一批普通的大学生从零起点带到了首届海峡两岸大学赛艇挑战赛的赛场。比赛前夜，陈先生对队员们说：只要我们坚定信念，坚持走下去，就一定能够超越他们！

新赛艇队的成立和发展，得益于学校领导和方方面面的支持，更离不开早期水上运动队员们树立的精神榜样。这里永远是水上运动队员的精神家园，新一代的海大学子们将从他们身上汲取这份宝贵的精神财富，扬起风帆去迎接更加壮丽的远航！

（三）海大学子奋进的榜样

2010年的12月底，上海海洋大学举办水上运动发展座谈会。当新队员得知学校将邀请水上运动老校友返校的消息时，大家都兴奋不已。为了迎接老队员的返校，新划船队的队员经过精心的准备，队长杨文杰为老队员献上划船队队徽和"致老队员的一封信"：

敬爱的老校友们：

首先非常欢迎你们在百年校庆即将到来之际返回母校，共讨我校水上运动发展之路。

各位均是我校的佼佼者，是你们抒写了我校水上运动的辉煌历史。但是在动荡年代，我校水上运动曾一度沉寂，直到后来学校稳步发展之后，水上运动的生机才得以复苏。现在我校水上运动以龙舟为主，不管是哪一届的招新，我们都会将各位的光辉事迹介绍给新社员和新队员。你们是我们的榜样，也许我们新一代的战斗力还无法与各位相提并论，但是站在你们的肩膀上，我们有信心走得更高更远，续写你们的传奇。虽然大多数队员从未与各位见过面，但是他们对各位的仰慕钦佩之情，随着在队时间的增加而日渐浓厚。为了欢迎各位的到来，这些新世纪的新队员们，选择了这种已经不再流行的书信方式与各位进行交流。也许内容朴实无华，比不得大家之文笔，上不得厅堂，但晚辈们的热情了然于纸，还望各位笑纳：

"奋鬣云乍起，矫首浪还冲"，作为中华龙的传人，中国龙文化，龙的精神，可谓是根深蒂固。龙作为一种图腾的符号，首先是一种生命之符，象征着古人对生命循环的生生不息的愿望，它是中华民族团结的象征。龙作为一种崇拜，体现了超自然、超人类的神话力量。而龙文化再现于龙舟之上即为龙舟竞渡。

2008年的高考让我无意中迈入了海大的校园；在校园里，我无意中了解了海大龙舟；于是我便有意地加入了海大龙舟队。有时候一次选择便是一次小的转折；有时候一次小的转折便会带来人生的升华。但是，在所有时候只有坚持努力拼搏才会有不一样的结果。

来到海大两年，丰富的校园生活冲淡了往日的遗憾，精彩的校园文化让我找到了合适的锻炼平台，"勤朴忠实"是海大教我的为人之本，选择坚持，是海大龙舟队赋予我的信念。

忆往昔峥嵘岁月，似苦又甜，曾经没有船，我们坚持在岸上练习模仿划船徒手练习；曾经没有训练器材，我们坚持跑步，做简单但并不容易的体能强化训练；终于船来了，可桨不够，我们便排队轮流上船训练基本动作；没有专业指导，动作不规范，磨得满手血泡，屁股疼痛难着凳，兄弟们依然毫不犹豫地擦擦掌，拍拍屁股，撩起船桨，继续上船坚持训练。虽然曾经条件不好，可我们珍惜每一次改善,因为海大的队员兄弟一条心,坚信天道酬勤,付出总会有收获。随着海洋的发展壮大及校领导的关心支持,我们的情况正在逐渐变好。支持产生压力,压力即是动力,因此我们必须加强自己能力的训练提高,才不辜负校领导师生的关心支持,跟上海洋的发展步伐,乘风破浪,走向世界。

穷,有穷的坚持;穷,有穷的发展途径。很富有,有时候不一定能拿冠军,只有具备综合实力方能夺冠。挥洒的汗水终于灌溉出希望的果实,随着学校的发展完善,一切都在改善,一切都在提高,所以我们毅然选择坚持。

以真诚交朋友,以实力赢尊重,以团队迎成功,是海大龙舟队教我的为人处事原则。

"人不威则不重,学则不固"——不稳重,待人不真诚,则没有威信,则不可能拥有坚实的后盾。而在当今社会中,最坚实的后盾是一个训练有素、纪律严明、统一行动、绝对服从的团队。一个人的能力再强,强不过一个齐心的团队。你可以不在乎一个人的存在,但你绝不要小瞧一个有实力的团队。龙舟有益于锻炼人的体魄,激发人们搏风击浪、激流勇进的精神,培养人们团结齐心,同舟共济的集体主义精神。"野蛮其体魄,文明其精神"可谓是龙舟的精髓。

秋风起,黄叶纷飞。第二次龙舟集训已接近尾声,精心安排的集训结果还算满意,但是这只是一个起点。第一次拿起船桨,第一次上船体验,第一次手捧奖牌热泪盈眶,第一次……两年来,龙舟给过我许多刻骨铭心的第一次,而我到现在还未曾实现在龙舟上夺冠,这是我在海大龙舟队的唯一遗憾。但是我坚信我是强者,我们是一个由强者组成的团队,我们为成功做准备,成功必将属于我们;训练了两年龙舟,我对龙舟有了新的感悟:龙舟拨动的不是流水,而是历史的潮流。龙舟在我心中已不仅仅是体育竞技,从拿起船桨的那一刻起,我们便肩负着历史的使命。学校水上运动始于20世纪50年代后期,自建队以来到整个60年代,学校水上运动成绩一直保持着上海市冠亚军的地位,后来水上运动一度沉睡。2006年海大划船队的成立唤醒了水上运动文化,在校领导的大力支持帮助下社团规模正在迅速扩大，"江山代有才人出，各领风骚数百年"，海大龙舟队每年都在创新高，我坚信学校水上文化再现辉煌指日可待！

20世纪五六十年代海大水上运动员凭借着艰苦训练和顽强拼搏的精神，取得了令人难忘的优异成绩；现如今年轻的水上运动员继承老队员的优良传统，团结友爱、奋勇前进，驰骋赛场。生命的意义在于奋斗，青春的意义在于拼搏，水上运动让年轻学子的热血在沸腾，颗颗年轻的心在水上运动中释放，张张动人的脸在海大校园里灿烂。在激情燃烧的日子里，在宝贵的青春岁月里，水上运动队员们共同为青春谱写了壮丽之歌！

三、百年海大，文化传承

留存在档案馆、校史馆等处的已近发黄的文字材料与黑白照片，为今天的海大学子提供了鲜活的历史印记，领略到海大水上运动史上最具风采的画面。透过历史的尘埃，我们深深感受到的是一种崇高精神的存在，那是勇攀高峰的精神，那是不断超越的精神，更是人类挑战极限的精神。除了超越的精神外，还有一种风采感动着我们，那是运动最本质的品格，也是人类在竞争中的最真实、自然的情感流露，那就是一种无私奉献的精神，还是一种逆境困境中同舟共济、携手前行的团结奋进精神，它让本来枯燥乏味的训练和公平严格的比赛竞争之外多了一片人间的真情；让运动除了成绩之外多了一种值得歌颂的品质，相信那才是最感人的东西，它长存于海大的水上运动史，并铭刻在后学的思想中。

(一) 水上传统代代相传

上海海洋大学水上运动百年发展是一代代海大水上人奋勇拼搏的历程，凭借着一代又一代热爱水上运动的海大学子的努力与坚持，凭借着代代相传的坚韧不拔、超越自我的决心和毅力，他们为学校水上运动书写了辉煌的历史。在水上运动员中,有这样一个值得一提的特殊家庭:一家四口人不同时期全都毕业于海大,又都在学校期间和游泳运动结缘。

父亲:周仰璟(1960届工业捕鱼专业),当年校学生游泳协会成员,校足球队主要队员。西南农业大学教授,鱼类学专家。

女儿:周云昕(1986届淡水养殖专业),80年代校游泳队队员。深圳海洋水馆馆长,深圳市盐田区人大代表。现定居加拿大。

儿子:周云翔(1988届罐头食品工艺专业),校游泳队队员,校棋牌协会主席。现为深圳领先集团董事长。

侄女:周一红(1985届淡水养殖专业),校游泳协会积极分子,现定居美国。

父亲周仰璟1960年毕业分配到西南农业大学任教,后来成为全国有名的鱼类学专家。谈起在母校学习的那一段时光,周先生显得非常激动。他从小在湖滨长大,对游泳有着天然的喜好和悟性,也因此是学生中的游泳积极分子。谈到游泳对自己和家人的影响,周先生感慨地说:"六十年代的时候,作为全国南水北调工程水生生物小组成员,我跑遍了西南地区几乎所有的江河湖海,经常在深山险水中去做鱼类种群调查和收集标本,还要搞渔具、渔筏调研,没有过硬的身体条件和意志品质做保证,很难在那样艰苦的条件中坚持下来,这些都得益于当年在校期间参加运动队对我的磨炼,有一身过硬的游泳功底,多年坚持下来,我居然还发现了新的鱼类种群。"周先生对游泳运动有着很深的感悟,他说:"游泳对身体素质和意志品质的锻炼非常有效,而且是一项可以相伴人一生的运动项目,因此,我的两个孩子在很小的时候,我就带他们去我工作的地方,水库边、渔场里、长江边教他们游泳,有意识地培养他们的意志品质。"由于充满着对母校的赤子之情,周仰璟老师鼓励孩子们报考自己的母校,并鼓动自己的侄女也报考当时的上海水产学院。这也就促成了海大水上运动篇章里一段绝无仅有的经典佳话。

周云翔1988年毕业后即到深圳创业,经过多年的打拼,现已是拥有多家子公司的深圳领先集团董事长。特别是旗下的深圳领先体育设备公司,更是中国最早从事体育设施产业的专业制造商及供应商,一直

周仰璟先生(右)和儿子周云翔(2011年,焦敬伟提供)

保持着运动场馆设施领域的领先地位。说起和体育结缘以及目前所从事的体育产业方面的事业,他说:"这都源于我从小喜欢体育的原因,今天在商海所取得的这一点成绩,也得益于当年在校游泳队以及游泳运动本身对我的磨炼,与母校对我的培养是分不开的。"

20世纪80年代校游泳队里,周云昕被队员们亲切地称为"小四川",也是游泳队中成绩最好的队员之一。如今,作为深圳海洋水族馆的馆长,CMAS国际一星级潜水员,她有着丰富的国内外海域实地潜水经验,多次获得各级游泳比赛的冠军。她为此自己筹资创立了一个以保护海洋为宗旨的组织——深圳蓝色海洋保护协会,引导更多的人自发地爱护自然,爱护海洋。如今,会员人数达数百人,每年,周女士都要组织包括外国人、香港居民在内的环保志愿者开展海洋生态环境保护宣传教育活动,清除海底垃圾,取得了良好效果。每年一次的清捞海底和清洁海岸活动已经成为协会的招牌行动,每年9月的国际清洁日,来自粤港澳地区和欧美国家的潜水爱好者齐聚深圳海滩,2010年的参与人数达到创纪录的2000多人。周云昕女士是我国最早研究和实践海豚康复治疗脑瘫儿童患者的专家,在深圳海洋水族馆开设了海豚康复治疗中心,免费给患儿治疗,在全国引起轰动,中央电视台、广东电视台、深圳电视台、凤凰卫视等电视台以及大量的广播、报刊、网络媒体都对此进行过多次跟踪报道。2010年9月,中央电视台以"海的女儿"为题对她进行专题报道。从周云昕女士身上,我们找到了海大人魂魄中积淀的历史传承,看到了海大水上运动光荣传统的延续。

(二) 师生携手风雨前行

长期以来,上海海洋大学的水上运动队有着良好的团结协作、共担风雨的光荣传统,尤其在遇到困难与挫折的时候,大家相互理解、相互支持,精诚合作,以夺取理想成绩,为学校争得荣誉共同奋斗的目标,共同迎接挑战,为海大的水上运动贡献力量。

海大早期游泳队的老队员林志强和周润卿入校前已经被清华大学录取,喜欢化学的张关忠也已经考取了华东化工学院(现华东理工大学)。由于上海市的游泳项目布局在水产学院,为了国家和上海市的游泳事业,他们毅然选择来上海水产学院,而这样的抉择他们至今都无怨无悔。这些游泳队员大都是高分正规考入我校,没有任何加分照顾,许多队员后来都是校内的"三好学生"。

原校图书馆馆长、1963届淡水养殖专业的童合一教授在谈到当年游泳队的经历时,还曾提到一件鲜为人知的往事:时任上海市市长的陈毅元帅在一次学校游泳队和水球队队员参加的上海市水上项目运动员座谈会上,语重心长地勉励运动员要更加刻苦训练、为国争光,希望队员要向北京游泳队学习,能够在冬季继续坚持水上训练。队员们回来后都很惭愧,因为学校游泳队的训练一般都是在9月中旬天气转冷后就结束水上练习。从此以后,队员们牢记陈毅元帅的讲话,每年冬季都坚持进行水上训练。

学校早期水上运动教练陈亿敬老师曾动情地说:"当时上海市每年的横渡崇明岛活动,我校都要派一个由三十人组成的游泳方队参加,当时,各个系或单位都组成一个方队在水面上向崇明游渡。在江面上形成一个个方块,非常壮观,每一排方队之间都有一条条舢板,上面有一些食品和水,如果累了就爬到舢板上休息,补充一些能量。学校师生每次都坚持不靠近舢板,不补充食品和水,大家相互鼓励着坚持向前游,以此来磨炼自己的意志品质和拼搏精神。"

几乎各个年代的校游泳队中,队员之间,队员与教练之间关系都非常融洽。对于曾经的游泳队,对于所结下的淳朴友情,对于朝夕相处的美好时光,老队员们都有着难忘的记忆。当时的普通在校大学生每月供应25斤粮,游泳队队员每月则有45斤粮,队员们每月都要从自己的口粮中节省出10斤来捐助一些困难学生。

20世纪90年代的游泳队员陆玮回忆在校时每周都要到附近的江浦路游泳池训练。每次大家都是骑着自行车,冒着严寒去训练,路上大家相互鼓励、打气。教练总是在路上给大家讲那永远也讲不完的故事,每次的"下回分解"总是使队员们期待着下一次的外出训练,这已经成了当时游泳队外出训练的"保留节目"。虽然这么多年毕业离校后游泳队中的大多数队员并未见过面,但大家常常会翻出当年的老照片看看,看到这些照片时就能想起这些同学们,想起大家在一起训练、比赛的日子。

学校领导和师生员工对校游泳队的关心和支持,队员们至今还都历历在目。当时的校领导曾指示要在学校造就一支高水平的水上项目运动队,并且要培养出有知识、有文化、全面发展的运动员,当结束运动生涯走向社会后,学生都能成为各行各业中的有用之才。这个思想虽然如今已被广为接受,可是40年前作出这样的决定,并认真地付诸实践,不得不令人钦佩。每次游泳队外出参加比赛,校领导常常亲临赛场为队员们加油,并鼓励队员们说:"体育比赛应该是运动员全面素质的较量,你们是大学生队,与专业队比赛,应该更放松、更动脑子、更守纪律、更懂礼貌。"今天我们提出的"体教结合"的培养模式中要求必须实现运动成绩和精神文明双丰收,强调高水平竞技体育是综合实力的对比,心理、意志、思想、作风所占的比重越来越重等,和40年前校领导说过的话语有异曲同工之妙。

1964届海水养殖专业的老队员林志强先生(原浙江省水产局副局长)回忆,20世纪60年代初,自然灾害期间物资紧张,游泳队员每月仍能领到一定数额的交通费和营养费。那时候,同学们的生活都很清苦,一个月每人只能供应二两肉,可游泳队仍能吃到大肉。校领导和后勤部门的同志总要千方百计地搞到一些肉和黄豆来补充队员的营养。为了使队员们能把精力更好地投入到训练和比赛中,学校专门安排队员们在教授小食堂吃饭,这样的待遇也是队员们当时很引以为豪的事情。

因为队员们经常参加校外的各种比赛,他们总能在比赛中取得一些不俗的战绩。因此,学校师生常常以水上运动队为荣。每取得一次胜利,学校都会及时发来贺信或打来电话表示祝贺,并在学校内发出简报和简讯通告全校师生。由于那个年代的学生,课余生活比较单调,因而把参与体育锻炼和观赏体育比赛作为促进身心健康和调节紧张学习生活的主要手段,一到有比赛的时候,同学们就组成拉拉队到现场为队员呐喊助威,无论是酷暑还是严冬,没有交通工具,大家就徒步到赛场。这种热情对游泳队员们产生了极大的鼓舞;每次外出比赛归来,老师同学都会主动、自愿地来帮队员补课。一些队员们还总能享受到老师一对一补课的"小灶"待遇。每次外出比赛前,都会有同学自告奋勇帮助学生代记课堂笔记。同学们都非常羡慕和喜欢游泳队的队员,看到这些游泳队员能为学校争得荣誉,都十分渴望能效仿他们。游泳队带动了学校游泳运动的普及,参加游泳的同学越来越多。

20世纪80年代游泳队的教练司徒乔笙老师曾动容地回忆说:校游泳队取得的成绩除了教练和队员的努力之外,更体现了当时师生们精诚团结的精神,这是对"勤朴忠实"校训的有力解读。在当时训练条件相当简陋、经费紧张的状况下,学校各个部门常常会伸出援手,在财力、物力、人力上大力支持游泳队,校工会、学生处、团委、校医院、膳食科、宿管科以及各院系,甚至于制冷公司、船队、服务公司、三益公司、科技实业公司等这些现在已经被大家淡忘的部门,游泳队的教练和队员们如今回忆起来依然都对他们充满了感恩之情。没有比赛服装,校工会借给队员们新的游泳衣裤;每天训练太晚错过开饭时间,炊事员们义务为队员们加班开设运动员灶,保证运动员的营养……当年主管体育工作的校领导王克忠老师、林辉煌老师以及基础部和学生处的领导老师们常常到训练现场关心和勉励游泳队员,亲自到比赛现场为运动员加油助威。在如今市场经济的环境下,这些记忆都成了海大水上人心中永恒的珍藏。

(三) 传承百年水上文化

在上海海洋大学百余年漫长的旅程中,水上运动已经深入海大人的心中,成为学生校园生活记忆中不可缺少的一个重要组成部分。在校友、同学及队友相聚时,他们谈到校园生活时每每必谈到体育,而体育运动中最辉煌的项目是划船、舢板、游泳和水球。可以说,百年海大,百年体育,留下了太多的财富,体育不仅仅是一个简单而孤立的定义,它已经渗透到我们学生生活的每一个层面,是生活最有力的记录者。在塑造拼搏进取等优良的民族品格的过程中,体育都将发挥潜移默化的教育作用。

1. 黑白的美丽,我们的骄傲

2006 年 5 月 15 日,上海海洋大学体育大联赛开幕式暨新赛艇队成立仪式在学海路 600 人报告厅隆重召开,成立仪式由当时的副校长、校体委主任程裕东主持。校党委书记叶骏,党委副书记、副校长黄晞建,上海市教育局体卫艺科处处长平杰先生,上海市水上运动中心副主任程克强先生,知名校友、上海市赛艇队总教练、国家级教练陈士麟先生,上海南汇区教育局局长李伟民先生以及大联赛各学院组织工作小组组长、教师、近千名学生共同出席大会。为配合新赛艇队的成立,5 月 14 日,由党委宣传部主办、校办公室(校友会)协办的以"黑白的美丽,我们的骄傲"为题的上海海洋大学水上运动的历史回顾与展望座谈会在学海路校区 H 楼 203 会议室召开,十余名水上运动老校友、新赛艇队 26 名队员及部分学生代表参加了座谈会。会议由校党委副书记黄晞建教授主持。

座谈会开始前,同学们对校友的到来表示了最为热烈的夹道欢迎。会议首先由宣传部副部长章华明老师介绍了出席本次座谈会的各方代表和学生代表,接着,陈士麟先生、郭南麟先生、周应祺教授、崔建章教授、蔡和麟教授、葛茂泉教授等校友们纷纷发言,回顾了学校 50 年代末和 60 年代初水上运动的辉煌历史,他们认为赛艇运动强调的是集体组织,在整个运动中体现的是一种和谐的集体主义精神,只有艰苦奋斗才能出成绩。陈士麟先生在发言中简短介绍了目前高校赛艇队的情况,并表示非常愿意听候学校的召唤,为校赛艇队的恢复以及以后的训练做贡献。座谈会最后,党委书记叶骏讲话。叶书记首先对老校友们对恢复成立赛艇队的热情表示了衷心的感谢,然后指出学校恢复成立赛艇队是许多校友、老师的心愿,目前随着学校的发展,有了良好的水上运动条件,有这么多的校友支持、有新校区良好的水上运动场所,真正是天时、地利、人和的良好时机。叶书记表示,一个学校的发展不仅要有大师,文体活动的影响同样也不可忽视。学校这几年来文体活动颇有成效,赛艇队的成立将进一步丰富学校的文体活动,文体活动将继续成为学生全面发展的重要舞台。叶书记还说,希望新队员们能切切实实地发扬老队员的风格,重振海大水上运动的雄风。

2. 忆往昔,看今朝,谋发展

2007 年 5 月,时逢上海海洋大学 95 周年校庆来临之际,为促进学校体育事业的发展,推动传统水上运动项目的复兴,丰富师生的校园体育文化生活,上海海洋大学人文学院体育部特邀早期赛艇队队长周应祺教授、女队队长宋佳坤女士在学海路校区与新赛艇队队员一起举行了"忆往昔,看今朝,谋发展"为主题的座谈会。

两位校友周应祺教授和宋佳坤女士满怀激情地回顾了他们在校期间边学习、边训练的那段人生最难忘的赛艇岁月,并详细询问了目前学校新赛艇队的工作进展。周教授还向同学们介绍了他们如何在赛艇比赛前利用专业知识,观天象、知水文,进行赛前准备,以及国外大学的赛艇运动开展情况,他认为学校赛艇运动应坚持走与学生专业学习相结合,为普通学生发展服务的道路。在赛艇队中每个人都是集体的一员,谁也不能掉队,赛艇队没有英雄,只有集体。宋女士则深深沉浸在对往日赛艇大家庭温暖的回忆里,每每看到校新赛艇队出征"06 年首届海峡两岸赛艇挑战赛"的录像时,都禁不住热泪盈眶。她勉励同学们要珍惜参加赛艇队的机会,珍视赛艇队的优良传统,发扬海大人不屈不挠,敢于拼搏、永不放弃的优良传统,利用新校区的良好自然环境,让赛艇运动重新成为海大学生的自豪。此外,两位校友还积极为赛艇队的发展出谋划策,如成立基金会等,他们表示只要学校赛艇运动发展需要,随时准备出一份力。

在校庆 97 周年的时候,一些 80 年代的老校友相聚,游泳队队员谈的都是当年游泳队的往事。大家认为,校游泳队最重要的作用就是海大精神的培育和传承,是海大校园文化的发扬,游泳队使学生们有归属感、认同感。程裕东还回顾了以五十、六十、八十、九十年代的游泳、水球和赛艇三大水上项目在历史上曾经创下的辉煌,高度的评价了早期水上队员为上海海洋大学水上运动以及水上文化的传承和发展所做出的历史功绩。

3. 恢复水上传统,重振水上雄风

为推动水上运动逐渐恢复,重振水上运动雄风,2010 年 12 月,24 名老校友应邀回到母校参加上海海洋大学水上运动发展座谈会。这24 位校友分别是 20 世纪五六十年代游泳队、水球队和赛艇队的老队员,后来他们有的成了著名学者,有的走上了领导岗位,有的成了国家级的功勋教练员。

校领导出席上海海洋大学水上运动发展座谈会(2010 年,陈祺提供)

余明龙先生讲述学校 20 世纪开展水上运动的传奇

陈士麟先生为学校复建赛艇队出谋划策

五六十年代水上运动员与校领导合影

　　座谈会上,虞丽娟书记做了重要讲话。虞书记感慨学校水上运动历史上曾经创下的辉煌,支持早期运动员成立"水上运动之友",感谢他们为学校的发展出谋划策。虞书记指出,体育运动对高等学校的发展和人才的培养具有重要的作用,我们要以特色高水平运动队发展带动学校体育工作的全面发展,推动体育学科的发展。虞书记号召大家共同努力,通过多种形式,为学校人才培养工作贡献智慧,贡献力量,加快建设高水平特色大学。

　　潘迎捷校长向老校友们详细介绍了学校的发展,特别是学校整体搬迁到临港新城校区后办学条件的全面改善和学校从"水产大学"更名"海洋大学"后重大转变,描绘了学校目前开创的良好的外部发展环境。潘校长指出学校的发展目标是到 2020 年建设成为国际化、开放型的高水平特色大学。

海大水上运动队的优良传统更多源自于海大学子的奉献精神、拼搏意识和集体荣誉感。作为陶冶情操、有益身心的运动项目，水上运动对如今这些年逾花甲的早期队员们产生了一生的影响。在座谈会上，校友们情绪激昂，纷纷热情洋溢地表达了自己的心声：上海会展行业协会会长、原上海轻工业局局长、健将级游泳运动员吴承麟老师指出，游泳运动所体现的团队精神和拼搏精神是学校发展的重要财富，是学校发展的重要方面，他对母校为我国海洋事业的发展做出新贡献充满了信心。原江苏海洋与渔业局副局长魏绍芬老师回顾当年游泳队横渡长江的场景时仍然按捺不住激动的心情，她情不自禁地说："当时我校的游泳方队真的很壮观、很震撼，大家相互鼓劲、相互帮助，奋力向前游。"她表示将全力支持学校重建赛艇队。原上海海洋大学学生处处长蔡和麟老师深情地说："身体好是同学们学习好、工作好的首要基础，老海大运动员体现的吃大苦、耐大劳、勇于实践、敢于创新是上海海洋大学'勤朴忠实'校训的具体体现。"我国水上运动功勋教练员陈士麟老师表示："水上运动队传承了我校许多的优良传统，我愿意在有生之年继续为学校水上运动的振兴作出贡献"，并对学校水上运动的发展提出了具体的发展思路。美国马里兰大学研究教授、学校海洋生物系统和神经科学研究所所长宋佳坤教授从中美大学体育文化的差异以及自己作为赛艇运动员的经历角度提出，世界著名的大学都有著名的运动队，运动队是一个学校精神的支柱。原上海海洋大学校长周应祺教授指出，运动队精神是学校联系校友的精神纽带，他还建议发挥我校的学科优势，加强水上运动项目的科学研究，促进休闲水上运动学科的开展。原东海水产研究所所长郭南麟老师等老校友指出，艰苦创业和团队精神是学校水上运动成功的关键，从运动队出来的学生"功课不会比别人差，工作不会比别人差，大有出息！"原上海水产渔业总公司董事长余明龙老师深情地回忆了自己从一名篮球运动员进入水上运动队的经历，他还转达了因故不能参会的原国家体育总局副局长张发强校友的祝贺。早期水上运动员们激情澎湃，发言踊跃，大家建议成立"上海海洋大学水上运动校友联谊会"，发挥各方面的力量，致力于推动学校"发展水上运动,振兴海洋文化"。

程裕东回顾了以游泳、水球、划船为代表的水上运动在历史上取得的优异成绩,为学校的发展做出的历史功绩。程校长表示学校正在努力实质性地推动水上运动逐渐恢复。在学校的"085"工程中,学校很重视海洋学科的发展,而认识海洋、理解海洋,就必须到海洋、去船上认识,这些都需要学生具有良好的身体素质条件,掌握在海上作业最基本的技能。海洋学科要向国际化的方向发展,和国际接轨,培养的人才不仅要掌握扎实的专业知识和良好的外语水平,还需要和国外进行更多的体育、文化艺术等方面的交流。程校长认为,"重振海大水上运动",不仅要促进高水平运动队的发展,还要通过高水平运动队的建设来带动学校体育工作的全面发展,真正从学校师生的体质健康出发,使学校竞技体育和群众体育全面发展、运动队员和普通学生全面发展、文化知识和身心素质全面发展,使水上运动成为校园文化建设中的组成部分并发挥出重要作用。

在一个世纪的办学历程中,海大秉承和发扬"勤朴忠实"的校训,艰苦奋斗,严谨治学,形成了优良的文化传统,取得了丰硕的教学、科研成果,培养了大批高素质人才。在今后的发展中,将大力弘扬优良的办学传统,承续发扬海大水上运动的体育精神,在与时俱进的过程中继往开来、传承开拓,坚持面向现代化、面向世界、面向未来,以培养高素质人才为根本,以服务经济社会发展为导向,以改革创新为动力,积极进取,奋勇争先,努力谱写上海海洋大学发展的新篇章!

结束语

106 年风雨兼程,106 个春华秋实。

体育作为一种特有的文化教育过程,本身蕴藏着丰富的人文内涵和价值。从最初的江苏省立水产专科学校,到厦门水产学院、上海水产学院、上海水产大学,再到今天的上海海洋大学,在百年办学实践中,历来坚持"德育、智育、体育"并重的育人之路,十分注重将体育工作与学校办学特色有机结合,充分发挥了与学科专业结合紧密的水上运动的重要作用。在一个世纪的不同历史阶段,上海海洋大学多次参加全国和上海的各级比赛,屡屡出现摘金夺银的难忘时刻,创下令人骄傲的辉煌战绩。20 世纪五六十年代的上海海洋大学水上运动队已成为上海各高校中的一朵奇葩。回眸历史,海大水上运动百年发展历程体现了"齐心协力、顽强拼搏、超越自我、永不放弃"的体育精神,这是对"勤朴忠实"校训内涵的丰富拓展与完美阐释。106 年的砥砺办学,正是因为有了这样的精神贯穿始终,才培育了一代又一代海大人奋战在社会的各行各业,并取得骄人成绩。

"完全人格,首在体育"。体育在振兴民族精神、增强团队意识、净化道德环境和提高人格境界等方面的价值越来越被人们所重视。进入新世纪以来,上海海洋大学在学科建设、基础设施建设、校园文化建设等各方面进入快速发展时期。注重学校文化建设是学校发展的长久之计,校园体育文化是校园文化的重要组成部分,体育文化将成为未来学校发展的第一竞争力,其价值不仅有利于学校教育和管理的健康发展,更是学校获得高效的持续性发展的根本所在。加强高校校园体育文化建设，对于塑造大学生的健康体质和完整人格，培养终身体育意识，营造良好的校园文化氛围以及全面推进素质教育，具有重要意义。近年来，上海海洋大学通过全面贯彻《全国普通高等学校体育课程教学指导纲要》和《学生体质健康标准》，拓展体育教育育人功能，将体育精神融入育人体系之中，积极营造校园体育人文环境和体育健身氛围，有效地促进了广大师生的身心健康，推进了校园体育文化发展与和谐校园建设。面对未来，即将揭开历史发展新的一页。海大水上运动的光辉历史是学校发展的巨大精神财富，也是建设高水平特色大学的重要内容。

"问渠哪得清如许，为有源头活水来"，正如水上运动精神的超越与升华，是艰苦奋斗、拼搏进取的精神；是个人利益服从集体利益的精神；是团结协作、无私奉献的精神；是奋勇争先、永不放弃的精神。在上海海洋大学新世纪的科学发展、和谐发展、创新发展的进程中，这种精神必将成为引领全校师生不断进取的源源动力，也必将成为海大人再创辉煌的扬扬旗帜。

回忆是因为不能忘却，记录是为了展望未来。新的征程就在脚下，在未来的发展道路上，机遇与挑战并存，开拓者将奋力进取；改革与创新同行，奋斗者将忘我求索。今天，海大人面临新的形势、新的挑战，只要勇立潮头、敢于拓新，必将迎来上海海洋大学教育事业全新发展、高速发展的新时期，必将开创出一个圆梦理想、续创辉煌的新天地！

附录： 水上运动大事记（1923—2018）

1923 年

学校体育设置"体操"为基础教学内容，后又规定了游泳是渔捞科学生的必修课。

1952 年

学校制订了《操艇实习暂行规则》。

12 月体育组制订并公布了划船管理办法。

1954 年

体育教研组按照《劳卫制》的规定，结合水产专业的各种特点（如游泳、划船等）拟定了统一的体育教学计划。

1956 年

8 月，上海海洋大学张荣坤、纪国良、李一家、顾锦仙四位同学代表上海去青岛参加全国海上运动比赛航海多项比赛，获得全国第三名。

1957 年

5 月，上海海洋大学参加了上海市举行的全市舢板测验赛，共有 14 支队伍参加本次比赛。校舢板队最终在 1 浬（1852 公尺）荡桨比赛中以 15 分 11 秒 3 的优异成绩获得冠军，这个成绩接近全国最高纪录。校队员为划手：蔡和麟、崔建章、施守琪、张礼明、朱可为和孙庆文，舵手：白植庆。通过这次测验赛，学生孙庆文、崔建章、施守琪、顾锦仙分别入选上海市男、女舢板队，利用周末进行集中训练，准备参加 1957 年 8 月国家体委组织的沪、宁、杭三市舢板远航和青年联欢活动。

暑期,学校利用杨浦游泳池、国棉十九厂游泳池和机器制造学校游泳池,开展夏季游泳运动。

8月24、25日,校赛艇队在龙华华泾划船俱乐部参加上海市划船锦标赛,这是上海历史上第一次赛艇比赛,参加单位有23个,男女运动员256名。薛颂棠担任教练兼比赛终点裁判员,运动员陈士麟参加了单人双桨比赛,运动员王维德、何燮成、陈道德(舵手)参加了双人单桨有舵手比赛,王维德、夏章英、何燮城、唐锡良、陈霖海(舵手)参加了四人单桨有舵手比赛。

10月2日至5日,第一届全国七城市划船锦标赛在武汉举行,上海海洋大学四名学生代表上海参加了这次比赛,其中崔建章担任队伍管理兼八人艇划手,张瑛瑛参加了单人皮艇比赛,马忠和参加了四人单桨有舵手比赛,陈士麟参加的上海市"八人艇"运动队在2000米比赛中以7分12秒4的成绩取得冠军并打破全国纪录,接近1956年奥运会赛艇比赛该项目最好成绩。

1958年

结合水产学科的特点提出"以水上运动为主,水陆并举"的体育运动发展方针。

上海市第二届运动会游泳比赛中,张关忠获400米混合泳亚军;赵永坚、张关忠、林志强、许品诚四位同学代表上海市高校游泳队获得4×100米混合泳接力的亚军。

4月初,崔建章、张礼明、施守琪、白植庆等八人参加上海航海俱乐部举办的海上运动比赛,共有拔河、舢板、绳结、信号、爬绳爬梯等五个项目,学校获得拔河、绳结两项第一,信号得二。

7月11日,上海市高等教育管理局抽调校游泳队教练薛颂棠担任上海高校游泳队教练。

7月15日,上海市体育运动委员会抽调校游泳队教练薛颂棠担任印度"迈索尔"号巡洋舰游泳队与中国人民解放军海军东海舰队游泳队友谊比赛的裁判长。

8月8日,上海市体育运动委员会从海洋系60届工业捕鱼专业抽调白植庆、马忠和、崔建章三人作为优秀运动员参加上海划船集训队。

9月21、22日,第二届全国七城市划船锦标赛在武汉举行,我校四名学生代表上海参加了这次比赛,其中崔建章担任队伍管理兼八人艇划手,张瑛瑛参加了单人皮艇比赛,马忠和参加了四人单桨有舵手比赛,陈士麟参加了双人单桨有舵手比赛,获得冠军,并且超过了第十六届奥运会美国队创造的该项目最好成绩,校党委致信陈士麟表示祝贺。在四人、八人单桨有舵手等项目竞赛中,有马忠和、崔建章同学参加的上海高校队的成绩,也超过了十六届奥运会第三名的成绩。陈士麟、马忠和和崔建章三位同学也因此达到了健将级运动员的标准。

同年,陈士麟参加的上海市双人单桨有舵手赛艇队先后获得上海市政府授予的"全市建设社会主义青年先进集体"和共青团中央委员会授予的"全国青年建设社会主义先进集体"荣誉称号。

11月,校划船队正式成立,由校党委直接领导,校团委书记何保源负责组织建设工作,队员是从全校的学生中选拔出来的,集中安排住宿、训练和管理。时任校学生会主席的林启仁担任队长,顾锦仙担任女队队长。

12月,校男子舢板队在全市舢板比赛中获得了第三名。我校学生黄明祥代表上海市队以13分21秒的成绩取得2000公尺荡桨比赛冠军。

1959年

年初,上海市航海俱乐部举行摩托艇干训班,我校划船队员周碧云参加了培训。

2月,校赛艇队参加上海市第一次赛艇对抗赛,在八个比赛项目中连夺三项第一名:即男子四人艇2000公尺(成绩7分54秒3)、男子八人艇2000公尺(成绩7分23秒2)、女子双人艇1000公尺(成绩4分36秒4)和四项第二名:即男子单人双桨、女子单人双桨、女子四人艇、女子八人艇。

3月14、15日,上海举行全市首次赛艇锦标赛,校划船队的八条赛艇全部参加了比赛,获得男子单人艇和男子、女子八人艇三项第一名,男子四人艇、女子四人艇、女子双人艇三项第二名和女子四人艇第三名,男、女队分别获得团体总分第二名。

11月14、15日，在上海市第三届运动会游泳比赛中，以上海海洋大学为主组建的上海市高校游泳代表队在上海市运动会游泳比赛中以85分获得了游泳比赛团体冠军。其中：

许品诚获100米、200米蛙泳冠军；

张关忠获100米自由泳冠军；

赵永坚获100米、200米自由泳亚军；

周润卿获200米仰泳亚军、100米仰泳第五名；

许品诚、周润卿、张关忠、赵永坚获得了800米自由泳接力第二名；

许品诚、周润卿、林志强、张关忠获得了400米混合接力第二名。

6月，校赛艇队员在杭州西湖举行的上海、杭州、贵州、山西四省市赛艇对抗赛中获得了优异的成绩，双人单桨和四人赛艇超过第十六届奥运会该项目最好成绩，累计共有45人次连续打破三、四项全国纪录。

暑期，学校组织赛艇队赴杭州西湖进行为期一个多月的集训。学生会成立了"水上运动训练班"，教授学生、教工划船和驾驶技术。

9月，第一届全国运动会赛艇比赛在武汉举行，陈士麟和队友获得双人单桨有舵手项目的金牌。

校水球队参加上海市春季运动会水球比赛，获得第八名。

校水球队参加上海市秋季运动会水球比赛，获得亚军。

5月5日至15日，吴承璘、蔡兴邦代表上海队参加了在广西南宁举行的全国甲级水球联赛。

9月，校水球队员吴承璘代表上海队参加第一届全国运动会水球比赛，获得第五名。

11月15日，罗马尼亚划船队访沪比赛在上海划船俱乐部举行，我校陈士麟在男子单人双桨比赛中战胜罗马尼亚队，是这场比赛中唯一一支战胜来访队伍的赛艇队。

12月5、6日，校赛艇队参加了在龙华浦江上举行的上海市秋季运动会赛艇比赛，男子单人艇获得了第一名和第四名，双人艇获得了第四名，四人艇获得了第三名，八人艇获得了第二名，男子总分获得了上海市的第二名；女子八人、四人艇各获第二名，女子总分获得了第四名。

1960 年

在上海市第三届运动会游泳比赛中,张关忠、周润卿、张王明、赵永坚获得 4×100 米混合泳接力冠军,并以 5 分 10 秒 7 的成绩打破 5 分 19 秒 8 的上海市高校纪录;蔡兴邦、赵永坚、陈焜森、张关忠以 10 分 49 秒 4 的成绩打破 11 分 03 秒 8 的 800 自由泳接力上海市高校纪录;陈焜森以 23 分 59 秒 9 的成绩打破 27 分 59 秒 5 的上海市高校记录;获 1500 米自由泳第二名;此外,陈焜森的 800 米自由泳、周润卿的 100 米、200 米自由泳、蔡兴邦的 200 米自由泳、张关忠的 400 米个人混合泳都获得了较前的名次。

在上海市游泳锦标赛中,赵永坚、张关忠、周润卿、张王明获得 4×100 米自由泳接力冠军,并以 5 分 10 秒 7 打破上海市高校记录。陈焜森同学获 1500 米自由泳第二名,并以 23 分 59 秒 9 打破上海市高校记录。

3 月 10 日—4 月 1 日,以上海海洋大学为主的上海高校水球代表队在参加了上海市水球对抗赛,获得亚军,仅败于海军队。

4 月 14、15 日在上海市 24 单位的赛艇对抗赛中,获男子总分第三名,女子总分第二名。

校水球队代表上海高校队参加上海市秋季运动会,获得冠军。我校参加这次比赛的成员有领队蔡和麟、教练薛颂棠、队员 11 人:赵永坚、许品诚、周润卿、童合一、林志强、陈焜森、蔡兴邦、张关忠、张仁杰、皇甫根来、吴承璘。

1961 年

校赛艇队员冯毓勋在上海市大学生赛艇比赛单人双桨项目中获得了亚军。

1962 年

校赛艇队员冯毓勋在上海市大学生赛艇比赛单人双桨项目中再次获得了亚军。

10 月,赛艇队参加上海市邀请赛,获得男子八人艇第三名、四人艇第四名、双人艇第二名,女子八人艇第一名、四人艇(划手:宋佳坤、梁祥云、郭文玉、杨若青,舵手:严小梅)第一名、双人艇第三名的好成绩。

1963 年

9 月，校水球队员代表上海水球队参加在广州举行的全国游泳跳水水球锦标赛，获得第三名。

9 月，第三届全国赛艇锦标赛在杭州举行，陈士麟作为上海赛艇队助理教练兼队员参加了八人单桨有舵手项目的比赛，获得金牌。

1964 年

军工路游泳池建成。

在全市赛艇比赛中，男子单人双桨由王龙钦和卢业宏分别担任左右划手、王德良担任舵手，在 2000 米比赛中夺得第二名，距离获得第一名的上海市队仅半艇之遥，还战胜了另外一支市集训艇。女队员由宋佳坤、解云云、魏绍芬、许俊娴、何韦莉、周芝洁、周韵秋组成的单、双、四、八各项全部参赛，成绩也相当不错，宋佳坤取得了单人双桨的第二名。

1965 年

校女子赛艇队多名队员代表上海市参加在杭州举行的全国划船锦标赛，解云云获得女子单人双桨第五名。

1991 年

上海市第三届大学生运动会游泳比赛中，上海海洋大学夺得八枚金牌、七枚银牌和三枚铜牌，获得女子团体总分第二名、男子团体总分第三名的的好成绩。

1992 年

上海市大学生游泳比赛中，上海海洋大学夺得九枚金牌、九枚银牌和一枚铜牌，获得女子团体总分第二名、男子团体总分第三名的的好成绩。

1993 年

上海市大学生游泳比赛中，上海海洋大学夺得八枚金牌、六枚银牌和六枚铜牌，获得女子团体总分第二名、男子团体总分第三名的好成绩。

上海市大学生短池游泳比赛中，上海海洋大学夺得四枚金牌、十四枚银牌和六枚铜牌，获得女子团体总分第二名、男子团体总分第三名的好成绩；其中耿晟煜、陆玮分别打破了男子 200 米蝶泳、女子 200 米混合泳记录。

2005 年

8 月 23 日,"中厦杯"首届中国大学赛艇公开赛在绍兴举行,校赛艇队取得了第五名。

2006 年

3 月,学校邀请国家体育总局水上中心二部魏星和教育部大体协赛艇项目主管籍强考察了正在建设中的临港新校区,他们一致认为学校具备了开展赛艇运动得天独厚的自然条件。

5 月 14 日,以"黑白的美丽,我们的骄傲"为题的上海水产大学水上运动的历史回顾与展望座谈会在学海路校区举行,十余名水上运动老校友、新赛艇队 26 名队员及部分学生代表参加了座谈会,校党委书记叶骏出席了座谈会并发表讲话。

5 月 15 日,学校新赛艇队正式成立,首任队长刘岫。学校聘任知名校友、上海市赛艇队总教练、国家级教练陈士麟担任新赛艇队教练。成立仪式在学海路报告厅隆重举行,党委书记叶骏,党委副书记、副校长黄晞建,副校长程裕东,上海市教育局体卫艺科处长平杰,上海市水上运动中心副主任程克强,上海南汇区教育局局长李伟民以及大联赛各学院组织工作小组组长、教师、近千名学生共同出席大会。

5 月,校划船队参加了上海市举办春季龙舟公开赛,获得了第六名。

6 月,校游泳队参加上海市学生体育大联赛高校组游泳比赛,获得女子 6×50 接力冠军。

6 月 24 日,校划船队参加上海市首届"港城杯"龙舟公开赛,获得第三名。

9 月,校游泳队员朱雪萍在上海市第十三届运动会大学生游泳比赛中获得女子 200 米蛙泳铜牌。

9 月,上海海洋大学参加了在厦门举行的"首届海峡两岸大学赛艇对抗赛",共有包括清华大学、北京大学、上海交通大学、上海水产大学、华南师范大学、集美大学、香港大学、香港科技大学、台湾海洋大学、台湾暨南国际大学在内的十支高校参加了本次比赛,获得第八名。

10 月,全国秋季赛艇锦标赛在上海举行,上海海洋大学参加了大学生组比赛获得第三名。

12月,中国赛艇协会场地委员会主任、原中国赛艇协会副主席祝益寿先生和杰出校友、原中国国家赛艇队总教练陈士麟校友,赴我校建设中的临港新城校区实地考察,为学校复建赛艇队出谋划策。

2007 年

5月,人文学院体育部特邀原赛艇队男队队长周应祺、女队队长宋佳坤在学海路校区与新赛艇队队员一起举行了"忆往昔,看今朝,谋发展"为主题的座谈会。

5月,校划船队参加由上海海洋大学举办的"三校"龙舟友谊赛,校龙舟队获得第三名。

6月10日,校划船队参加上海通用汽车第三届龙舟赛,获得第五名。

6月16日,校划船队参加上海市金山区第三届山阳龙舟邀请赛,获得第五名。

6月底,校龙舟队正式成立,队长樊硕成,副队长庄学鹏、成殷、丁慧童。

9月,第二届海峡两岸大学赛艇对抗赛在厦门举行,校赛艇队获得了第五名。

10月23日,为迎接学校95周年校庆,学校成功举办了首届全校龙舟赛,生命学院龙舟队获得了冠军。

2008 年

4月16日,校龙舟队参加了上海海事大学举办的"海浪杯"龙舟邀请赛,取得第五名。

6月7日,校龙舟队参加上海市东方绿舟端午节龙舟赛,夺得冠军。这次比赛是学校更名为上海海洋大学后参加的第一次上海市龙舟比赛。

10月,校游泳队员在上海市首届学生运动会大学生游泳比赛中获得五枚金牌、四枚银牌、一枚铜牌。

10月,×××队参加2008年上海市学生运动会高校组游泳比赛,获得四金六银二铜。

2009 年

4 月,校龙舟队应邀参加上海海事大学百年校庆龙舟赛,获得高校组第二名,总成绩第四名的佳绩。

5 月 24 日,校龙舟队参加首届长三角城市龙舟邀请赛,校长潘迎捷教授亲临比赛现场为队员加油鼓励。

5 月 28 日,校龙舟队参加第六届中国上海苏州河城市龙舟国际邀请赛,获得第三名。

5 月 29 日,校龙舟队参加第三届中国大学生龙舟锦标赛,获得第六名。

7 月 13 日,我校举行龙舟下水仪式,校长潘迎捷教授、副校长程裕东教授,人文学院院长张继平教授和校龙舟队、游泳队队员出席了仪式。

9 月 19 日,校龙舟队参加在浦东新区张家浜河上海科技馆段举行的"浦发集团杯"上海市市民龙舟大赛。

9 月 26 日,校龙舟队参加上海市高校龙舟锦标赛,获得一等奖。

2010 年

6 月 5 日,校龙舟队参加上海市大学生龙舟锦标赛,获得一等奖。

6 月 15 日,校龙舟队参加在天津举办的首届世界大学生龙舟锦标赛,获得第六名。

校游泳队员在上海市阳光体育大联赛大学生游泳比赛中获得 12×50 米二等奖,多人获得单项前八名。

12 月,24 名水上运动老校友返校参加上海海洋大学水上运动发展座谈会,共同为振兴水上运动出谋划策。校党委书记虞丽娟、校长潘迎捷、副校长程裕东出席座谈会并讲话,座谈会由人文学院院长张继平主持,参加座谈会的还有校长助理、教务处处长吴建农,校办主任张敏,财务处处长杨昕,后勤管理处处长俞渊,档案馆馆长宁波,学生处副处长罗汝坤,以及体育部教师和运动员代表 30 余人。

2011 年

4 月,上海海事大学学校开放日暨龙舟邀请赛在海事大学进行,共有包括学校龙舟队在内的八支队伍受邀参加了本次比赛,校龙舟队获得冠军。

5月,校龙舟队参加上海市大学生龙舟锦标赛,获得一等奖。

6月5日,校龙舟队参加了2011年上海市市民龙舟大赛,获得亚军。

10月,校游泳队在上海市阳光体育大联赛大学生游泳比赛中获得接力项目一等奖,多人获得单项前八名。

2012 年

6月8日,为庆祝"世界海洋日",上海海洋大学在滴水湖举办首届"海洋杯"龙舟暨赛艇邀请赛。校划船队获得龙舟、四人皮艇比赛一等奖,八人赛艇比赛二等奖。

6月21日,上海海洋大学举行"百庆杯"游泳大赛,来自各学院、机关联队、后勤服务中心和紫泰物业等230余名师生参加了比赛。经济管理学院、信息学院和工程学院分列学生组总分前三名,紫泰物业、机关联队一队和高职学院分列教工组总分前三名。

10月,校赛艇队参加全国赛艇公开赛,获得男子八人艇单桨500米、2000米和团体总分三项冠军。

2013 年

9月,校龙舟队参加第十二届全运会,获得男子双人艇单桨比赛银牌和男子八人艇银牌。

10月,校龙舟队参加首届培生龙舟俱乐部霸王杯龙舟争霸赛,获得男子12人龙舟直道竞速高校组冠军。

11月,校龙舟队参加上海市阳光体育大联赛高校组龙舟赛,获得男女混合22人龙舟200米直道竞速一等奖;龙舟文化知识和基本技能大赛二等奖。

2014 年

3月,校龙舟队在2014年中华龙舟大赛—海南万宁站,获得男子12人龙舟200米直道竞速第三;男子12人龙舟500米直道竞速第四。

4月,校龙舟队在2014年中华龙舟大赛—常州武进站,获得女子12人龙舟200米直道竞速第四;女子12人龙舟500米直道竞速第四。

5月,校龙舟队在2014年中华龙舟大赛—江西鄱阳站,获得男子12人龙舟200米直道赛第三;男子12人龙舟500米直道赛第二。

6月,校龙舟队在2014年中华龙舟大赛—温州站,获得男子12人龙舟200米直道赛第三;男子12人龙舟500米直道赛第三。

6月,校赛艇队参加2014中国杯全国赛艇公开赛,获得男子八人艇单桨有舵手500米亚军,1000米第四名,总分第三名。

10月,校游泳队参加上海市第十五届运动会高校组游泳比赛,获得5枚金牌、1枚银牌、3枚铜牌、2项体育道德风尚奖等28个奖项。

12月,校赛艇队参加2014中国杯全国赛艇公开赛总决赛,获得男子八人艇单桨有舵手500米冠军、1000米冠军、总分第一名。

12月,校龙舟队参加2014年中华龙舟大赛总决赛,获得男子12人龙舟200米直道竞速第六;男子12人龙舟500米直道竞速第六;女子12人龙舟200米直道竞速第四;女子12人龙舟500米直道竞速第四。

2015 年

5月,校龙舟队在2015年中华龙舟大赛—江西鄱阳站,获得女子12人龙舟100米直道竞速第四;女子12人龙舟200米直道竞速第四;女子12人龙舟500米直道竞速第四。

6月,校龙舟队在首届"农行杯"亚洲大学生龙舟锦标赛,获得男女混合12人龙舟200米直道竞速亚军;男女混合12人龙舟500米直道竞速冠军;男女混合12人龙舟2000米环绕赛冠军。

9月,校龙舟队2015年世界休闲体育大会,获得男女混合22人龙舟100米直道竞速季军;男女混合22人龙舟200米直道竞速。

11月,参加2015年上海市大学生游泳锦标赛,获得甲组3枚金牌、4枚银牌、4枚铜牌以及女子团体第二名,男子团体第三名。

2016 年

5月,校龙舟队在2016年中华龙舟大赛—海南万宁站,获得男子12人龙舟100米直道竞速第三;男子12人龙舟200米直道竞速第五;男子12人龙舟500米直道竞速第二。

6月,校龙舟队参加上海市"浦东洋泾杯"第二届龙舟邀请赛,获得9人制150米直道竞速大学组第一名。

6月,校龙舟队在2016年中国龙舟公开赛—上海普陀站,获得男子22人龙舟500米直道竞速亚军。

8月,校龙舟队参加第四届新北—上海龙舟文化交流赛,获得男子22人龙舟500米直道竞速第六。

8月,校龙舟队参加第二届全国青少年龙舟锦标赛,青少年男子组22人龙舟200米直道竞速赛第三名,青少年女子组12人龙舟200米直道竞速赛第四名。

9月,校龙舟队参加2016年天津海河国际龙舟赛暨首届中华学子龙舟大赛,获得男女混合300米直道竞速赛冠军,男女混合500米直道竞速赛冠军。

10月,校龙舟队参加2016年中国龙舟公开赛—上海崇明站暨上海"明珠湖杯"第八届长三角城市龙舟邀请赛,获得5人龙舟200米直道赛冠军,5人龙舟200米直道赛亚军。

10月,校龙舟队在2016年国际龙舟联合会世界杯,获得5人龙舟200米直道竞速亚军。

10月,校龙舟队参加上海"大飞机杯"市民体育大联赛,获得公开组12人龙舟200米直道竞速冠军;公开组22人龙舟200米直道竞速冠军。

11月,校龙舟队在2016年中华龙舟大赛—浙江丽水站,获得男子12人龙舟100米直道赛亚军;男子12人龙舟组200米直道赛第四;男子12人龙舟500米直道赛第四;女子12人龙舟100米直道赛第五名;女子12人龙舟200米直道赛第四;女子12人龙舟500米直道赛第四。

2017 年

2月,校龙舟队参加2017年中华龙舟大赛海南万宁站竞赛,获得男队小龙舟直道竞速500米冠军,100米季军,200米亚军;女队200米季军,100米第四,500米第四。

4月,校龙舟队参加2017年中华龙舟大赛芙蓉站,获得青少年男子组公开组总成绩第二;青少年男子组12人龙舟100米直道竞速赛第一名;少年男子组12人龙舟200米直道竞速赛第二名;青少年男子组12人龙舟500米直道竞速赛第二名。

4月,校游泳队参加2017年上海市大学生游泳锦标赛,获得5金、5银、4铜等31个奖项,同时获得了女子团体第一名、男子团体第四名以

及团体总分第三名的团体名次(男子 400 米混合泳第四名、男子
4×100 米混合泳接力第八名、男子 200 米自由泳第八名、男子 400 米自
由泳第七名、男子 800 米自由泳第七名、男子 4×100 米自由泳接力第
七名、男子 200 米自由泳第四名、男子 400 米个人混合泳第二名、男子
200 米仰泳第八名、男子 200 米个人混合泳第一名、男子 50 米蝶泳第一
名、男子 100 米蝶泳第一名、男子 200 米仰泳第七名、女子 100 米自由
泳第七名、女子 50 米蛙泳第三名、女子 200 米蛙泳第六名、女子 4×100
米自由泳接力第四名、女子 4×100 米混合泳接力第二名、女子 200 米
自由泳第二名、女子 400 米自由泳第一名、女子 800 米自由泳第一名、
女子 400 米自由泳第三名、女子 400 米自由泳第四名、女子 100 米仰泳
第七名、女子 200 米仰泳第四名、女子 200 米个人混合泳第七名、女子
200 米自由泳第八名、女子 200 米仰泳第六名、女子 200 米个人混合泳
第六名、女子 200 米仰泳第三名、女子 50 米仰泳第五名、女子 100 米蛙
泳第三名、女子 200 米个人混合泳第二名、女子 50 米蛙泳第二名、女子
50 米蝶泳第二名)。

5 月,校龙舟队参加第九届长三角城市龙舟邀请赛,获得公开组 22
人龙舟 500 米直道竞速赛第一名;公开组 22 人龙舟 200 米直道竞速赛
第一名。

5 月,校龙舟队参加"斐讯杯"2017 年龙舟公开赛(上海普陀站)暨
第十四届上海苏州河城市龙舟国际邀请赛,获得公开组总成绩第三。

6 月,校龙舟队参加两岸城市龙舟文化交流赛,获得公开组总成绩
第一,公开组 22 人龙舟 500 米直道竞速赛第一名。

7 月,校龙舟队参加第十三届全国运动会龙舟赛,获得 12 人龙舟
200 米直道竞速赛第二名;12 人龙舟 500 米直道竞速赛第三名;12 人
龙舟 100 米直道竞速赛第三名;22 人龙舟 200 米直道竞速赛第四名;22
人龙舟 100 米直道竞速赛第六名;22 人龙舟 500 米直道竞速赛第十
二名。

10 月,校龙舟队参加"斐讯杯"第七届上海市民龙舟大赛,获得混
合组 22 人龙舟 200 米直道赛第一,公开组 12 人龙舟 200 米直道赛
第四。

10 月,校龙舟队参加 2017 年上海市大学生龙舟锦标赛,获得男子组 22 人龙舟 200 米直道竞速赛第一名;女子组 12 人龙舟 200 米直道竞速赛第一名。

11 月,校游泳队参加第十七届全国大学生游泳锦标赛,获得体育道德风尚奖、女子 50 米蛙泳第二名、女子 100 米蛙泳第二名、女子 4×100 米混合泳接力第四名、女子 4×100 米自由泳接力第五名、女子 4×200 米自由泳接力第六名、男女 4×100 米自由泳接力第七名、女子 400 米自由泳第三名、女子 800 米自由泳第四名、男女 4×100 米自由泳接力第七名、女子 200 米蛙泳第三名、女子 400 米个人混合泳泳第六名、女子 200 米蛙泳第五名、男子 50 米蛙泳第五名、男子 100 米自由泳第四名、男子 4×100 米自由泳接力第八名、男子 4×200 米自由泳接力第七名、男子 50 米蝶泳第七名、男子 400 米个人混合泳第六名、女子丙组团体总分第四名,男子丙组团体总分第六名。

12 月,校游泳队参加 2017 年上海市学生阳光体育大联赛游泳比赛,女子 6×25 米自由泳接力、女子 6×50 米自由泳接力、男子 8×25 米自由泳接力、男子 8×50 米自由泳接力均获一等奖,男女混合 8×50 米自由泳接力三等奖。

12 月,校龙舟队参加中华龙舟大赛总决赛,获得青少年男子组公开组总成绩第三;青少年男子组 12 人龙舟 100 米直道竞速赛第三名;少年男子组 12 人龙舟 200 米直道竞速赛第三名;青少年男子组 12 人龙舟 500 米直道竞速赛第三名。

2018 年

3 月,校龙舟队在 2018 年中华龙舟大赛—海南万宁站,获得男子 12 人龙舟 100 米直道竞速冠军;男子 12 人龙舟 200 米直道竞速冠军;男子 12 人龙舟 500 米直道竞速冠军;女子 12 人龙舟 100 米直道竞速季军;女子 12 人龙舟 500 米直道竞速季军;女子 12 人龙舟 200 米直道竞速第四。

4 月,校龙舟队在 2018 年中华龙舟大赛—长沙芙蓉站,获得女子 12 人龙舟 100 米直道竞速冠军;女子 12 人龙舟 200 米直道竞速冠军;女子 12 人龙舟 500 米直道竞速冠军;男子 12 人龙舟 100 米直道竞速季军；男子 12 人龙舟 200 米直道竞速季军；男子 12 人龙舟 500 米直道竞速季军。

6 月，校龙舟队参加第五届上海市学生龙文化全能赛，获得男子 22 人龙舟 200 米直道竞速比赛一等奖。

6 月，校龙舟队在中国龙舟公开赛普陀站，获得男子 22 人龙舟 500 米直道竞速季军；男子 22 人龙舟 200 米直道竞速第七名。

6 月，校龙舟队参加两岸四地龙舟交流赛，获得男子 22 人龙舟 500 米直道竞速第四。

7 月，校龙舟队参加 2018 年第五届亚洲龙舟锦标赛，获得男女混合 12 人龙舟 200 米直道竞速冠军；男女混合 12 人龙舟 500 米直道竞速亚军；女子 12 人龙舟 200 米直道竞速亚军；男子 12 人龙舟 200 米直道竞速季军；男子 12 人龙舟 500 米直道竞速第四名。

7 月，校游泳队参加 2018 年中国大学生阳光体育游泳比赛，获得 1 金（女子 50 米蛙泳）、2 铜（女子 50 米蛙泳、男子 50 米蛙泳）及男子 4×50 米自由泳接力第 4 名、男子 100 米自由泳第 5 名、男子 100 米仰泳第 6 名。

9 月，校龙舟队参加 2018 年中华龙舟大赛—南京六合站，获得女子 12 人龙舟 100 米直道竞速第四名；女子 12 人龙舟 200 米直道竞速第四名；女子 12 人龙舟 500 米直道竞速第四名。

9 月，校龙舟队参加第十届长三角城市龙舟邀请赛，获得男子 22 人龙舟 500 米直道竞速第五名。

9 月，校龙舟队参加第十届上海世界华人龙舟邀请赛，获得男女混合 22 人龙舟 500 米直道竞速亚军。

9 月，校龙舟队参加 2018 年上海海洋大学国际大学生龙舟邀请赛，获得男女混合 12 人龙舟 200 米直道竞速冠军；男女混合 12 人龙舟 500 米直道竞速冠军。

参考文献

[1] 上海水产大学校史编辑委员会. 上海水产大学校史[M]. 2002.

[2] 叶骏主编. 侯朝海传[M]. 上海：上海人民出版社，2006.

[3] 尤世玮主编. 张謇研究年刊 2005[M]. 南通. 张謇研究中心，2005.

[4] 叶骏主编. 朱元鼎传[M]. 上海：上海人民出版社，2002.

[5] 李建新主编. 劈波斩浪跨世纪——上海水上运动五十年纪事[M]. 上海：上海市船艇运动协会，2004.

[6] 叶宏开、韦庆媛、冯茵主编. 挺起胸来——清华大学百年体育回顾[M]. 北京：清华大学出版社，2009.

[7] 叶宏开、韦庆媛、刘波、田芊主编. 体育与人格并重——清华大学百年体育纪略[M]. 北京：清华大学出版社，2011.

[8] 国家体育总局编. 拼搏历程、辉煌成就——新中国体育 60 年[M]. 北京：人民出版社，2009.

[9] 崔乐泉、杨向东主编. 中国体育思想史·近代卷[M]. 北京：首都师范大学出版社，2008.

[10] 赵慕峰、彭则鹏、许晓煜、文若水主编. 潜龙出海[M]. 辽宁：辽宁民族出版社，2012 年.

[11] 曲秀燕主编. 现代体育运动项目概述[M]. 北京：北京体育大学出版社，2008.

[12] 钟秉枢、梁栋、于立贤、潘迎旭主编. 社会转型期我国竞技体育后备人才培养及其可持续发展[M]. 北京：北京体育大学出版社，2003.

[13] 杨铁黎、宋尽贤主编. 关于我国学校体育课余体育训练发展战略研究. 北京：北京体育大学出版社，2005.

[14] 张建世主编. 中国的龙舟与竞渡[M]. 北京：华夏出版社. 1988.

[15] 钟秉枢. 21 世纪中国大学体育运动新实践[J]. 北京教育. 2012(1)：23—26

[16] 孔繁敏. 从龙舟赛艇发展看中西体育文化差异[J]. 体育文化导刊. 2008(9)：85—87

[17] 平越、孔庆涛. 我国高校龙舟运动发展现状与对策研究[J]. 上海第二工业大学学报. 2010(4)：327—331

[18] 张发强. 弘扬龙舟文化　铸就城市品质[J]. 体育科研，2009(4)：36—37

［19］伍广津.高校龙舟竞技运动发展趋势探究［J］.广西民族大学学报,2007.29
(3):98—101.
［20］韩春苓、丁玉兰.水球运动的起源［J］.体育文史.1998(2)

图书在版编目(CIP)数据

向水而生 奋楫者先/叶鸣,孔庆涛,张继平主编.—上海：
上海三联书店,2020.1
ISBN 978-7-5426-6536-2

Ⅰ.①向… Ⅱ.①叶…②孔…③张… Ⅲ.①龙舟竞赛—体
育教学—教学研究—高等学校 Ⅳ.①G852.9

中国版本图书馆 CIP 数据核字(2019)第 267172 号

向水而生 奋楫者先

主　　编／叶　鸣　孔庆涛　张继平
副 主 编／戚　明　焦敬伟　时　霖　迟焕祺

责任编辑／殷亚平
装帧设计／一本好书
监　　制／姚　军
责任校对／王凌霄

出版发行／上海三联书店
　　　　　(200030)中国上海市漕溪北路 331 号 A 座 6 楼
邮购电话／021-22895540
印　　刷／上海惠敦印务科技有限公司

版　　次／2020 年 1 月第 1 版
印　　次／2020 年 1 月第 1 次印刷
开　　本／640×960　1/16
字　　数／450 千字
印　　张／31.5
书　　号／ISBN 978-7-5426-6536-2/G·1511
定　　价／88.00 元

敬启读者,如发现本书有印装质量问题,请与印刷厂联系 021-63779028